van Merriënboer의

교수설계이론

Ten Steps to Complex Learning

A systematic approach to four-component instructional design

Jeroen J. G. van Merriënboer, Paul A. Kirschner 공저
김동식, 권숙진 공역

LEA 아카데미프레스

Ten Steps to Complex Learning

A systematic approach to four-component instructional design

Jeroen J. G. van Merriënboer, Paul A. Kirschner

역자의 머리말

이 책은 네덜란드 Open University of Netherlands의 van Merriënboer와 Kirschner가 2007년에 출판한 'Ten Steps to Complex Learning: A Systematic Approach to Four-Component Instructional Design'을 번역한 것이다. 교육공학 분야에서 이미 잘 알려져 있듯이, van Merriënboer 교수가 미국에서 주로 개발되고 발표되었던 교수설계이론들에 대한 새로운 대안으로 인정받고 있는 4C/ID이론을 창안한 학자라면, Kirschner 교수는 CSCL 연구 분야에서 Script 개발, 협력적 인지과정이나 논증의 외현화, 인지부하이론의 교수설계적 적용 등에 관한 연구를 활발하게 해오고 있는 학자이다. 몇 년전 한국교육공학회의 국제세미나에서 기조강연을 통해서 그의 4C/ID 이론을 국내에 소개한 바 있으며, 우리 분야의 연구자들에게 큰 관심을 불러일으킨 바도 있다. 2005년 역자 중의 한 사람은 그의 초기 이론을 번역하여 『인지과학적 구성주의 기반의 4C/ID 모형』이라는 책을 출간한 적도 있다.

2005년에 나온 책이 4C/ID 이론을 중심으로 다룬 책이라고 한다면, 이 책은 실제로 교수설계 과정을 10개의 단계에 의해 수행할 수 있도록 엮은 책이라고 할 수 있다. 마치 Gagné의 *Conditions of Learning*이라는 교수설계 이론서를 교수설계의 실제 활동을 중심으로 엮어낸 Dick과 Carey의 『체제적 교수설계』라는 책과 비슷한 차원의 책으로 보면 될 것 같다.

이 책의 특징은 다음 몇 가지로 요약해볼 수 있다. 첫째, 이 책은 van Merriënboer의 4C/ID 모형을 이용하여 실제로 교수설계를 해볼 수 있도록 10 단계로 구체화한 것이다. 여기에서의 주요 교수설계 단계는 Dick 등의 체제적 교수설계 단계를 따르고 있다. 따라서 체제적 교수설계의 경험이 있는 사람이 이 책에서 다루고 있는 설계기법을 이해하는 것이 보다 유리할 수 있다.

둘째, 이 책에서 다루고 있는 교수설계 모형은 교수설계 과정에서 가장 핵심적인 네 가지 요소를 다루고 있는 4C/ID 모형을 보다 발전시킨 모형이라고 볼 수 있다. 다시 말해서, 인지과학적 측면과 인지부하이론, 이제까지의 교수설계이론들에 기초한 이론 측면을 4C/ID 모형에서 중점을 두었다면 이 모형에서는 설계과정에 실제로 활용할 수 있는 각종 기법을 구체화했다는 점에서 그렇다. 셋째로 이 교수설계모형이 중점을 두려고 하는 학습 과제는 개념, 원리와 같은 축약된 지식의 학습 과제보다는 맥락 중심적, 문제 중심적, 실제적 학습 과제에 중점을 두려고 한다. 이런 점을 그들은 'complex knowledge', 'complex learning' 등으로 표현하려고 한다. 여기에서 'complex' 라는 표현은 '보다 실제적인', '보다 탐구적인', '상황중심적인' 점을 강조하기 위한 표현으로 이해할 수 있다. 이런 점들을 고려해서 이 책에서는 실제의 예를 가지고 설명하려고 노력했기 때문에 전통적인 ISD 모형이나 4C/ID 모형에 대한 기본적인 이해를 하고 있으면 비교적 쉽게 그 기법들을 적용하는데 어려움이 덜 할 것으로 생각된다.

이 책의 주된 독자로는 현장 교사는 물론, 기업, 정부, 군 등의 조직에서 기관의 역량 개발을 위한 교수 프로그램 설계 및 개발자들일 것으로 생각된다. 또한 대학의 교육학과 혹은 교육공학과에서 교수설계이론, 이러닝 설계, 교육과정, 교수-학습이론을 공부하는 학부, 대학원생을 위한 관련 수업에서 이용될 수 있다.

번역은 단순하게 원서의 내용을 그대로 우리말로 바꾸어 놓는 것이 아니라 저자들의 의도와 이론에 대한 정확한 이해를 통해서 독자들이 쉽게 이해할 수 있도록 도와주는 역할을 할 수 있어야 한다. 그러나 실제로 번역을 해보면 문제가 그렇게 간단하지가 않음을 부지기수로 느껴왔다. 그러다 보니 어색하게 표현되었거나 잘못 표현된 곳도 없지 않을 것 같아서 두렵기만 하다. 그런 부분에 대한 책임은 온전히 역자들의 불찰일 뿐이다. 시간에 쫓기는 일인데도 불구하고 참아주신 홍 진기 사장님과 편집에 애써 주신 아카데미 프레스 직원들에게 감사를 드린다.

2010. 1.

역자를 대표하여 김 동식

저자 서문

1997년에 이 책의 첫 번째 저자인 van Merriënboer는 수상작인 인지과학적 구성주의 기반의 4C/ID 모형(Training Complex Cognitive Skills)을 출판하였다. 그 책은 복합적인 직무나 과제에 필요한 지식의 교수-학습에 관해 수행된 연구를 바탕으로, 복합적 지식이나 전문 역량의 습득을 위한 시스템 설계 훈련하기에 대한 포괄적인 설명을 제공해 주었다. 그 책에서 기본적으로 주장하는 것은 복합적 학습을 위한 교육 프로그램은 학습 과제, 지원적 내용, 절차적 학습 내용, 부분 과제 연습 등 4가지의 상호 관련된 요소로부터 구성될 필요가 있다는 것이었다. 각각의 요소는 학습 과정의 핵심적인 범주와 관련이 있고, 각각의 요소를 위해 처방된 교수 방법은 심도 있는 경험적 연구에 바탕을 두고 있다. 그러한 설계 과정에 관한 더욱 자세한 지침에 대한 요구가 뚜렷해지고 있으며, 그것은 새로 발행되는 이 책에서 제공하려는 것과 일치한다. van Merriënboer의 교수설계 이론은 인지과학적 구성주의 기반의 4C/ID 모형에서 제시된 네 가지 요소의 설계 시스템을 따르며 그것을 보완하는 것이다. 이 책은 학습자, 교수설계 전문가(교수설계자와 교사), 연구자들이 이해하고 사용할 수 있는 방식으로 훈련 문제에서 훈련 해결책까지의 경로를 열 단계로 제시한다.

이 책의 구조는 선형적으로 구성되어 있다. 1, 2, 3장은 복합적 학습을 위한 열 단계 모형을 소개한다. 1장은 현대 사회에 요구되는 복합적 학습을 성취하기 위한 교수 프로그램의 설계에 접근하는 총체적 설계 방법을 제시한다. 2장은 4C/ID 이론의 네 가지 청사진 요소를 위한 복합적 학습에 대해 다룬다. 3장은 구체적인 교수설계서를 개발하기 위하여 열 단계 모형의 사용 방법에 대해 다룬다.

모형의 각 단계는 4장부터 13장에 걸쳐 자세하게 소개된다. 이 열 단계 모형은 실제적인 훈련 프로그램의 개발, 실행, 평가를 위한 구체적인 지침을 제공하지 않지만 각 단계에서 행해지는 활동들을 위한 중요한 시사점을 제공한다.

멀티미디어 응용 프로그램의 제작과 자기 주도적 학습의 개발을 위한 주요 시사점들을 14장과 15장에서 소개하고, 실행에 관련된 사항과 향후 개발 계획에 대해서는 16장에서 다룬다.

교수설계 전문가들은 이 책을 복합적 학습을 위한 코스, 자료, 환경 등의 설계를 지원하기 위한 참고 지침으로 사용할 수 있을 것이다. 이 책을 최대한 잘 사용하기 위해서는 다음과 같은 점을 고려해보면 좋을 것이다.

- 이 책을 공부하는 이유와는 관계없이 모든 독자들은 1, 2, 3장을 먼저 공부하는 것이 좋을 것이다. 이 장들에서 네 가지 청사진 요소와 열 단계 모형에 대해 소개하기 때문이다.
- 4장부터 13장까지는 열 단계 모형에 대해 다룬다. 여러분이 설계 프로젝트를 시작할 때는 항상 1단계로 시작해야 하지만, 다른 장들의 단계는 그 프로젝트에 필요한지를 검토하고 필요하다면 참고하는 것이 좋다. 각 장은 그 단계가 여러분의 프로젝트와 관련이 있는지 아닌지를 결정할 수 있도록 도와주는 일반적 지침을 제시하면서 시작한다.
- 14장부터 16장까지는 교수설계서에 설계된 것을 교수 자료로 개발하는 것을 다루고 있다. 이 부분은 여러분이 훈련 프로그램을 개발, 실행 및 평가하는 단계에 있을 때 참고하는 것이 좋다.

교수설계 분야를 공부하는 학생이자 복합적 학습을 위한 훈련 프로그램의 설계에 관한 지식을 넓히고자 하는 사람이라면 이 책에서 제시하는 순서대로 모든 장들을 공부하라고 권하고 싶다. 전문가이든 학생이든 간에 모든 독자들을 위해서 우리는 다음과 같은 내용으로 가능한 이 책이 유용해질 수 있도록 노력하였다.

- 보기 자료를 담은 두 개의 부록을 이 책의 끝에 포함시켰다.
- 핵심 개념은 그 용어가 처음 제시될 때 앞뒤에 별표(*)를 붙여서 강조하였다. 이 표시는 그 용어가 책 뒷부분의 용어설명에 설명되어 있다는 것을 의미한다. 용어설명은 익숙하지 않은 용어에 대한 순수 정의와 경우에 따라서는 보다 핵심적인 특정 사례(중대하거나 핵심적인 개념, 이론 혹은 모형)를 포함하고 배경 내용을 포함한다. 이러한 방식으로, 용어설명은 독자들이 이 책에서 다루고 있는 주요 아이디어들을 조직할 수 있도록 도와줄 것이다.
- 여러 장에서 특정 설계의 결정을 하는 데 있어서 심리학적 바탕이 되는 내

용이 간략하게 설명된 글상자가 제시된다.

- 각 장에서는 끝부분에 그 장의 주요 내용과 설계 지침을 간략한 요약으로 제시한다.

저자 소개

Jeroen J. G. van Merriënboer(1959년생)는 Open University of the Netherlands 교육공학과 교수이자 교육공학 전문성 센터 연구소장이다. 또한 네덜란드의 10개 대학이 공동으로 개설하고 있는 교육과학 박사 프로그램을 운영하는 대학간 교육연구센터의 소장이기도 하다. 그는 Free Univ. of Amsterdam에서 실험심리학 석사를, Univ. of Twente에서 교육공학 박사 학위를 받았다. van Merriënboer 박사는 인지과학과 교수이론, 복합적 학습을 위한 교수설계, 교수설계를 위한 통합적 접근, 적응적 이러닝 등에 관심을 두고 있다. 그는 교수 학습 분야에 대한 100여 편의 논문을 발표했으며, 'Educational Research Review, ETR & D, Computer in Human Behavior: Technology, Instruction, Cognition & Learning, J. of Educational Computing Research, Educational Technology' 등 명성이 높은 학술지의 편집위원을 맡고 있다. "Training Complex Cognitive Skills(1997)"라는 저서로 우수 저술상을 받은 바 있는데, 이 책에서는 복합적인 기능의 훈련을 위한 4C/ID모형을 다루고 있으면서 복합적인 학습을 위한 환경 설계를 위한 체제적이고 연구기반의 접근방법을 제시하였다. 그는 'Training Magazine' 으로부터 세계적인 리더로 인정을 받았으며, 미국교육공학회로부터 국제적인 기여 공로패를 받기도 했다.

Paul A. Kirschner(1951년생)는 Utrecht Univ. 교육과학과 교수(상호작용과 학습 연구소 소장, 교육과학 석사 프로그램 주임을 겸임)이면서 Open University of the Netherlands 교육공학 전문성 센터 교수 겸 CSCL 환경 연구팀장을 맡고 있다. 그는 City Univ. of Amsterdam에서 교육심리학으로 석사를, Open University of the Netherlands에서 박사학위를 받았다. 그는 이 분야에서 국제적인 전문가로 통하고 있어서, ISLS학회의 CSCL 분과위원장, 'Computers in Human Behavior' 지의 편집부위원장을 맡고 있으며 최근에 대단히 성공적인 두 저서(Visualizing Argumentation, What we know about CSCL)의 편집을 맡기도 했다. 그의 전문적인 분야로는 CSCL, 컴퓨터 혹은 혁신적인 학습환경의 설계, 교육에서 매체 활용, 현직교사 연수를 위한 학습자료 개발, 인지적 기능과 역량 획득을 위한 연습의 활용, 이러닝과 업무환경의 개발, IT 기반 교육시스템의 혁신과 활용 등이다.

차례

제1부 들어가며

제2부 복합적 학습을 위한 열 단계 교수설계 모형

제3부 응용

들어가며

차세대 4C/ID 이론: 복합적 학습을 위한 열 단계 설계 모형

제1장

교수설계에 대한 새로운 접근

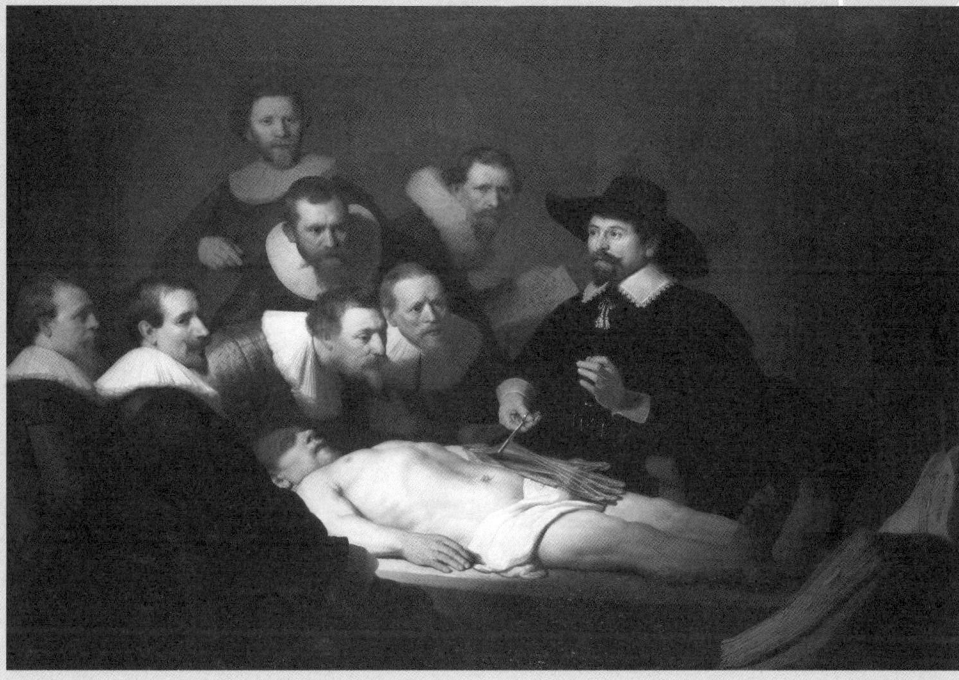

램브란트(Rembrandt van Rijn)가 1632년 Tulp 박사의 해부학 강의를 그릴 당시에는 인간 해부학, 생리학, 형태학에 대한 지식이 거의 없었고, 수술 도구도 대단히 조잡했었다. 인간의 신체는 신의 피조물이면서 4체액론(혈액, 점액, 황담즙, 흑담즙)이라는 고대 그리스의 관점이 중심이던 교회의 설교가 그 당시의 의학을 지배하고 있었다. 병은 이러한 체액들의 불균형으로부터 발생하기 때문에 환자에게 출혈을 하게 하거나 구토를 유도하는 것과 같은 치료의 목적은 이 네 가지 체액들의 균형을 회복하기 위한 것이다. 외과 수술 도구는 간단한 것이었다. 외과의사는 이를 뽑기 위한 드릴, 톱, 집게, 펜치와 같은 극히 간단한 도구들로 수술을 했다. 외과의사가 없을 때 수술을 하고 이를 뽑아주는 사람은 이발사였다. 훈련된 외과의사는 과학자라기보다는 예술가에 가까웠다. 그 당시에는 마취제가 없었기 때문에 수분 내에 다리 절단을 하는 것처럼 얼마나 수술을 빨리 해주느냐는 것은 자랑거리였다. 그러나 해부학, 생리학, 형태학, 의학 기술에 대한 지식의 발전에 관심을 두게 되면서 수술의 속도는 전혀 문제가 되지 않았다. 현미경이 발명되었지만 초기의 현미경으로는 박테리아를 관찰할 수 있을 정도는 아니었기 때문에 병의 원인을 진단하는 데에는 도움이 되지 않았고, 이는 의학적 치료가 이렇다 할 진전이 없었음을 의미한다.

1630년대 상황과 매일 새로운 의학적 발견, 신약과 새로운 치료 방법, 새로운 수술 기법이 매일 발표되고 있는 오늘날의 상황을 비교해보자. 옛날의 의학 지식과 기술, 그리고 환자를 대하는 의사들의 태도, 환자가 의사를 생각하는 방법은 오늘날과는 판이하게 다르다. 의학을 공부하는 동안에 수술 도구를 연습하고, 의사가 된 후 그 사용방법을 완벽하게 적용할 수 있다는 것은 불가능하다. 왜냐하면 오늘날 능력 있는 의사의 복합적인 기능과 역량을 마스터할 필요는 있지만 의사가 되고 나서도 새로운 수술 도구를 익히는 일을 멈출 수가 없기 때문이다. 이 책은 이런 복합적인 학습을 위한 교수설계 방법에 대해서 다루고자 한다.

1.1 복합적 학습

복합적 학습(complex learning)은 지식 · 기능 · 태도의 통합, 질적으로 다른 ***부분 기능(constituent skill)***들의 협응(coordination) 그리고 학습 결과의 전이 등을 포함한다. 이와 같은 복합적 학습에서의 강조점은 탐구 · 안내된 발견, 프로젝트 중심, 사례 중심, 문제 중심, 설계 중심, 역량 기반 등 다양한 이름으로 불리고 있는 교육 방법에서도 잘 나타나 있다. 복합적 학습을 뒷받침하고 있는 이론적 설계 모형의 예로는 '4-Mat' (McCarthy, 1996), 인지적 도제 이론(Collins Brown, & Newman, 1989), 협력적 문제 해결(Nelson, 1999), 구성주의와 구성적 학습 환경(Jonassen, 1999), 'instructional episode' (Andre, 1997), '경험을 통한 학습' (Schank, Berman, & MacPerson, 1999), 다중지능 이론(Gardner, 1999), 'star legacy' (VanderBilt learning technology group: Schwartz, Lin, Brophy, & Bransford, 1999), 4C-ID 모형(Van Merriënboer, 1997)이 있다. 이런 접근 방법들은 여러 가지 측면에서 서로 다르지만 교수-학습의 출발점으로 실생활 과제에 기반을 둔 ***실제적 학습 과제(authentic learning task)***를 강조한다는 점에서 공통된다. 이런 강조점을 뒷받침하고 있는 기본적인 아이디어는 그런 과제를 통한 학습이 학습자로 하여금 지식, 기능, 태도를 통합하게 해주고, 부분 기능을 협응하게 해 줄 뿐만 아니라 학습한 것을 새로운 문제 상황에 전이하게 해준다는 점이다(Merrill, 2002b; van Merriënboer, 2007; van Merriënboer & Kirschner, 2001).

복합적 학습에서 통합, 협응, 전이와 같은 아이디어를 "일시적인 유행"으로 보아서는 안 되고, 사회적 · 기술적 발달에 대한 교육의 불가피한 대응 내지는 교육과 훈련의 가치에 대한 학생과 고용주(기업가)들의 타협 불가능한 관점으로 보아야만 한다. 새로운 기술의 발전 덕분에 단순한 과제들은 기계에 의하여 이루어질 수 있게 된 반면 복합적 인지적 과제는 인간에 의해서 수행되어야만 한다는 관점은 더욱 중요시되고 있다. 현존하는 직업 내지는 직무를 수행하는 데 필요한 역량이나 기능은 급속하게 변화되고 있어서 이러한 수행에 필요한 지식이 언제 불필요해질지 모른다. 작업 환경의 급속한 변화에 유연하게 적응할 수 있기 위해서 직무 종사자들의 문제 해결, 추론, 창의성을 강조한 고용주의 인력 수요가 높아지고 있다.

이런 점은 다음의 두 가지 예에서 찾아볼 수 있다. 지난 10년 동안 항공 관제사 직무의 여러 측면들은 기술적으로 자동화되어 왔다. 그럼에도 불구하고 항공기 수요의 놀랄 만한 증가, 안전성 규정의 증가, 기술의 발전 등 때문에 항공 관제사 직무의 복합성은 그 어느 때보다도 커졌다(그림 1.1 참고).

이런 점은 주치의의 경우에도 마찬가지이다. 다시 말하면 주치의는 환자들의 신체적, 심리적, 사회적 문제를 돌봐야할 뿐만 아니라 다양한 문화적 배경을 가진 환자들, 새롭게 쏟아지는 의약품과 치료법, 등록, 책임, 보험 등을 다루는 문제들에 부딪치게 된다.

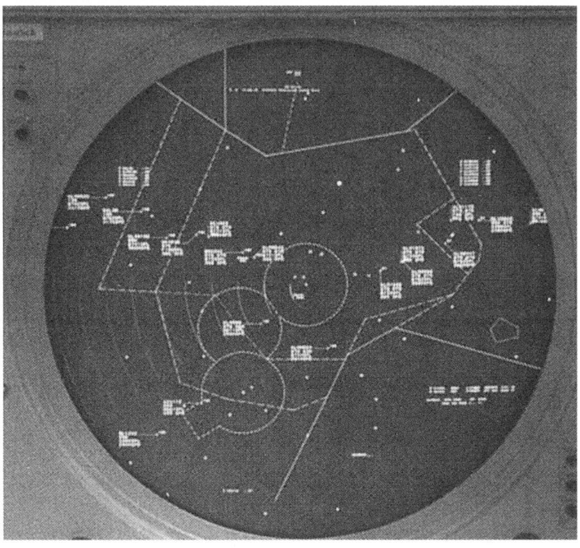

그림 1.1 항공 관제 화면 사진

교육 분야는 사회와 기업의 수요에 더 민감해지고 있다. 이러한 수요에 대처하기 위해서 우리 학생들이 노동 시장에 대한 준비를 더 잘 할 수 있도록 학교와 기업 공동의 노력이 증대되고 있다. 이런 점은 복합적 학습과 전문 ***역량(competencies)***의 개발을 강조하는 교육 방법에서 명백해진다. 그런데 수많은 교육 기관에서는 노동 시장에 학생들을 보다 잘 준비시키기 위한 혁신을 실천할 수 있는 타당한 설계 방법을 갖고 있지 못해서 성공을 기약할 수 없다. 학생들로부터 흔히 듣는 불평을 요약해보면, 이들은 수업에서 배운 것과 앞으로 전문적인 직업을 갖기 위해서 배워야만 하는 것과의 관계가 애매하여 서로 관련성이 약한 모듈 내지는 코스로 구성된 교육과정을 경험했다는 것이다. 현재 "자기 자신의 교과를 가르치려는" 교사들이 하나의 타협점으로 생각하고 있는 것은 복합적 기능과 역량을 개발하기 위해서 기껏 프로젝트나 사례를 통해서 교육과정을 구성하는 것이 고작이다. 즉 복합적 학습의 통합, 협응과 같은 측면을 무시하고 실제적 과제를 위해서 사례나 프로젝트와 같은 것을 교육과정에 반영하는 정도로 타협하고 있다는 것이다.

그러나 이런 교육과정에서 학생들은 그들이 해야만 하는 것과 전통적인 교과로 나눠져 있는 이론적인 학습을 연결시키는 것에 어려움을 겪을 뿐만 아니라 자기들의 미래 직업을 위해서 중요하다고 인식하는 것을 연결시키는 데 어려움을 겪는다. 학생들은 그들이 학습한 모든 것을 지식 기반으로 통합하는 데 어려움을 겪고, 이 지식 기반을 가지고 졸업하고 나서 실제 직무와 관련된 문제를 해결하고 실제 과제를 수행하는 데 어려움을 겪는다. 한마디로 말하면 학습자들은 꼭 필요한 학습의 ***전이(transfer)***를 달성하지 못한다.

오늘날 교수설계 분야가 직면한 근본적인 문제는 교육과 훈련을 통해서 학습의 전이를 달성할 수 없다는 점이다. 설계 이론은 전문적 역량이나 복합적 인지 기능을 배워서 실제 세계의 맥락에 전이할 필요가 있는 학습자를 위한 훈련 프로그램을 어떻게 개발해야 하는지를 안내해주어야만 한다. 이 책에서는 교수설계의 총체적 설계 접근(holistic design approach)을 통해서 이런 목적을 달성할 필요가 있음을 주장하려고 한다. 이 장의 다음 절에서는 총체적 설계 방법이 왜 학습에 도움이 되는가에 대하여 논의할 것이다. 그 다음에는 교수-학습 분야에서 말하는 교수설계 모형의 위상과 그 모형의 주요 요소들에 대하여 살펴볼 것이다. 마지막으로 이 책의 구조와 내용에 대하여 제시하고, 이 책을 사용하는 방법에 대해 몇 가지를 제언할 것이다.

1.2 총체적 설계 방법

총체적 설계(holistic design) 방법은 원자적 설계(atomistic design) 방법의 반대말이다. 원자적 방법에서는 복합적 내용과 과제를 보다 단순한 요소들로 계속 줄이려고 한다. 이 단순화된 요소들은 설명과 연습을 통하여 학습자에게 전이될 수 있는 수준까지 단순화가 계속된다. 그 요소들 간에 상호작용이 거의 없을 때에는 이 접근 방법이 효과를 발휘하지만 그 요소들 간에 밀접한 상호작용이 있을 경우에는 이 방법이 효과가 없다. 요소들 간에 밀접한 상호작용이 있을 경우에는 그 요소들의 부분의 합으로 접근하기보다는 전체로 접근하는 것이 낫다. 이것이 종합적인 접근의 기본적인 시각이다. 총체적 설계 접근은 요소들을 나누어서 보지 않고 그 요소들 간의 상호 연결성에 유의하면서 그 요소들의 복합성에 주목하려고 한다. 이런 총체적 설계를 사용함으로써 교육 분야에서 집요하게 문제가 되어온 구획화, 분절화, 전이 문제에 대한 하나의 해결책을 제시할 수 있을 것이라고 본다.

구획화

대다수의 교수설계 모형은 인지적, 정의적, 또는 심동적 영역과 같은 하나의 특정한 학습 영역에만 초점을 두려고 한다. 인지적 영역의 경우를 보면 개념적 지식의 형성을 위한 교수 방법을 강조하는 *선언적 학습(declarative learning)*을 위한 교수설계 모형과 *절차적 학습(procedural learning)*을 위한 교수설계 모형을 구별하려고 한다. 전체를 부분 내지 범주로 구역을 나누려고 하는 이러한 *구획화(compartmentalization)*는 직업 및 전문 교육 분야에 재앙을 가져왔다고 하겠다(그림 1.2 참고).

외과의사의 경우를 생각해보자. 대단한 수술 기술을 가졌지만 인체에 대한 지식이 전혀 없는 의사에게 수술을 받으려고 하겠는가? 아니면 인체에 대한 지식은 많은데 왼손이 두 개인 의사를 선택하겠는가? 아니면 기술은 많지만 올바른 의사윤리를 가지고 있지 않아서 환자에게 적대적 태도를 가지고 있는 의사를 선택하겠는가? 아니면 35년 전에 배운 지식, 수술 기술, 태도가 전부인 의사를 선택하겠는가? 이러한 물음을 통해서 전문적 역량을 학습하는 데 영역을 나누는 것은 아무런 의미가 없다는 것을 명백하게 이해할 수 있을 것이다. 복합적 수술 기술은 인체의 구조와 작용에 대한 심층적 이해 없이는 절대로 수행될 수가 없다. 왜냐하

그림 1.2 상점 내 구획화

면 인체에 대한 지식과 수술 기술 두 가지를 동시에 모두 가지고 있어야만 유연하게 수술을 할 수 있기 때문이다. 많은 기능은 바람직한 태도를 갖고 있어야 누구나 만족할 수 있는 방식으로 그 기능이 수행될 수 있다. 그러므로 복합적 학습을 위한 총체적 설계 모형은 선언적 학습, 절차적 학습(지각 기능 및 운동 기능을 포함함), 정의적 학습(이러한 모든 측면을 최신의 것으로 유지하려는 성향을 포함함)을 *통합(integration)*함으로써 학습의 전이가 일어날 수 있는 확률을 높이는 통합된 지식 기반의 개발을 촉진해줄 수 있다.

분절화

전통적 교수설계 모형에서는 그 모형의 기초적인 기법으로 어떤 것을 작고 완성되지 않고 별개의 부분으로 분석하는 방법, 즉 ***분절화(fragmentation)*** 기법을 이용한다(Ragan & Smith, 1996; van Merriënboer & van Dijk, 1998 참고). 전통적인 교수모형에서 대표적인 분절화의 예를 보면, 먼저 선택한 학습 영역이 어떤 학습 영역에 속하는지 분석하고, 그 영역의 학습 및 성취 목표(예: 사실 기억, 절차 적용, 개념 이해 등)를 분석하고, 그런 다음에 분석한 각각의 목표를 성취하기 위해서 어떤 교수방법(예: 반복 학습, 문제 해결 등)이 적합한지를 선택한다. 학습 영역을 위한 교수설계서(training blueprint)[1] 혹은 수업 계획에서 목표들은 하

1) 역주: 교수설계의 전 과정을 통해서 나온 산출물로서 최종 산출물인 교수 프로그램의 전체적인 윤곽을 보여주는 청사진을 말한다.

나하나씩 별개로 다루어진다. 복합적 기능을 위한 각 목표는 하나의 하위 기능 혹은 부분 기능과 같아서, 그 목표들을 계열화하면 자연스럽게 부분 과제들의 계열로 귀결된다. 따라서, 학습자는 처음에 하나 혹은 극히 소수의 부분 기능만 배우게 되고, 새로운 구성 기능들이 서서히 추가되어, 결국 학습이 끝날 때까지 전체적인 복합적 기능의 연습 기회를 갖지 못한다.

1960년대에 Briggs와 Naylor(1962; Naylor & Briggs, 1963)의 보고에 따르면, 이러한 접근 방법은 부분 기능들 간에 *협응(coordination)*이 거의 필요하지 않거나 각각의 부분 기능들을 학습하기가 매우 어려울 때에만 적합하다고 하였다. 이러한 분절화에 의한 접근 방법의 문제점은 복합적 기능이나 전문 역량과 관련된 과제들 간에는 협응할 필요가 있는 높은 상호작용성이 있다는 점이다. 영향력 있는 연구 결과에 따르면, 복합적 학습 영역이나 과제를 분절화된 요소들이나 목표들로 분석해서 그 요소들이나 목표들 간의 상호작용과 협응에 대한 고려 없이 이런 목표들을 가르치는 것은 효과가 없었다고 한다. 왜냐하면, 학습자들은 전이를 해야 하는 상황에서 분절화된 요소들을 통합하거나 협응할 수가 없기 때문이다(Clark & Estes, 1999; Perkins & Grotzer, 1997; Spector & Anderson, 2000; Wightman & Lintern, 1985). 학습의 전이를 촉진하기 위한 총체적 설계 모형은 목표들이 매우 긴밀하게 통합되도록, 특히 실생활 과제 수행에서 이런 목표들을 통합할 수 있는 것을 강조한다.

전이 패러독스

구획화와 분절화뿐만 아니라 통합되지 않은 특정 학습 목표들을 교수설계의 기본으로 사용하는 것은 전이 패러독스를 유발하게 된다. 논리적으로, 설계자들은 목표를 달성하기 위해 필요한 시간과 학습자들이 투입하는 노력, 그리고 ***연습 항목(practice items)*** 수를 최소화하는 교수방법을 선택할 것이다. 연습 항목을 설계하고 개발하는 데 드는 비용과 시간이 종종 부족할 뿐만 아니라 학습자들이 무한정으로 학습 동기를 가지고 있는 것이 아니기 때문이다(인간은 *경제적 동물*이다). 학습자가 어떤 기계 장치의 세 가지 유형의 오류(e1, e2, e3)를 진단하는 방법을 학습해야 하는 상황을 가정해보자.

각각의 오류를 진단하는 것을 학습하기 위해서 최소한 세 개의 연습 항목이 필요하다면 학생들로 하여금 먼저 e1을 진단하는 것을 연습시키고, 두 번째로 e2를 진단하는 것을 연습시키고, 마지막으로 e3를 진단하는 것을 연습시켜야만 할 것이다. 결국 다음과 같은 연습 설계가 될 것이다.

e1, e1, e1, e2, e2, e2, e3, e3, e3

이러한 연습 계획은 세 가지 목표를 달성하고 과제당 요구되는 학습 시간을 최소화하고 학습자의 노력을 최소화하는 가장 효과적인 방법일 수는 있겠지만, 전이 가능성은 낮아진다. 왜냐하면 이 방법은 학습자들로 하여금 각각의 오류를 진단하기 위한 대단히 구체적인 지식을 학습하게 해서 그 목표를 수행하는 데 필요한 방법을 학습하게 해 줄지는 모르지만, 주어진 목표들을 복합적으로 포괄하는 수행을 할 수 있게 해 주지는 못하기 때문이다. 만약 설계자가 학습한 것의 전이를 목표로 하고 학습 목표를 학습자들이 기계 장치에 대해서 가능한 한 많은 오류를 진단할 수 있도록 훈련하는 것이라고 한다면, 정해진 순서 없이 세 개의 오류를 진단하는 것을 연습하는 것이 더 나을 것이다. 이런 방법에 의한 훈련 설계의 예는 다음과 같다.

e3, e2, e2, e1, e3, e3, e1, e2, e1

이 방법은 과제당 필요 학습 시간 혹은 노력이 더 필요할 수 있기 때문에 세 가지의 분리된 목표를 달성하는 것보다 덜 효율적일지 모른다. 각각의 분리된 세 개의 목표들을 통합해서 수행하는 수준에까지 이르기 위해서는 세 개가 아니라 네 개의 연습 항목이 필요할지도 모른다. 하지만, 이렇게 하면 결국에는 학습의 전이가 높아질 것이다. 전이가 높아지는 이유는 이러한 교수방법은 학습자들이 구체적이고 특정한 세 가지 오류에 국한되는 것이 아니라 보다 일반적이고 축약적인 지식을 형성해주어 이전에 경험해보지 못한 새로운 오류도 잘 점검하게 해 줄 것이기 때문이다. 이 현상을 ***전이 패러독스(transfer paradox)***라고 하는데, 분리되고 구체적인 목표를 달성하기 위한 최선의 방법이 통합된 목표를 학습하고 학습의 전이를 높이기 위한 방법이 아닐 때도 있다는 것이다(van Merriënboer & de Croock, 1997). 총체적 설계 방법은 이러한 전이 패러독스를 고려하여 매우 구체적인 학습목표의 제한된 목록을 뛰어넘을 수 있는 보다 일반적인 목표를 지향하려고 한다. 학습 영역에 따라 학습 과정을 나누려고 한다면, 설계자들은 새로운 문제에 직면하는 학생들은 새로운 문제의 익숙한 측면을 해결하는 데 필요한 구체적인 지식을 갖고 있어야 할 뿐만 아니라 익숙하지 않은 측면을 해결하는 데 필요한 일반적이고 축약적인 지식도 갖고 있어야만 한다는 사실을 명심해야만 한다.

요약하면, 전통적 설계 모형은 일반적으로 원자적 접근을 따라왔기 때문에 그 결과 이러한 방법은 구획화 및 분절화를 방지하거나 전이 패러독스를 해결하는 데 성공적이지 못하였다. 반면, 총체적 접근은 복합적 학습의 문제를 다루는 데 다양한 방법을 제시해 줄 수 있다. 대부분의 총체적 접근은 이런 문제를 해결하기 위하여 "모델링(modeling)" 개념을 도입하고 있다. 모델링을 위한 강력한 두 단계 접근 방법을 보면, 먼저 실세계 과제에 대해서 단순한 모델에서부터 복합적인 모델을 개발하게 하고, 그러고 나서 학습자가 실제로 그 모델로부터 학습할 수 있도록 "이 모델들을 모델하라"는 두 번째 단계를 개발하도록 한다(Achtenhagen, 2001). 따라서, 이러한 관점에서 보면 교수 프로그램은 이상적으로는 현실을 표현하는 단순하지만 "전체" 모델로부터 시작되어야 하며 학습자들에게 효과적인 교육 원리에 따라서 제시되어야 한다. 이 책에서는 전체적인 실생활의 과제 시각을 놓치지 않고 그 과제의 실제성과 복합성을 다룰 수 있는 광범위한 교수 방법을 다루고자 한다.

1.3 네 가지 요소/열 단계

여기에서 말하는 열 단계는 초기의 4C/ID 모형의 실용성을 높이기 위해서 수정 · 보완한 버전을 말한다(***4C/ID 모형***: van Merriënboer, 1997; Janssen-Noordman & van Merriënboer, 2002; van Merriënboer, Clark, & de Croock, 2002; van Merriënboer & Dijkstra, 1997; van Merriënboer, Jelsma, & Paas, 1992). 본래의 4C/ID 모형은 그 모형의 인지심리학적 기초와 설계 요소와 학습 과정 간의 관계를 강조하는 분석적-기술적 특성을 갖고 있었다. 반면, 4C/ID 모형의 수정된 모형인 열 단계 모형은 설계 작업에 참여하는 교사, 내용 전문가, 교수설계자 등에게 실용적인 설계 모형을 제공하기 위해서 보다 처방적으로 기술되어 있다. 이 책에서는 학습 과정에 대한 설명보다도 설계를 더 강조하고 있지만, 설계에 대한 심리학적인 측면에 관심을 갖고 있는 독자들은 책의 곳곳에서 확인할 수 있다. 관심이 있는 독자들을 위해서 몇몇 장에서는 특정 설계를 위한 의사결정에 참고할 수 있는 심리학적 기본 내용이 간략히 설명된 글상자가 제공된다.

열 단계 모형은 직업 및 전문 교육, 직무 중심의 대학 프로그램(예: 의학, 기업 관리, 법), 기업 · 산업체 · 정부 · 군대 조직에서의 역량 기반 훈련 프로그램을 위한 교수설계 모형으로 볼 수 있다. 이 모형은 몇 주부터 몇 년에 이르기까지 상당

표 1.1 네 가지 청사진 요소와 열 단계

청사진 요소	열 단계
학습 과제	1. 학습 과제 설계
	2. 과제 클래스 계열화
	3. 성취 목표 설정
지원적 내용	4. 지원적 내용 설계
	5. 인지적 전략 분석
	6. 정신적 모형 분석
절차적 학습 내용	7. 절차적 학습 내용 설계
	8. 인지적 규칙 분석
	9. 선수 지식 분석
부분 과제 연습	10. 부분 과제 연습 설계

한 기간의 훈련 프로그램을 개발하는 데 사용될 수 있다. 교육과정 설계 측면에서 이 모형은 한 가지 이상의 전문 능력 또는 복합적 기능의 개발을 위한 교육과정 부분을 설계하는 데 사용될 수 있다.

복합적 학습을 위한 교수설계서 혹은 청사진은 (a) 학습 과제, (b) 지원적 내용, (c) 절차적 학습 내용, (d) 부분 과제 연습(표 1.1의 왼쪽 참고)이라는 네 가지 요소로 설명될 수 있다는 것이 초기의 4C/ID 모형이나 그 모형의 수정 버전인 열 단계 모형의 바탕이 되는 기본 가정이다(2장 1절 참고).

*__학습 과제__(learning task)*라는 말은 학습자에 의해서 연구되어야 하는 사례 연구, 수행되어야 하는 프로젝트, 해결되어야 하는 문제와 같이 총체적인 의미로 사용되고 있다. *__지원적 내용__(supportive information)*은 학습자들이 문제 해결과 추론을 하는 데 필요한 학습 과제의 비순환적인 측면을 수행할 수 있도록 도와주는 정보이다(예: 배선을 하는 데 최단거리 회로를 이용하는 이유가 무엇일까?). *__절차적 학습 내용__(procedural information)*은 학습자들이 학습 과제를 항상 똑같은 방법으로 수행해야만 하는 측면, 즉 학습 과제의 순환적 측면을 수행할 수 있도록 학습을 도와주는 정보이다(예: 전류계는 항상 직렬로 연결되고 전압계는 항상 병렬로 연결됨). 마지막으로, *__부분 과제 연습__(part-task practice)*은 학습자들이 대단히 높은 자동화 수준으로 개발할 필요가 있는 순환적 과제를 부가적으로 연습하는 것을 의미한다.

표 1.1에서 보는 바와 같이 네 개의 구성요소는 각각 네 개의 설계 단계(1단계: 학습 과제 설계, 4단계: 지원적 내용 설계, 7단계: 절차적 학습 내용 설계, 10단계:

부분 과제 연습 설계)를 갖고 있다. 다른 여섯 개의 단계들은 위에 제시한 네 개의 설계 단계들을 보조하는 단계들이기 때문에 필요할 때만 이용된다. 과제 클래스를 계열화하는 단계 2는 학생들이 과제를 단순한 것에서부터 시작해서 난이도를 완만하게 증가시켜서 그 과제를 공부할 수 있도록 쉬운 데에서 어려운 영역으로 학습 과제를 조직해 준다. 성취 목표를 설정하는 단계 3은 성취되었다고 판단하기 위한 ***기준(standards)***을 구체화하는 단계이다. 단계 3은 학습자들의 성취 수준을 평가하고 그들에게 유용한 피드백을 제공해 주기 위해서 필요하다. 단계 5와 6은 학습 과제의 비순환적 측면을 수행할 수 있도록 학습하는 것을 도와주는 지원적 내용의 심층적 분석을 위해 필요하다. 단계 8과 9는 학습 과제의 순환적인 측면을 수행할 수 있도록 학습하는 것을 도와주는 절차적 학습 내용의 심층적 분석을 위해 필요하다.

실제로 설계 프로젝트를 수행할 때에는 1단계부터 10단계까지 순차적으로 이루어질 필요가 없다는 것을 명심해야 한다. 설계 과정에서 어떤 문제가 발생하다 보면 설계자는 앞 단계를 다시 할 필요가 생기는 경우가 비일비재하다. 모든 학습 내용을 다 포함한 학습 프로그램을 설계하기 전에 몇 개의 학습 과제만을 설계하는 ***래피드 프로토타이핑(rapid prototyping)*** 과정으로 설계할 수 있다. 뿐만 아니라, 어떤 설계 프로젝트를 위해서 몇몇 단계가 생략될 수도 있다. 그 결과로, 열 단계 사이를 왔다 갔다 하는 것은 매우 흔한 일일 것이다. 설계를 잘하는 요령은 전체적 혹은 부분적 설계와 분석의 산출물을 정확하게 재검토하고 그 설계와 분석의 산출물과 최종 교수설계서 간의 관련성을 철저하게 분석하는 것이다. 대규모 설계 프로젝트들을 수행하기 위한 컴퓨터 기반 도구들을 사용하는 것은 매우 유용하다. 왜냐하면, 그 도구들을 사용해서 교수설계서의 체계적 개발을 도울 뿐만 아니라 설계자들이 설계 단계들 사이를 왔다 갔다 할 때조차도 전체 프로젝트를 쉽게 재검토할 수 있기 때문이다. 노르웨이 회사에서 개발한 eNovate^{AS}와 같은 도구가 그것의 한 예이다(www.enovateas.com).

제2장

네 개의 청사진 요소

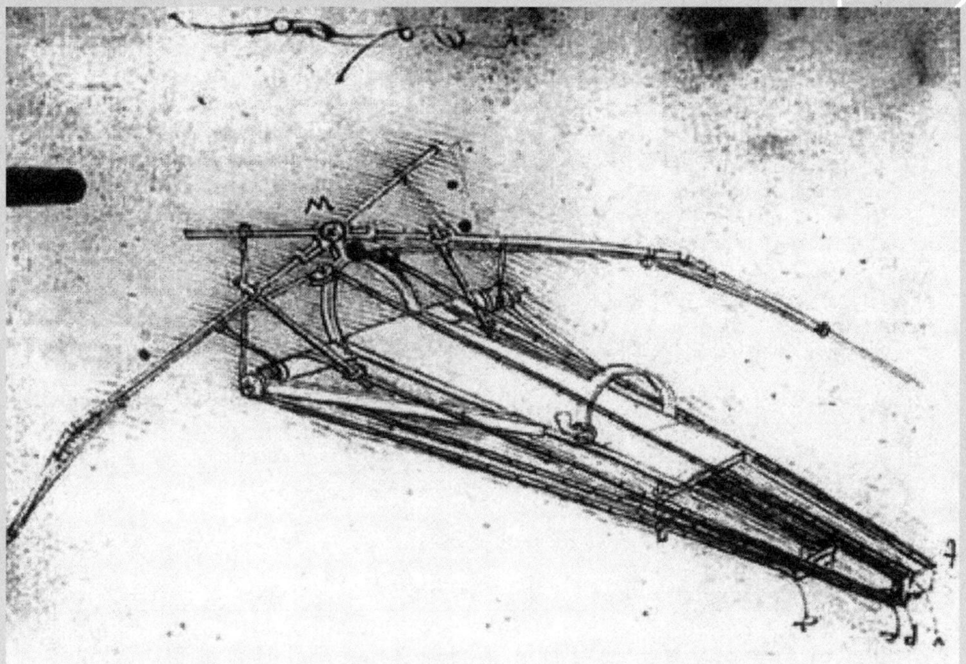

건축가가 집을 설계하거나 산업 디자이너가 제품을 설계할 때 고객과 상담을 하고, 요구 사항을 결정한 후에 최종 산출물을 위한 청사진(blueprint)을 설계한다. 위 그림은 청사진의 예로 레오나르도 다 빈치(Leonardo da Vinchi)가 그린 비행기 청사진이다. 이것은 최종 산출물을 만들어 내기 전에 진행되어야만 하는 구체적인 활동 계획, 설계안, 프로그램, 방법을 말한다. 이것은 교수설계자에게도 마찬가지이다.

1장에서 논의한 총체적 설계 방법에 이어서 이 장에서는 복합적 학습의 설계에 있어서 네 가지 주요 요소인 (a) 학습 과제, (b) 지원적 내용, (c) 절차적 학습 내용, (d) 부분 과제 연습에 대하여 설명하고자 한다. 또한 앞 장에서 제시된 세 가지 문제를 해결하기 위해서 어떻게 청사진을 효과적으로 설계해야 할지를 설명하고자 한다. 구획화(compartmentalization)를 방지하기 위해서 청사진은 산출물로서의 교육 프로그램이 지식, 기능, 태도를 하나의 상호 연결된 지식 기반으로 통합(integration)될 수 있도록 한다. 분절화(fragmentation)를 방지하기 위해서 그 청사진은 학습 과제의 부분들이 실제의 수행에서와 같이 협응(coordination)되도록 학습하는 데 강조를 둠으로써 그 과제들이 분리된 부분으로 학습되지 않도록 한다. 전이 패러독스(transfer paradox)를 해결하기 위해서 복합적 학습에서는 학습 과정에 따라서 질적으로 각기 다른 교수 방법을 활용하는 분화(differentiation)를 주장하고 있다. 이 장의 1절에서는 네 개의 요소에 대해서 간단히 살펴보고, 다음 세 개의 절에서는 통합, 협응, 분화의 필요성과 이것들이 훈련 프로그램의 설계에 주는 시사점에 대하여 살펴볼 것이다. 5절에서는 네 가지 요소들이 전이에 영향을 주는 이유를 설명하고, 마지막 부분에서는 간단하게 이 장의 내용을 요약하고자 한다.

이 장에서 논의되는 대부분의 내용은 4장부터 13장까지 상세하게 다루어지기 때문에 여기에서는 기본적인 내용과 이해를 도와주기 위한 개요를 제시할 것이다.

2.1 교수설계서

이 장과 이 책을 아우르는 핵심 내용은 그림 2.1과 같이 복합적 학습 환경을 네 개의 상호 연결된 청사진 구성요소로 살펴볼 수 있다.

1. *학습 과제(learning task)*: 지식, 기능, 태도를 통합하는 데 목표를 둔 실생활 과제에 기반한 실제적인 전체 과제 경험. 모든 학습 과제는 다양성을 가지며, 쉬운 것부터 점차 난이도가 높아지는 과제 클래스로 이루어져 있으며, 각각의 과제 클래스에서 제공되는 지원은 소거된다.
2. *지원적 내용(supportive information)*: 비순환적 측면의 학습 과제(문제 해결과 추론)의 학습과 수행을 지원하는 정보. 하나의 영역에서 문제에 접근하는 방법(인지적 전략)과 그 영역이 어떻게 조직되어 있는가(정신적 모형)에 대하여 설명한다. ***과제 클래스(task class)***별로 구체적으로 제시해서 학습자가 항상 이용할 수 있어야 한다. 이 정보는 학습자가 이미 알고 있는 것과 학습 과제를 하는 데 알아야 하는 것 간의 연결고리를 제공한다.
3. *절차적 학습 내용(procedural information)*: 순환적 측면의 학습 과제(또는 연습 항목)를 학습하고 수행하는 데 선수 조건인 정보. 이 정보는 순환적

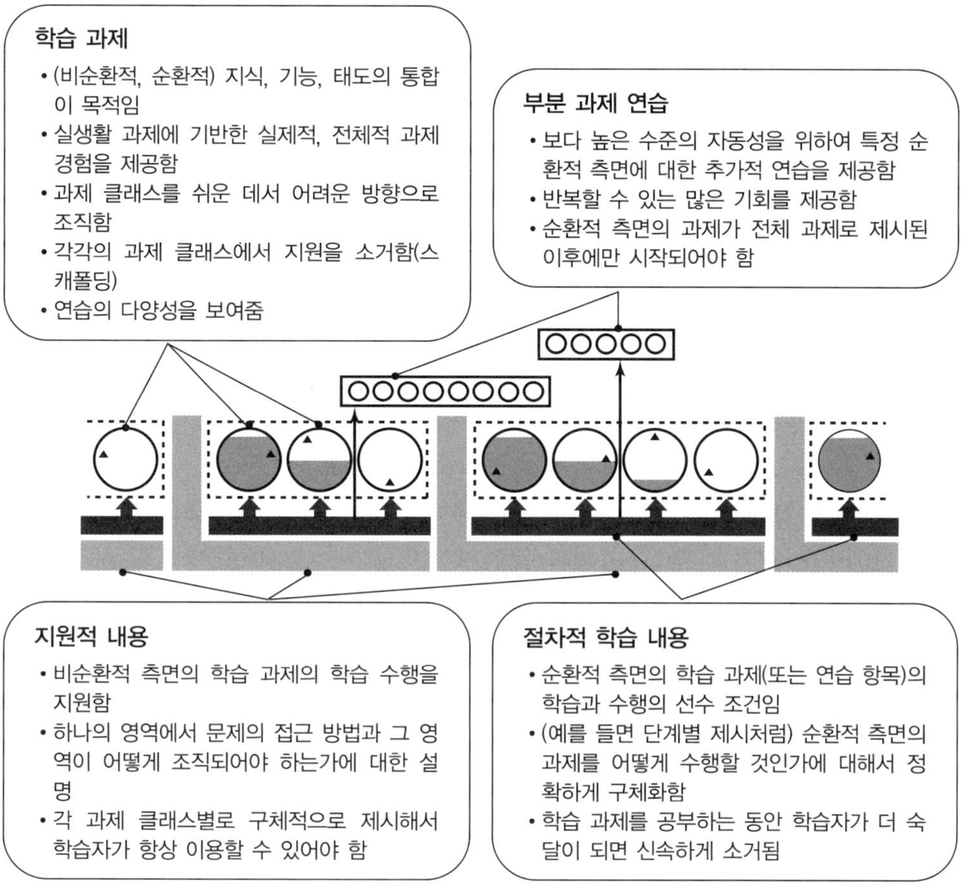

그림 2.1 네 개의 청사진 요소

측면의 과제를 어떻게 수행할 것인가에 대해서 정확하게 구체화한다. 또한 이 정보는 학습 과제를 하는 동안 학습자가 능숙하게 숙달되면 신속하게 소거된다.

4. *부분 과제 연습(part-task practice)*: 특정 순환적 측면에 대하여 보다 높은 수준의 자동성에 도달할 수 있도록 학습자에게 제공되는 연습 항목. 반복할 수 있는 기회를 많이 제공한다. 순환적 측면이 전체 과제로 제시되는 이후에만 시작되어야 한다.

다음에서는 지식 · 기능 · 태도의 구획화, 작은 부분으로 학습 내용의 분절화, 전이와 관련된 문제를 해결하는 데 위 네 가지 요소가 어떻게 도움을 줄 수 있는지 살펴볼 것이다.

2.2 통합/구획화

복합적 학습에서는 학습자로 하여금 학습 목적을 통합적으로 달성할 수 있도록 하는 것을 항상 강조한다. 복합적 학습의 궁극적인 목적은 하나의 풍부하고도 상호 연결된 지식 기반으로 지식, 기능, 태도를 통합하게 하는 것이다. 사람들이 한 번도 부딪친 적이 없는 새로운 문제 상황에 직면하게 되었을 때, 그 상호 연결된 지식 기반은 학습자들로 하여금 문제를 해결하는 데 도움이 될 수 있는 여러 종류의 지식을 활성화하게 해준다. 그림 2.2는 "문헌 검색"과 같은 어느 정도로 복합적 기능으로 구성된 부분 기능과 더불어 연관된 지식과 태도를 그림으로 보여주고 있다.

잘 설계된 사서 훈련 프로그램은 각각의 부분 기능들을 분리해서 가르치지 않고 통합된 방법으로 가르친다. 예를 들면, 학습자들이 도서관을 방문할 미래의 고객을 위해서 상당히 어려운 실제 같은 도서 검색 일을 수행할 수 있도록 각각의 부분 기능들을 분리해서 가르치는 것이 아니라 통합적으로 가르친다.

그림 2.2에서 보듯이 부분 기능의 위계는 전체 지식 기반을 위한 조직 프레임워크로서 활용될 수 있다. 지식과 태도는 부분 기능의 하위 기능으로 이 프레임워크에 완전히 통합되어 있다. 같은 위계선상에 있는 부분 기능은 *순차적으로(sequentially)*(예: 먼저 "적합한 데이터베이스를 선택"한 후 선택한 데이터베이

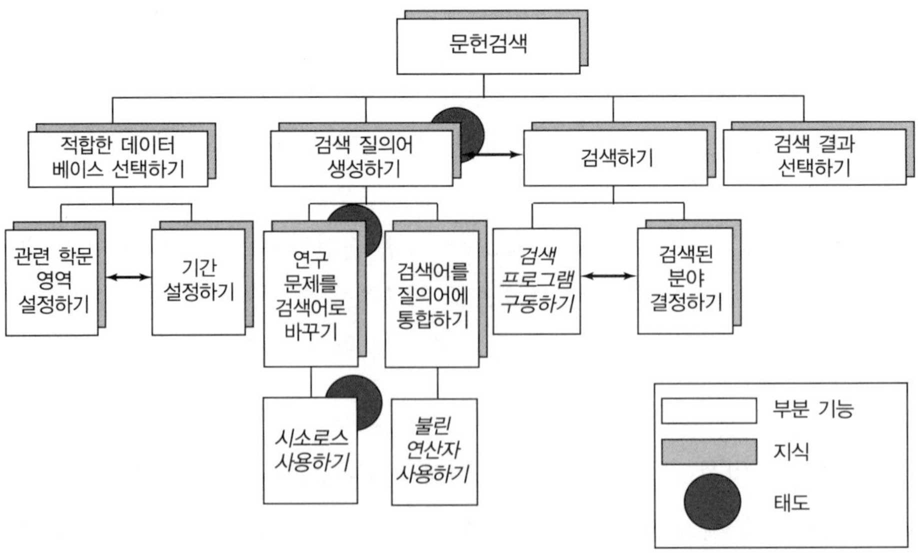

그림 2.2 복합적 기능인 "관련 문헌 검색하기"를 위한 지식과 태도를 나타내는 부분 기능들의 위계

스에서 "검색 질의어를 생성") 혹은 *동시적으로(simultaneously)*(예: "검색 질의어를 생성"함과 동시에 관련된 결과목록이 나올 때까지 "검색을 동시에 실행") 수행될 수 있다. 하위 부분 기능은 상위 부분 기능의 학습과 수행을 가능하게 해준다(예: "검색을 실행"하기 위해서 "검색 프로그램을 수행"해야 한다.)

뿐만 아니라 학습자가 어떤 영역 자체에 대한 필수적 지식을 가지고 있거나(예: 만일 학습자가 데이터베이스가 어디에 있는지, 그 데이터베이스의 특성이 무엇인지 가지고 있다면 "적합한 데이터베이스를 선택"을 할 수 있다) 어떤 태도가 바람직한 정도로 수행되기 위해서 그 태도 이전에 특정한 태도와 행동이 필수적이라면(예: "고객의 연구 문제를 적합한 검색어로 변환"하기 위해서는 고객과 상담해서 연구 문제를 명확하게 할 수 있는 고객 중심의 태도를 필요로 한다) 그런 경우에만 대부분의 부분 기능은 성취될 수 있다. 6장에서 "*기능 위계(skill hierarchy)*"를 분석하는 방법에 대해서 자세하게 다룰 것이다.

학습 과제

학습자는 구체적 경험으로부터 지식을 유도하는 *귀납적 학습(inductive learning)*의 과정을 통해서(4장의 "귀납과 학습 과제" 부분 참고) 하나의 통합된 지식 기반을 개발할 수 있도록 해주는 과제로 공부해야만 한다. 각각의 학습 과제 안에 전체 과제 연습을 제공해야 하는데, 이는 학습 과제가 실생활 과제의 수행에 중요한 거의 모든 부분 기능과 함께 그 기능과 관련된 지식, 태도를 학습자에게 제공해야만 한다는 것이다. 예를 들면, 첫 번째 학습 과제는 적합한 데이터베이스 선택, 검색 질의어 생성, 검색 실행, 검색 결과 선택이라는 부분 기능을 포함한다. 모든 학습 과제는 실생활에서 전문가가 부딪칠 수 있는 의미 있고, 실제적이고, 그 과제를 대표할 수 있는 것이어야 한다. 이러한 전체 과제 접근에서 학습자는 훈련 중에 점차 실제성이 추가된 과제의 총체적인 안목을 빨리 개발할 수 있을 것이다. 학습 과제의 계열은 복합적 학습을 위한 훈련 프로그램의 *골격*을 제공한다. 이런 주장은 다음 그림과 같이 간단하게 표현해 볼 수 있다.

다양성

앞서 살펴본 바와 같이, 학습자가 하나의 통합된 지식 기반을 개발할 수 있도록 모든 학습 과제를 전체 과제로 접근하여 제시해야만 한다. 뿐만 아니라, 모든 학습 과제들끼리는 실세계에서 다를 수밖에 없는데, 다시 말하면 모든 차원(과제가 수행되는 맥락이나 상황, 과제가 제시되는 방법, 과제 특성의 강조점)이 과제마다 다름을 명심할 필요가 있다. 학습 과제의 다양한 차원을 고려하면, 학습자들은 각각의 과제에 대한 자세한 내용으로부터 보다 일반적인 지식을 쉽게 축약할 수가 있다. 문헌 검색이라는 학습 과제를 예를 들어보면, 검색이 이루어지는 학문 영역, 검색에 필요한 서지 데이터베이스, 도서관 사용자가 사서에게 요구하는 방법(전화, 편지, 이메일, 면대면) 측면에서 다양할 수 있다. ***연습의 다양성(variability of practice)***이 비교적 단순한 과제(예: Paas & van Merriënboer, 1994b; Quilici & Mayer, 1996)뿐만 아니라 보다 복합적인 실생활 과제의 학습 전이를 달성하기 위해서 중요하다는 것을 입증해주는 연구들이 있다(예: Schilling, Vidal, Ployhart, & Marangoni, 2003; van Merriënboer, Kester, & Paas, 2006). *다양한* 학습 과제들을 하나의 계열로 만드는 것은 복합적 학습을 위한 훈련 프로그램을 설계하는 데 골격을 제공한다. 이런 주장은 다음 그림과 같이 간단하게 표현해 볼 수 있다.

2.3 협응/분절화

복합적 학습이라고 하는 것은 실생활에서의 복합적 기능 수행을 하는 데 필요한 많은 부분 기능들을 협응시키는 것에 대해 학습하는 것이다. 복합적인 전체 기능은 그 기능을 구성하는 부분의 합 이상임을 명심해야만 한다. 즉 부분들의 합이 곧 전체가 되는 것은 아니라는 의미다. 예를 들면 두 손을 이용해서 피아노로 악곡을 연주하는 것은 왼손과 오른손으로 따로따로 연주하는 것 이상의 능력을 필요로 한다. 부분 기능은 고도의 전략에 의해서 통제될 필요가 있다. 왜냐하면 부분 기능은 그 기능과 관련된 부분 기능과 지식, 태도를 고려하지 않는다면 아무런 의미가 없기 때문이다. 부분 기능은 복합적 기능의 *부분(parts)*이라기보다는 복합적 기능의 *측면(aspects)*으로 보아야만 한다("하위 기능"이라는 말보다 "부분 기능" 이라는 용어를 사용하는 것도 이 때문이다). 통합적 과제 접근에서, 비록 학습자들이 학습 초기에 혼자의 힘으로 그 부분 기능의 모든 측면을 협응할 수 없다 할지라도, 훈련의 초기부터 다양한 부분 기능이 학습자에게 직접 제시되어야만 한다. 따라서, 과제들을 단순화하고 학습자들에게 ***지원**(support)*과 ***안내**(guidance)*를 제공할 필요가 있다.

과제 클래스

훈련 프로그램을 시작하자마자 대단히 어려운 학습 과제들을 협응시키는 것은 사실상 불가능하다. 학습자에게 비교적 쉬운 전체 학습 과제로 학습하게 하고 점차 어려운 전체 과제로 나아가게 하는 것이 일반적인 해결책이다. 과제의 난이도가 각각 다른 학습 과제의 범주를 *과제 클래스*라고 한다. 예를 들어, 문헌 검색 예제에서 가장 쉬운 과제 클래스는 비교적 명백한 개념들이 포함된 연구 분야에 대해서, 특정한 하나의 서지 데이터베이스에서 제목과 주제어로 검색을 해야 하고, 단순히 몇 개의 검색어를 사용해서 대단히 한정된 몇 개의 논문을 찾기 위한 검색을 해야 하는 상황이 학습자들에게 제시되는 과제 영역이 될 것이다. 가장 어려운 과제 클래스는 개념 정의가 매우 불분명한 학문 영역에서, 여러 관련 데이터베이스에서 검색을 해야 하고, 관련된 논문들을 제한하거나 확장하기 위해서 불린 연산자로 연결된 수많은 검색어로 검색해야만 하는 상황이 학습자들에게 제시되는 과제 영역의 범주가 될 것이다. 중간 난이도 수준의 부가적 과제 클래스는 이러한 양 극단 간에 포함시킬 수 있다.

특정 과제 클래스 안의 학습 과제들은 같은 지식체(body of knowledge)에 기반을 두어서 수행될 수 있는 것이라는 점에서 그 과제들은 동일한 것이라고 말할 수 있다. 그러나 그 과제들은 실세계에서 수행되는 차원이 다르기 때문에 서로 달라야만 한다. 보다 어려운 과제 클래스는 이전의 보다 쉬운 과제 클래스보다 더 많은 지식 혹은 효과적인 수행을 위해 보다 윤색된 지식을 필요로 한다. 다음 그림에서 제시된 것과 같이 학습 과제들은 전체 과제의 쉬운 버전에서부터 어려운 버전까지를 나타내는 과제 클래스들(예: 아래 그림에서 점선으로 표현된 사각형)이 포함된 하나의 순서화된 계열로 조직되어야 한다.

지원과 안내

학습자들이 생소하고 좀 더 어려운 과제 클래스들을 처음부터 공부해야 한다면, 그 과제의 다양한 부분들을 협응할 수 있도록 도와주는 지원과 안내를 제시하는 것이 반드시 필요하다. *지원(support:* 실제로는 과제 지원)은 훈련 과정에서 학습자들이 만들어내야만 하는 문제 상황(the givens), 목표, 해결책과 같은 산출물을 만들어낼 수 있도록 도움을 제공하는 것이다(산출 지향적). *안내(guidance:* 실제로는 해결 과정 안내)는 학습 과제를 성공적으로 해결하는 데 포함되어야 하는 과정에 대한 도움을 제공해 주는 것이다(과정 지향적). 이 문제는 4장, 5장, 7장에서 자세하게 다룰 것이다.

이러한 지원과 안내는 학습자들의 전문성 수준이 높아져 감에 따라 ***스캐폴딩(scaffolding)*** 과정에서 점차 사라질 것이다. 일반적 학습 과제에서도 이렇게 지원 수준이 다양한 기법들을 찾아볼 수 있다. 예를 들어 사례 연구는 지원의 정도가 높은 기법에 해당되고, ***일반적인 학습 과제(conventional tasks)***는 지원이 제거된 기법이라고 볼 수 있다. 이와 같이 사례 연구에서 일반적 학습 과제에 이르는 지원 기법들의 연속선은 곧 지원의 정도가 높은 학습 과제에서 지원이 제거된 학습 과제까지의 연속선에 해당한다. 사례 연구와 같은 방법으로 가르칠 때는 지원 정도가 가장 높다. 즉, 사례 연구에서는 학습자들에게 흥미로운 문헌 검색에 대한 설명을 해 주고, 어떤 방법으로 문헌 검색을 하는 것이 효과적일지를 묻고, 그러한 방법들로 검색한 논문의 최종 목록의 질이 어느 것이 더 나을지 등을 물어보는 것과 같은 지원을 제공한다. 학습자에게 연구 문제 · 검색 질의어 · 잠정적인 논문 목록을 주고, 검색 질의어를 구체화해서 어느 방법으로 하면 어떤 논문들이 선택될 것인지를 결정해야 하는 미완성 사례 연구를 줄 경우에는 중간 수준의 지원을 제공한다고 할 수 있다(학습자들은 그들에게 주어진 부분적인 해결책을 *완성*해야만 한다). ***완성형 전략(completion strategy)***(van Merriënboer, 1990; van Merriënboer & de Croock, 1992)이라고 불리는 이런 유형의 스캐폴딩이 상당히 효과가 있는 것으로 알려지고 있다. 마지막으로, 학습자가 혼자의 힘으로 모든 활동들을 수행해야만 하는 일반적인 과제 제시 방법에서는 지원이 전혀 제공되지 않는다. 교수설계서에서, 각 과제 클래스는 높은 수준의 지원과 안내가 포함된 하나 이상의 학습 과제로 시작하고, 점차 지원과 수준이 낮아진 상태로 학습 과제가 제공되고, 지원과 안내가 제거된 일반적인 과제가 마지막으로 제시된다.

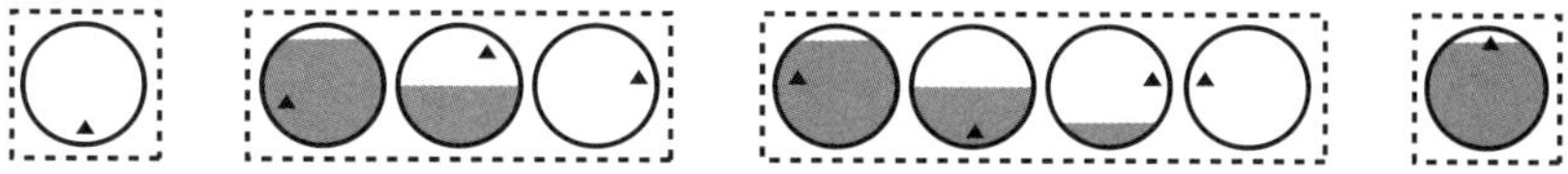

2.4 분화/전이 패러독스

그림 2.2는 복합적 학습 결과의 전형적인 특징을 보여주고 있다. 다시 말하면, 어떤 과제의 수행에 있어서 전문가가 된 사람들이 가지고 있는 부분 기능 간에는 질적인 차이가 있다는 점이다(Schneider & Shiffrin, 1977; Shiffrin & Schneider, 1977). 어떤 부분 기능은 문제 상황에 따라서 유연하게 다양한 방법으로 수행되는 쉐마 기반 처리(schema-based processes)이다. 예를 들면, "검색 질의어를 작성하는 과제" 에는 각각의 새로운 검색 상황에 따라서 구체적인 요구사항을 충족시키기 위한 문제 해결과 추론이 포함되어야 하는 것이다. 숙련된 사서들은 그런 기능들을 효과적으로 수행할 수 있다. 왜냐하면 그들은 그 과제의 영역을 추론하기 위해서(***정신적 모형(mental models)***의 형태), 그리고 그 영역에서 문제 해결을 이끌어 갈 수 있기 위해서(***인지적 전략(cognitive strategies)***의 형태) 해석될 수 있는 인지적 쉐마 혹은 구체적 메모리의 형태로 지식을 갖고 있기 때문이다. 따라서 같은 문제 상황에 따라 *같은 지식을 다르게 사용할 수 있는* 부분 기능들을 가지고 있다. 일반화된 인지적 쉐마가 새로운 행동을 생성하기 위해서 과제 수행자에 의해서 해석될 때도 있지만, 때로는 메모리로부터 검색된 구체적인 사례들이 하나의 유추로 작용할 수도 있다.

기능 위계에서 하위 수준의 다른 부분 기능은 문제 상황에 따라 매우 일관되게 수행될 수 있는 *규칙 기반 처리(rule-based processes)*이다. "검색 프로그램을 조작하는 것" 은 숙련된 사서에게는 어떠한 추론이나 문제 해결도 필요하지 않는 부분 기능의 예이다. 이런 기능은 항상 똑같이 하는 것이다. 전문가들은 타이피스트의 손가락 움직임이 텍스트를 읽으면서 바로 작동하는 것과 같이 특정 상황에서 특정 활동을 직접 작동시키는 인지적 · 운동기능적 규칙을 이미 형성했기 때문에(Anderson, 1993; Anderson & Lebiere, 1998) 그런 부분 기능을 효율적으로 할 수 있다고 한다. 따라서 이런 부분 기능은 어떠한 새로운 문제 상황에 부딪쳐도 *똑같은 지식을 똑같은 방법으로 활용*하면 되는 기능이다. 이러한 기능은 전혀 "지식" 에 의존하지 않는데, 왜냐하면 이러한 지식이 규칙 안에 완전히 내장되어 버리기 때문이라고 주장할 수도 있다. 실제로, 그 규칙들은 종종 말로 표현하기도 어렵고, 의식적으로 어떤 규칙이 적용되는지를 혼자서 점검하기도 어렵다. 전문가들은 검색 프로그램을 전혀 의식하지 않고 완전히 그 규칙들이 완전히 "자동적으로" 조작하는 수행 수준에 도달할 것이다. 그 규칙들이 완전히 자동화되었기 때문에 의식적인 통제가 필요 없다. 그 결과 훈련된 전문가들은 검색 프로그램을 조작하는 동안에 다른 것에 몰두할 수 있게 되는 것이다.

복합적 학습 상황에서 쉐마 기반 처리와 규칙 기반 처리는 동시적으로 일어나는 것이기는 하지만, 근본적으로 이 두 가지는 서로 다른 방법으로 개발된다(van Merriënboer & Paas, 1989). 2장 2절에서 이미 제시했듯이, 쉐마 기반 처리 영역 개발에 있어서 핵심은 다양성(variability)이다. ***쉐마 구성(schema construction)*** 과정에서 학습자들은 정보를 간단하게 축약할 수 있는 일반적인 쉐마를 구성해야 다양한 상황에 적용할 수 있는 모형과 접근 방법을 형성할 수 있게 된다. 반면, 규칙 기반 처리 능력의 개발에 있어서는 반복(repetition)이 그 핵심이다. 규칙 혹은 ***쉐마 자동화(schema automation)*** 과정에서 학습자들은 특정한 조건이 주어지면 그 특정한 조건에 부합하는 정신적 혹은 신체적 행위를 유발할 수 있는 대단히 구체적인 인지적·운동기능적 법칙을 개발한다.

훈련 후에 쉐마 기반 처리에 의해서 수행되어야만 하는 경우 이 기능들을 ***비순환적 기능(non-recurrent skills)***으로 분류할 수 있는데, 문제 해결 및 추론 행동 측면이 여기에 해당된다. 훈련 후에 규칙 기반 처리에 의해 수행되어야 하는 경우 이 기능들을 ***순환적 기능(recurrent skills)***으로 분류할 수 있는데, 반복적인 행동 측면이 여기에 해당된다. 문헌 검색 예에서 순환적 기능으로 분류되는 부분 기능의 예에는 "시소로스 활용하기", "불린 연산자 사용하기", "검색 프로그램 조작하기" 등이 있다. 왜냐하면 이러한 기능들의 수행은 문제 상황마다 크게 다르지 않기 때문이다(그림 2.2에서 이러한 기능들이 이탤릭체로 표시되었고, 이러한 기능들과 연합되는 지식은 없다). 비순환적 혹은 순환적 기능으로의 분류는 그러한 기능들의 효과적·효율적 학습을 위한 교수 방법이 매우 다르기 때문에 이 모형에서는 매우 중요하다.

지원적 내용/절차적 학습 내용

지원적 내용은 *비순환적* 부분 기능을 수행하는 데 매우 중요하다. 지원적 내용은 학습자들에게 학습 영역이 어떻게 조직되어 있는지, 그리고 그 영역에서 문제에 어떻게 접근해야 되는지에 대해서 설명해 준다. 지원적 내용은 학습자들이 같은 과제 클래스 안에 있는 학습 과제들(같은 지식체에 기반해서 수행될 수 있는 동등한 학습 과제들)의 문제 해결과 추론 측면에 대해 학습할 수 있도록 도와준다. 문헌 검색 예에서, 지원적 내용은 서지 데이터베이스가 어떻게 이루어져 있는지 알려주고(학습자들이 데이터베이스에 대한 정신적 모형을 구성하도록 돕기), 관련된 연구 문제를 검색어로 바꾸기 위한 요령(heuristics)을 제시해줄 수 있다(학습자들이 인지적 전략을 구성하도록 돕기). 지원적 내용을 제시하기 위한 교수방법은 새로운 학습 내용을 깊이 있게 학습자가 처리할 수 있도록 쉐마 구성을 촉진해야만 한다. 다시 말하면, ***정교화(elaboration)***라고 하는 쉐마 구성의 하나의 하위 과정으로 새로운 정보를 학습자가 이미 가지고 있는 쉐마에 연결시키는 것과 같은 방법을 말한다(7장의 Box 3 참고). 지원적 내용은 같은 과제 클래스 안에 있는 모든 학습 과제들을 수행할 때 필요하기 때문에, 보통 학습자들이 새로운 과제 클래스에 대해서 공부하기를 시작하기 전에 제시해서 그 과제 클래스를 공부하는 동안에 언제나 이용할 수 있도록 해야 한다. 아래의 교수설계서에서 다음과 같이 L모양으로 표시되어 있는 부분이 이런 방법을 의미한다.

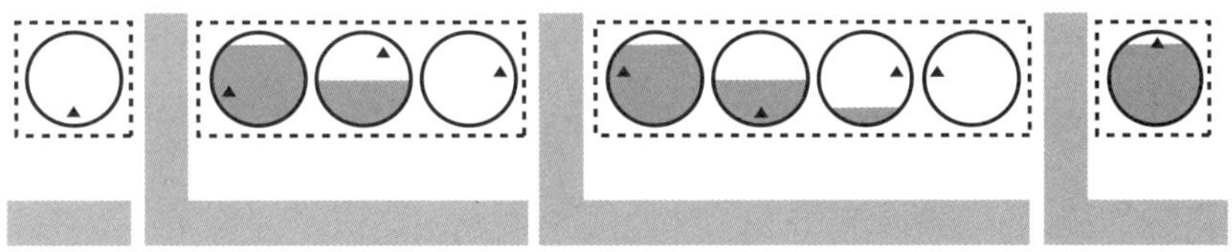

절차적 학습 내용은 우선적으로 *순환적* 부분 기능을 수행하는 데 매우 중요하다. 절차적 학습 내용은 학습자에게 순환적인 학습 과제를 어떻게 수행해야 하는지에 대해서 설명해 주고, 가급적 직접적이고 단계적 수행 절차를 안내하는 방법을 취해야 한다. 문헌 검색 예에서, 절차적 학습 내용은 검색 프로그램을 어떻게 조작해야 하는지에 대한 간편 안내서 혹은 학습 보조자료 형태로 제시되어야 하고, 혹은 화면의 특정 위치로 커서가 이동될 때 보일 수 있는 정보 혹은 창과 연결되는 클릭할 수 있는 핫워드(hot-words)로 제시될 수 있는 이러닝 프로그램과 같은 것으로 제시될 수도 있다. 절차적 학습 내용을 제시하기 위한 교수방법에서는 규칙 자동화를 촉진해야 하고, ***지식 컴파일화(knowledge compilation)***라고 하는 규칙 자동화의 하위 과정으로 ***인지적 규칙(cognitive rules)***이 쉽게 내장될 수 있도록 과제 수행을 하는 동안에 지원적 내용을 항상 이용할 수 있도록 제시되어야 한다(10장의 Box 4 참고). 절차적 학습 내용은 반복적 학습 과제를 수행하는 데 필요하기 때문에 처음에 학습자들이 하나의 과제를 수행하는 데 절차적 학습 내용이 필요할 때는 정확하게 제시되어야 하지만("적시적(just in time)" 으로), 그 다음 학습 과제를 학습할 때는 빨리 소거되어야 한다. 교수설계서에서 절차적 학습 내용(검은색의 들보 모양)은 다음과 같이 분리된 학습 과제들과 연결된다.

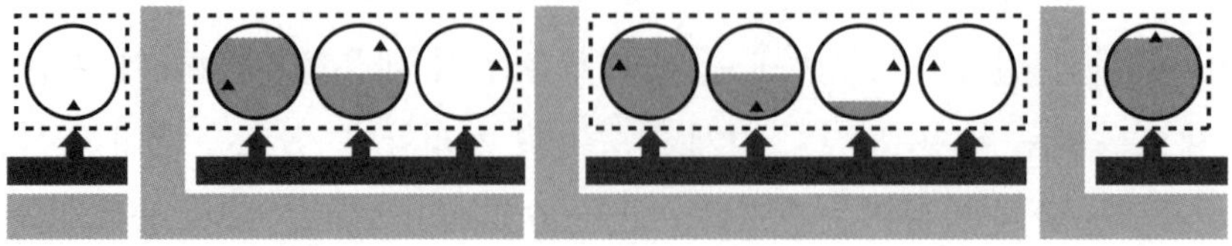

부분 과제 연습

이전에 소개했듯이 학습 과제들은 전체 과제 연습에서만 제공된다. 그러나 종전의 부분 과제에서 전체 과제로 전환하는 방식의 패러다임이 구획화와 분절화를 방지하기 위해서 항상 충분한 것은 아니다. 훈련 프로그램에서 부가적인 부분 과제 연습을 포함할 필요가 있는 상황도 있다. 어떤 한 과제의 특정 순환적 측면에 대해서 대단히 높은 자동화가 필요할 때에는 이런 부분 과제 연습이 필요하다. 부분 과제 연습을 하지 않고 학습 과제 전체를 모두 학습하게 하면 높은 자동화 수준에 이르기 위해서 충분한 연습을 할 수가 없다. ***자동화되어야만 하는 순환적 부분 기능**(to-be-automated recurrent constituent skills)*의 학습을 하기 위해서는 부가적인 부분 과제 연습이 제공될 필요가 있다. 예를 들면, 아이들이 구구단을 연습해야 된다든지 음악가가 악보를 연습해야 하는 경우와 같다.

문헌 검색 예에서는 학습자가 불린 연산자를 사용하는 방법을 학습할 수 있도록 부분 과제 연습이 제공될 수 있다(Carlson, Sullivan, & Schneider, 1989 참고). 부분 과제 연습을 위해 사용되는 교수 방법은 규칙 자동화를 촉진해야 하는데, 특히 ***강화**(strengthening)*라고 하는 하위 과정을 촉진해야 한다. 강화는 학습자에 의해 성공적으로 적용되었을 때마다 인지적 규칙의 강도를 높이는 과정을 말한다(13장의 Box 5 참고). 어떤 한 과제의 특정한 순환적 측면을 위한 부분 과제 연습은 유의미한 전체 학습 과제 안에서 그것이 소개된 후에만 시작할 수 있다. 이런 식으로 학습자들은 풍부한 인지적 상황에서 연습을 시작한다. 문헌 검색을 위해서는, 학습자들은 전체 학습 과제의 맥락 안에서 불린 연산자를 학습하고 난 다음에 불린 연산자를 구성하는 방법과 활용하는 방법을 연습하기 시작할 수 있다. 학습 과제의 비순환적인 측면들을 위한 것과 마찬가지로, 부분 과제 연습을 위해서도 절차적 학습 내용이 필요할 수 있다. 왜냐하면 절차적 학습 내용은 항상 순환적 부분 기능에 대한 것이기 때문이다(열 단계에 의하면, 비순환적 구성요소 기능을 위해서는 부분 과제 연습이 제공되지 않는다). 교수설계서에서 부분 과제 연습은 다음과 같이 작은 원들(연습 항목)로 표시된다.

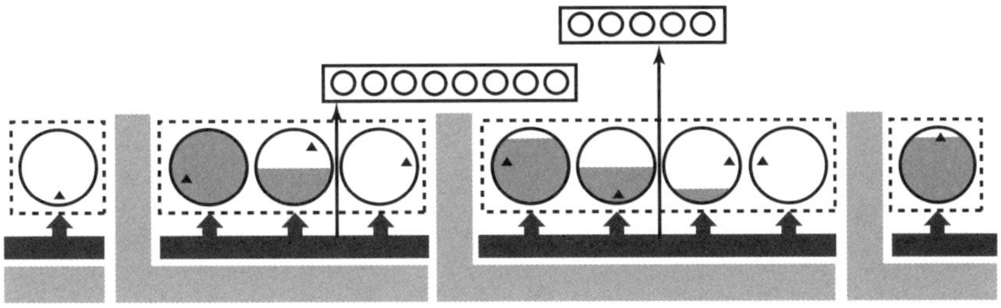

이것으로써 교수설계서의 구성이 마무리되고 그림 2.1에서 소개되었던 도식적 개요에 대한 설명이 완료된다. 잘 설계된 교수설계서는 학습자가 과제의 복잡성에 압도되지 않도록 해준다. 과제들은 쉬운 것에서 어려운 것으로 순서화되고, 필요할 때 지원과 안내가 제공되고, 적시에 다양한 유형의 정보가 정교하게 제시되어야 하기 때문이다(Box 1 참고). 학습자들이 하나의 과제 수행을 위해서 자신이 가지고 있는 모든 인지적 자원을 투입하게 할 뿐만 아니라 쉐마 획득과 규칙 자동화와 같은 본유적 학습을 하는 데 충분한 정신적 노력을 투자할 수 있도록 해야만 한다. 이렇게 학습할 때에만 일상적 혹은 전문적 분야에서의 학습 전이를 기대할 수 있다.

Box 1 – 인지부하 이론과 네 가지 구성요소

이 책에서 제시하는 것과 같은 최근 교수이론들은 학습을 위한 동력으로서 실제적 · 전체 과제의 사용을 강조한다. 그러나 전체 과제들을 사용함으로써 발생할 수 있는 심각한 문제는 전체 과제를 사용할 때에는 과제의 복합성이 대단히 심하기 때문에 학습자들이 학습하는 데 어려움을 느낀다는 문제점이 있다. ***인지부하 이론(cognitive load theory)***은 이와 같이 인간의 인지구조의 매우 제한된 처리 용량으로 인해 발생하는 문제를 해결하기 위한 지침을 제공한다.

인지부하 이론(Cognitive Load Theory: CLT)

인지부하 이론의 핵심은 교수를 설계할 때 인간의 인지구조를 주요하게 고려해야 한다는 것이다. 인지부하 이론에 의하면 인간의 인지 구조는 무한정의 장기 기억과 상호작용하는 시각/공감각 및 청각/언어 정보를 위해 부분적으로 독립된 처리 장치를 가진 극도로 제한된 활성기억으로 구성된다고 한다. 인지부하 이론에서는 인지부하를 발생시키는 처리 유형에 따라 인지부하를 다음과 같이 세 가지 유형으로 구분한다.

1. ***내재적 인지부하(intrinsic load)***는 과제 수행, 특히 활성 기억 안에서 동시에 처리되어야만 하는 요소의 수('요소 상호작용성')와 직접적으로 관련되는 기능이다. 예를 들어, 반드시 협응해야만 하는 많은 부분 기능들로 이루어진 학습 과제(예: 바흐의 소나타 연주하기)는 협응해야만 하는 부분 기능이 적은 과제(예: 주요 음계 연주하기)보다 더 높은 내재적 인지부하를 일으킨다.
2. ***외생적 인지부하(extraneous load)***는 내재적 인지부하 이외에 잘못된 교수설계로 인해 발생되는 부하이다. 예를 들어, 학습자가 교수자료에서 과제 학습을 수행하는 데 필요한 정보를 찾아야만 한다면(예: 음악 수업에서 설명되지 않는 비슷한 소나타를 연주하기 위해 적절한 손가락 배치를 찾기), 이 검색 과정 자체는 학습에 직접적으로 기여하지 않고, 따라서 외생적 인지부하를 일으킨다.
3. ***본유적 인지부하(germane load)***는 학습, 특히 쉐마 획득과 규칙 자동화에 직접적으로 기여하는 처리와 관련된다. 예를 들어, 과제의 세부사항에 주목하기보다 새로운 학습 내용을 학습자가 이미 알고 있는 것과 의식적으로 연결하는 것(예: 소나타를 연주하는 것이 이미 학습자가 알고 있는 다른 것과 아주 흡사하지만 어떤 하나의 특정 부분에 대해서는 차이가 있다는 것을 명시화함)은 본유적 인지부하를 일으킨다.

인지부하 이론의 기본 가정은 적절한 교수 절차 덕분에 낮아진 외생적 인지부하로 인해 사용하지 않게 되는 활성기억 용량을 산출하는 교수설계가 학습자들이 학습과 직접적으로 관련된 의식적 인지 처리에 개입하게 함으로써 더욱 증가될 수 있다는 것이다. 내재적 · 외생적 · 본유적 인지부하는 부가적(additive) 특성이 있는데, 학습이 일어나려면 세 가지 인지부하의 합이 사용할 수 있는 활성기억 자원을 넘지 않게 해야 한다. 결과적으로, 교수설계에 의해 본유적 부하가 많이 생성될수록 학습을 위한 가능성이 더 커진다.

네 가지 구성요소와 인지부하

1. *학습 과제*를 수행하는 것과 관련된 인지부하는 두 가지 방식으로 통제할 수 있다. 첫째, 내재적 인지부하는 쉬운 과제 클래스에서 어려운 과제 클래스로 학습 과제를 조직함으로써 관리할 수 있다. 쉬운 과제 클래스 안의 학습 과제들을 위해서는 요소 수가 적어야 하고 요소들 간의 상호작용이 활성기억에서 동시에 처리될 수 있어야 한다. 과제 클래스가 더 복합적으로 되어감에 따라 요소의 수와 요소들 간의 상호작용이 증가한다. 둘째, 외생적 인지부하는 과제 클래스 안의 첫 번째 과제(들)을 위해 많은 지원과 안내를 제공해서 문제 해결에 약한 방법을 사용하고 이로 인해 발생되는 높은 외생적 인지부하를 방지함으로써 관리할 수 있다. 이러한 지원과 안내는 학습자들이 더 높은 전문성을 획득해 감에 따라 소거된다(스캐폴딩).
2. *지원적 내용*은 전형적으로 높은 요소 상호작용성을 가지고 있기 때문에 학습자들이 학습 과제를 학습하는 도중에 그것을 제시하지 않는 것이 좋다. 과제를 수행하는 동시에 지원적 내용을 학습하는 것은 분명히 인지 과부하를 유발할 것이다. 대신, 학습자들이 학습 과제를 학습하기 전에 지원적 내용을 제공하는 좋다. 이런 식으로 지원적 내용을 제시하면, 과제 수행 도중에 활성 기억에서 활성화될 수 있는 인지적 쉐마가 장기기억 안에 형성될 수 있다. 이미 형성된 인지적 쉐마를 검색하는 것이 과제 수행 도중에 외부로부터 제시된 복합적 정보를 활성기억에서 활성화시키는 것보다 인지적 노력을 낮출 것으로 기대할 수 있다.
4. *절차적 학습 내용*은 인지적 규칙들로 구성되고 전형적으로 지원적 내용보다 훨씬 낮은 요소

상호작용성을 지닌다. 뿐만 아니라, 인지적 규칙을 개발할 때는 관련 정보들이 과제 수행 동안에 활성기억에서 활성화될 수 있도록, 절차적 학습 내용들을 규칙들 안에 내장시키는 것이 필요하다. 사전에 절차적 학습 내용을 공부하는 것은 아무런 도움이 되지 않는다. 따라서 절차적 학습 내용은 학습자가 그것을 필요로 할 때 정확하게 제시하는 것이 좋다. 예를 들면, 학습자가 연습하는 동안에 선생님이 "학습자의 어깨 너머로 보면서 도와주는 것"과 같이 행동하면서 연습 도중에 학습자에게 단계별 수행 방식에 대한 안내를 제공하는 것과 같다.

4. 마지막으로, *부분 과제 연습*은 복합적 기능의 특정한 순환적 측면들을 자동화한다. 일반적으로, 부분 기능에 지나치게 의존하는 것은 복합적 학습에 좋지 않다. 그러나 자동화된 순환적 부분 기능들이 전체 기능의 수행을 더욱 유연하게 하고 인지적 과부화로 인해 발생하는 오류의 기회를 줄이면서 전체 학습 과제들을 수행하는 것과 관련된 인지부하를 줄일 수 있을 것이다.

인지부하 이론의 한계

인지부하 이론은 네 가지 구성요소에 완전히 부합하지만, 이것이 인지부하 이론만으로 복합적 학습을 위한 유용한 교수설계 모형을 개발하는 데 충분하다는 의미는 아니다. 인지부하 이론을 적용하면 인지적 과부하를 방지하고 (그만큼 중요한 것으로) 학습에 사용되는 처리 자원에 여유가 생기게 한다. 여유롭게 확보된 자원들이 실제로 학습에 사용되게 하기 위하여 열 단계라는 모형은 학습 과제를 위한 귀납 모형(4장의 Box 2 참고), 지원적 내용을 위한 정교화 모형(7장의 Box 3 참고), 절차적 학습 내용을 위한 지식 컴파일화 모형(10장의 Box 4 참고), 그리고 부분 과제 연습을 위한 강화 모형(13장의 Box 5 참고)과 같이 각 네 가지 구성요소들을 위한 교수방법을 처방하는 데 필요한 몇 가지 구체적인 학습 이론들을 적용한다.

참고 문헌

Kirschner, P. A. (Ed.) (2002). Cognitive load theory [Special Issue]. *Learning and Instruction*, 12.

Paas, F., Renkl, A., & Sweller, J. (Eds.) (2003). Cognitive load theory and instructional design: Recent developments [Special Issue]. *Educational Psychologist*, *38*(1).

Paas, F., Renkl, A., & Sweller, J. (Eds.). (2004). Advances in cognitive load theory, Development, and instructional design[Special Issue]. *Instructional Science*, *32*.

Paas, F., van Merriënboer, J. J. G., & Adam, J. J. (1994). Measurement of cognitive load in instructional research. *Perceptual and Motor Skills*, *79*, 419–430.

Sweller, J., van Merriënboer, J. J. G., & Paas, F. (1998). Cognitive architecture and instructional design. *Educational Psychology Review*, *10*, 251–269.

van Merriönboer, J. J. G., & Ayres, P. (Eds.) (2005). Research on cognitive load theory and its design implications for e-learning [Special Issue]. *Educational Technology Research and Development*, *53*(3).

van Merriënboer, J. J. G., & Sweller, J. (2005). Cognitive load theory and complex learning: Recent developments and future directions. *Educational Psychology Review*, *17*, 147–177.

2.5 학습 전이의 실현

이 장에서 번호가 표시되지 않은 그림으로 표현된 교수설계서가 왜 학습 전이를 발생시키는지에 대한 세 가지 이유는 다음과 같다. 첫째, 학습 과제들을 전체적으로 제시하면 생소한 문제 상황에서 필요한 지식을 찾을 수 있는 가능성을 높일 수 있는 하나의 통합된 지식 기반을 개발해주기 때문이다. 둘째, 쉬운 것에서부터 어려운 것으로 과제 클래스를 배열해서, 그것과 함께 학습자 지원 및 안내를 제공해 도움을 같이 주면, 부분 기능과 그 기능들에 관련된 지식과 태도의 협응을 학습하게 해주어 훈련 후에 새로운 문제를 해결하기 위하여 전략적으로 협응할 수 있도록 해 주기 때문이다. 마지막으로, 규칙 자동화로부터 쉐마 구성을 분화하는 것은 전이가 일어나는 데 필수적인 두 가지 요소인 자동화된 규칙과 인지적 쉐마를 생성하게 주기 때문이다. 규칙은 새로운 문제의 친숙한 측면의 수행을 직접 유도하지만 쉐마는 바로 그 새로운 문제들의 친숙하지 않은 측면을 수행할 수 있도록 해석해준다.

그림 2.3은 *전이 사이클(transfer cycle)*로서, 특정 규칙의 적용과 쉐마 해석 간의 관계를 보여준다. 규칙들이 완전히 자동화된 후에, 이것들은 새로운 문제의 친숙한 측면을 수행할 뿐만 아니라 문제의 친숙하지 않은 측면들을 다루는 데 사용될 수 있는 인지적 처리 자원의 여유 공간을 확보한다. 규칙 기반 전이의 이런 처리

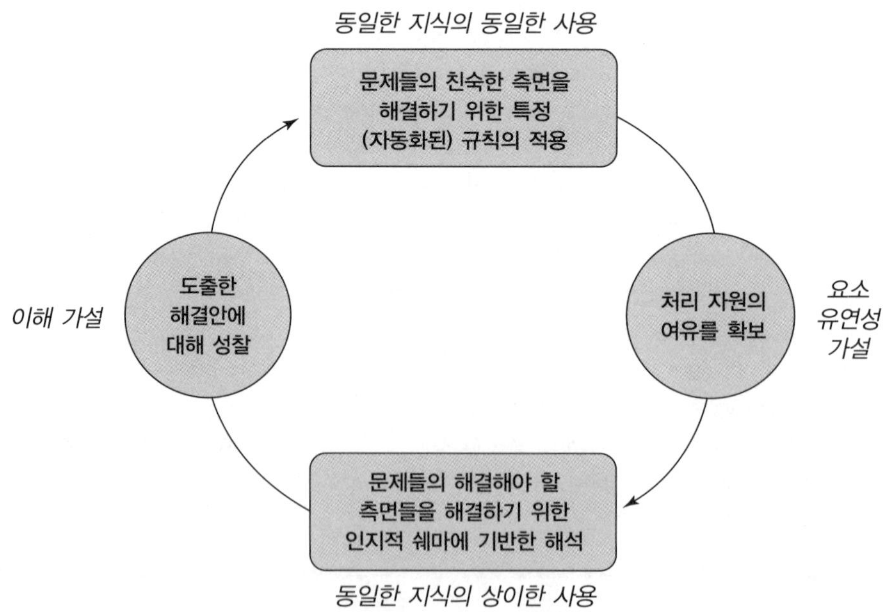

그림 2.3 전이 사이클

는 *요소 유창성 가설(component fluency hypothesis)*에 따른다(Carlson, Khoo, & Elliott, 1990). 여기에서 요소 유창성 가설이라고 하는 것은 순환적 부분 기능이 자동화되어야만 그 이후에 (전체 과제 수행과 관련된 모든 측면들의 협응을 포함한) 비순환적 수행을 하는 데 필요로 하는 인지적 자원을 가용할 수 있다는 가설이다. 따라서 구구단을 연습하면, 아이들이 다음과 같은 두 가지 방식으로 실제 수학 문제를 해결하게 된다. (a) 곱셈을 하는 데는 거의 인지적 자원을 이용하지 않고 곱셈을 할 수 있게 되어서, (b) 실제 문제의 익숙하지 않은 측면에 더 많은 인지적 자원을 이용할 수 있게 된다. 이와 비슷하게, 음계를 연습하는 것은 음악가들이 필요한 손가락 동작을 자동적으로 수행하고, 인지적 자원을 효과적으로 이용하게 해줌으로써, 그들의 동작을 협응하게 할 뿐만 아니라 예술적으로 악보를 해석하게 해준다.

학습자들은 어떤 해결 과제가 주어지면 문제가 무엇인지를 추론하기 위하여 어떤 원리를 적용하거나 그 문제의 해결 과정을 찾아내기 위하여 해결 전략을 적용함으로써 새로운 문제에서 익숙하지 않은 측면을 이해하기 위하여 인지적 쉐마를 해석한다. 예를 들면, *유추(analogy)*는 어떤 한 문제 상황이 주어졌을 때 이미 학습한 적이 있는 유사한 문제 상황에서 (이미 학습한 적이 있는 문제와 지금 주어진 문제 간의) 양쪽에 사용된 인지적 쉐마를 비교하기 위한 하나의 해석 방법이다. 유용하고 잘 조직화되어 있고 풍부한 쉐마로 유추가 이루어진다면, 그 유추는 대단히 효과적인 처리 과정이기 때문에 하나의 해결안에 이르기 위해서 새로운 문제 상황에 필요한 쉐마를 쉽게 인출해서 적용할 수 있을 것이다. 유추 또는 쉐마 기반 전이의 이러한 처리는 ***이해 가설(understanding hypothesis)***에 따른다(Ohlsson & Rees, 1991). 이해 가설은 어떤 문제 상황을 일반적인 용어로 해석할 수 있도록 사용될 수 있는 쉐마에 의해서 어떤 내용 영역을 이해하고 있으면, 자기 자신의 수행을 모니터링하고 평가하게 해주고, 자기가 범한 오류를 찾아서 수정하게 해주고, 어떤 규칙을 적용해서 이르게 된 해결책의 질에 대해서 성찰하게 해준다.

위의 두 전이 메커니즘에 따르면 *전문가는 성찰* 활동을 한다는 증거가 있다고 한다(Frederiksen, 1984; Gick & Holyoak, 1987). 그들은 과제의 자동화된 측면을 수행하고 처리 자원을 확보하기 위한 자동화된 규칙과, 본유적 문제 해결 활동을 수행하고 계속해서 자기의 수행과 생성된 해결안의 질을 평가할 수 있는 많은 쉐마를 가지고 있다. 초보자들과는 대조적으로, 성찰적 전문가(reflective experts)는 알고 있는 접근 방법으로 문제가 해결되지 않으면 다른 접근 방법을 쉽게 만들어 내는 것과 같은 "융통적(opportunistic)" 판단이 가능하다. 잘 설계된 교수설계서는 그런 성찰적 전문성을 개발하도록 도와야 한다.

2.6 요약

- 다양성을 가진 일련의 학습 과제들은 학습한 것을 하나의 상호연계된 지식기반으로 통합해주기 때문에 복합적 학습을 위한 훈련 프로그램의 골격을 제공한다.
- 과제 클래스 안의 학습 과제들을 쉬운 것에서 어려운 것으로 순서화하는 것과 스캐폴딩을 통해 학습자의 수행을 지원하는 것은 학습자들이 실생활의 과제 수행의 모든 측면들을 협응하는 것을 배우도록 하는 데 필수적이다.
- 인지적 쉐마의 구성을 촉진하기 위해서, 지원적 내용은 학습자들이 같은 과제 클래스 안의 학습 과제들의 비순환적 측면을 충실히 학습할 수 있도록 학습 영역이 어떻게 조직되는지, 그리고 이 영역의 문제에 어떻게 접근하는지 설명해준다.
- 규칙 자동화를 촉진하기 위해서, 첫째, 절차적 학습 내용은 학습 과제의 순환적 측면을 수행하는 방법을 정확하게 보여주고, 둘째, 부분 과제 연습은 매우 높은 자동화 수준으로 개발될 필요가 있는 순환적 측면들을 반복하게 한다.
- 네 가지 요소로 구성된 교수설계서는 불필요한 인지부하를 줄이고 소위 쉐마 구성과 규칙 자동화라고 하는 학습에 사용될 수 있는 인지적 여유 자원을 확보해주기 때문에 인지부하 이론에 완전히 부합된다.
- 네 가지 요소로 구성된 교수설계서는 첫째, 과제의 순환적 측면을 수행하고 인지적 여유 자원을 확보하기 위한 자동화된 규칙의 개발과 둘째, 실제 문제 해결 활동을 수행하고 그 수행의 질과 생성된 해결책을 평가하기 위한 풍부한 쉐마의 구성을 목표로 하기 때문에 학습의 전이에 도움을 준다.

제3장

열 단계

방에 페인트를 칠할 때(비교적 쉬운 과제) 하나의 고정된 절차를 쉽게 사용될 수 있다. 먼저 방을 비우고 모든 소켓, 고정물, 바닥제, 램프 등등을 옮겨 임시 장소에 그것들을 보관한다. 벽에 붙어 있는 낡은 벽지와 오래된 페인트를 제거한 후에 벽과 천장을 수선할 수 있다(예: 회반죽을 바르고 샌드페이퍼로 문지르고 구멍을 메운다). 그 다음에 방, 창, 창틀 등을 칠하고(종종 다른 종류의 페인트와 색깔로) 패널, 소켓, 부착물을 제자리에 배치한다. 마지막으로, 램프를 다시 달고 카펫을 깔고 가구를 방안에 들여놓는다. 훨씬 더 복합적 과제인 집 전체에 페인트칠을 하는 경우는, 이와 같은 단계들을 다시 선형적인 순서를 따라서 같은 방식으로 작업을 진행할 수 있을 것이다. 그러나 이렇게 선형적인 작업 방식은 '모든 판넬 · 부착물 · 고정물 · 바닥제를 제거하고 모든 벽지 등을 떼어내면서 그런 후에 역순으로 모든 가구들을 마지막으로 완전히 정돈된 집 안에 들여놓을 수 있을 때까지',

우선 집 전체의 가구를 옮겨 보관하는 것을 의미하기 때문에, 항상 그런 것은 아니지만 이러한 작업을 매우 다른 방식으로 행하는 경우가 종종 있다. 불행히도 이러한 방식은 비실용적일 뿐만 아니라 종종 만족스러운 결과를 얻지 못할 수도 있다. 그 집에 사는 사람들은 집을 다시 칠하는 기간 동안에 먹고 잘 곳이 없기 때문에 그런 방법은 실용적이지 못하다. 뿐만 아니라 이와 관련된 방법들은 그러한 방법으로 학습한 내용과 생성된 아이디어들로부터 이득을 얻지 못할 수 있기 때문에 가장 만족스러운 결과를 이끌 가능성이 없을 것이다. 고정된 절차를 따르기보다는 집 전체를 완전히 칠할 때까지 특정한 순서로 다른 방들을 칠하는 지그재그 전략(zigzag strategy)을 따르는 것이 더 좋을 것이다.

이 장에서는 열 단계의 교수설계 과정을 설명하고자 한다. 그러나 이를 위해 열 가지 설계 단계보다는 열 가지 설계 활동에 대한 설명부터 해야 할 것이다. 그 이유는 매우 간단하다. 비록 이론적으로는 특정한 순서로 진행할 수 있는 열 단계가 있긴 하지만 실제 교수설계 프로젝트에서는 이러한 활동들의 순서가 바뀌어서 지그재그 순서로 설계 행동이 일어나는 경우가 비일비재하다. 어쨌든 활동을 선형적으로 설명하는 것이 체제적 설계 과정을 취하는 열 단계 모형을 이해하는 데 필요하기 때문이다. 이를 위하여 활동들을 순서화하기 위해 David Merrill의 *연못 속의 조약돌(pebble-in-the-pond)* 원리(2002b)가 사용된다. Merrill의 접근은 우리 모형의 핵심인 소위 학습 과제 설계라는 활동으로 시작하는 설계의 실용적이고 내용 지향적 관점을 취하고 있기 때문이다. 학습 과제는 연못 속에 던져지는 조약돌이자 열 단계의 첫 번째 단계 역할을 한다. 이 하나의 조약돌인 학습 과제의 설계가 그 다음 모든 활동들의 시발점이 된다. 학습 과제의 설계가 끝나면 다른 아홉 단계의 설계 하나하나가 이어질 것이다.

이 장은 각각의 활동이 영향을 주고 다른 모든 활동들에 의해 영향을 받기도 하는 교수설계 내 체제 역학의 역할에 따라 설계 과정을 구성하는 열 단계에 대해서 먼저 알아볼 것이다. 그 다음 Merrill의 연못 속의 조약돌 원리가 제시되고 활동들을 열 단계로 순서화하기 위한 프레임워크로서 사용될 것이다. 이러한 관점에서 이 열 단계는 ***교수체제설계(Instructional Systems Design)*** 내지는 ***ADDIE 모형(ADDIE model)***의 단계를 따르게 될 것이다(분석, 설계, 개발, 실행, 평가). 그 다음에 이 장은 간단한 요약으로 마무리될 것이다. 독자들은 이 장에서 제시되는 내용에 대해 너무 부담스러워할 필요가 없다. 왜냐하면 이후의 장에서 활동들에 대해 자세하게 설명될 것이기 때문이다. 이 장은 개관에 불과하다.

3.1 열 가지 활동

그림 3.1은 복합적 학습을 설계하는 전체 과정을 한눈에 보기 좋게 제시한 것이다. 그림 안의 회색 상자는 복합적 학습을 위한 교수설계서를 설계할 때 수행되는 열 개의 활동을 나타낸다. 이것들은 설계자가 효과적, 효율적, 매력적인 교육 프로그램을 만들기 위하여 수행하는 전형적인 활동들이다. 이 절은 서로 다른 요소들에 대하여 그림의 아래에서부터 차례대로 설명하고 있다.

그림의 가장 아래에 있는 부분은 교수설계서로 네 개의 청사진 요소에 해당하는 네 개의 활동들을 포함하고 있다. 『학습 과제 설계』는 교수설계서의 핵심 부분이다. 각 과제 클래스마다, 해당 수준의 미리 지정된 특정 기준에 이를 때까지 학습 과제는 학습자에게 특정 난이도의 다양한 전체 과제 연습을 제공하도록 설계되며, 그 결과 학습자들은 다음의 좀 더 복잡한 또는 어려운 과제 클래스를 계속하게 된다. 『지원적 내용 설계』는 학습자에게 특정 과제 클래스 내에 있는 학습 과제 중 비순환적 측면(문제 해결과 추론)을 수행하는 데에 도움을 주는 모든 내용에 관한 것이다. 『절차적 학습 내용 설계』는 학습 과제의 순환적 측면을 수행하는 방법을 정확하게 명시화한 모든 내용에 관한 것이다. 마지막으로 『부분 과제 연습 설계』는 매우 높은 수준의 자동성을 개발하는 데 필요한 선택된 순환적

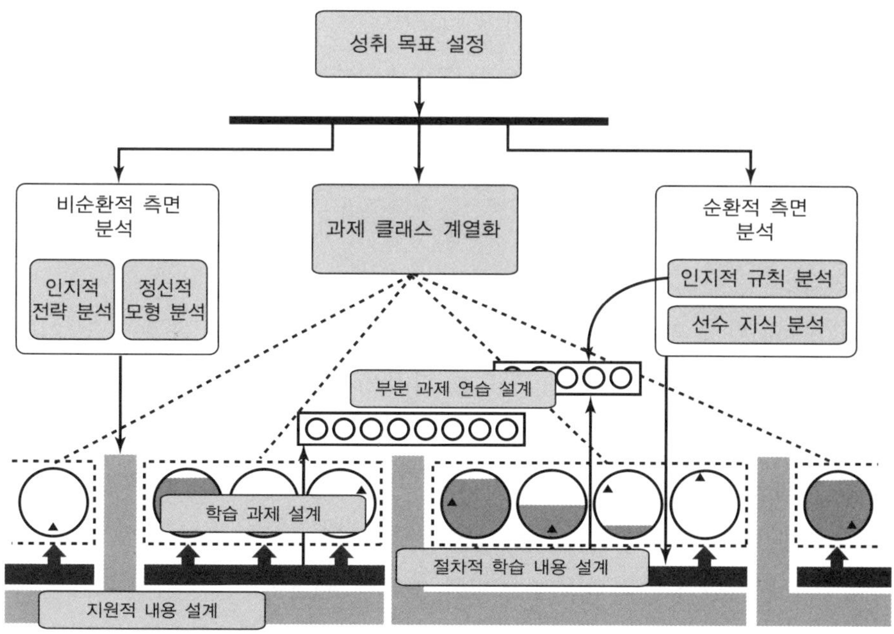

그림 3.1 복합적 학습 설계 과정에서 열 개의 활동

측면을 위하여 필요하다.

그림의 중간 부분을 보면 다섯 가지 활동이 제시되어 있다. 정중앙에 있는 활동인 『과제 클래스 계열화』는 학습자가 수행할 과제의 쉬운 영역부터 어려운 영역까지의 연속선을 기술하는 것이다. 이 계열화는 학습이 최적화된 상태로 일어나도록 과제를 조직화한다. 가장 쉬운 과제 클래스는 학습자의 출발점 수준에 연결되고, 마지막이면서 가장 어렵거나 복합적 과제 클래스는 최종 달성 수준에 연결된다. 그림의 왼쪽부분에 있는 인지적 전략 분석과 정신적 모형 분석은 학습자가 하나의 과제를 수행하는 데 포함되어 있는 비순환적 측면을 성취하도록 도와주는 데 필요하다. 『인지적 전략 분석』은 숙련된 과제 수행자가 어떤 영역에서 어떻게 체계적으로 문제에 접근하는가라는 질문에 답해준다. 『정신적 모형 분석』은 어떤 영역이 어떻게 조직되어 있느냐라는 질문에 답해준다. SAP(Systematic Approach Problem solving)와 영역 모형은 하나의 특정 과제 클래스를 위한 지원적 내용을 설계하는 데 필요한 기반으로 사용된다(7장 1절 참고). 과제 클래스들을 구체화하고 과제의 비순환적 측면을 분석하는 것 간에는 명백한 상호 의존성이 있다. 어려운 과제 클래스는 쉬운 과제 클래스보다 더 자세하고 보다 윤색된 인지적 전략과 정신적 모형을 필요로 한다.

그림 3.1 오른쪽부분에 있는 인지적 규칙과 ***선수 지식(prerequisite knowledge)*** 분석은 과제 수행의 순환적 측면을 학습자가 성취하도록 도와주는데 필요하다. 『인지적 규칙 분석』은 전문가가 자동적으로 과제의 순환적 측면을 수행할 수 있게 해주는 조건과 조치(IF 조건 THEN 조치)를 찾아내게 해준다. 『선수 지식 분석』은 그 조건-조치를 옳게 적용하기 위해서 알 필요가 있는 것을 찾아내준다. 이 두 개의 분석 결과들은 절차적 학습 내용의 설계를 위한 기반이 된다. 또한 분석된 조건- 조치들을 이용해서 부분 과제 연습 설계에서의 연습 항목들을 구체화할 수 있다.

그림 3.1의 가장 위쪽에 있는 유일한 하나의 활동은 『성취 목표 설정』이다. 복합적 학습은 고도로 통합된 학습 목표를 다루기 때문에 복합적 기능을 분석해서 실제 과제를 수행하는 데 관련된 모든 혹은 부분 기능을 하나의 위계로 기술하는 데에 그 초점이 있다. 다시 말하면, 각각의 부분 기능에 대한 성취 목표와 그 목표가 달성되었는지를 판단할 수 있는 기준의 구체화와 각 목표 안에 포함되어 있는 기능이 비순환적인가 순환적인가에 대한 분류에 관심이 있다. 성취 목표는 그 기능이 순환적이냐 비순환적이냐를 분석하기 위한 출발점이 되기도 하며 학습자가 달성해야 하는 성취 수준을 설정하는 데 이용될 수 있다.

화살표로 나타내는 몇몇의 활동은 다른 활동을 위한 예비적 투입이 된다. 이 모든 활동들을 수행하기 위한 최선의 순서는 성취 목표의 설정으로부터 시작해서, 과제 클래스의 ***계열화(sequencing)***, 순환적 · 비순환적 측면의 분석, 그리고 네 개의 요소의 설계로 종료됨을 의미한다. 물론 열 개 활동은 이전에도 이와 같은 분석적 순서로 이미 설명된 바 있다(예: van Merriënboer & de Croock, 2002). 그러나 실제 설계 프로젝트에서 각 활동은 나머지 모든 활동에 영향을 주거나 받는다. 이것은 열 개의 활동을 사용하는데 어떤 순서로 하는 것이 가장 효과적인지에 관한 한 미결의 문제로 남겨진다.

3.2 체제 역학

이 책에서 제시되는 모형은 다른 교수설계 모형들에서도 공통적으로 적용하고 있는 교수의 ***체제 역학(system dynamics)***의 관점을 따르고 있다(Banathy, 1987). 이 관점은 하나의 교수 체제를 구성하는 요소들의 상호관련성을 강조하고 전체로 다시 환원될 수 없는 체제를 구성하는 상호관련성의 역동적 특성을 중요하게 보고 있다. 이러한 체제 접근은 체계적 특징과 체제적 특징을 모두 가지고 있다. 투입-처리-산출 패러다임이 그것의 본유적 특성이기 때문에 체계적(systematic)이라고 할 수 있다. 이 패러다임에 의하면 어떤 체제의 특정 요소의 산출은 다른 요소들의 투입이 되고, 특정 설계 활동들의 산출은 다른 활동을 위한 투입이 되기도 한다. 예를 들어 분석에서 산출된 것은 청사진에서 지원적 내용의 설계를 위한 투입이 된다. 동시에, 그것은 또한 각 요소의 수행 혹은 기능이 하나 이상의 다른 요소들에 직접적 혹은 간접적으로 영향을 주고받기도 하여서 설계 과정이 대단히 역동적이고 비선형적으로 된다고 할 수 있기 때문에 체제적(systemic) 접근이기도 하다. 예를 들어, 특정한 하나의 기능에 대해 비순환적 측면을 분석한 것이 과제 클래스의 선택과 계열화에 영향을 줄 수도 있다. 이에 대해 다음 절에서 자세하게 설명될 것이다.

비선형적 순환

4C/ID 모형의 새로운 이름인 열 단계 모형을 그림 3.1과 같이 투입-처리-산출의 관계로 표현한 것은 그 모형의 체계적 특성을 나타내고 있다. 성취 목표 설정은 과제 클래스를 계열화하고 복합적 기능이 순환적이냐 비순환적이냐의 분석을 하

기 위해서 하나의 투입의 역할을 한다. 과제 클래스의 계열화는 학습 과제 설계를 위해서 투입의 역할을 한다. 비순환적이냐를 분석하는 것은 지원적 내용 설계를 위해 투입이 되고, 순환적이냐를 분석하는 것은 절차적 학습 내용과 부분 과제 연습 설계를 위해 투입이 된다. 여기에서는 그림 3.1의 아래 부분에 있는 활동의 결과가 윗부분의 활동을 위한 투입이 되듯이 이 과정은 하나하나 따로가 아니라 ***비선형적 순환(iteration)*** 형태로 일어나는 것이다. 달리 표현하면, 비선형적 순환은 목표로 정한 결과에 최대로 근접할 때까지 활동의 사이클이 반복되는 절차를 말한다. 이 방법은 설계 절차가 체제적이냐 아니냐를 가늠하는 중요한 하나의 증거가 된다. 예를 들자면, 하나의 기능이 순환적이냐 비순환적이냐를 분석해보면 그 기능의 구조를 알 수 있게 해줄 뿐만 아니라 동시에 위계적 구조로 되어 있는 성취목표를 어떻게 수정할 것인지에 대한 투입의 역할도 해준다. 네 개 요소에 대한 설계를 하면 분석 결과에 어떤 취약점이 있는지 알게 해줄 뿐만 아니라 그 설계 결과는 보다 자세하거나 또 다른 분석을 위한 투입이 된다. 어떤 훈련을 위해서 이러닝 프로그램을 사용할 것인가 아니면 다른 것을 사용할 것인가와 같은 "맨 나중"에 시행될 수 있는 매체 선택 결정을 위해서 또 다시 과제나 지식 분석이 필요할 수도 있다.

비선형적 순환 기법은 실제 설계 과정에서 항상 일어날 수 있는데, *래피드 프로토타이핑(rapid prototyping)* 방식처럼 미리 주요하게 반복되어야 할 것을 계획할 필요가 있기 때문에 실제 설계 과정에서 이 기법은 자주 이용되고 있다(예: Nixon & Lee, 2001; Tripp & Bichelmeyer, 1990). 래피드 프로토타이핑 방법에서 설계자는 하나의 특정 과제 클래스에 속하는 하나 이상의 학습 과제(프로토타입;

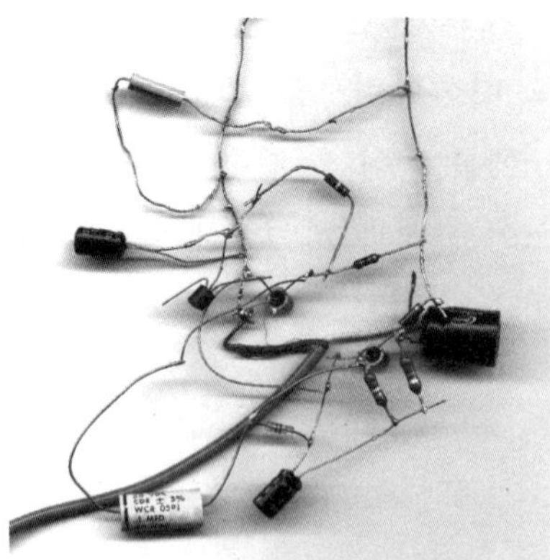

그림 3.2 Zener noise airboard의 기능적 프로토타입[2)]

2) http://www.ciphersbyritter.com/noise/airboard.htm

그림 3.2 참고)들을 짧은 시간 내에 개발하고 난 후 실제 사용자들에게 시험 적용해 본다. 이렇게 사용자를 대상으로 시험 적용한 결과는 본래의 프로토타입을 수정 및 보완하는 데에 이용될 수 있을 뿐만 아니라 성취 목표를 설정하고, 새로운 과제 클래스를 구체화하고, 어떤 복합적 기능을 분석하는 것을 포함하는 전체 설계 과정에 반영된다.

필요성의 계층

실제 설계 프로젝트에서, 설계자들은 모든 설계 활동을 다 수행하지 않으며 각 설계 활동의 자세함의 정도도 똑같이 수행하지 않는다. 주어진 개발 시간과 자원에 따라서 어떤 활동을 프로젝트에 포함할 것인가와 각 활동을 얼마나 구체적으로 할 것인가를 선택한다. 달리 표현하면, 설계자들은 자신들의 전문적 지식을 융통적으로 적용한다. Wedman과 Tessmer(1991)는 이런 방법을 ***필요성의 계층(layers of necessity)***이라고 했다. 이 과정에서, 목표 분석(성취 목표 설정)은 반드시 실시되어야만 하는 근본적인 활동인 반면 요구 분석(needs assessment)은 조건이 허락될 때 실시하는 이차적 계층 활동이다. 시간과 자원이 굉장히 제한되어서 최소한만 실시될 수밖에 없는 상황에서의 교수설계 모형이 있는가 하면 그 반대 극단에는 충분한 시간과 자원이 있는 이상적인 상황에서 모든 설계 활동을 다 할 수 있는 설계 모형도 존재할 수 있다. 예를 들면, 열 단계 모형의 최소 버전(필요성의 첫 번째 계층)은 일련의 학습 과제에 대한 개발이 교수설계서의 핵심이기 때문에 그것에 대한 개발만 포함할 수도 있다. 이 모형에서 가장 완성도가 높은 버전은 대단히 자세한 교수설계서의 개발을 포함할 수 있는데, 여기에는 종합적인 과제 및 내용 분석에 기초한 지원적 내용, 절차적 학습 내용, 부분 과제 연습에 대한 내용이 포함되어 있다. 명백하게, 그것을 사용하는 데 핵심적으로 고려되어야 할 것은 어떤 설계 프로젝트를 수행하는 데에 있어서의 시간과 각종 자원의 제약점을 정확하게 분석 · 평가하는 일이다.

앞서 논의한 것과 관련된 또 다른 이슈는 교수 프로그램의 *재활용성(reuse)* 문제이다. 대다수의 많은 교수설계 프로젝트를 보면, 완전히 새롭게 교수 프로그램을 설계하는 것이 아니라 기존 프로그램을 *재*설계하는 경우가 비일비재하다. 이렇게 하면 어떤 분석 활동이나 설계 활동을 수행할 필요성을 분명히 줄여줄 뿐만 아니라 그 활동들을 대단히 상세하게 수행할 필요성도 줄여준다. 예를 들어, 이 모형에 따르면 재설계하는 일은 다음의 과제 클래스로 구조화할 일련의 학습 과제 구체화로 시작해야만 한다. 학습자들이 열심히 공부할 필요가 있는 과제에 대한 내용을 설계하는 것과 관련해서 관련 과제 클래스와 학습 과제가 연결된 이미 사용 가능한 교수 프로그램을 단지 재조직하는 것만으로도 충분할 수 있다. 여기에서는 명백하게, 심층적인 과제 및 내용 분석이 필요 없다. 더욱이 교수 프로그램의 재활용은 신규 코스 설계에서 상당히 유행하고 있다. *재사용 학습 객체(RLOs: Reusable Learning Objects)*라는 개념은 신규 코스에 쉽게 재활용할 수 있는 방법으로 개발된 디지털 교수 자료 저장소를 이용하는 것을 말한다(van Merriënboer & Boot, 2005; Wiley, 2001). 특정 훈련 프로그램에 어떤 RLO가 유용한지 정하는 데 필요한 분석은 완전히 새롭게 프로그램을 개발할 경우의 분석보다는 훨씬 덜 상세해도 된다.

지그재그 설계

앞 절에서 언급한 바와 같이 설계자들은 흔히 활동 순서를 바꾸기도 하고(비선형적 순환), 어떤 활동을 생략하기도 하거나, 모든 활동을 똑같이 자세하게 수행하지 않기도 한다(필요성의 계층). 뿐만 아니라 어떤 활동들은 반드시 어느 것을 먼저 해야 하는 것과 같은 순서가 없다. 예를 들면, 그림 3.1에서 보듯이, 복합적 기능의 비순환적 측면과 순환적 측면을 분석하는 데에 있어서 정해진 순서가 없고, 지원적 내용, 절차적 학습 내용, 부분 과제 연습의 설계에 있어서도 정해진 순서가 없기 때문에 어떤 단계를 시작하기 전에 하나의 단계를 완성시켜야 할 필요가 없다. 비선형적 순환, 필요성의 계층, 각 활동 간의 순서 바꾸기를 동시에 고려하면, *__지그재그 설계(zigzag design)__*의 매우 역동적이고 비선형적 형태를 취하게 된다. 그럼에도 불구하고, 열 개 활동을 설계자가 쉽게 잘 이해하도록 하기 위해서 열 개 활동의 수행을 하나의 순서대로 설명하는 것도 중요하다. 이는 다음 절에서 논의될 것이다.

3.3 연못 속의 조약돌: 활동으로부터 단계로

David Merrill(2002a)이 제시한 교수설계를 위한 연못 속의 조약돌 접근은 열 단계 모형과도 완벽하게 부합한다. 연못 속의 조약돌 접근 방법은 전통적인 교수설계와는 달리 내용 중심의 설계 모형으로서 학습자들이 학습해야 할 내용과 학습목표를 먼저 구체화해야 한다고 주장하고 있다. 이 접근 방법은 연못에 먼저 한 개의 조약돌을 던져서 물결이 퍼지는 것처럼 교수 프로그램에 의해서 학습자들에게 가르칠 한두 개의 학습 과제만 먼저 설계하는 것이다. 이 작은 조약돌이 설계라는 연못 속에 더욱 깊은 물결을 일으킨다. 따라서, Merriënboer의 이 모형은 설계자들이 선형적인 방식으로 설계할 필요 없이 지그재그 방식으로 설계를 하도록 해 주지만, 그 단계들은 연못 속의 조약돌 접근 방식과 같은 순서로 진행된다. 교사들과 교수설계 전문가들에게는 이러한 처방적 모형이 보다 작동 가능하고 유용해 보인다.

학습 과제의 골격: 단계 1, 2, 3

맨 처음의 세 가지 단계는 다음과 같이 교수설계서를 위한 골격을 구성하는 일련의 학습 과제들을 개발하는 것을 목표로 한다.

단계 1: 학습 과제 설계
단계 2: 과제 클래스 계열화
단계 3: 성취 목표 설정

조약돌, 즉 첫 번째 단계는 학습자가 교수 프로그램을 따르면서 성취할 수 있게 될 전체 복합적 기능을 나타내는 하나 이상의 전형적인 학습 과제들을 구체화하는 것이다. 그러한 하나의 과제를 과거에는 기능을 표현하는 가장 포괄적이고 근본적인 과제, 즉 하나의 정수(epitome)라고 불렀다(Reigeluth, 1987b; Reigeluth & Godgers, 1980; Reigeluth & Stein, 1983). 이렇게 하면, 설계의 초기부터 훈련 프로그램이 무엇을 달성해야 될 것인가가 대단히 명백해진다. 일반적으로 학습자에게 학습 과제를 단 몇 개만 제공하는 것은 학습자가 전체 과제를 성취하는 데 필요한 복합적인 기능을 개발하도록 돕는 데에는 충분하지 않을 것이다. 따라서, 연못 속의 조약돌 접근의 또 다른 독특한 특징은 (전체 학습 과제라는 첫 번째 조약돌을 연못 속에 던진 후에) 학습자들이 분석된 모든 학습 과제들을 할 수 있게 되었다면 이들은 배워야 하는 지식, 기능, 태도를 숙달했을 것이라는 식으로 일련의 과제들의 난이도를 증가시키는 방식으로 구체화하는 것이다. 설계라는 연못 안의 이러한 물결 혹은 단계는 학습 과제들을 상이한 난이도 수준으로 과제 클래스에 할당하고 계열화시키는 것을 포함한다. 가장 쉬운 클래스에 포함되는 과제들은 학습자의 출발점 수준에 있는 과제들인 반면, 가장 어려운 과제 클래스에 포함되는 과제들은 훈련 프로그램이 종료되는 시점의 수준에 있는 과제들이다. 학습자들에게 그들의 수행의 질에 대한 필수적인 피드백을 주어서 그들이 언제 하나의 과제 클래스에서 다음 과제 클래스로 진행할지를 결정할 수 있도록 하기 위하여 성취하였다고 판단할 만한 기준을 진술할 필요가 있다. 그 다음 단계는 성취 목표를 구체화하는 단계로서, 학습자들이 과제를 성공적으로 성취했다고 판단할 만한 기준을 명세화하는 것이다. 이러한 방식으로, 연못 속의 조약돌 접근 방법은 설계 과정의 초기에 결정해 두었던 목표를 최종적으로 개발된 내용과 밀접하게 일치시키기 위해서 그 이후의 단계에서 그 목표를 포기하거나 수정하는 것과 같은 일반적으로 발생하는 설계 문제를 피할 수 있게 해 준다.

지식, 기능, 태도: 단계 4부터 10까지

다음의 설계 단계는 점차적으로 난이도가 증가되는 학습 과제들에서 각 과제를 수행하기 위하여 필요한 지식, 기능, 태도를 분석해내는 것이다. 이렇게 지식, 기능, 태도로 분석한 결과는 이후 설계 단계의 청사진 요소가 되는데, 이것들은 다시 학습 과제의 골격에 연결된다. 여기서는 지원적 내용, 절차적 학습 내용, 부분과제 연습을 구분하고자 한다. 지원적 내용을 설계하고 개발하기 위해서는 다음과 같은 단계를 따른다.

단계 4: 지원적 내용 설계
단계 5: 인지적 전략 분석
단계 6: 정신적 모형 분석

지원적 내용은 학습자가 문제 해결 및 추론과 관련된 비순환적 학습의 수행을 도와주기 위한 내용이다. 지원적 내용의 양은 과제 클래스에 따라 달라지는데, 과제 클래스가 복잡할수록 쉬운 과제 클래스보다 더 자세하고 더 구체적인 지원적 내용을 필요로 한다. 이미 쓸 만한 교수 프로그램이 있다면, 단계 4는 그 과제 클래스를 다루기 위해서 기존의 교수 프로그램을 재조직하는 것으로 한정지을 수 있다. 그렇다면 단계 5와 6은 생략해도 될 것이다. 하지만 교수 자료를 처음부터 완전히 새로 설계하고 개발해야 할 필요가 있다면, 능숙한 과제 수행자가 그 영역의 문제를 해결하는 데 사용하는 인지적 전략을 분석하는 단계 5와 그 학습 영역이 어떻게 조직되어 있는지를 설명해주는 정신적 모형을 분석하는 단계 6을 수행하는 것이 도움이 될 것이다. 단계 5와 6에서의 분석 결과는 곧 지원적 내용을 설계하기 위한 기초 자료가 된다. 지원적 내용의 설계 및 개발과 흡사하게 절차적 학습 내용의 설계 및 개발을 위한 과정은 다음의 단계를 따른다.

단계 7: 절차적 학습 내용 설계
단계 8: 인지적 규칙 분석
단계 9: 선수 지식 분석

절차적 학습 내용은 순환적 학습 과제를 수행하는 데 필요한 정보이다. 절차적 학습 내용은 이러한 순환적 측면을 어떻게 수행하는지를 정확하게 설명해주는 것으로서, 가급적 학습자들이 학습 과제를 학습하면서 필요로 할 때 정확하게 적시에 제시되어야 한다. 후속되는 학습 과제를 위해서, 이 절차적 학습 내용은 종종 새로운 절차를 수행하기 위해 새롭게 구체화된 내용으로 대체되면서 재빨리 소거된다. 직무 수행 보조자료, 간편 안내서, 혹은 EPSSs(Electronic Performance Support Systems)와 같은 교수 자료들을 사용할 수 있다면, 단계 7은 그러한 자료들을 갱신하고 그것들을 적절한 학습 과제에 연결시키는 것으로 국한될 것이다. 그렇다면 단계 8과 9는 생략될 수 있을 것이다. 하지만 절차적 학습 내용을 완전히 처음부터 설계해야 할 필요가 있다면, 반복적인 행동을 유발할 수 있는 조건과 조치로 이루어져 있는 인지적 규칙을 분석하는 단계 8과 인지적 규칙을 수행하는 데 필요한 선수 지식을 분석하는 단계 9를 수행하는 것이 유용할 것이다. 그 다음 단계 8과 9에서 분석한 결과는 절차적 학습 내용을 설계하기 위한 기초 자료가 된다. 마지막으로, 과제의 특성과 그것을 수행하기 위해 필요한 지식과 기능의 특성에 따라서 마지막 열 번째 단계를 수행해야 한다.

단계 10: 부분 과제 연습 설계

특정한 상황에서는 고도의 자동성을 개발하기 위하여 어떤 복합적 기능의 순환적 측면을 연습하기 위한 부가적인 연습이 필요하다. 예를 들어 이러한 부분 과제 연습은 그 연습과 관련된 활동을 정확하게 수행하지 못할 경우 생명에 위험을 초래하거나, 비용을 낭비하게 된다거나 다른 자료로 대체하기 어렵다거나, 혹은 장비를 손상시키게 될 경우에 해당되는 경우의 연습을 말한다. 부분 과제 연습을 설계할 필요가 있을 경우, 단계 8의 분석 결과(예: 조건-조치)는 유용한 투입이 된다. 이 책의 나머지 장에서는 열 단계 모형을 좀 더 자세하게 살펴볼 것이다.

3.4 ISD 맥락에서 본 열 단계 모형

열 단계 모형은 종종 교수체제설계(Instructional Systems Design: 이하 ISD)의 맥락에도 적용될 수 있다. ISD 모형은 광범위한 영역을 포함하고 있지만 전형적으로 교수설계 과정을 (a) 분석, (b) 설계, (c) 개발, (d) 실행, (e) 총괄 평가의 다섯 단계로 분류한다. 이 ADDIE 모형을 보면, 위의 다섯 단계에서 형성평가가 수행된다. 열 단계 모형은 교수설계 과정 중에서 앞의 두 단계 즉, 과제 및 내용 분석과 설계에만 초점을 맞추고 있다. 특히, 열 단계 모형은 과제의 통합된 과정으로 훈련되어야 하는 복합적 기능 혹은 전문적 역량에 대한 분석과 내용 분석, 그리고 개발과 실행을 위한 준비로 이러한 분석 결과를 교수설계서로 변환하는 것에 초점을 둔다. 열 단계 교수설계 모형은 훈련 프로그램에서 다루지 않는 요구 분석(needs assessment), 요구 원인 분석(needs analysis), 교수 자료 개발 및 실행, 총괄평가와 같은 활동들을 지원하는 ISD 모형과 병용해야 한다.

전반부에, 열 단계 모형은 훈련을 통해 해결될 수 있는 수행상의 문제점이 파악되어 있고 이와 관련된 복합적 기능과 전문적 역량을 가르치기 위한, 포괄적인 교수 목표가 있다고 전제하고 있다. 그렇지 못한 경우라면 열 단계 모형을 진행하기 전에 "학습이 종료된 후에 학습자가 무엇을 할 수 있어야 하는가?", "학습자들이 이미 이것을 할 수 있는가, 아니면 그것을 수행하는 데 수행상의 문제가 있는가?", "그러한 분석된 수행상의 문제를 일으키는 원인이 무엇인가?", "수행상의 문제가 훈련으로 해결될 수 있는가?" 등과 같은 질문에 대한 답을 찾기 위하여 요구 분석을 수행하는 것이 바람직하다(Gupta, 1999; Kaufman & English, 1979; Rossett, 1987). 그러한 요구 분석을 수행한 다음에 구체적인 과제 분석이 수행되어야 한다. 이 책에서 제시된 분석 기법들(5~6장, 8~9장, 11~12장)은 열 단계 교수설계 모형 안에 충분히 포함되어 있지만, Ryder와 Redding(1993; Redding, 1995)에서 제시된 통합 과제 분석(Integrated Task Analysis: ITA) 등과 같은 다른 많은 종합적인 과제 분석 방법들도 참고할 수 있다.

후반부에, 이 모형에 의해서 대단히 자세한 교수설계서가 나오게 되는데, 그 청사진을 이용해서 학습환경과 교수 프로그램을 개발할 수 있다. ISD의 용어로 표현하자면, 이 모형은 설계 단계와 개발 단계의 중간 지점에 위치하고 있다. 열 단계 모형이 이 후반 단계들을 진행하기 위한 세부적인 지침을 제시하지는 않지만, 몇 가지 고려해야 하는 중요한 시사점을 제공한다. 예를 들어 이 모형은 전체 학습 과제의 수행에 초점을 맞추기 때문에 최적의 매체를 선택해서 실제적 혹은 모의적(simulated) 과제 환경을 필요로 한다. 뿐만 아니라 이 모형은 자기주도적 학습의 평가와 개발을 위한 시사점도 제공해 주는데, 예를 들어 지식 중심의 평가는 이 모형과 맞지 않아 수행평가로 대체되거나 보충되어야 하기 때문이다(Biggs, 1996). 이 내용은 14장과 15장에서 다룰 것이다.

3.5 요약

- 교수설계 과정은 학습 과제 설계, 지원적 내용 설계, 절차적 학습 내용 설계, 부분 과제 연습 설계, 과제 클래스 계열화, 인지적 전략 분석, 정신적 모형 분석, 인지적 규칙 분석, 선수 지식 분석, 성취 목표 설정의 열 가지 활동으로 구성된다.
- 체제 역학은 각 활동의 결과물이 다른 모든 활동에 영향을 미친다고 주장한다. 실제 설계 프로젝트에서 비선형적 순환성, 활동을 생략하기(필요성의 계층), 상호 관련된 활동들의 순서를 바꾸기 등은 흔히 일어나는데 이를 지그재그 설계라 한다.
- 연못 속의 조약돌 접근 방법은 전통적인 교수설계를 내용 중심으로 수정한 것으로 추상적인 학습 목표를 구체화하기보다 하나 이상의 학습 과제를 우선 구체화한다. 따라서 그 설계 과정은 교수설계라는 연못 속에 하나 이상의 전체 학습 과제, 즉 먼저 조약돌을 던지는 것으로 시작된다.
- 연못 속의 조약돌 접근 방법에 따라 열 단계 모형의 순서는 (1) 학습 과제 설계, (2) 과제 클래스 계열화, (3) 성취 목표 설정, (4) 지원적 내용 설계, (5) 인지적 전략 분석, (6) 정신적 모형 분석, (7) 절차적 학습 내용 설계, (8) 인지적 규칙 분석, (9) 선수 지식 분석, (10) 부분 과제 연습 설계이다.
- 열 단계 모형은 요구 분석, 개발, 실행, 평가를 위한 지침을 제공하는 보다 넓은 영역의 ISD 모형과 병용할 수 있다.

제2부

복합적 학습을 위한 열 단계 교수설계 모형

제4장

단계 1: 학습 과제 설계

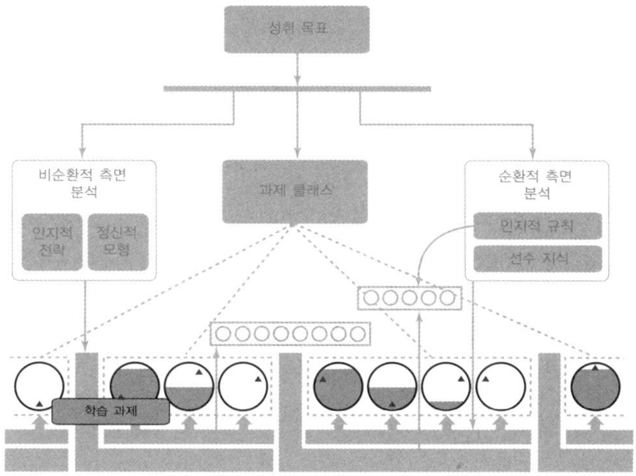

필요성

학습 과제는 첫 번째 설계 요소이며 교수설계서의 골격을 제공한다. 따라서 설계자는 교수 프로그램을 설계할 때 이 단계를 항상 수행해야 한다.

전통적 학교에서의 학습 과제는 고도로 구조화되어 있고, 잘 정의되어 있으며, 개개 학생들에게 초점이 맞춰져 있어서, 현실과는 거리가 먼 내용이 설계된다. 이러한 과제 유형에서 출제되는 전형적인 문제는 다음과 같다: “서로 마주 보고 달리는 두 대의 기차가 … 정도의 속도로 … 정거장을 출발했다. 이들이 만나기까지 시간이 얼마나 걸릴 것인가?”. 이러한 유형의 과제는 개별적인 기능을 획득하는 데 굉장히 적합한 것처럼 보이지만 학습자와 관련되었다고 인식되는 문제 유형이 아닐 뿐만 아니라 복합적 기능과 역량의 전이나 획득에 특별히 효과적이라고 증명된 바도 없다.

이 장은 첫 번째 설계 요소이자 열 단계 모형의 기본인 학습 과제 설계를 위한 지침을 제시하고자 한다. 학습 과제는 연못에 던져지는 조약돌과 같다. 학습 과제는 학습자가 훈련 중에 무엇을 하도록 요구받을 것인가를 즉시적으로 명료화

해준다. 전통적 교수설계 모형은 훈련의 골격으로서 내용을 제시하는 것이 보통이며, 그런 다음 그 골격에 붙여질 살점으로서 "연습 항목"인 학습 과제를 추가한다. 이와 대조적으로 열 단계 모형은 의미 있는 전체 과제의 설계로부터 시작하는데, 그 설계의 결과는 이후 다른 설계 요소들과의 연결을 위한 골격으로 사용된다.

이 장의 구조는 다음과 같다. 우선, 학습 과제 설계의 기반으로서 실생활 과제의 활용 방법에 대하여 살펴볼 것이다. 둘째, 각각 상이한 수준의 지원을 제공하는 전통적 과제, 모방 과제, 사례 연구를 포함하는 학습 과제의 다양한 유형에 대하여 살펴볼 것이다. 셋째, 학습 과제를 공부하는 학습자에게 지원과 안내를 제공하기 위한 여러 가지 방법에 대해서 살펴볼 것이다. 그 다음, 학습자의 전문성이 높아짐에 따라 지원과 안내가 "스캐폴딩" 과정에서 소거되어야만 한다는 원리를 살펴볼 것이다. 마지막으로, 다양한 학습 과제를 활용하는 것이 왜 중요한가에 대해서 살펴볼 것이다. 이러한 연습의 다양성은 학습 전이를 높이기 위한 가장 강력한 교수 방법이 될 것이다. 이 장은 간단한 요약으로 마무리된다.

4.1 실생활 과제

이 책에서 제시한 실생활 과제는 그 과제의 설계와 활용에 영향을 줄 수 있는 문제의 구조, 해결책의 다의성(equivocality), 문제의 해결자와 같은 세 가지 차원으로 특징지을 수 있다. 앞의 두 가지 차원은 문제의 명료성과 그 문제의 해결책이 가진 다의성에 대한 것이다. 학교 또는 훈련 현장에서 제공되는 전통적 문제들은 잘 구조화된 반면 실세계에서 접하는 문제는 종종 잘 정의되어 있지 않거나 *비구조화(ill-structured)*되어 있다. 잘 구조화된 문제의 특징은 어떤 하나의 영역에만 해당되는 문제이거나 일정한 수의 가능한 해결책을 가지고 있을 뿐만 아니라 100% 옳거나 100% 틀린 해결책을 갖고 있다. 달리 말하면 잘 구조화된 문제의 해결책은 애매하지 않다. 그러나 비구조화된 문제는 근본적으로 다르다. Simon(1973)에 따르면 비구조화된 문제는 사회적, 정치적, 경제적, 과학적 문제와 관련된 특징을 가지고 있다고 한다. Voss(1988)에 따르면, 실세계와 유사하게 하기 위하여 비구조화된 문제는 분명하지 않은 목표와 불완전한 정

보를 가지고 있다고 한다. 마지막으로 비구조화된 문제는 종종 "정확한" 답은 없지만 더 적합한 혹은 덜 적합한 가능한 해결책을 가지고 있다고 한다. 즉 비구조화된 문제의 해결책은 애매하다는 것이다.

달리 말하면, 실생활 문제는 완벽하게 기술될 수 없고, 확신을 가지고 해결될 수가 없으며 전문가들도 최선의 해결책이 무엇인가에 대해서 합의하지 못하는 그런 문제들이다. 실생활 과제의 마지막 차원은 실생활 문제의 복합성으로 인한 결과인데, 말하자면 실생활 문제는 종종 너무 복잡하기 때문에 개인보다 다양한 영역에서 전문성을 가진 팀이나 집단에 의하여 해결되어야 할 필요가 있다는 것이다. 일상에서 만날 수 있는 그러한 실세계 문제의 예에는 교통 혼잡과 같은 것이 있다.

학습 과제 설계의 하나의 기반으로서 활용될 수 있는 실생활 과제는 그 과제 영역에서 일하는 전문가나 그 영역에서 가르친 경험을 가지고 있는 교육자들과의 면담에서 쉽게 찾을 수 있다. 작업의 중복을 피하기 위한 예비 활동에 기존의 훈련 프로그램뿐만 아니라 기술 편람, 업무와 관련된 문서, 기능 기술서와 같은 문서 자료에 대한 분석이 포함될 수 있다. 이러한 문서 자료에 대한 분석(문헌조사)을 통해 교수설계자들은 전문가들을 효과적이면서 효율적으로 면담할 수 있는 충분한 배경 지식을 얻게 된다.

학습 과제를 위한 기반으로서 실생활 과제를 사용하면 학습자들이 복합적 과제 수행을 구성하는 거의 모든 부분 기능을 경험해보게 하는 전체 과제 연습을 하도록 해준다. 실생활 과제를 사용하는 것은 지식, 기능, 태도의 통합과 부분 기능들의 협응에 이르게 하기 위한 최선의 기회를 제공한다. 그런 실생활 과제는 학습자들이 부분 기능에 관련된 혹은 그것에 관한 일반적인 내용을 학습해야만 하는 활동과는 대조적으로 부분 기능이 직접 포함된 활동에 학습자들이 참여하도록 해준다. 실생활 과제는 수행에 앞서 학습 과정에 포함되어야 한다. 다시 말하면 학습자들이 과제만 수행하는 것보다 학습하기 위해서 인지적 처리에 주의 집중할 수 있도록 세심하게 설계가 이루어져야만 한다. 이런 설계는 과제가 수행되는 *환경(environment)*을 변화시키고, 특히 그 과제를 수행하는 학습자에게 *지원과 안내(support and guidance)*를 제공함으로써 달성될 수 있다.

실제적/모의적 과제 환경

학습 과제는 "실제적" 과제 환경에서 수행될 수 있다. 예를 들면, 컴퓨터 프로그래밍은 정규 프로그래밍 환경에서, 자동차 수리는 실제 차고에서, 그리고 고장 진단(troubleshooting)은 실제 고장 난 전자 회로를 학습자에게 진단 및 수리해보는 것과 같은 환경에서 가르쳐질 수 있다. 그러나 실제적 과제 환경은 때때로 학습자에게 필요한 지원이나 안내를 제공하는 것이 어렵거나 심지어 불가능하기도 하다(예: 1인승 전투기에서 조종사를 훈련해야 하거나 이런 지원과 안내를 제공해 줄 수 있는 자격을 갖춘 사람이 없을 때). 첫째, 필요한 과제를 제시하기가 어려운 경우(예: 거의 일어나지 않는 재해와 같은 상황 혹은 간헐적으로 일어나서 언제 일어날지 모르는 기술적 문제를 다루는 훈련), 둘째, 위험해서 생명을 위협하는 상황이나 자원의 손실이 우려되는 경우(예: 의대생이 실제 환자를 대상으로 수술을 연습하는 것) 혹은 필요 이상의 많은 시간이 소요되는 비효율적인 훈련 상황(예: 화학 반응이 일어나는 데 시간이 오래 소요되는 실험을 수행해야할 때)이 있다. 뿐만 아니라 실생활 과제 환경은 학습자로 하여금 너무 세부적인 것에 얽매여서 학습에 방해가 되는 스트레스를 유발하게 할 수도 있다. 따라서 종종 잘 설계된 연습을 통하여 학습자가 기능을 개발하고 향상할 수 있는 안전하고 통제된 환경인 *모의적* 과제 환경을 활용하는 것이 더 효과적이다.

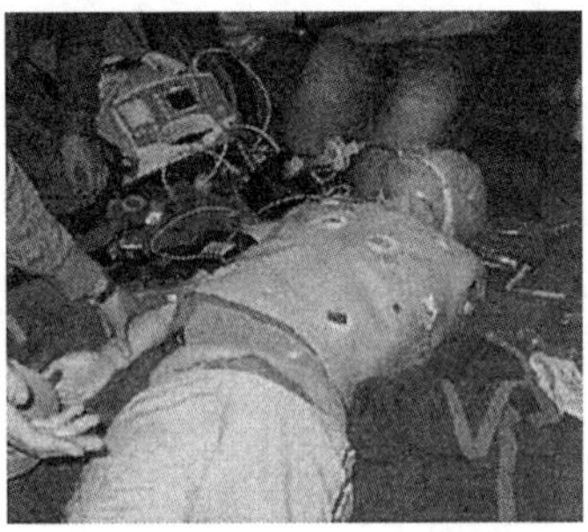

모의적 과제 환경은 훈련 프로그램의 초기부터 곧바로 실제적이고, 현실적인 과제 수행을 할 수 있도록 해야만 한다. 그러나 이러한 모의상황(simulation)은 종종 ***사실성(fidelity)*** 면에서, 즉 제공된 모의 환경의 질이 실세계와 물리적(외관) 또는 심리적(기분이나 느낌)으로 일치하는 정도가 다를 수 있다. 예를 들면, 의대생은 처음부터 질병을 옳게 진단하고 치료하는 것을 학습할 필요가 있지만 이들이 실제 환자부터 바로 시작해야 한다는 것과는 다르다. 따라서 처음에는 사실성이 낮은 모의상황(예: 환자에 대해서 글로 표현된 문제나 사례)으로 시작해서 그 다음에 사실성이 중간 정도인 모의상황(예: 컴퓨터로 표현된 모의 환자, 모형, 동료 학생을 모의 환자로 이용하는 것 등), 그리고 나서 사실성이 높은 모의상황(예: 연극 배우가 연기한 모의 환자), 마지막으로 실제 상황이 포함된 환경(예: 병원에서 인턴십 기간 동안 만나는 실제 환자들을 대하는 것; Maran & Glavin, 2003 참고)과 같은 것으로 일련의 과정을 거치는 것이 더 바람직할 수 있다.

어떤–비인격적, 비사회적–영역에서는 사실성이 높은 모의상황과 실제 환경을 서로 거의 분간할 수 없기 때문에 사실성이 높은 모의상황보다 실제 환경에서 연습하는 것이 더 가치가 높은지는 의문스럽다. 이런 점은 사실성이 높은 과제 환경이 초보 학습자에게는 너무 많은 "눈길을 끄는 상세함"을 제공하기 때문에 해로우나, 숙련된 학습자에게는 더욱더 중요하다는 주장과 일치한다(예: Gulikers, Bastiaens, & Martens, 2005). 무엇보다도 실제 과제에서 기능이 모의 과제에서 표현되는 정도인 *심리적* 혹은 *기능적* 사실성이 환경의 물리적 사실성보다 더 중요하다는 주장과 일맥상통한다(Patrick, 1992).

학습자 지원/안내

학습 과제에서는 종종 학습자들에게 지원과 안내를 제공한다. 지원과 안내를 설계하기 위해서는 전문가들이 그 전문 영역에서 직면하는 주어진 상황에 기초하는 실생활의 과제를 단순히 묘사하는 것이 아니라, 그 문제를 위한 해결책이라고 판단할 수 있을 만한 것을 생성해낼 수 있거나 해결책을 생성해내는 데 사용되어 온 문제 해결 과정을 포함하는 완전한 ***사례 연구(case study)***로 제시하는 것이 대단히 중요하다. 다시 말하면, 어떤 해결책을 보여주는 ***해결된 예(worked out example)***(과제 지원)와 해결책에 도달하는 데 사용되는 과정과 관련된 정보(안내) 이 두 가지 모두가 적절한 학습 과제 및 그와 관련된 지원과 안내의 구조를 설계하는 데 반드시 필요하다. 인간의 문제 해결에 관한 일반적인 프레임워크(Newell & Simon, 1972)가 과제 지원과 안내를 구분하게 해준다. 이 프레임워크에 따르면, 학습자가 학습 과제 혹은 문제를 해결하는 것을 설명해주는 네 가지 요소는 (a) 학습자가 직면할 주어진 상태, (b) 바람직한 혹은 수용 가능한 목표 상태에 도달했다고 판단할 수 있는 준거, (c) 주어진 상태에서 목표 상태로 전환할 수 있도록 해주는 일련의 *처리자(operators)*, 즉 해결책, (d) 머리 속에서 처리자를 적용해보거나 혹은 해결에 이르기 위한 학습자의 시도라고 볼 수 있는 문제 해결 과정으로 구분된다(그림 4.1 참고).

복합적 학습을 위한 비순환적 학습 과제는 종종 비구조적이다. 그 이유는 다음과 같다. 이 학습 과제는 하나의 최적의 해결책이 있는 것이 아니라 수용 가능한 해결책이라고 판단할 수 있는 여러 가지 해결책이 있다. 더욱이, 그러한 해결책에는 최종 해결책뿐만 아니라 몇 가지 중간적인 해결책도 있다. 비슷하거나 상이한 해결책에 도달하는 데 사용할 수 있는 많은 해결 경로들이 있을 수 있는 것이다. 그리고, 마지막으로 학습자 입장에서 보면 문제 분석을 해야만 하는 상황,

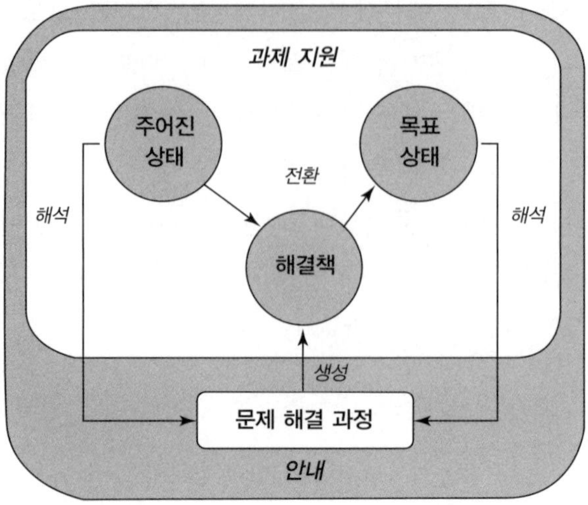

그림 4.1 상이한 학습 과제 유형에 의해 제공되는 과제 지원과 문제 해결 과정을 통해 학습자를 안내하는 방법으로 제공되는 안내를 구분하기 위한 모형

다시 말하면 목표 상태와 주어진 상태조차도 분명하지 않을 수 있다. 요약하자면, 비구조화된 학습 과제의 특성은 종종 하나의 해결책을 생성해내는 데 있어서 실생활 과제의 (주어진) 문제 상태, 목표 상태, 수용 가능한 해결책, 문제 해결 과정의 분석을 어렵게 만들기도 한다.

이 책에서 강조하는 복합적 학습 이론(열 단계 모형)에서는 해결책과 문제 해결 과정을 구분하는 것이 특징이다. 복합적 학습 관점에서의 문제 해결 학습은 주로 비순환적 기능을 다룬다. 문제 해결 전체의 기능과 그것을 구성하고 있는 많은 부분 기능이 비순환적이기 때문이다. 그러한 비순환적인 기능들을 수행하기 위해서는 문제의 초기 상태로부터 하나의 또 다른 새로운 상태로 변환할 수 있는 일련의 순서지어진 처리자들을 찾기 위해서 수용할 수 있는 목표 상태의 준거를 만족시킬 수 있을 때까지 여러 개의 처리자들을 잠정적으로 문제 상태에 적용해 보아야 한다. 이러한 과정은 마치 체스 경기와 비슷하다. 체스 선수가 두어버린 일련의 체스 수(手; move)들은 해결책을 말하고, 머리속에 생각하고 있는 모든 가능한 수들은 문제 해결 과정을 나타낸다. 최악의 상황은 목표 없이 처리자들을 아무렇게나 선택하거나 시행착오적 행동이 일어나는 경우이다(Ohsson & Rees, 1991).

정상적으로 검색 과정은 학습자들이 체제적으로 문제에 접근하고(인지적 전략) 그 영역에 대해 추론하도록(정신적 모형) 도와주는 인지적 쉐마 혹은 교수 방법에 의해 이루어진다. 여기서 과제 지원과 안내를 구분하기 위해 위 프레임워크가 사용된다. 과제 지원은 문제 해결 과정 자체를 위한 것이 아니라 오로지 주어

표 4.1 네 가지 실제적 과제를 위해 주어진 상태, 목표 상태, 수용 가능한 해결책 및 문제 해결 과정

실제적 과제	주어진 상태	목표 상태	수용 가능한 해결책	문제 해결 과정
문헌 검색 수행하기	의뢰인의 연구 문제	검색한 관련 논문 목록	관련 논문 목록을 산출하기 위해 선택된 데이터베이스상에서 수행할 수 있는 하나 이상의 검색 질의어	의뢰인과 상담하고 검색 질의어를 구성하기 위한 규칙을 적용하기
전기 회로 문제 해결하기	잘 알려지지 않은 상태의 전기 회로	알려진 상태로 검사한 전기 회로	목표 상황에 도달하기 위해 필수적인 조치들(예: 결함수 분석, 진단 검사)	해결에 도달하기 위해 시스템의 (비)기능성에 대해 추론하기
항공 관제하기	잠재적으로 위험한 상황을 나타내는 레이더 및 목소리 정보	안전한 상황을 나타내는 레이더 및 목소리 정보	안전한 상황을 유지하거나 도달하기 위해 필요한 조치들(예: 비행 속도와 방향 확인하기, 조종사에게 비행 지침 주기)	안전한 상황을 유지하거나 도달하도록 도와주는 전략들을 지속적으로 고안하기
건축 설계하기	필요한 것의 목록	청사진과 구체화된 건축 계획	취한 조치들(예: 필요한 것 구체화하기, 건축 계획을 설계하기 위한 청사진 그리기)	주어진 요건의 제한점 내에서 대안과 예술적 해결책 창안하기

진 상태, 목표 상태, 해결책을 위한 것이다(예: 만약 휴가 중 여행을 떠나려고 한다면 지원은 여행을 시작할 곳, 여행이 끝나는 곳, 그리고 그 경로를 지원해 주기 위한 것이 될 것이다). 반면, 안내는 문제 해결 과정을 도와주기 위한 것으로 학습자들에게 문제 해결 과정을 안내하고 그들이 해결책에 도달할 수 있도록 도와주는 유용한 접근법과 요령들을 제공한다(예: 위와 같은 여행의 경우 안내는 다양한 상황에 걸맞는 다양한 경로(가장 짧은, 역사적인, 가장 경관이 좋은 등), 여정 중에 볼 만한 것 등에 대한 설명이 될 것이다.

4.2 학습 과제와 지원

학습 과제의 유형에 따라 지원 정보의 양이 달라진다. 다시 말하면 주어진 상태, 목표 상태, 해결책에 대한 정보의 양이 달라진다는 것이다. 학습 과제 유형에 따라 지원의 양이 달라지는 경우들의 한 극단의 경우를 보면, 학습자에게 주어진 상

태와 수용할 수 있는 목표 상태에 대한 준거(예: 98%의 순도를 갖는 어떤 혼합 증류주로 시작하기)만을 포함하고 있는 실생활 과제나 전통적(일반적인) 문제가 있다. 이러한 실생활 과제 혹은 전통적 문제는 학습자에게 아무런 지원을 제공하지 않아서 학습자는 스스로 적절한 해결책을 생성해야 한다. 가장 높은 수준의 지원을 제공하는 연속선의 다른 한 극단은 학습자가 검토하거나 평가해야 하는 주어진 상태, 목표 상태, 전체 해결책을 제공하는 사례 연구와 같은 경우이다.

잘 설계된 사례 연구라면, 학습자에게 실제 세계에서 찾아볼 수 있는 실제적이거나 가상적인 문제 해결 상황을 기술하고 있는 것을 제시하고 학습자들에게 적극적으로 해결책을 찾아보도록 요구해야 한다(Brown, Collins, & Duguid, 1989; Ertmer & Russell, 1995). 2장에서 제시된 문헌검색 예에서, 도서관의 잠재적 고객이 제시하는 연구 문제("주어진 상태"), 너무 길지 않으면서 연구 문제와 직접적으로 관련된 논문 목록("목표 상태"를 위한 준거), 이러한 논문 목록을 만드는 데 필요한 특정 데이터베이스에 사용할 검색어의 해결된 예("해결책"; 표 4.2 맨 윗줄 참고)가 사례 연구 안에 포함된 것을 학습자에게 제공한다. 학습자의 흥미를 불러일으키기 위해서 어떤 사건, 성공담, 논쟁을 거쳐서 나오게 된 결정 등과 같은 다소 극적인 내용이 포함된 사례 연구를 활용하는 것도 바람직할 수 있다. 예를 들면, 아동들이 어휘를 어떻게 획득하는가에 대한 논문을 찾기 위해서 "lexicon"이라는 논문 키워드를 사용했지만 예상하지 못한 사전의 목록이 나와버리는 문헌 검색에 대한 사례 연구가 있다. 잘 설계된 사례 연구라면, 문제 상태와 그 문제 상태와 연관된 처리자, 즉 해결 단계의 심층적 처리를 유발하는 문제에 답할 수 있도록 학습자에게 요구해야만 한다. 그렇게 하면 학습자들은 보다 일반화할 수 있는 해결책을 획득할 수 있도록 그 사례와 다른 사례들을 비교할 수 있게 될 것이다. 학습자는 중간 해결책을 검토함으로써 어떤 특정 영역이 어떻게 조직되어 있는가에 대하여 명확한 아이디어를 가질 수 있을 것이다. 이러한 경우 학습자들은 데이터베이스가 어떻게 구조화되어 있고, 검색어가 어떻게 만들어지는지에 대한 지식을 얻게 된다.

표 4.2에 "주어진 상태", "목표 상태", "해결책"으로 표현된 것처럼 주어진 상태, 목표 상태, 해결책에 대한 정보를 조작함으로써 다양한 유형의 학습 과제가 구성될 수 있다.

예를 들면 ***역행하기 과제(reverse task)***는 목표 상태와 수용할 수 있는 해결책(+로 표시됨) 둘 다를 제시해서, 학습자들은 어떤 다양한 문제 상황이 있을 수 있는지를 추적해야만 한다. 다시 말하면 주어진 상태를 예측해서 찾아내야만 한

표 4.2 "문헌 검색하기"라는 복합적 기능을 위한 학습 과제의 다양한 예

학습 과제	주어진 상태	목표 상태	해결책	과제 설명
사례 연구	+	+	+	학습자는 연구 문제, 아티클 목록, 아티클 목록을 낼 검색 질의어를 제공받는다. 이들은 검색 질의어의 질과 아티클 목록을 평가해야 한다.
역행하기 과제	예측하기	+	+	학습자는 아티클 목록과 아티클 목록을 낼 검색 질의어를 제공받는다. 이들은 아티클 목록과 검색어를 위하여 가능한 연구 문제를 예측해야 한다.
모방하기 과제	+유추하기 +	+유추하기 +	+유추하기 찾기	학습자는 연구 문제의 해결된 예, 아티클 목록, 이 목록을 보여주는 검색 질의어를 가지고 있다. 이들은 또 다른 연구 문제와 제한된 수의 관련 아티클로 아티클 목록을 내는 목표를 제공받는다. 제공받은 예를 모방함으로써 학습자들은 검색 질의어를 생성하고, 검색해보고, 새로운 연구 문제를 위한 아티클 목록을 선택해야 한다.
불명확한 목표 과제	+	정의하기	찾기	학습자는 연구 문제와 연구 문제와 관련된 가능한 많은 검색 질의어들을 떠올려 볼 수 있도록 하기 위하여 굉장히 명확한 하나의 목표를 제공받는다. 이들은 그러한 질의어를 생성해야 한다.
완성하기 과제	+	+	완성하기	학습자는 연구 문제, 관련된 아티클의 제한된 양으로 목록을 산출하는 목표, 미완성된 검색 질의어를 제공받는다. 이들은 검색 질의어를 완성하고, 검색을 수행하고, 아티클 목록을 선택해야 한다.
일반적인 과제	+	−	찾기	학습자는 연구 문제와 제한된 양의 관련 아티클 목록을 내는 목표를 제공받는다. 학습자들은 검색 질의어를 생성하고, 검색해보고, 아티클 목록을 선택해야 한다.

다. 고장진단(troubleshooting)의 상황을 예로 보면, 어떤 특정 부분이 잘못되어 있거나 제대로 작동하지 않는다고만 학습자에게 말해주는 과제를 Halff(1993)는 "역행 고장진단" 과제라고 했다. 그러고 나서 이 정보만 가지고 어떤 시스템이 어떻게 작동할지를 예측하도록 학습자에게 요구한다(정확한 진단을 하기 위해 학

습자들이 관찰해야 하는 것으로, 전통적 고장 진단 과제에서 흔히 "주어진 상태"). 사례 연구들처럼, 역행하기 과제는 학습자들이 어느 해결책이 더 유용한가에만 집중하게 하고, 주어진 상태에 해결 단계를 관련지어 보도록 요구한다.

*모방하기 과제(imitation task)*는 일반적인 과제가 포함되어 있는 사례 연구를 같이 병행해서 제시한다. 사례 연구에 포함되어 있는 해결책은 어느 해결 단계가 보다 더 유용한지에 학습자들이 관심을 갖도록 하면서 어떻게 새로운 과제에 접근해야 하는지에 대한 청사진을 제공해준다. 학습자에게 요구해야 하는 모방과제는 학습자가 사례 연구와 주어진 과제 간에 어떠한 유사점이 있는지를 찾아내고, 하나의 새로운 해결책을 구상하기 위해서 그 사례 연구를 활용하는 것과 같이 대단히 미묘한 인지적 과정이다(Gick & Holyoak, 1980; Vosniadou & Ortony, 1989). 모방하기 과제는 상당히 실제적이다. 왜냐하면 전문가들은 어떤 새로운 문제가 주어지면 그 문제에 대한 문제 해결 행동을 정하기 위해서 구체적인 사례들에 대해서 자기가 알고 있는 것을 이용하는 경우가 비일비재하기 때문이다. 이런 과정을 인지과학 분야에서는 사례기반 추론이라고 한다.

*불명확한 목표 과제(non-specific goal)*는 학습자로 하여금 해결책과 그 해결책에 이르게 된 목표 간에 어떤 관계가 있는지를 찾아보게 한다. 일반적으로 학습자는 "중량이 950kg인 차가 10초 동안 100미터를 주행했다고 하자. 자동차의 최종 속도는 얼마인가?"와 같은 목표가 구체적인 문제를 일상적으로 만난다. 이 문제는 마지막 줄을 "자동차의 속도 외에 다른 가능한 한 많은 변수 값들을 계산하라."와 같이 바꿈으로써 목표가 구체적이지 않게 쉽게 바꿀 수 있다. 여기에서 학습자는 최종 속도를 계산해야 될 뿐만 아니라 자동차가 최고의 속도에 이르렀을 때의 가속도와 자동차의 힘을 계산해야만 할 것이다. 목표가 구체적이지 않은 문제는 학습자로 하여금 그 문제의 주어진 상태로부터 목표 상태로 전환하게 하고 문제 공간을 탐색하도록 해줌으로써 학습자로 하여금 인지적 쉐마를 구성하도록 도와줄 수 있다. 목표가 구체적이지 않은 이런 문제는 학습자로 하여금 목표로부터 출발해서 문제를 해결하게 하는 전통적이고, 목표 구체적인 문제와는 반대되는 것이다. 초보 학습자들이 잘 사용하는 후행 해결 전략(working backward)은 쉐마 구성을 방해하는 조잡한 방법이다(Ayres, 1993; Paas, Camp, & Rikers, 2001; Sweller, 1988; Sweller & Levine, 1982).

*완성하기 과제(completion tasks)*는 학습자에게 주어진 상태, 목표 상태에 달성했다고 판단할 수 있는 준거, 부분 해결책을 제공한다. 이런 것들을 제공받은 학습자는 해결책의 끝 부분 또는 중간 부분에서 한 군데 이상의 자리에서 생략된

해결 단계가 있는지를 결정하고 추가함으로써 부분 해결책을 완성해야만 한다. 완성하기 과제의 특별한 강점은 학습자들이 자신들에게 제공된 부분 해결책을 면밀하게 연구해야만 한다는 것이다. 왜냐하면 그렇게 하지 않으면, 그들은 완전한 해결책을 산출할 수 없기 때문이다. 완성하기 과제는 설계 지향적 과제 영역에서 특히 유용한 것처럼 보인다. 그런데 이 방법은 학습자들이 완성되지 않은 컴퓨터 프로그램의 누락된 명령어를 채워야만 하는 소프트웨어 공학 분야에서 본래 개발된 것이다(van Merriënboer, 1990; van Merriënboer & de Crook, 1992). 잘 설계된 완성하기 과제는 학습자들로 하여금 부분 해결책을 이해할 수 있도록 하고, 중요한 완성하기 과제를 수행해야만 하게 해준다.

지금까지 살펴본 모든 학습 과제들의 공통적인 요소는 문제 상태, 수용 가능한 해결책, 유용한 해결 단계로 학습자의 주의를 기울이게 해주는 것이다. 학습자들이 이 세 가지에 주의를 기울이면, 학습자들은 훌륭한 해결책들로부터 정보를 의도적으로 축약하게 되거나 특정한 형태의 과제를 위해서 일반화된 해결책이 포함된 인지적 쉐마를 구성하는 귀납과정을 사용할 수 있게 된다. 표 4.2에 제시된 학습 과제 중에서 맨 아래 쪽을 제외한 다섯 가지 유형에 관한 연구들에 따르면 이런 방식의 과제가 초보 학습자들에게 쉐마 구성과 학습 전이를 촉진한다는 강력한 증거들을 제시하고 있다. 그러한 학습 과제들이 초보 학습자들에게 쉐마 구성과 학습 전이를 촉진한다고 하는 강력한 증거를 제공하고 있다(Sweller, van Merriënboer, & Paas; van Merriënboer & Sweller, 2005). 학습자들이 혼자 힘으로 수많은 문제를 해결하도록 하는 것이 문제 해결을 가르치는 최선의 방법이 아니라는 점은 자명한 사실이다! 초보 학습자들에게는, 주어진 상태에 관한 특징들과 적용된 해결 단계들 간의 관계와 함께 유용한 해결책을 공부하는 것이 동일한 유형의 문제를 해결하는 것보다 문제 해결과 추론 능력을 개발하는 데에 훨씬 더 중요하다. 문제 해결을 이끌어 가는 데 필요한 대부분의 인지적 쉐마를 이미 개발하고 있는 상당한 정도의 경험이 있는 학습자들은 지원과 안내가 없는 일반적 과제를 사용하도록 해야만 한다. 일반적 과제가 가장 현실적인 학습 과제를 제공해 줄 뿐만 아니라 학습자들의 수행에 대한 ***총괄 평가(summative assessment)***를 해주기 때문에 일반적 과제를 최종적으로 제공하는 것은 중요하다. 이러한 점에서, 일반적 과제는 실생활 과제와 유사하다(Gulikers, Bastiaens, & Kirschner, 2006a, 2006b).

4.3 문제 해결과 안내

학습 과제의 주어진 상태, 목표 상태, 해결책에서 제공된 정보에 따라 지원의 양이 다르게 제공되기는 하지만, 그러한 학습 과제들이 수용할 수 있는 해결책을 생성하기 위해 필요가 있는 문제 해결 과정을 다루는 것은 아니다(그림 4.1의 맨 아래 칸 참고). 학습자들에게 지원을 제공하는 또다른 방법은 문제 해결 과정을 통해 그들을 *안내(guide)*하는 것이다. 그러한 안내를 제공하기 위해, 어떤 전문가가 과제를 수행하거나 문제를 해결하는 동안에 거쳐가는 단계뿐만 아니라 그 각 단계를 성공적으로 완료하는 데 유용하게 사용될 수 있는 경험에 의한 규칙(요령)들을 구체화할 수 있다. 그러한 ***문제 해결에 대한 체계적 접근**(Systematic Approach to Problem solving: SAP)*은 인지적 전략에 대한 어떤 분석으로부터 얻어질 수 있다(8장 참고). 문제 해결에 대한 안내는 모델링 예, 프로세스 워크시트, 그리고 수행 단계 제한하기로 제공될 수 있다.

모델링 예

***모델링 예**(modeling examples)*는 최대한으로 안내를 제공할 수 있다. 모델링 예는 복합적 과제를 수행하면서 동시에 왜 그러한 방식으로 그 과제가 수행되어야 하는가를 설명해주는 전문가들을 학습자들이 만나게 해주는 것과 비슷한 효과가 있기 때문이다. 따라서 모델링 예는 학습자에 의해서 연구되고 평가될 필요가 있는 사례 연구와 유사하지만, 차이점은 수용할 수 있는 해결책에 이르기 위해서 필요한 과정을 또한 세심하게 지켜보도록 한다는 것이다. 모델링의 주요 특징이 되는 *인지적 도제* 이론에 의하면, 모델링에는 적절한, 즉 신뢰할 만한 역할 모델을 제시하는 것이 핵심이다. 예를 들어, 해결 과정 중에 생각한 것을 소리 내어 말하기(thinking-aloud)는 전문가의 정신적 문제 해결 과정을 노출시키기 위한 대단히 유용한 기법이 될 수 있다(Van Gogn, Paas, van Merriënboer, & Witte, 1005). 생각한 것을 소리 내어 말하기 프로토콜(protocol)은 모델링 예에 담을 문제 해결 과정 정보를 구체화하기 위한 정보로 사용될 수 있고, 또한 그 전사 자료를 직접 학습자들에게 제시할 수도 있다. 사례 연구에서 모델링 예를 공부하는 학습자들은 종종 사례에 대해 내러티브를 하며 "생각하기"를 하거나 그 내러티브를 보충하는 심층적 처리 및 인지적 전략의 축약화를 불러일으키는 질문에 대답하도록 할 수도 있다. 모델링 예를 공부함으로써 학습자는 전문가가 거쳐 가는 문

제 해결 단계와 그 문제 해결의 각 단계를 성공적으로 완료하는 데 사용할 경험에 의한 규칙에 대해서 명확하게 알게 될 수 있다.

2장에서 제시된 문헌검색 예에서 모델링 예는 학습자에게 어떤 숙련된 사서와 동반하면서 그를 관찰하게 하는 하루 혹은 이틀짜리 인턴십 형태가 될 수 있을 것이다. 관찰 활동을 통해서 학습자는 전체 과제에 대한 하나의 완성된 윤곽을 파악하게 되는데, 그러한 관찰 활동에는 전문 사서가 관련 연구 영역을 결정하고 연구 문제를 위한 적절한 데이터베이스를 선택하기 위해 고객과 나누는 대화 등이 포함된다. 즉, 시소러스의 사용과 불린 연산자의 적용을 포함하는 검색 질의어 형성하기, 관련 검색 프로그램과 다양한 데이터베이스를 이용해서 검색 수행하기, 그리고 유용한 검색 결과를 평가하여 선택하기 등과 관련된 전문가의 활동과 고객과 나누는 대화 내용 등에 대한 관찰을 포함하는 것이다. 전문 사서는 무엇이 수행되고 있는지 그리고 왜 그런 방법으로 수행되고 있는지에 대해 설명해 주어야 한다. 모델링 예는 학습자로 하여금 다양한 상황을 통해 추론하고 난국을 극복하는 데 사용되는 문제 해결에 대한 체계적 접근(SAP)과 경험에 의한 규칙들이 어떻게 사용되는지 볼 수 있게 해주어야 한다. 이와 같은 모델링은 전문가(모델)가 문제를 해결하면서 왜 그렇게 하는지를 동시에 설명해주는 상황을 담고 있는 비디오 혹은 멀티미디어 자료를 활용해서 제공될 수도 있다.

프로세스 워크시트

프로세스 워크시트(process worksheet)(van Merriënboer, 1997; van Gog, Paas, & van Merriënboer, 2004)는 학습자들에게 문제를 해결하는데 따라야 할 필요가 있는 단계들을 제공함으로써 문제 해결 과정 중에 학습자들을 안내해 준다. 달리 말하면, 프로세스 워크시트는 학습 과제에 대한 SAP(Systematic Approach to Problem solving)를 학습자에게 제공한다. 프로세스 워크시트는 학습 과제를 수행하는 데 도움이 될 수 있는 문제 해결 단계들(그리고 가능하다면 하위단계들)에 대한 지침을 적어둔 한 장의 종이만큼이나 단순할 수 있다. 학습자는 글자 그대로 문제 해결을 위한 하나의 안내로서 그것을 사용한다. 각 단계별로 그 단계를 성공적으로 완성시키는 데 도움이 될 수 있는 경험에 의한 규칙들이 제공된다. 이러한 규칙들은 간단한 진술문의 형태를 취할 수도 있고(예: 프레젠테이션을 준비할 때 청중에 대한 사전 지식을 고려하라) 혹은 안내 질문의 형태로 제시될 수도 있다(예: 프레젠테이션을 준비할 때 청중의 어떤 측면(들)을 고려

해야 하며, 그 이유는 무엇인가?). 질문의 형태를 사용하는 것은 학습자들로 하여금 요령에 대해 *생각해보게* 한다는 이점이 있다. 뿐만 아니라, 학습자들이 이러한 질문에 대한 대답을 프로세스 워크시트 위에 적는다면, 교사가 학습자들의 학습한 것을 관찰하고 적용한 문제 해결 전략에 대한 피드백을 제공하게 해준다. 학습자들에게 제시되는 단계와 단계별 수행 요령들은 모두 발견적(heuristic) 특성을 지닌다는 것이 분명하다. 즉, 그것들은 학습자들이 문제를 해결하도록 도울 수는 있지만 반드시 *그렇지는 않다*는 것이다. 단계와 단계별로 적용할 수 있는 요령들의 이러한 특징은 알고리즘적인 특징을 가진 절차와 구분된다. 표 4.3은 법정에서 변론하는 방법을 훈련받고 있는 법대생들의 수업에서 사용되는 문제 해결 단계와 단계별 요령들에 관한 예이다.

한편, 프로세스 워크시트는 복잡하고 상당히 자세할 수도 있다. 예를 들어, 컴퓨터를 활용한 프로세스 워크시트는 전통적인 프로세스 워크시트에 새로운 기능성을 추가할 수도 있다. 어떤 SAP는 다양한 문제 유형에 따라 단계가 달라지는 것과 같이 분지될 수 있을 것이다. 컴퓨터의 도움으로 이제는 학습자가 내리는 결정사항, 문제 해결의 진행 상황, 그리고 이미 완료된 이전 단계들의 산출물에 따라 컴퓨터를 활용한 프로세스 워크시트를 편집하는 것이 가능하다(학습자 적응). 뿐만 아니라, 학습자에게 프로세스 워크시트를 제공하기 위해서 학습자들이 어떤 특정 단계를 위한 문제 해결 활동들을 수행하는 것을 도와주는 ***인지적 도구(cognitive tools)***(Lajoie, 2000) 혹은 'mind tool' (Jonassen, 1999, 2000)을 제공할 수도 있다. 'mind tool' 은 어떤 주제를 "가르치는" 전문적 소프트웨어는 아니지만, 전문적 사고와 작업을 촉진하기 위한 컴퓨터 프로그램이다(Kirschner & Wopereis, 2003). 그러한 도구들은 학습자들이 전문가가 하는 것과 같이 직접 문제에 체계적으로 접근하도록 도와 준다. 예를 들어, 어떤 'mind tool' 은 어떤 상황 분석을 수행하기 위한 전자적 형태를 제공할 수 있고(표 4.3에서 단계 4), 또 다른 형태로 더 발전된 'mind tool' 은 변론 상황의 장점과 단점을 분석하기 위하여 변론 장면에 대한 비디오 녹화를 평가하는 기능을 가지고 있다(단계 8).

이러한 점에서, 어떤 것을 *이용해서(with)* 학습하는 것(예: 도구, 컴퓨터 프로그램, ICT)과 어떤 *것으로부터의(from)* 학습을 구분할 필요가 있다. 사용되는 수단이 그것을 가능하도록 해주는 것이 어떤 것을 이용해서 학습하는 것의 단기적인 목표이다. 프로젝트 중심 학습에서 프로젝트를 계획하는 소프트웨어를 사용하는 것은 학습자가 단기간 안에 그들의 프로젝트를 계획하고 정해진 기한 내에 프로젝트를 완성하도록 도와줄 것이다. 사용되는 그것이 학습자가 생각하고 수

표 4.3 "변론 준비하기"의 복합적 기능을 위한 단계와 단계별 수행 요령
(Nadolski, Kirschner, van Merriënboer, & Hummel, 2001에서 발췌)

문제 해결 과정의 단계	요령/안내 질문
1. 파일 안에 문서들을 순서화하라	문서들을 연대기적으로, 분류에 따라(예: 법정 문서, 편지, 기록물) 혹은 관련성에 따라 순서화하도록 하라.
2. 그 파일에 익숙해져라	"법의 어떤 하위 영역이 이것과 관련되는가", 혹은 "나는 의뢰인의 경우를 어떻게 추정할 것인가?"와 같은 질문에 답하라.
3. 그 파일을 완전히 공부하라	"여기에 어떤 구체적인 법적 질문이 있는가?", "법의 어떤 절이 이 경우와 관련되는가?", 혹은 "어떤 법적 결과가 내 의뢰인에게 가장 좋은가?"와 같은 질문에 답하라.
4. 변론을 준비하고 수행하는 상황을 분석하라	"이 상황에 어떤 판결을 내릴 것인가?", "그러한 판결이 어디에서 발생할 것인가", 혹은 "어느 날 몇 시에 일어날 것인가"와 같은 질문에 답하라.
5. 변론 준비와 수행에 도움을 줄 전략들을 결정하라	단계 3과 4의 결과의 중요도를 감안해서 변론에 포함할 사항들을 결정할 때 자기 자신의 능력(예: 변론 스타일)으로 취하도록 고려하라.
6. 변론을 위한 전략으로부터 진행할 방법을 결정하라	단계 3과 5의 결과를 사용해서 구어로 변론할 내용(안)을 적으라. 항상 목표를 염두에 두고 자신의 의견을 표현하기 위해 잘 토론된 스타일을 사용하라.
7. 변론 고지에서부터 변론 수행에 이르기까지 진행할 방법을 결정하라	변론할 내용을 변론에 대한 기본적인 개요를 담은 인덱스 카드로 변환하고, 언어적/비언어적 행동 측면에 주의를 기울이면서 인덱스 카드를 사용해서 변론하는 것을 연습하라.
8. 변론 내용을 구성하고 그것을 연습하라	친구에게 당신의 변론에 대한 피드백을 해주도록 하고, 자기 평가를 위하여 당신이 연습하는 변론 상황을 비디오로 녹화하도록 부탁하라.
9. 법정에서 변론하라	다양한 청자들의 반응에 주의를 기울이고 그것을 당신의 변론 스타일에 적용하라.

행하는 방식을 바꾸도록 하는 것이 어떤 것으로부터 학습하는 것의 장기적인 목표이다. 위와 같은 예로 설명하면, 프로젝트를 계획하는 소프트웨어가 학습자들로 하여금 프로젝트를 완성한 뒤에도 자신들의 생각을 조직하고, 중요한 경로와 산출물을 항상 염두에 두며, 자신들의 일을 효율적으로 계획하는 것을 가르쳐 준다면, 이것이 바로 어떤 것으로부터 학습하는 것의 예가 될 것이다(Kirschner & Davis, 2003).

수행 활동 제한

프로세스 워크시트는 문제 해결 과정을 통해 학습자들을 안내하도록 설계되지만, 학습자들은 그것을 사용할지 말지 그리고 그것을 사용한다면 단계를 생략할지, 규칙을 무시할지 등에 대해 자유롭다. 안내를 제공하는 보다 직접적인 방법은 ***수행 활동 제한(performance constraints)***을 활용한다. 수행 활동 제한은 ***보조바퀴 방식의 접근(training wheels approach)***(Carroll, 1998; Carroll & Cattithers 1984)이라고도 하는데, 그 이유는 이러한 방법이 아이들의 자전거에 보조바퀴를 다는 것과 대단히 닮았기 때문이다. 그것의 기본적인 아이디어는 어떤 특정 단계에서 문제 해결과 관련 없는 특정 활동들을 그 단계에서 학습자가 활용하지 못하게 하는 것이다(Dufresne, Gerace, Thibodeau-Hardiman, & Mestre, 1992). 그러한 활동들은 학습자들이 이전 단계들을 성공적으로 완성한 뒤와 그 *관련된* 단계의 학습을 시작할 때에만 할 수 있게 한다. 예를 들어, 법정에서 변론을 준비하는 것을 학습하는 법대 학생들은 자신들이 모든 문서들을 적절하게 순서화하기(단계 1) 전까지는 그 문서들을 읽기 시작할 수 없다(단계 2). 혹은 전체 파일을 완전히 공부하기(단계 3) 전에는 상황 분석을 수행하기 위한 컴퓨터 활용 양식을 사용할 수 없을 것이다(단계 4를 위한 도구)(Nadolski, Kirschner, van Merriënboer, & Wöretshofer, 2005). 수행 활동 제한이 프로세스 워크시트보다 더 강제성이 높기 때문에, 수행 활동 제한하기는 학습 과정의 초기 단계에서 특히 유용하다.

4.4 지원과 안내의 스캐폴딩

교육심리학 분야에서 스캐폴드의 본래 의미(Bruner, 1975; Wood, Bruner, & Ross, 1976)는 "성인이 학습자의 능력 범위를 기본적으로 벗어나는 요소들을 통제해서 학습자의 능력 범위 내에 있는 요소들만 집중해서 학습하도록 하는 것" (Wood et al., p. 90)으로 정의해왔다. Rosenshine과 Meister(1992)에 따르면, 스캐폴드는 학습자의 학습을 이끌어갈 수 있는 장치나 전략을 포함하고 있다. 마지막으로 Greenfield(1984, 1999)에 따르면, 건축에 사용되는 스캐폴드와 기능상 유사한 학습을 위한 스캐폴드는 다섯 개의 특징을 가지고 있다고 한다. 첫째, 스캐폴드는 지원을 제공한다. 둘째, 도구로서 기능을 한다. 셋째, 학습자의 능력 범위를 확장해줄 수 있어야 한다. 넷째, 스캐폴드를 주지 않으면 불가능한 과제를 완성할 수 있도록 해주어야 한다. 다섯째, 필요할 때에는 학습자를 도와줄 수 있도록 선택적으로 사용되는 것이다(p. 18). 새 건물의 공사를 지원하고 거의 완성이 되면 서서히 해체되는 스캐폴드와 같이, 오늘날에는 학습자를 지원하는 것과 그 지원을 소거시키는 두 가지가 포함된 것을 스캐폴딩이라고 보고 있다. 처음에, 지원과 안내는 그것 없이는 불가능한 목표를 성취하게 하거나 행동을 수행하게 해준다.

학습자가 바람직한 목표를 달성할 수 있거나 혹은 요구되는 행동을 수행할 수 있게 될 때, 지원과 안내는 더 이상 필요하지 않을 때까지 점차적으로 소거된다. 부적절한, 비효과적인, 넘치는 혹은 부족한 지원과 안내는 (외생적 인지 부하를 학습자에게 더함으로써) 학습 과정을 방해할 수 있기 때문에 필요한 지원과 안내의 적절한 유형과 양을 결정해서, 적절한 시기와 비율로 소거하는 것이 중요하다.

알고리즘을 가르치는 경우와 같이, 복잡한 수행을 스캐폴딩한다는 것은 학습자들에게 이렇게 저렇게 하라고 "지시한다"는 말이 아니라 풍부한 학습 과제를 이용해서 공부를 하는 동안에 오히려 안내한다는 것이다. 모든 학습 과제 유형에서 이루어질 수 있는 것처럼 생각하는 것을 말로 크게 해서 인지적 전략의 사용을 모델링하기, 프로세스 워크시트 및 안내 질문과 체크리스트를 제공하기, 수행활동 제한을 적용하기, 해결책의 부분들을 제공하기 등이 문제 해결을 위한 지원과 안내의 예에 속한다(표 4.4 참고).

__전문성 역효과(expertise reversal effect)__ 때문에 스캐폴딩을 어느 정도 한정할 필요가 있다. 전문성 역효과의 연구에 따르면 초보 학습자에게 매우 효과적인

표 4.4 스캐폴딩 기법과 소거 유형

기법	소거
생각하는 것을 크게 말하여 인지 전략의 사용을 모델링하기	먼저, 모든 의사 결정, 문제 해결, 추론 과정을 자세하게 설명하지만 학습자들이 전문성을 획득해갈수록 그 수준을 줄여간다.
프로세스 워크시트, 안내 질문 혹은 체크리스트 제공하기	학습자에게 제공되는 단계 혹은 하위 단계, 질문, 규칙의 양을 서서히 줄여간다.
수행활동 제한을 적용하기	먼저, 해결책에 도달하는 데에 필요하지 않은 학습자의 모든 활동을 막고, 학습자에게 가능한 활동을 점점 가능하게 해준다.
해결책의 예나 그 일부를 제공하기	사례 연구 혹은 해결된 예로부터, 완성된 과제를 통하여, 일반적인 과제에 이르도록 공부한다. 이 소거 전략은 '완성하기 전략'에 해당한다.

교수 방법이 숙련된 학습자들에게 사용될 때 교수 방법의 효과성을 잃게 될 수 있고, 심지어 부정적 영향을 줄 수 있다고 한다(Kalyuga, Ayres, Chandler, & Sweller, 2003; Rikers & Paas, 2005; Van Gog, Ericsson, Rikers, & Paas, 2005). 일반적 과제들은 초보 학습자들에게 문제 상태와 그 문제 상태와 관련된 해결 단계를 찾아내는 것을 학습하는 것에 대한 쉐마 구성 과정과는 관련성이 낮은 약한 방법(weak method)을 사용하게 한다는 증거가 충분히 있다. 그러므로 초보 학습자의 경우, 일반적 과제를 수행하는 것을 학습하는 것은 전문가가 일반적 과제를 수행하는 방법과 다르며 양립할 수가 없다. 초보자들에게 적절한 지원과 안내를 제공하는 것은 학습이 일어나도록 하는 데 필요하다(van Merriënboer, Kirschner, & Kester, 2003). 반면에, 경험이 많은 학습자들은 이미 자신들의 문제 해결과 추론 과정을 이끌어갈 수 있는 인지적 쉐마를 획득하고 있기 때문에 지원이나 안내가 불필요하거나 심지어 학습에 방해가 될 수도 있다. 이런 학습자들이 가지고 있는 인지적 쉐마는 그들에게 제공되는 예, 프로세스 워크시트, 혹은 다른 지원과 안내가 서로 충돌할 수도 있다. 경험이 많은 학습자들이 이미 가지고 있는 인지적 쉐마와 교수 프로그램이 제공하는 지원과 안내 간의 갈등을 불러일으키기보다는 오히려 그 지원과 안내를 삭제하는 것이 바람직하다. 학습자들이 초보 단계에 있을 수밖에 없는 교수 프로그램의 초기에는 학습 과제를 위해서 상당히 많은 지원과 안내가 주어져야 하지만 그 프로그램에서 이 학습자들이 학습 경험이 늘어가게 되는 시점에서 최종 학습 과제를 학습하기 위해서는 지원과 안내가 주어지지 않아야 한다는 것을 의미한다. 따라서 교수 프로그램에 의해서 제공되는 "외적 안내(external guidance)"는 점차 "자기에 의한 안내(self guidance)"로 대체된다.

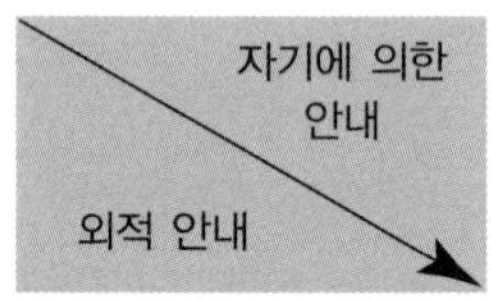

스캐폴딩에 대한 한 가지 특별히 강력한 접근 방법은 "완성형 전략(completion strategy)"이라고 한다(van Merriënboer, 1990; van Merriënboer & de Croock, 1992). 이 전략에서, 학습자는 처음에 사례들을 공부하고, 그 다음에 완성하기 과제들을 학습하고, 마지막으로 일반적인 과제들을 수행하게 한다(이러한 계열화의 예는 부록 2 참고). 사례 연구는 해결책이 *제시되는* 완성하기 과제로 볼 수 있는 반면, 일반적 과제는 해결책이 *제시되지 않은* 완성하기 과제로 볼 수 있기 때문에, 완성형 전략은 사례 연구와 일반적인 과제 간의 가교 역할을 한다. 이러한 완성형 전략은 van Merriënboer, Krammer 및 Maaswinkel(1994)에 의해서 컴퓨터 프로그래밍 개론을 위한 이러닝 프로그램에 이용된 적이 있다(van

Merriënboer & Luursema, 1995; van Merriënboer, Luursema, Kingma, Jouwelin, & de Vries, 1995 참고). 학습자들은 컴퓨터 프로그램에서 사용되는 템플릿(정형화된 코드 패턴들)에 대한 인지적 쉐마를 개발할 수 있도록 훈련 초기에 기존의 컴퓨터 프로그램을 공부하고, 평가하고, 테스트하였다. 훈련이 진행되는 동안, 학습자들은 주어진 컴퓨터 프로그램의 점점 더 많은 부분들을 완성해야 했다. 완성하기 과제들은 학습자들이 아직 인지적 쉐마를 구성하지 *못한* 템플릿으로 이루어진 어떤 부분 프로그램을 받아서, 그들의 메모리 속에 이미 *가지고 있*는 유용한 쉐마를 위한 템플릿을 사용해서 이러한 부분 프로그램을 완성해야만 하는 방식으로 구성되었다. 마지막으로, 학습자들은 처음부터 독립적으로 전체 컴퓨터 프로그램을 설계하고 작성해야만 하였다. 이러한 완성형 전략은 몇몇 다른 영역에 적용되었는데 거기에서 수행된 실험 연구들은 학습에 대한 긍정적 영향을 주었음을 일관되게 보여주고 있다(예: Renkl & Atkinson, 2003; Renkl, Atkinson, Maier, & Staley, 2002; van Merriënboer, Kershchner, & Kester, 2003).

4.5 연습의 다양화

잘 설계된 학습 과제라면 *귀납적 학습(inductive learning)*이라는 처리 과정을 항상 촉진할 수 있어야 한다. 다시 말하면, 귀납적 학습이란 학생들이 과제들에 의해 제공되는 구체적인 경험에 기초해서 그 영역이 어떻게 조직되어 있는지, 그리고 해당 영역의 문제에 어떻게 접근해야 하는지에 관한 일반적인 인지적 쉐마를 구성하는 것이다(Box 2 참고). 이러한 귀납적 처리 과정은 실세계에서 과제들이 서로 다른 것처럼, 학습 과제들의 차원을 달리한 다양화된 일련의 학습 과제들을 사용함으로써 더욱더 촉진될 수 있다. 다양화된 일련의 과제를 사용하는 것은 학습의 전이를 향상시키기 위해서 가장 일반적으로 추천할 만한 방법이며, 실제로 전이에 그 방법이 일관되게 효과가 있다고 알려져 왔다(Cornier & Hagman, 1987; Detterman & Sternberg, 1993). 학습 과제는 그 과제가 수행되는 조건(예: 프로포절의 마감 시간이 가까운 경우와 같이 시간 제한이 있는 문헌 검색 과제 혹은 마감 시간이 없는 경우와 같이 시간 제한이 없는 문헌 검색 과제), 그 과제를 제시하는 방식(예: 서면 신청서 혹은 고객의 직접 방문에 따른 문헌 검색 과제), 특징을 정의한 것을 부각시키기(예: 특정한 결과물을 반드시 산출해야 하는 문헌 검색 과제 혹은 산출해야 하는 것이 정해져 있지 않은 문헌 검색 과제), 그리고 과제에 대한 친숙성(예: 학습자와 관계없는 영역에 대한 문헌 검색 과제 혹은 친숙한 영역의 문헌 검색 과제)의 차원에서 다양해야 한다. 뿐만 아니라 학습자들이 다양한 문제 상황들을 완전히 포괄하는 과제의 다양한 버전들을 수행하도록 요구할 수 있어야 한다(예: 깨끗하고 따뜻하고 필요한 장비가 완전히 갖추어진 차고에서 자동차의 문제를 진단하거나 수리하는 것은 한정된 도구들을 가지고 춥고 어둡고 비가 내리는 거리에서 같은 자동차의 문제를 진단하거나 수리하는 것과는 대단히 다르다). 학습자들이 *의도적 축약화(mindful abstraction)*에 노력을 투입함으로써 과제의 다양화에 대한 인식과 과제에 대한 다양한 연습을 하려는 의지를 증가시키기 위해서 학습자들에게 과제의 차원이 다양화되었다는 것을 말해주고 그러한 다양화가 왜 적용되었는지를 설명해주는 것도 유용할 것이다(Annett & Sparrow, 1985).

Box 2 – 귀납법과 학습 과제

잘 설계된 학습 과제는 학습자들에게 메모리 안에 새로운 인지적 쉐마를 구성하고 이미 존재하는 것을 수정하는 데 사용되는 구체적인 경험들을 제공한다. ***귀납법(induction)***은 복합적 학습의 핵심이며 일반화와 변별화 이 두 가지에 의해 진행된다.

일반화(generalization)

학습자들이 구체적인 경험을 일반화하거나 축약할 때, 그들은 세부사항들을 제거함으로써 보다 넓은 영역의 사건이나 덜 명확한 사건에 적용하기 위한 쉐마를 구성한다. 보다 일반적 혹은 축약화된 쉐마는 일련의 성공적 해결책들이 관련 문제군(群)에 적용 가능할 때 구성될 수 있다. 그러면, 그 쉐마는 성공적인 해결책의 공통적인 특징들을 설명해준다. 예를 들어, 어떤 아이는 2+3과 3+2가 두 가지 모두 5가 된다는 것을 발견할 수 있다. 여기서 제시된 한 가지 간단한 쉐마 혹은 원리는 "*나열된* 숫자들을 더할 때, 더하는 숫자의 순서는 중요하지 않다"는 상호교환성의 법칙이다.

변별화(discrimination)

어떤 의미에서, *변별화는* 일반화의 반대이다. 그 어린이가 "두 개의 수에 대한 계산 연산을 수행할 때, 수행 순서는 중요하지 않다"는 과잉 일반화를 했다고 생각해보자. 이 경우, 변별화는 가장 효과적인 쉐마에 도달하기 위해 필수적이다. 그런 쉐마는 일련의 실패한 해결책들이 관련 문제군에 사용될 가능성이 있을 때 구성될 수 있다. 그러면, 특정 조건이 그 쉐마에 보태져서 그것의 사용 범위를 제한시킬 것이다. 예를 들어, 그 어린이가 9–4=5를 알지만 4–9=–5(*마이너스* 5)를 알지 못하는 경우, 유도되는 더욱 구체적인 쉐마 혹은 원리는 "두 개의 수에 대한 계산 연산을 수행해야 하고 *이 연산이 뺄셈이 아닐 때*(더하기 조건), 수행하는 순서는 중요하지 않다."이다. 이 쉐마는 과잉 일반화로 만들어졌지만 변별화에서는 본래의 쉐마보다 더 효과적이다.

의도적 축약화(mindful abstraction)

귀납법은 생소하고 친숙하지 않은 과제 혹은 과제 상황에 직면할 때 그럴듯한 대안 또는 해결 경로를 생성해내기 위하여 학습자로부터 의식적 처리를 요구하는 전형적으로 전략적이고 통제된 인지적 과정이다. 의도적 축약화가 하나의 단독 학습 과제에 기반할 수 있지만, 실세계와 같이 서로 다른 많은 학습 과제들을 사용함으로써 대단히 잘 촉진될 수 있다. 그러한 연습의 *다양성*은 귀납적 처리를 촉진할 것으로 기대되는데, 왜냐하면 그러한 연습의 다양성이 비슷한 특징들을 구분할 수 있고 관련 특징들과 관련되지 않은 특징들을 구분해낼 수 있는 기회를 제공해 주기 때문이다. 의도적 축약화는 학습될 수 있으며, 정보를 비교 및 대조하기, 유추적인 지식을 검색하기, 새로운 정보를 부분 혹은 유형별(part of, kind of)로 분석하기 등과 같은 처리 과정들을 포함한다. 이러한 고차원적인 기능들은 효과적인 쉐마 구축을 위한 열쇠가 되며, 어떤 대상 집단을 위해서는 자기주도 학습 기능 및 학습 전략을 명확하게 가르치기 위해서 이러한 고차원적인 기능들이 필수적이다.

잠재적 학습(implicit learning)

명확한 의사결정 알고리즘이 부족한 어떤 과제들은 많은 양의 정보를 통합하는 것을 필요로 한다. 이러한 경우, *잠재적 학습*은 인지적 쉐마를 유도하는 데 있어서 의도적 축약화보다 때때로 더 효과적이다. 잠재적 학습은 다소 무의식적이어서 학습자들이 많은 영역의 정적 예와 부적 예를 접하게 되는 학습 과제를 학습할 때 일어난다. 예를 들어, 항공 관제사가 레이더 화면으로부터 위험한 항공 교통 상황을 인식하는 것을 학습해야만 한다면, 그들이 수천 가지의 위험한 상황과 안전한 상황의 예를 직면하게 해야 할 것이다. 그들은 이런 식으로 이러한 상황들을 (그들이 그런 구분을 하도록 해주는 쉐마를 명확하게 표현할 필요가 없는 것으로) 구분하는 훈련을 받는다.

참고 문헌

Gick, M. L., & Holyoak, K. J., (1983). Schema induction and analogical transfer. *Cognitive Psychology, 15*, 1–38.

Holland, J. H., Holyoak, K. J., Nisbett, R. E., & Thagard, P. R., (Eds.) (1989). *Induction: Processes of inference, Learning, and discovery*. Cambridge, MA: MIT Press.

Lewis, M. W., & Anderson, J. R. (1985). Discrimination of operator schemata in problem solving: Learning from examples. *Cognitive Psychology, 17*, 26–65.

Reber, A. S., (1989). Implicit learning and tacit knowledge. *Journal of Experimental Psychology: General, 118*, 219–135.

Reber, A. S., (1996). *Implicit learning and tacit knowledge: An essay on the cognitive unconscious*. Oxford: Oxford University Press.

또 다른 차원의 다양화 기법은 학습 과제를 어떻게 계열화할 것인지에 관한 문제이다. 인접한 학습 과제들이 학습자들에게 정확히 같은 부분 기능들을 연습하게 하면, 소위 ***맥락적 간섭(contextual interference)***(Shea, Kohl, & Indermill, 1990)이 낮아진다고 한다. 반면, 인접한 학습 과제들이 학습자들에게 다른 (유형의) 부분 기능들을 연습하게 하면, 맥락적 간섭이 높아져서 학습자들이 보다 더 통합된 지식 기반을 개발하도록 도와줄 것이다. 예를 들어, 한 가지 기계장치의 네 가지 상이한 부품(c1, c2, c3, c4)에서 세 가지 유형의 고장 유형(m1, m2, m3)이 발생하는 고장 진단 과제를 훈련하는 상황을 생각해 보자. 다양한 고장 유형에 대한 진단 기능을 연습하기 전에 하나의 특정한 고장 유형에 대한 진단 기능을 부품 하나씩 완전히 연습하도록 학습 과제들을 계열화할 수 있다. 이러한 맥락적 간섭이 낮은 방법은 다음과 같이 '구획화된(blocked)' 연습 스케줄로 구성될 수 있다.

m1c1, m1c2, m1c3, m1c4
m1c1, m2c2, m2c3, m2c4
m3c1, m3c2, m3c3, m3c4

학습 과제의 구획화된 계열화

반면, 각 학습 과제마다 다른 해결책들이 필요한 방식으로 학습 과제를 계열화하면 맥락적 간섭이 높아지는데, 이는 다음과 같이 '무선적(random)' 연습 스케줄을 사용한다.

m3c1, m2c2, m3c4, m1c1
m1c3, m2c1, m2c3, m2c4
m1c4, m1c2, m3c3, m3c2

학습 과제의 무선적 계열화

맥락적 간섭에 대한 연구들의 결과에 의하면, 학습 전이의 정도를 결정하는 것은 연습의 다양성 자체뿐만 아니라 이 다양성이 학습 과제들 안에 구조화되는 방식도 포함한다고 한다. 높은 맥락적 간섭 조건에서 연습한 학습자들은 낮은 맥락적 간섭 조건에서 연습한 학습자들보다 생소한 문제를 더 잘 해결할 수 있었다(de Croock, van Merriënboer, & Paas, 1998; van Merriënboer, de Croock, & Jelsma, 1997). 따라서 다양화된 일련의 학습 자료들을 사용하고 그러한 과제들을 무선적 순서로 계열화할 것이 권장된다. 연습의 다양화와 무선적 계열화가 사전에 규정한 수행 수준에 도달하기 위하여 더 오랜 훈련 시간과 더 많은 수의 학습 과제를 필요로 하지만, 그 각각은 보다 높은 전이 혹은 학습으로 환원된다. 이것은 1장에서 전이 패러독스라고 했던 것의 예가 된다(Sweller, van Merriënboer, & Paas, 1998; van Merriënboer, de Croock, & Jelsma, 1997). 만약 학습의 전이를 달성하고 싶다면 더 열심히 그리고 더 오랫동안 학습하는 것이 필요하다. 말 그대로 "고통이 없으면 수확도 없다".

이 장의 결론에 즈음에서 한 가지 주의사항을 남겨두고자 한다. 이미 앞에서

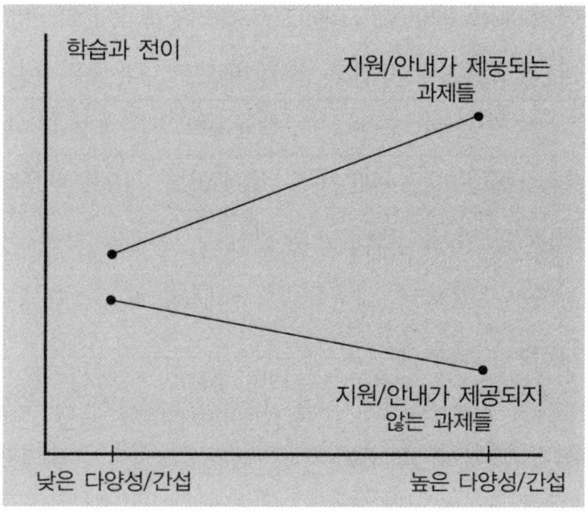

그림 4.2 지원과 안내가 다양성 및 간섭 수준이 다른 과제의 학습 및 전이에 미치는 영향

살펴본 바와 같이, 초보 학습자들에게 있어서 지원과 안내가 제공되지 않는 일반적인 과제는 학습을 촉진하는 최선의 방법이 아니다. 하지만 그런 다양한 일반적 과제들을 무선적 순서로 계열화하면 복잡성과 다양성이 과도할 수 있기 때문에 심지어 학습을 망칠 수도 있다. 초보 학습자들에게는 열 단계 모형에서 명백하게 고려되는 학습 과제의 다양성과 학습 과제 유형 간에 중요한 상호작용 효과가 있다. 다양성 혹은 높은 맥락적 간섭이 충분한 지원 및 안내를 제공하는 학습 과제와 함께 사용된다면(예: 사례 연구, 역행하기 과제, 프로세스 워크시트가 제공되는 과제), 그것은 학습의 전이에 긍정적인 효과를 줄 것이다(그림 4.2 참고).

결과적으로 이것은 훈련 프로그램의 초기에 수행되어야 하는 것이다. 하지만, 연습의 다양화 혹은 높은 맥락적 간섭이 아무런 지원과 안내도 제공되지 않는 학습 과제와 함께 사용된다면, 그것은 학습과 전이에 효과가 없거나 심지어 악영향을 줄 것이다(Paas & van Merriënboer, 1994a; van Merriënboer, Schuurman, de Croock, & Paas, 2002; Wulf & Shea, 2002). 따라서 다양화와 높은 맥락적 간섭은 숙련된 학습자들을 위해 일반적인 과제들과 함께 조심스럽게 사용될 수 있다.

4.6 요약

- 학습 과제를 설계한다면, 설계의 시발점으로서 실생활의 과제를 취해야 한다.
- 과제 환경을 설계한다면, 안전하고 모의적이면서 사실성이 낮은 과제 환경으로 시작하고 사실성이 점점 더 높은 과제 환경을 통해 실제 과제 환경을

학습하도록 고려해야 한다.

- 학습 과제를 위한 학습자 지원을 설계한다면, 내장된 과제 지원과 문제 해결을 위한 안내를 구분해야 한다.
- 과제 지원을 설계한다면, 사례 연구, 역행하기 과제, 모방하기 과제, 불명확한 목표를 제공하는 과제, 그리고 완성하기 과제의 사용을 고려해야 한다.
- 문제 해결을 위한 지원을 설계한다면, 모델링 예, 프로세스 워크시트, 수행활동 제한의 사용을 고려해야 한다.
- 일련의 학습 과제들을 설계한다면, 학습자가 높은 수준의 지원과 안내를 제공하는 학습 과제에서 시작하지만 지원과 안내가 제공되지 않는 과제로 끝내도록 해야 한다("스캐폴딩").
- 일련의 학습 과제들을 설계한다면, 실제 세계에서의 과제들이 다양한 것과 같은 차원으로 학습 과제들을 다양화하고 그것들을 무선적으로 계열화하는 것이 필요하다.

제5장

단계 2: 과제 클래스 계열화

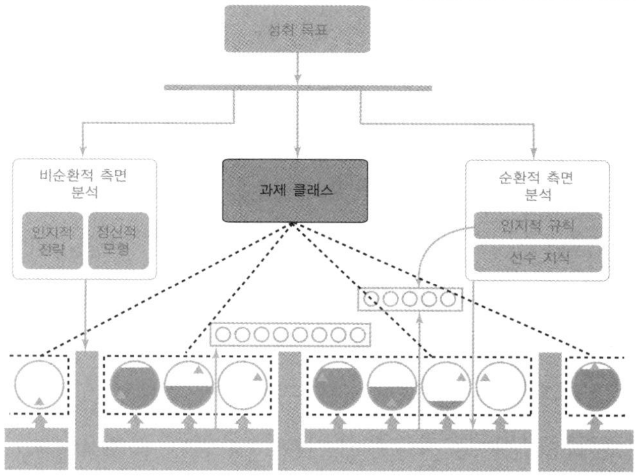

필요성

과제 클래스는 학습 과제를 쉬운 범주에서부터 어려운 범주로 조직화한 것이다. 학습 내용의 양이 적은 훈련 프로그램과 같은 매우 예외적인 상황에서, 교수설계자는 이 단계를 건너뛰고, 모든 학습 과제를 동일한 과제 클래스에 속하는 것으로 다룰 수 있다.

열 단계 모형이 비록 실제적 전체 과제를 사용할지라도 학습자를 "수영하지 않으면 물에 빠지는 수영장의 수심이 깊은 쪽으로 던지자"는 의도가 절대로 아니다. 여하튼간에 네덜란드에서 수영을 배울 때 아동들은 매우 간단한 기법과 여러 가지 유형의 부력 기구의 도움을 받으면서 매우 얕은 물에서 시작한다. 아동들은 완벽하게 갖춰 입고 15초 동안 선헤엄을 치는 것, 두 개의 다른 영법(크롤, 배영)으로 각각 25미터를 수영하기, 물속에서 3미터를 수영하기와 같은, 그들의 초급 단계 자격증을 따는 데 필요한 모든 것을 할 수 있을 때까지 여덟 단계를 거쳐 진행한다. 자격증을 딴 후에 이들은 동일한 방법으로 다음 과정으로 넘어갈 수 있다. 이들이 배워야 하는 기법과 수행해야 하는 단계들은 대부분 각 단계를 통해 쉬운 것에서부터 어려운 것으로 조직화되어 있다.

이 장은 학습 과제를 쉬운 것에서 어려운 것으로 범주를 정하는 과제 클래스의 계열화를 위한 방법에 대하여 논의할 것이다. 과제 클래스는 또한 *등가 클래스들(equivalence classes)*(Scandura, 1983), *문제 세트(problem sets)*(White & Frederiksen, 1990), *사례 유형들(case types)*(van Merriënboer, 1997) 등의 이름으로 불리고 있다. 과제 클래스별로 그 과제 클래스에 속하는 학습 과제의 특징과 속성이 구체화될 필요가 있다. 이렇게 구체화를 해야만, 이미 개발된 학습 과제나 개발할 필요가 있는 다른 과제들을 적절한 과제 클래스에 배당할 수 있다. 학습 과제들로 배당된 과제 클래스의 계열이 훈련 프로그램의 종합적인 아웃라인이 된다.

이 장의 구조는 다음과 같다. 첫째, 과제 클래스를 정의하는 방법인 조건 단순화하기(simplifying conditions), 강조 부분 변화시키기(emphasis manipulation), 지식 수준 진전시키기(knowledge progression)를 포함한 ***전체 과제 계열화(whole-task sequencing)***에 대하여 논의할 것이다. 이 모든 방법은 실생활에서 부딪칠 수 있는 과제들을 대표하는 전체 과제를 포함하고 있는 하나의 과제 클래스만으로 훈련 프로그램을 시작한다. 둘째, 동일한 과제 클래스에 속하는 과제를 위한 학습자 지원 문제에 대해서 알아볼 것이다. 같은 과제 클래스에 속하는 학습 과제들은 난이도는 똑같지만 첫 번째 학습 과제를 위한 지원 수준은 가장 높아야 하고, 다음 과제부터는 점차 줄어들면서 최종 학습 과제에서는 아무런 지원이 제공되지 않는다. 셋째, ***부분 과제 계열화(part-task sequencing)***에 대하여 알아볼 것이다. 훈련을 시작하기에 충분히 쉬운 과제 클래스를 찾는 것이 불가능하다고 드러난 예외적인 경우에, 그 과제 클래스에 해당하는 복합적 기능을 상호간에 의미 있게 서로 연관된 부분 기능들의 군(skill cluster)으로 분석할 필요가 있을 것이다. 이 장은 간단한 요약으로 마무리된다.

5.1 학습 과제를 위한 전체 과제 계열화

전체 과제 계열화는 학습자들로 하여금 각각의 과제 클래스에 포함되어 있는 전체 과제들을 공부하도록 해준다. 여기에서 과제 클래스들은 난이도에서만 차이가 난다. 전체 과제 계열화는 학습자가 전체 과제의 부분을 공부하고, 연습한 부분에 있어서 과제 클래스가 달라지는 부분 과제 계열화와 상반된다(5장 3절 참고). 이 책의 열 단계 모형에서는 계열화에 관한 한 전체 과제 방법을 강력하게 주장한다. 이는 훈련 중에 점진적으로 개발되어야 하는 완전한 모습의 전체 기능을 빨리 획득해야만 한다는 전제에 기초하고 있다. 이상적으로는, 첫 번째 과제 클래스조차 전문가가 실세계에서 마주칠 수 있는 전체 과제의 가장 쉬운 버전을 말한다. 각각의 새로운 과제 클래스는 학습자의 *근접발달영역(zone of proximal development)*에 속하는 학습 과제들을 포함하고 있다(Vygotsky, 1934/1987, 1978). 근접발달영역이란 "혼자서 문제를 해결함으로써 규정되는 실제적 발달 수준과 성인의 안내 혹은 보다 능력 있는 동료와 협력을 통해서 문제를 해결함으로써 규정되는 잠정적 발달 수준 간의 거리"(1978, p. 86)이다. 이러한 전체 과제 접근은 학습자로 하여금 관련된 모든 기능, 지식, 태도의 통합과 부분 기능들의 필요한 협응에 주의를 기울이도록 최상의 기회를 제공해줄 수 있다. 이러한 접근은 *인지적 도제 학습 이론*의 "부분 기능 전에 전체 기능(global before local skills)" 원리(Collins, Brown, & Newman, 1989)와 Reigeluth의 *정교화 이론*의 "줌렌즈 은유(zoom lens metaphor)"(1987b; Reigeluth & Rodgers, 1980; Reigeluth & Stein, 1983; 그림 5.1 참고)와 비슷하다. 만일 카메라 줌 렌즈를 통해 사진 찍는 것을 공부한다면, 일반적으로 전체 화면 보기(wide angle view)부터 시작할 것이다. 전체 화면 보기는 세부 사항을 제외하고 주요 부분들과 그 부분들 간의 관계를 포함하여 전체 장면을 보여준다. 어떤 사진의 여러 부분들로 줌인을 하게 되면 그 부분의 하위 부분에 해당하는 더 자세한 부분과 그 하위 부분들 간의 관련성을 보게 될 것이다. 전체 그림을 줌인/줌아웃하는 반복되는 과정을 거치게 되면 학습자들은 차츰 더 자세하고 더 폭넓은 수준에 이르게 된다. 이 기법은 학습 프로그램에서 활용된다. 예를 들면, 자동차의 구조적 요소들과 기능적 요소들과 이들 간의 관계를 학습하기 위해서 첫 번째 위계 수준에서 주요 부품들(차대, 엔진, 스티어링 등)의 개요를 제시하고 난 후 특정 부품들(예: 크랭크축, 변속기)과 이 부품들 간의 관계에 대하여 가르치기 위해 지속적으로 줌인/줌아웃을 한다.

다음 장에서 쉬운 것에서 어려운 것으로 과제 클래스들을 계열화하기 위한 세 가지 전체 과제 방법에 대해서 살펴볼 것이다. ***조건 단순화하기(simplifying conditions)*** 방법은 과제 수행을 단순화하는 조건들을 분석하고, 각각의 과제 클래

그림 5.1 줌렌즈 메타포

스에 이런 조건들이 포함되는지 안 되는지를 기술한다. ***강조부분 변화시키기 (emphasis manipulation)*** 방법은 훈련 중에 강조될 혹은 강조가 되지 않을 일련의 부분 기능들을 분석해서 차후 과제 클래스를 위해서 점점 더 많이 강조될 기능들을 포함한다. 마지막으로 ***지식수준 진전시키기(knowledge progression)*** 방법은 심층적인 과제 분석(task analysis)과 지식 분석(knowledge analysis)의 결과에 기초하여 과제 클래스들을 계열화한다.

조건 단순화하기

조건 단순화하기(simplifying conditions) 방법에서, 학습자는 동시에 모든 부분 기능들을 배우지만, 그 전체 기능이 훈련되는 조건들이 변해서 훈련 중에 점차적으로 난이도가 증가한다. 첫 번째 과제 클래스는 전문가들이 실제 세계에서 마주칠 수 있는 전체 과제들의 가장 쉬운 버전을 나타내고, 마지막 과제 클래스는 학습자들이 훈련을 마친 후에 수행할 수 있어야만 하는 모든 실생활 과제들을 나타낸다. 이러한 접근 방법은 2장에서 "문헌 검색하기"에 제시되었다. 이러한 기능으로 분석될 수 있는 조건 단순화하기의 예들은 다음과 같이 다양하다.

- 검색할 연구 영역들 내의 혹은 연구 영역들 간의 *개념 정의에 대한 명료성* (명확한 것에서부터 불명확한 것까지)
- 관심 주제에 관해 작성된 *논문의 수* (소수에서 다수까지)
- 관련 논문들이 출판된 *연구 영역의 수*, 그리고 그에 따라서 검색될 필요가 있는 데이터베이스의 수 (하나의 친숙한 데이터베이스부터 종종 친숙하지 않은 많은 데이터베이스까지)
- 필요한 *검색 유형* (무관한 단어 검색부터 영역과 관련된 구(句) 혹은 단어의 조합에 기초한 검색까지)
- 사용할 필요가 있는 불린 연산자와 *검색어의 수* (검색어가 거의 없는 것에서부터 불린 연산자로 상호 관련되는 많은 검색어까지)

이러한 조건 단순화하기 방법은 쉬운 과제 클래스로부터 어려운 과제 클래스로의 진행을 위한 하한선과 상한선을 제시한다. 가장 쉬운 과제 클래스는 학습자들이 명확하게 정의된 개념들을 사용해서 깔끔하게 정렬된 검색 영역에서, 단지 소수의 관련 논문들을 산출하면서, 하나의 서지 데이터베이스 안에서, 단순한 키워드로, 검색어를 거의 사용하지 않고 검색을 수행해야 하는 상황을 접하게 되는 학습 과제들을 포함한다. 가장 복합적인 과제 클래스는 학습자들이 애매하게 정의되거나 모호한 개념을 가진 연구 영역에서, 많고 다양한 관련된 논문들을 산출하면서, 여러 개의 서지 데이터베이스에서, 영역과 관련된 단어 혹은 글자를 조합해서, 불린 연산자를 혼용할 필요가 있는 많은 검색어들을 사용해서 검색을 수행해야 하는 상황을 만나게 되는 학습 과제들을 포함한다. 이러한 상한선과 하한선 안에서, 조건 단순화하기 방법을 다양화함으로써 과제 클래스의 수를 한정할 수 있다. 과제 클래스들의 예를 위해서는 이 장의 뒤에 제시된 표 5.2의 예비 교수 설계서를 참고할 수 있다.

또 다른 예로 특허 출원 심사에 관한 고도의 복합적 기능을 보기로 하자. 특허 심사원은 모든 특허 출원 유형을 다루기 위해 2년간의 훈련 프로그램에 참여해야 한다. 새로 접수된 특허 출원을 대상으로 그들은 먼저 "조사 보고서"를 준비해야만 한다. 그들은 출원 신청서를 주의 깊게 분석하고, 이미 승인된 특허 자료들이 보관되어 있는 광범위한 데이터베이스에서 접수된 것과 유사한 것이 있는지 검색을 수행해서 심사 결과를 보고서에 포함해야 한다. 만약 신청된 것과 비슷한 특허가 이미 발급되었다고 보고서에 나와 있다면, 특허 출원자에게 출원 절차를 종료하도록 통보해야 한다. 그렇지 않은 상황이라면, "실체적 요건 심사(substantive examination)"를 수행한다. 결과적으로 그 신청을 승인할 것인지 기각할 것인지에 영향을 미칠 수 있는 결정을 하기 위해서 특허 출원에서 무엇을 바꿔야 할 것인지에 대해 특허 출원자와 의논을 해야 한다. 다른 어떠한 것들보다도, 다음의 조건 단순화하기가 특허 심사에 관한 복합성에 영향을 미친다.

- 특허 출원에 대한 *명료성* (명확성/불명확성)
- 출원 신청서 안에 작성된 *청구 내용의 간결성* (하나의 단일한 단독 청구/수많은 것이 관련되는 청구들)
- 신청인으로부터 나온 *답변 분석이 필요한지의 여부* (필요한 경우/불필요한 경우)
- 심사 과정 중에 *대면을 통한 수정이 필요한지의 여부* (필요한 경우/불필요한 경우)

이러한 조건 단순화하기 방법을 적용하면, 첫 번째 과제 클래스는 학습자들로 하여금 하나의 독립된 청구가 작성되어 있고, 신청인에 의한 하나의 분명하고 완벽한 답변이 있어서, 심사 과정 중에 대면을 통한 수정이 필요 없는 명확한 신청서를 접하게 하는 학습 과제 범주로 규정될 수 있다. 마지막 과제 클래스는 학습

표 5.1 특허 심사라는 고도의 복합적 기능을 훈련하기 위한 과제 클래스들의 예

과제 클래스 1 하나의 독립된 특허 청구가 포함되어 있고, 출원 신청인이 하나의 분명하고 완벽한 답변을 하여 심사 과정 중에 대면을 통한 수정 보완이 필요 없는 하나의 명확한 특허 출원 신청서를 학습자들로 하여금 접하게 하는 학습 과제들. 학습자들은 조사 보고서를 작성하고 실체적 요건 심사를 수행해야 한다.
과제 클래스 2 하나의 독립된 특허 청구가 포함되어 있고, 출원 신청인이 불분명하고 미완성된 다수의 답변을 하여 심사 과정 중에 대면을 통한 수정 보완이 필요한 하나의 명확한 특허 출원 신청서를 학습자들로 하여금 접하게 하는 학습 과제들. 학습자들은 조사 보고서를 작성하고 실체적 요건 심사를 수행해야 한다.
과제 클래스 3 여러 개의 중복된 많은 특허 청구들이 포함되어 있고, 출원 신청인이 불분명하고 미완성된 다수의 답변을 하였지만 심사 과정 중에 대면을 통한 수정 보완이 필요 없는 하나의 불명확한 특허 출원 신청서를 학습자들로 하여금 접하게 하는 학습 과제들. 학습자들은 조사 보고서를 작성하고 실체적 요건 심사를 수행해야 한다.
과제 클래스들이 더 삽입될 수 있음
과제 클래스 n 여러 개로 중복된 많은 특허 청구들이 포함되어 있고, 출원 신청인이 불분명하고 미완성된 다수의 답변을 하여 심사 과정 중에 대면을 통한 수정 보완이 필요한 하나의 불명확한 특허 출원 신청서를 학습자들로 하여금 접하게 하는 학습 과제들. 학습자들은 조사 보고서를 작성하고 실체적 요건 심사를 수행해야 한다.

자들로 하여금 서로 관련된 많은 청구들이 있고, 신청인으로부터 불명확하고 불완전한 답변이 많이 있어서 심사 과정 중에 대면을 통한 수정이 필요한 불명확한 신청서를 접하게 하는 학습 과제들의 범주로 규정될 수 있다. 표 5.1에 제시한 바와 같이, 조건 단순화하기 방법을 다양화함으로써 이러한 두 가지 극단 사이에 중간 난이도 수준의 다른 과제 클래스들을 추가할 수 있다(그림 5.3 참고).

강조 부분 변화시키기

강조 부분 변화시키기(emphasis manipulation) 방법은 학습자들로 하여금 처음부터 전체 과제를 수행하게 하는데, 전체 과제에 대한 안목을 잃지 않으면서 그 과제의 강조된 부분에 초점을 맞추게 해 주는 과제 클래스마다 다른 부분 기능군(sets of constituent skills)을 강조한다(Gopher, Weil, & Siegel, 1989). 학습자들은 또한 그 과제의 강조되지 않은 부분들을 수행하면서 그 대가를 경험(학습)한다. 예를 들어, 의대생들에게 환자를 검진하는 것을 가르칠 때, 특정 진단 기능이 훈련 프로그램의 특정 단계에서 강조될 수 있다. 이것은 의대생들이 진단 기능을

강조해서 배우다 보면 대인관계 혹은 사회적 관계와 같은 다른 기능들을 더 개발할 수 없는 것을 경험하게 해 줄 것이다. 훈련 중에 어떤 부분 기능(군)들을 강조하거나 강조하지 않으면, 학습자들로 하여금 우선순위가 어디에 있어야만 하는지 스스로 점검하게 해서 강조하는 기능이 달라짐에 따라서 그들의 주의집중을 변화시킬 수 있도록 해 준다. 이러한 방식으로, 강조 부분 변화시키기 방법은 학습자들이 인지적 쉐마를 개발하게 함으로써 학습자들이 관련 부분 기능들을 더 잘 협응시킬 수 있게 해 준다. 조건 단순화하기 방법과는 달리 이 방법에서 학습자들은 훈련 기간 전반에 걸쳐서 전체 과제의 완전한 복합성에 노출된다. 이것은 종종 고도로 복합적인 학습 과제를 위한 초기 과제 클래스들을 정의하는 데 있어서 강조 부분 변화시키기 방법이 덜 유용하게도 한다.

강조 부분 변화시키기 방법이 성공하기 위해서는 상이한 기능군들을 강조 및 덜 강조하여 과제 클래스의 계열화를 하는 것이 매우 중요하다. Gopher, Weil 및 Siegel(1989)은 부분 기능(군)들이 (a) 그 자체가 학습자들에게 어려워 노력을 요할 때, (b) 적용될 때 전체 과제를 수행하는 방식에서 현저한 변화를 필요로 할 때, 그리고 (c) 서로간에 충분히 다를 때 이 기능(군)들을 강조하는 것이 바람직하다고 하였다. 수업하기(예: 전체 과제)를 가르치는 교사 양성 프로그램에서 한 예를 찾아볼 수 있다. 이 훈련 프로그램에 포함될 수 있는 부분 기능들은 교과 내용 제시하기, 질문하기, 집단 토론 이끌기 등이다. 강조 부분 변화시키기 방법에 적합한 네 가지 과제 클래스는 다음과 같다.

1. 교과 내용 제시에 초점을 둔 수업하기
2. 학생들에게 질문하기에 초점을 둔 수업하기
3. 집단 토론을 형성하고 유지하고 이끌어가는 것에 초점을 둔 수업하기
4. 수업하기

강조 부분 변화시키기 방법은 전형적으로 다음에 오는 과제 클래스가 이전 단계 클래스를 포괄하는 것으로 가정한다. 달리 말하면, 학습자가 일단 교과 내용 제시에 초점을 둔 수업하기를 배웠다면 그 학습자는 질문하기에 초점을 둔 수업하기를 학습하는 다음 과제에서 교과 내용 제시에 초점을 둔 수업하기 단계를 포함해서 수행할 것이다. 위에 제시한 예에서 교과 내용을 가르치는 것이 없다면 질문하는 것에 초점을 맞추기 어렵기 때문에 거기에는 또한 어떤 논리적인 순서가 있는 것이다.

그러나 이번에는 그러한 어떤 논리적 순서가 없는 또 다른 예로 제트 엔진 교

체하기를 살펴보자. 이것은 조건 단순화할 필요 없이, 복잡하지만 단도직입적인 과정이다. 수리공에게 연료 장치에 주의를 기울이지 않고 제트 엔진을 고치도록 요구할 수는 없을 것이다. 이 경우, 강조 부분 변화시키기 방법이 좋은 대안이 될 수 있다. 그 과정에서 주요 단계들은 기존 엔진을 제거하고, 새 엔진을 적절히 제공할 수 있는지 전력, 연료 및 기계상의 연결을 점검하고, 새로운 엔진을 장착하고, 테스트 프로그램을 실행하는 것이다. 항공기 유지보수를 위한 하나의 훈련 프로그램은 다음과 같은 과제 클래스를 사용할 수 있다.

1. 안전 문제에 초점을 맞추면서 엔진 교체하기
2. 도구 사용에 초점을 맞추면서 엔진 교체하기
3. 정확성과 속도에 초점을 맞추면서 엔진 교체하기
4. 엔진 교체하기

지식 수준 진전시키기

하나의 과제 클래스에 속해 있는 학습 과제들은 같은 기반 지식 혹은 지식체(body of knowledge)에 기초해서 수행될 수 있기 때문에 그것들은 항상 서로 같다고 할 수 있다. 더 어려운 과제 클래스들은 같은 기반 지식에 속한 더 쉬운 과제 클래스들보다 더욱 구체적이고 자세한 지식을 필요로 한다. 따라서, 과제 클래스별로 기반 지식에 의해 구체화될 수 있거나, 혹은 반대로 과제 클래스들을 정의하거나 구체화하기 위해서 기반 지식의 수준을 심화시키는 방법이 사용될 수 있다. 이 지식 수준 진전시키기(knowledge progression) 방법을 사용하기 위해서는 심층적인 과제 분석과 지식 분석이 필요하다. 첫째, 과제 분석은 *인지적 전략의 수준을 분석*하는 것이다. 여기에서 분석된 인지적 전략은 특정 과제 영역에서 문제를 어떻게 효과적으로 접근할 것인가를 구체적으로 보여주기 위한 것이다. 인지적 전략 수준은 비교적 단순하고 바로 그대로 적용하면 되는 전략 수준에서부터 복잡하고 정교화된 전략 수준까지 있다. 이러한 연속체 수준 안의 각 인지적 전략들은 하나의 과제 클래스를 정의하는 데 사용되는데, 이 클래스는 정해진 구체화 수준에서 인지적 전략을 적용함으로써 수행될 수 있는 학습 과제들을 포함하고 있기 때문이다. 이러한 인지적 전략 분석하기에 대해서는 8장에서 더 자세하게 알아볼 것이다. 둘째, 지식 분석은 그 학습 영역이 어떻게 조직되어 있는지를 보여주는 *정신적 모형의 수준을 분석*하는 것이다. 정신적 모형의 수준은 비교적 단순한 모형에서부터 고도로 상세화된 모형까지 있을 수 있다. 각 정신적 모형은 하나의 과제 클래스를 정의하는 데 사용되는데, 이 클래스는 그 정신적 모형에 기초해서 추론함으로써 해결될 수 있는 학습 과제들을 포함하고 있기 때문이다. 이러한 정신적 모형 분석하기에 대해서는 9장에서 더욱 자세하게 알아볼 것이다.

종합하면, 전체 과제 계열화를 위한 다양한 여러 방법들을 서로 조합해서 사용할 수 있다는 것을 명심해야 한다. 전형적으로 조건 단순화하기 방법이 가장 먼저 시도된다. 단순화할 수 있는 조건들을 충분히 분석하기가 어렵다면, 강조 부분 변화시키기 방법을 적용할 수 있고 혹은 강조 부분 변화시키기와 조건 단순화하기 기법을 조합해서 사용해 볼 수도 있다. 예를 들어, 특허 심사 훈련을 위한 첫 번째 과제 클래스(표 5.1 참고)는 강조 부분 변화시키기를 사용하여 더 쉬운 과제 클래스들로 분석될 수 있는데 출원서 내용 분석, 검색 수행, 사전심사 결과 작성하기, 실체 검사 수행, 마지막으로 동시에 (앞의 순서대로 모든 측면들을) 강조할 수 있다. 지식 수준 진전시키기 방법은 과제 및 지식의 심층 분석이 수행될 경우에만 사용 가능하다. 해당 분석 결과가 이미 있다면, 이 결과는 과제 클래스와 관련해서 이미 있는 포괄적인 기술을 상세화하는 데 특히 유용하다.

5.2 과제 클래스와 학습자 지원

학습자가 어떤 영역에 대한 전문성을 획득하였다면 그만큼 과제 지원과 안내를 줄여야만 한다(4장 참고). 이렇게 지원과 안내(스캐폴딩)를 줄이는 양상이 *모든 과제 클래스*에 거의 동일하게 반복된다. 일단 과제 클래스가 정의되었으면 이미 개발된 학습 과제는 정의된 과제 클래스에 따라 분류될 수 있고, 추가적인 학습 과제가 개발될 수 있다. 이런 과제 클래스들의 정의와 분석은 실생활 과제 중에서 학습 과제를 찾는 데 매우 유용하다. 과제 클래스별로 충분한 수의 학습 과제가 필요하다. 왜냐하면 학습자들이 현재 학습하고 있는 것보다 난이도가 높은 학습 과제들로 이루어진 그 다음 과제 클래스로 넘어가기 전에 숙달할 수 있을 만큼 연습할 수 있도록 하기 위해서이다. 이렇게 과제 클래스별로 학습 과제가 구체화되면 유용한 실세계의 과제들을 찾아내서 부가적인 학습 과제의 개발에 도움이 된

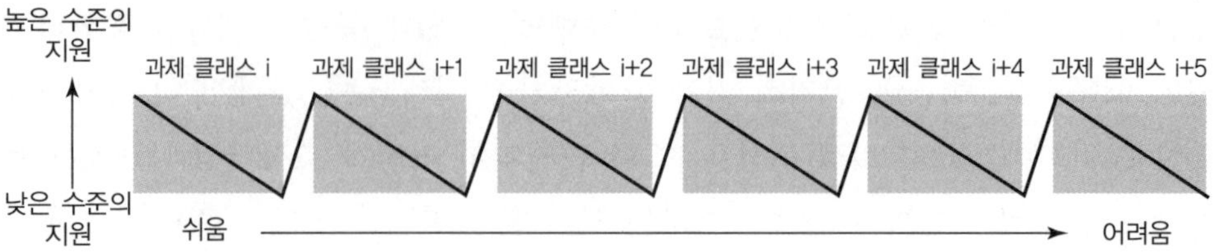

그림 5.2 전형적인 톱니 모양으로 지원이 제공된 훈련 프로그램

다. 예를 들면, 명백하게 정의된 연구 분야에서 여러 데이터베이스에서 사용될 수 있는 키워드로, 불린 연산자에 연결되어야 하는 많은 검색어에 의해서 성공적인 검색이 이루어져서 많은 논문이 찾아지는 구체적인 과제의 예가 무엇이 있는지 유능한 사서에게 구체적으로 물어볼 수 있다(이후에 언급하겠지만, 표 5.2의 두 번째 과제 클래스에 해당하는 과제들이다). 일반적으로, 과제 클래스들의 정의와 분석은 실생활 과제들 중에서 적절한 학습 과제를 찾는 데 대단히 유용하다.

하나의 과제 클래스에 속해있는 학습 과제들은 서로 동등하고 난이도도 다르지 *않지만* 그 학습 과제의 다양성 수준이 높아야 하며, 초기에는 언제나 학습자에게 지원과 안내를 제공해야만 한다. 무엇보다도, 과제 클래스에 속해있는 첫 번째 학습 과제를 위한 지원과 안내 수준은 높아야 하고, 그 다음 과제를 위해서는 그림 5.2와 같이 톱니 모양처럼 스캐폴딩의 과정에서 줄어야만 한다. 4장의 단계 1에서 다양성 및 지원 감소하기 원리를 적용한 훈련 프로그램은 (a) 과제 클래스들과 (b) 각 과제 클래스에 포함된 다양한 학습 과제들, (c) 과제 클래스 초반에 높은 수준의 지원과 안내가 제공되고, 후반에 지원이 제공되지 않는 학습 과제들로 구성되어 있다. 이러한 기본 구조는 표 5.2 문헌검색의 예에 잘 나타나 있다.

5.3 학습 과제를 위한 부분 과제 계열화

거의 모든 훈련 프로그램에서 전체 과제 계열화가 적용되는데, 그 결과는 표 5.1과 5.2에서 제시된 것과 같은 예비적인 교수설계서로 나타난다. 그러나 예외적인 경우에 훈련을 시작하기에 충분히 쉬운 과제 클래스를 찾는다는 것이 불가능해서 학습자들이 첫 번째 학습 과제를 시작할 수 있도록 준비하는 데에만 며칠 이상이 걸릴 수도 있다. 그러한 훈련 상황의 예로는 의사, 항공기 조종사, 변호사를 위한 완벽한 교육 프로그램 같은 것이 있다. 이러한 훈련 프로그램들의 경우에만 전체 과제 계열화를 보충하기 위하여 부분 과제 계열화(part-task sequencing)가 사

표 5.2 중간 정도의 복합적 기능인 "문헌 검색하기"를 위한 예비 교수설계서: 과제 클래스들과 각 과제 클래스 내에서 지원이 줄어드는 학습 과제들 (계속)

과제 클래스 1
학습자는 (검색될) 특정 영역 내에 있는 개념이 명확하게 정의된 상황과 마주한다. 특정 주제에 대해 작성된 아티클은 그 수가 적을 뿐만 아니라 한 연구 분야에 국한되어 있다. 따라서 검색은 특정 연구 분야의 하나의 데이터베이스 내에서 아티클 제목으로만 행해질 필요가 있다. 그 검색에 필요한 검색어는 단지 몇 개뿐이며 검색 결과로 제한된 수의 아티클이 나온다.

학습 과제 1.1: *사례 연구*
학습자는 문헌 검색과 관련하여 해결된(좋은) 예 세 개를 제공받는다. 각 예는 동일한 주제 영역 내에서 서로 다른 연구 문제, 검색 질의어, 그리고 검색 결과로 나온 아티클 목록을 보여준다. 학습자는 그 예들을 공부해야 하고, 서로 다른 검색 질의어로 그 바람직한 검색 결과가 어떻게 나왔는지에 대한 이유를 설명해야 한다.

학습 과제 1.2: *완성하기 과제*
학습자는 연구 문제와 함께 이와 무관한 항목을 가진 아티클 목록을 검색 결과로 내는 완벽하지 않은 검색 질의어를 제공받는다. 학습자는 추가적인 검색어를 사용해서 검색 질의어를 수정 및 보완해보고, 관련 아티클들을 선택해보아야 한다.

학습 과제 1.3: *일반적 과제*
학습자는 연구 문제를 제공받는다. 이것과 가장 관련성이 높은 10개의 아티클을 찾기 위해 문헌 검색을 해야 한다.

과제 클래스 2
학습자는 (검색될) 특정 영역 내에 있는 개념이 명확하게 정의된 상황과 마주한다. 특정 주제에 대해 작성된 논문의 양이 상당하지만 한 연구 분야에 국한되어 있다. 따라서 검색은 특정 연구 분야의 하나의 데이터베이스 내에서 아티클 제목으로만 행해질 필요가 있다. 그러나 상당한 양의 아티클이 검색결과로 나오기 때문에 이를 제한하기 위하여 많은 검색어들을 불린 연산자로 연결해야 한다.

학습 과제 2.1: *모방하기 과제 + 제한*
학습자는 특정 아티클 목록을 찾아내는 데 필요한 사용가능한 연구 문제, 아티클 목록, 불린 연산자를 사용한 정교화된 검색 질의어를 포함한 해결된 예 한 개를 제공받는다. 학습자는 유사한 연구 문제 한 개와 함께 제한된 수의 관련 아티클 목록을 찾으라는 하나의 목표를 제공받는다. 주어진 예를 모방하면서 검색 질의어를 만들어보고, 검색을 하고, 관련 아티클들을 선택해야 한다. 이 때 학습자가 만든 검색 질의어가 승인된 후에만 검색을 수행할 수 있다.

학습 과제 2.2: *완성하기 과제*
학습자는 연구 문제와 검색어 목록을 제공받는다. 학습자는 제공된 검색어를 불린 연산자로 조합해 검색 질의어를 만들어야 한다.

학습 과제 2.3: *일반적 과제*
학습자는 연구 문제를 제공받는다. 이것과 가장 관련성이 높은 10개의 아티클을 찾기 위해 문헌 검색을 해야 한다

과제 클래스 3
학습자는 (검색될) 특정 영역 내에 있는 개념이 명확하게 정의되지 않은 상황과 마주한다. 상이한 개념에 동일한 검색어가 사용되고, 동일한 개념이 상이한 검색어로 설명된다. 특정 주제에 대해 작성된 논문의 양이 상당할 뿐만 아니라 여러 연구 분야에 걸쳐 있기도 하다. 따라서 아티클 제목을 검색한 다음에는 초록 및 전문 검색을 수행해야 한다. 또한 다양한 연구 분야의 데이터베이스를 검색해야 한다. (상이한 용어를 쓰는) 관련된 모든 논문들을 검색하고, (동일한 용어를 쓰는) 무관한 논문들을 배제하기 위해서 많은 검색어들을 불린 연산자로 연결해야 한다.

학습 과제 3.1: *완성하기 + 역행하기 과제*
학습자는 연구 문제와 불린 연산자로 검색어를 조합한 정교화된 검색 질의어를 제공받는다. 학습자는 어떤 데이터베이스를 사용해야 하는지를 예측해서 질의어로 검색을 수행해야 한다. 그런 후에 질의어를 수정 및 보완해보고 관련 아티클을 선택해야 한다.

학습 과제 3.2: *일반적 과제*
학습자는 연구 문제를 제공받는다. 이것과 가장 관련성이 높은 10개의 아티클을 찾기 위해 문헌 검색을 해야 한다.

용될 수 있다(이러한 예외적인 경우가 아니라면 이 절을 생략할 수 있다). 부분 과제 계열화는 훈련 프로그램에서 다룰 부분 기능군(부분)의 순서를 정하는 것에 관한 것이다. 부분 과제 계열화는 과제 난이도를 줄이는 데 매우 효과적이지만 지식, 기능, 태도를 통합하는 것을 저해하고, 그러한 부분 기능들을 협응시키는 것을 배울 기회를 제한한다. 그러므로, 부분 과제 계열화는 남용해서는 안 되고 대단히 주의를 기울여서 사용해야만 한다.

부분으로서의 기능군(群)

특허 심사 분야의 내용 전문가가 새로운 훈련생에게 표 5.1에 제시된 첫 번째 과제 클래스(하나의 단독 청구와 신청자의 명확하고 완전한 응답이 있어서 문답식 수정이 필요 없는 명확한 신청서)를 준비시키는 데에도 몇 주씩이나 걸린다고 생각해 보자. 이런 상황에서는 부분 과제 계열화가 반드시 필요할 것이다. 먼저 소수의 ***기능군**(skill clusters)*(보통 2개에서 5개 사이)들을 찾아야만 한다. 이러한 기능군들은 유의미하게 상호 관련되는 일련의 부분 기능들의 집합이다. 기능군 혹은 "부분"의 수가 적으면 적을수록 좋다. 기능군 혹은 "부분"의 수가 적을수록 지식, 기능, 태도를 통합하고 협응에 이르도록 하는 보다 많은 기회를 제공해 줄 수 있기 때문이다. 선택된 기능군들은 학습자들로 하여금 적절한 기간 안에(몇 시간 혹은 며칠 안에) 실제 연습을 시작하게 해 주어야 하며, 각 기능군 자체는 반드시 실제적이면서 실생활적인 과제를 반영해야만 한다. 예를 들어, 전체 과제인 "특허 출원 심사하기"와 유의미하게 상호 관련된 부분들은 "조사 보고서 준비하기"(A 부분), "소견서/추천서 발간하기"(B 부분), 그리고 "신청서 재심사하기"(C 부분)가 있다(그림 5.3 참고).

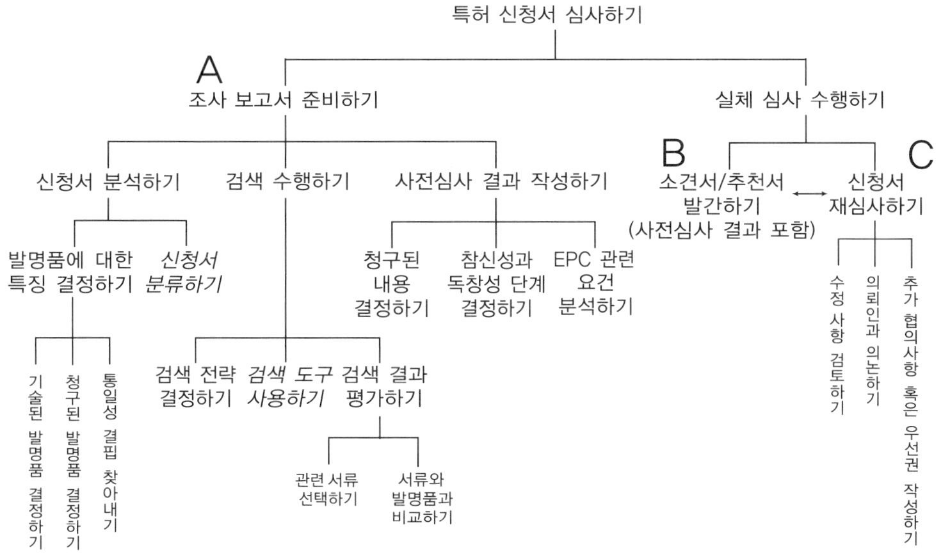

그림 5.3 "특허 출원 심사하기"라는 고도로 복합적인 기능을 위한 세 가지 기능군. 부분 A는 "조사 보고서 준비하기"와 하위 수준 기능들로 구성되고, 부분 B는 "소견서/추천서 발간하기"로 구성되고, 부분 C는 "신청서 재심사하기"와 하위 수준 기능들로 구성된다.

눈덩이 굴리기 방법에 의한 전향 연쇄 및 후향 연쇄

기본적으로 부분 과제 계열화를 위한 방법에는 소위 전향 연쇄와 후향 연쇄가 있다. ***전향 연쇄(forward chaining)***는 정상적인 과제 수행 중에 일어나는 것과 같은 자연스러운 처리 순서로 부분(과제)들을 다루는 것을 말한다. 지식 경영 분야에서와 마찬가지로 전향 연쇄는 이미 있는 데이터만 가지고 시작해서 추론 규칙을 사용해서 바람직한 목표가 달성될 때까지 더 많은 데이터를 포함시킨다. 이러한 전향 연쇄를 위한 방법으로는 소위 ***눈덩이 굴리기 방법(snowballing)***에 의한 것과 그렇지 않은 두 가지 다른 형태를 취한다. 이 방법을 쓰지 않는 단순한 전향 연쇄(A-B-C)는 부분들을 하나하나씩 순서대로 다룬다. 앞에서 제시된 특허 심사하기 예의 경우를 통해 설명하면, "조사 보고서 준비하기"(A 부분)를 가르치는 것으로 시작해서, "소견서/추천서 발간하기"(B 부분)로 이어지며, "신청서 재심사하기"(C 부분)를 가르치는 것으로 끝낼 것이다. 학습자들은 절대 전체 과제를 연습하면 안 된다는 것을 명심해야 한다. 학습자들이 "소견서/추천서 발간하기"를 연습할 때 자신들이 이전 단계에서 준비한 보고서에 기초해서 연습할 것이며, "신청서 재심사하기"를 연습할 때 이전의 두 가지 단계에서 준비했던 보고서와 소견서나 추천서에 기초해서 연습할 것이다. 눈덩이 굴리기 방법에 의한 전향 연쇄(A-AB-ABC)는 눈덩이가 산을 따라 굴러 내려갈 때 새로운 눈이 그 눈덩이에 계속 달라붙기 때문에 눈덩이가 커지는 것과 같이 각각의 새로운 부분에서 이전 부분(들)을 포함한다. 앞에 제시한 특허 심사하기 예에 적용하면, "조사 보고서 준비하기"(A 부분)를 가르치는 것으로 시작하여, 그 다음 "조사 보고서 준비하기"에 이어 "소견서/추천서 발간하기"(AB 부분)를 가르치는 것을 진행하고, 그리고 "조사 보고서 준비하기"와 "소견서/추천서 발간하기"에 이어 "신청서 재심사하기"(전체 과제: ABC)를 가르치는 것으로 끝날 것이다. 눈덩이 굴리기 방법은 일반적으로 훈련에 필요한 시간을 증가시키지만, 이 방법에 의한 시간 투자는 그 이상의 가치가 있다. 왜냐하면 부분에 해당하는 여러 기능군들을 통합하고 협응하도록 하는 더 나은 기회를 제공해주기 때문이다.

전향 연쇄의 반대인 ***후향 연쇄(backward chaining)***는 역순 혹은 수행의 반대 순서로 전체 과제의 부분들을 다루는 것이다. 지식 경영 측면에서, 이 방법은 목표들만 가지고 시작해서 이러한 목표들 중에 어떤 것이라도 포함하도록 해줄 데이터가 있는지 보기 위하여 후향으로 작업한다. 전향 연쇄와 마찬가지로 후향 연쇄도 두 가지 형태를 취한다. 단순 후향 연쇄 방법(C_{AB}-B_A-A)은 부분들을 하나하나씩 다룬다. 앞에 제시한 예로 설명하면, "신청서 재심사하기"(C_{AB} 부분)로 시작해서, "소견서/추천서 발간하기"(B_A 부분)를 수행하고, "조사 보고서 준비하기"(A 부분)를 가르치는 것으로 끝낼 것이다. 단순 전향 연쇄 방법에서와 마찬가지로, 학습자들은 전체 과제를 전혀 연습하지 않지만, 학습자들이 C 부분으로 시작할 때 그들은 이미 만들어진 조사 보고서와 소견서나 추천서를 받아서 그 전체 과제를 연습할 수 있다. 학습자들은 조사 보고서와 소견서나 추천서를 아직 준비하지 못했기 때문에 말하자면 그들 스스로 그러한 부분들을 수행해야 하는 것이다. C_{AB}에서 AB와 같은 아래첨자로 표시된 것이 의미하는 것은 학습자들이 교수자 혹은 훈련 프로그램에 의해 제공된 조사 보고서와 소견서나 추천서에 기초해서 "신청서 재심사하기"를 가르치고, B_A는 교수자 혹은 훈련 프로그램에 의해 제공된 조사 보고서에 기초해서 "소견서/추천서 발간하기"를 가르치는 것을 말한다. 눈덩이 굴리기 기법에 의한 후향 연쇄 방법은 각각의 새로운 단계에서 이전의 부분(들)을 포함한다(C_{AB}-BC_A-ABC). 앞에서 제시한 예로 설명하면, 훈련은 이미 만들어진 조사 보고서와 소견서나 추천서에 기초해서 "신청서 재심사하기"(C_{AB} 부분)로 시작하고, 그런 다음 이미 만들어진 조사 보고서에 기초해서 "소견서/추천서 발간하기"와 "신청서 재심사하기"(BC_A 부분)를 진행하고, 마지막으로 "조사 보고서 준비하기"와 "소견서/추천서 발간하기"와 "신청서 재심사하기"를 가르치는 것으로 끝낼 것이다(전체 과제: ABC). 표 5.3은 네 가지 부분 과제 계열화 방법과 그 방법들을 사용하기 위한 지침들을 제시하고 있다.

표 5.3에 제시된 지침들은 두 가지 원칙에 기초하고 있다. 첫째, 눈덩이 굴리기 방법에 의한 계열화는 단순한 계열화보다 더욱 효과적이라고 볼 수 있다. 왜냐하면 눈덩이 굴리기 방법에 의한 계열화는 학습자들이 전체 과제를 연습하고 여러 과제 유형들을 통합하고 협응시키는 과정을 학습하도록 해주기 때문이다. 따라서 눈덩이 굴리기 방법은 훈련할 시간이 있다면 사용되어야 한다. 둘째, 후향 연쇄 방법은 전향 연쇄 방법보다 더 효과적이다. 왜냐하면 후향 연쇄 방법은 학습자들에게 훈련 프로그램의 초기부터 바로 유용한 예들이나 모델들을 제공해 주기 때문이다. 여기서 말하는 이러한 계열화 전략들은 학습 과제 계열화를 위한 것이지 부분 과제 연습에서 연습 항목 계열화를 위한 것이 아니다(13장 참고). 예를 들어 주어진 조사 보고서와 소견서/신청서 등의 서류에 기초해서 특허 출원 재심사하기를 처음으로 연습한다면 학습자들은 그러한 서류들을 그들 스스로 준비하는 것을 연습하기 시작 전에 조사 보고서와 소견서/신청서에 유용한 많은 예들을 보고 공부해야만 한다.

표 5.3 부분 과제 계열화 기법 및 그 기법들을 사용하기 위한 지침[a]

단순 전향 연쇄	A–B–C	학습 과제들을 계열화하는 데 이 방법을 사용하지 말아야 한다. 부분 과제 연습에서 연습 항목들을 계열화하기 위한 경우와 훈련 시간이 대단히 제한되어 있을 경우에만 방법을 사용한다(13장 참고).
눈덩이 굴리기 방법에 의한 전향 연쇄	A–AB–ABC	학습 과제들을 계열화하는 데 이 방법을 사용하지 말아야 한다. 부분 과제 연습에서 연습 항목들을 계열화할 때만 이 방법을 사용한다(13장 참고).
단순 후향 연쇄	C_{AB}–B_A–A	교수 시간이 대단히 제한적이고 훈련을 시작하기에 충분히 쉬운 전체 과제를 찾는 것이 불가능한 경우에 학습 과제들을 계열화하기 위해서 이 방법을 사용한다.
눈덩이 굴리기 방법에 의한 후향 연쇄	C_{AB}–BC_A–ABC	훈련을 시작하기에 충분히 쉬운 전체 과제를 찾는 것이 불가능한 경우에 학습 과제들을 계열화하기 위한 기본 전략으로 이 방법을 사용한다.

[a] 이러한 기법들은 훈련을 시작하기에 충분히 쉬운 전체 과제를 찾는 것이 불가능하다고 입증된 예외적인 경우에 사용되어야 한다.

몇몇 연구는 눈덩이 굴리기 방법에 의한 후향 연쇄가 매우 효과적인 계열화 전략이 될 수 있다는 것을 보여주었다. 오래된 연구 중 하나로, Gropper(1973)는 교수 설계를 가르치기 위해서 이 방법을 사용하였다. 이 연구에서는 학습자들로 하여금 처음부터 교수 프로그램을 시범 적용해서 수정·보완하는 것을 학습하도록 하였다(전통적으로 이것은 교수설계 과정의 *마지막* 부분이다). 과제 기술서부터 교수 프로그램 개발에 이르는 설계 과제에 대한 모범적인 산출물(산출물 견본)을 학습자들에게 제시하였다. 그 다음 단계에서 학생들은 교수 프로그램을 설계하고 개발하는 것에 대해서 학습하도록 하였다. 이러한 후향 연쇄 방법은 매우 효과적인 것으로 나타났는데, 학습자들 스스로 교수 전략 결정하기, 계열화, 과제 분석과 같은 과제들을 수행하도록 요구하기 전에 여러 개의 모범적인 산출물들을 살펴보도록 하는 기회를 제공해 주기 때문이다. 똑같은 맥락에서 van Merriënboer와 Krammer(1987)는 컴퓨터 프로그래밍을 가르치기 위한 후향 연쇄 접근 방법을 설명하였다. 이 연구에서는 학습자들에게 기존의 소프트웨어와 컴퓨터 프로그램을 테스트하고, 읽고, 움직임을 추적해 봄으로써 평가하도록 하였다(전통적으로 이것은 개발 과정에서 *마지막* 부분에 해당되는 단계이다). 두 번째 단계에서 학습자들에게 기존의 소프트웨어와 컴퓨터 프로그램들을 수정하고, 완성하고, 성능을 확장시키도록 하였다. 오로지 세 번째 단계에서만 학습자들에게 새로운 소프트웨어와 컴퓨터 프로그램을 처음부터 완전히 설계하고 개발하게 하였다. 이러한 후향 연쇄 방법은 전통적인 전향 연쇄 방법보다 더 효과적이다. 왜냐하면 학습자들이 초기 단계에서 마주쳤던 많은 모델과 예제 프로그램들을 기반으로 해서 자신들의 수행을 더 잘 할 수 있게 해주기 때문이다.

전체 과제-부분 과제 계열화/부분 과제-전체 과제 계열화

전체 과제 계열화와 부분 과제 계열화는 전체 과제-부분 과제 계열화 및 부분 과제-전체 과제 계열화라는 두 가지 방식으로 조합될 수 있다(그림 5.4 참고). ***전체 과제-부분 과제 계열화**(whole-part sequencing)*에서, 전체 과제에 대해서 쉬운 데서부터 어려운 쪽으로 배치된 과제 클래스들의 계열이 가장 먼저 개발되는데 여기에는 '조건 단순화하기', '강조부분 변화시키기', '지식수준 진전시키기' 방법이 사용된다. 개발된 이 첫 번째 과제 클래스가 너무 어려워서 훈련을 시작할 수 없다면, 해당 과제 클래스와 그 다음에 있는 과제 클래스들을 쉬운 데서부터 어려운 기능군 혹은 부분으로 나누기 위해서 '부분 과제 계열화' 방법이 이용될

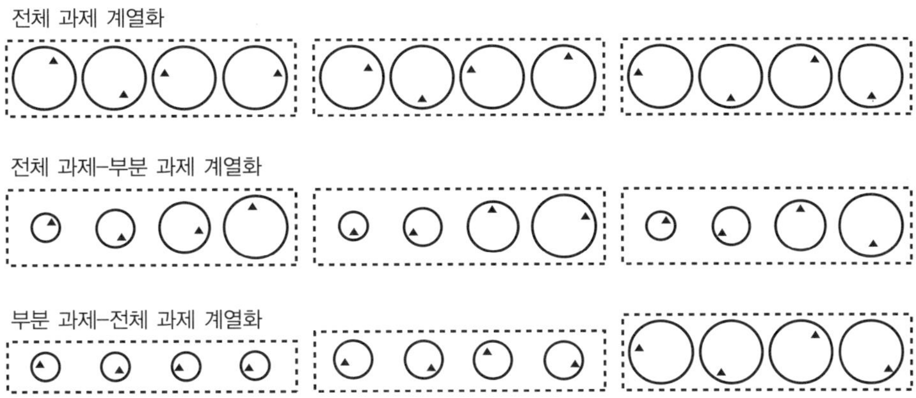

그림 5.4 전체 과제 계열, 전체 과제–부분 과제 계열, 부분 과제–전체 과제 계열의 도식. 좀 더 작은 원은 전체 과제의 "부분"을 나타냄.

수 있다. 여기에서 기본적인 아이디어는 전체 과제들을 쉬운 데서부터 어려운 쪽으로 계열화하고, 그런 다음에만 전체 과제들을 부분들로 나누자는 것이다. 이와 반대로, ***부분 과제-전체 과제 계열화**(part-whole sequencing)*는 쉬운 데서부터 어려운 부분들 혹은 기능군들로 이루어진 하나의 계열을 먼저 개발하는 것이다. 개발된 이 첫 번째 부분 혹은 기능군이 너무 어려워서 훈련을 시작할 수 없다면, 부분들을 쉬운 것에서 어려운 과제 클래스들로 계열화하기 위해서 '전체 과제 계열화' 방법이 이용될 수 있다. 전체 과제 계열화라는 용어는 하나의 전체 과제인 것처럼 취급되는 하나의 부분 내지는 기능군에 해당하기 때문에 전체 과제 계열화는 다소 혼동될 수 있는 점에 유의할 필요가 있다. 표 5.4는 전체 과제-부분 과제 계열화와 부분 과제-전체 과제 계열화를 비교해서 보여주고 있다. 여기에는 쉬운 데에서 어려운 것으로 계열화된 세 개의 과제 클래스(ABC: 전체들), 눈덩이 굴리기 방식으로 후향 연쇄법에 기초하여 쉬운 데에서 어려운 것으로 계열화된 세 개의 기능군(C_{AB}, BC_{A}, ABC: 부분들), 각 과제 클래스와 기능군이 조합된 것을 위하여 높은 수준의 지원, 낮은 수준의 지원, 지원을 제공하지 않는 세 개의 학습 과제가 있다. 오른쪽에 있는 부분 과제-전체 과제 계열화보다 왼쪽에 있는 전체 과제-부분 과제 계열화의 명백한 이점은 학습자들이 전체 과제를 연습할 기회가 비교적 빨리 주어진다는 것이다(표 5.4의 음영으로 표시된 셀에 해당한다). 전체 과제의 연습을 미리 함으로써 앞서 논의되었던 통합과 협응을 촉진할 수 있을 것이다. 더군다나 하나의 전체 과제-부분 과제 계열은 훈련 프로그램 후반부에서 진정한 전체 과제 방법으로 쉽게 전환시켜 줄 수 있다. 예를 들면, 첫 번째 과제 클래스에서 전체 과제-부분 과제 방법을 사용할 수 있지만, 두 번째 과제 클래스

표 5.4 전체 과제–부분 과제 계열화(과제 클래스에서 기능군으로)와 부분 과제–전체 과제 계열화(기능군에서 과제 클래스로)의 비교

전체 과제–부분 과제 계열화			부분 과제–전체 과제 계열화		
과제 클래스 (전체)	**기능군 (부분)**	**학습 과제**	**기능군 (부분)**	**과제 클래스 (전체)**	**학습 과제**
		고지원			고지원
	C_{AB}^{ee}	저지원		C_{AB}^{ee}	저지원
		무지원			무지원
		고지원			고지원
ABC^{e}	BC_{A}^{em}	저지원	C_{AB}^{e}	C_{AB}^{em}	저지원
		무지원			무지원
		고지원			고지원
	ABC^{ed}	저지원		C_{AB}^{ed}	저지원
		무지원			무지원
		고지원			고지원
	C_{AB}^{me}	저지원		BC_{A}^{me}	저지원
		무지원			무지원
		고지원			고지원
ABC^{m}	BC_{A}^{mm}	저지원	BC_{A}^{m}	BC_{A}^{mm}	저지원
		무지원			무지원
		고지원			고지원
	ABC^{md}	저지원		BC_{A}^{md}	저지원
		무지원			무지원
		고지원			고지원
	C_{AB}^{de}	저지원		ABC^{de}	저지원
		무지원			무지원
		고지원			고지원
ABC^{d}	BC_{A}^{dm}	저지원	BC^{d}	ABC^{dm}	저지원
		무지원			무지원
		고지원			고지원
	ABC^{dd}	저지원		ABC^{dd}	저지원
		무지원			무지원

위첨자는 과제 클래스 혹은 학습 과제의 난이도를 말한다: ee=쉬운 과제 클래스, 쉬운 기능군; em=쉬운 과제 클래스, 중간 수준의 기능군 혹은 그 반대. md=중간 수준의 과제 클래스, 어려운 기능군 혹은 그 반대 등.

아래첨자는 학습자에게 주어진 이전 기능의 결과를 말한다: C_{AB}=A와 B로부터 나온 결과에 기반하여 C를 수행한다; BC_{A}=A로부터 나온 결과에 기반하여 B와 C를 수행한다.

에서 $C_{AB}{}^{me}$와 $BC_{A}{}^{mm}$ 부분을, 세 번째 과제 클래스에서 $C_{AB}{}^{de}$와 $BC_{A}{}^{dm}$ 부분을 제외시킴으로써 전체 과제 방법으로 전환할 수 있다. 이러한 전환은 부분 과제-전체 과제 계열화에서는 불가능하다.

요약하면, '전체 과제-부분 과제 계열화' 기법은 협응을 가르치고 통합에 도달하는 데 있어서 '부분 과제-전체 과제 계열화' 기법보다 더 나은 기회를 제공하여서 복합적 학습 과제들을 계열화하는 데 있어서 선호되는 방법이다. '부분 과제-전체 과제 계열화' 기법은 부분 기능들의 협응이 거의 필요 없을 때에만 사용이 고려되어야 한다(13장의 예 참고).

표 5.5에서는 특허 심사 방법을 가르치기 위한 전체 과제-부분 과제 계열화의 예를 보여주고 있다. 여기에서는 표 5.1에서 제시한 과제 클래스와 동일한 두 개의 과제 클래스들에 대해서 다루고 있다. 첫 번째 과제 클래스는 하나의 독립된 특허 청구가 포함되어 있고, 출원 신청인이 하나의 분명하고 완벽한 답변을 하여, 심사 과정 중에 대면을 통한 수정 보완이 필요 없는 하나의 명확한 특허 출원 신청서를 다루는 것에 대한 것이다. 두 번째 과제 클래스는 하나의 독립된 특허

표 5.5 전체 과제–부분 과제 계열화와 부분을 위한 눈덩이 굴리기 방법으로 후향 연쇄한 세 개의 기능군(부분)을 가진 두 개의 과제 클래스(전체)

과제 클래스 1 하나의 독립된 특허 청구가 포함되어 있고, 출원 신청인이 하나의 분명하고 완벽한 답변을 하여, 심사 과정 중에 대면을 통한 수정 보완이 필요 없는 하나의 명확한 특허 출원 신청서를 접하게 해주는 학습 과제	기능군 C_{AB}–과제 클래스 1.1 학습자는 주어진 조사 보고서와 소견서/추천서를 기초로 특허 출원을 재심사해야 한다.
	기능군 BC_{A}–과제 클래스 1.2 학습자는 소견서/추천서를 발행하고, 주어진 조사 보고서를 기초로 특허 출원을 재심사해야 한다.
	기능군 ABC–과제 클래스 1.3 학습자는 조사 보고서를 준비하고, 소견서/추천서를 발행하고, 특허 출원을 재심사해야 한다.
과제 클래스 2 하나의 독립된 특허 청구가 포함되어 있고, 출원 신청인이 불분명하고 미완성된 많은 답변들을 하여 대면을 통한 수정 보완이 필요한 하나의 명백한 특허 출원 신청서를 접하게 해주는 학습 과제	기능군 C_{AB}–과제 클래스 2.1 학습자는 주어진 조사 보고서와 소견서/추천서를 기초로 특허 출원을 재심사해야 한다.
	기능군 BC_{A}–과제 클래스 2.2 학습자는 소견서/추천서를 발행하고, 주어진 조사 보고서를 기초로 특허 출원을 재심사해야 한다.
	기능군 ABC–과제 클래스 2.3 학습자는 조사 보고서를 준비하고, 소견서/추천서를 발행하고, 특허 출원을 재심사해야 한다.
과제 클래스들/기능군들 추가	

청구가 포함되어 있지만, 출원 신청인이 다수의 불분명하고 미완성된 많은 답변들을 하여 수정 보완이 필요한 하나의 명백한 특허 출원 신청서를 다루는 것에 대한 것이다. 각 과제 클래스는 다음과 같은 순서로 이행되는 세 개의 하위 클래스들로 더 나누어진다. 학습자는 (a) 주어진 조사 보고서와 소견서/추천서를 기초로 특허 출원을 재심사해야 한다. (b) 소견서/추천서를 발행하고, 주어진 조사 보고서를 기초로 특허 출원을 재심사해야 한다. (c) 조사 보고서를 준비하고, 소견서/추천서를 발행하고, 특허 출원을 재심사해야 한다. 따라서, 각 과제 클래스는 점점 더 높은 수준의 난이도에 있는 전체 과제에서 끝나게 된다.

5.4 요약

- 학습 과제 클래스를 계열화하려면 전문가가 실세계에서 부딪치는 가장 쉬운 과제를 대표하는 "전체" 과제로부터 시작할 필요가 있다.
- 쉬운 버전부터 어려운 버전으로 나타나는 과제 클래스들을 계열화하려면, 과제 수행을 단순화하는 모든 조건들을 분석하고 이러한 조건 단순화하기 방법을 사용하여 과제 클래스들을 구체화할 필요가 있다.
- 쉬운 버전부터 어려운 버전으로 나타나지 않는 과제 클래스들을 계열화하려면, 첫 번째 과제 클래스가 비교적 단순한 측면을 강조하고 그 다음 과제 클래스는 보다 복잡한 측면을 강조하는 강조부분 변화시키기 기법을 사용할 필요가 있다.
- 기존의 과제 클래스 계열을 수정 및 보완하려면, 점점 더 복잡해지는 과제 클래스들 내에서 특정 과제를 수행할 수 있도록 지식 수준 진전시키기 방법을 사용할 필요가 있다.
- 하나의 과제 클래스에 학습 과제들을 포함시키려면, 연습의 다양성과 스캐폴딩의 원리를 적용하여 훈련 프로그램 전반에 걸쳐 톱니 모양의 지원을 제공할 필요가 있다.
- 훈련을 시작하기에 충분히 쉬운 하나의 전체 과제 클래스를 찾는 것이 불가능하다면, 어느 정도 많은 기능군들 혹은 의미 있게 상호 연계된 부분 기능들을 찾아낼 필요가 있다.
- 기능군을 계열화한다면, 눈덩이 굴리기 방법에 의한 후향 연쇄 전략을 고려할 필요가 있다.
- 많은 협응을 요하는 학습 과제를 위하여 전체 과제 계열화와 부분 과제 계

열화를 혼용하고자 한다면, 부분 과제-전체 과제 계열화보다 전체 과제-부분 과제 계열화를 적용할 필요가 있다.

제6장

단계 3: 성취 목표 설정

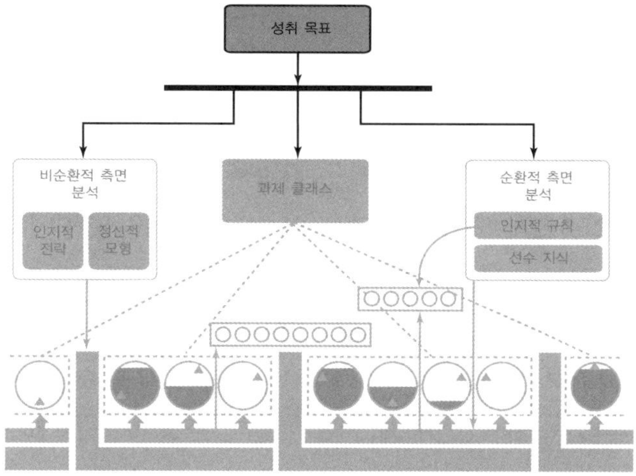

필요성

성취 목표는 성취했다고 판단할 수 있는 수용 가능한 기준을 제공한다. 이러한 기준들은 성취 여부를 평가하기 위해서 사용된다. 이 단계는 반드시 수행되어야 한다.

이전 장에서 제시하였듯이, 네덜란드에서는 어린이들이 첫 번째 수영 자격증을 따기 위해서 완전히 옷을 갖춰 입고 15초 동안 선헤엄을 치고, 두 가지 영법(크롤과 배영)으로 각각 25미터를 헤엄치고, 3미터 이상 깊이에서 헤엄쳐야만 한다. 이러한 기준들은 성취 목표들로 정의되고, 수영 훈련 프로그램은 이러한 성취 목표에 기초하게 된다. 예를 들어 이러한 각각의 "수행들"은 "완전히 옷을 갖춰 입고"를 구성하는 것이 무엇인지(바지, 셔츠, 신발), 호스를 통해 수중에서 헤엄쳐야만 하는 것, 얼마나 깊은 수심이어야만 하는지, 자신의 신체 축에 따라 크롤영법에서 배영으로 바꾸어야만 하는 것, 선헤엄을 위한 최소 시간과 두 가지 영법을 완수하기 위한 어떤 특정 최대 시간이 있다는 것 등과 관련하여 더욱 구체적으로 정의되어야만 한다. 어린이들은 이 목표들을 성취했다고 판단할 수 있는 이러한 기준들을 충족시킬 때에만 첫 번째 자격증을 받을 수 있다.

이 장은 성취 목표에 대한 규명, 구성, 분류에 대해서 살펴볼 것이다. 학습 과제와 과제 클래스들이 이미 훈련 중이거나 훈련이 끝났을 때 학습자가 무엇을 할 수 있게 될 것인지에 대해 포괄적으로 알려주지만, 성취 목표는 그 복합적 기능이 수행되어야 할 조건(예: 완전히 옷을 갖춰 입고), 수행 중에 사용할 수 있거나 사용되어야만 하는 도구나 객체(예: 호스를 통해), 그리고 마지막으로, 성취했다고 판단할 수 있는 기준(예: 25미터, 자신의 신체 축을 따라 자세 전환하기)을 포함해서 바람직한 "출구 행동(exit behavior)"에 대해 보다 자세하게 기술해야 한다. 앞서 교수설계 방법으로 이미 제시했듯이, 하나의 복합적인 기능의 여러 다양한 측면을 포함하고 있는 성취 목표들을 학습자가 수행할 수 있도록 전체 과제로부터 학습하고 연습해야 한다. 성취 목표의 역할은 설계자들로 하여금 전체 과제 수행의 여러 다양한 측면들을 분석하게 해주고 훈련 설계의 초기 단계(학생들이 학습해야 할 필요가 있는 것은 무엇인가?)와 최종 단계(학생들이 배울 필요가 있는 것을 학습했는가?)가 일관성을 유지하게 해준다. 성취 목표의 기준은 또한 성취 여부를 평가하기 위한 기초가 된다.

이 장의 구조는 다음과 같다. 첫째, 관련된 부분 기능과 그 기능들의 상호관련성을 찾기 위한 과정인 기능 분석을 살펴볼 것이다. 이러한 기능 분석의 결과는 하나의 기능 위계이다. 둘째, 이러한 기능 분석에 이어 각 부분 기능별 성취 목표의 진술 방법에 대해서 살펴볼 것이다. 성취 목표들의 총집합은 훈련 프로그램의 내용, 다음 단계를 위한 투입, 그리고 학습자가 특정 기능을 성취하게 하고, 그 성취여부에 대해 검사하고, 훈련 프로그램을 평가하는데 도움을 주는 피드백에 대해서 간결하게 기술되어 있다. 셋째, 각각의 부분 기능에 대한 성취 목표가 비순환적인 것인지 아니면 순환적인 것인지 분류하는 것에 대해 살펴볼 것이다. 비순환적 부분 기능들은 항상 문제 해결과 추론을 포함하고 지원적 내용의 제공을 필요로 하는 반면, 순환적 기능들은 규칙의 적용을 포함하고 절차적 학습 내용의 제공을 필요로 한다. 그 다음 분류는 자동화되어야 하는 순환적 부분 기능인지(부분 과제 연습일 때 필요할 수 있는 것), 이중(중복) 분류된 부분 기능인지, 그리고 가르칠 대상이 아닌 부분 기능인지에 관한 것이다. 가르쳐져야 할 대상으로 분류된 기능의 성취 목표는 프로젝트 발주자와 훈련 프로그램의 내용을 논의하는 데 기초가 될 뿐만 아니라, 이후의 분석 및 설계 활동에 투입 요소가 된다. 마지막 절에서는 수행 평가에 사용되는 채점 기준표 개발을 위해 성취 목표의 구성요소 중 하나인 기준을 활용하는 것에 대해 알아볼 것이다. 이 장은 간략한 요약으로 마무리된다.

6.1 기능 분석

하나의 기능을 그 기능의 구성 요소 혹은 기초 단위별로 쪼개는 ***기능 분석(skill decomposition)***은 복합적인 인지 기능을 구성하고 있는 모든 부분 기능과 그 기능들 간의 관련성을 밝히기 위한 것이다. 이러한 분석 과정의 결과는 하나의 기능 위계로 나타난다. 3장 4절에서 설명한 바와 같이, 이 책에서 제시하는 열 단계 모형은 훈련에 의해서만 해결될 수 있는 수행 문제가 실제로 있고, 복합적 기능을 가르치기 위한 예비적 최종 학습 목표가 있다고 하는 결론을 이끌어내는 요구분석이 이미 되어 있거나 혹은 실시될 것을 전제로 한다.

이러한 최종 학습 목표는 학습자들이 훈련 프로그램을 마치고 나서 무엇을 할 수 있을 것인지에 대해 진술한 것이다. 하나의 비선형적으로 순환적인(iterative) 설계 과정에서 최종 목표가 그 최종 목표에 대한 복합적 기능들을 분석하게끔 도와주기도 하지만, 복합적 기능의 분석은 또한 최종 목표를 구체화하도록 도와준다. 단계 1에서 규명한 실세계 과제와 학습 과제는 하나의 복합적인 기능을 부분 기능으로 분석해 내고, 나아가서 최종 목표를 구체화하기 위한 설계자들의 브레인스토밍을 도와주는 데 특히 유익하다. 예를 들어, 특허 심사를 위한 일년 육개월짜리 훈련 프로그램을 위한 예비적인 학습 목표는 다음과 같이 진술할 수 있다.

> 이 훈련 프로그램을 마친 후에, 학습자들은 특허 출원서 분석, 관련된 이전 서류 검색, 실체 심사 수행, 찾은 관련 서류들을 인용하고 실체 심사에 기초해서 서류들의 관련성이 인정된 조사 보고서 제출, 그리고 (a) 특허가 즉시 승인될 수 있도록 심사 기관과 혹은 (b) 다음 단계에서 출원인의 답변을 첨부해서 특허 승인을 받거나 혹은 승인이 기각되도록 출원인과 실체 심사 결과에 대해 커뮤니케이션함으로써 특허 출원서에 대한 승인 여부를 결정할 수 있을 것이다.

기능 위계

위계란 하위 등급인 것이 상위 등급의 것에 "포섭" 되는 것과 같이 어떤 것을 서열화하여 조직화하는 체제이다. 기능 위계(skill hierarchy)의 개발은 일차 학습 목표(상위 수준의 기능)부터 시작되는데, 그 목표는 전체 기능을 수행하기 위해 반드시 할 수 있어야만 하는 구체적인 부분 기능들의 분석을 위한 기초가 된다. 이와 같은 주장을 뒷받침하고 있는 아이디어는 위계에서 상위 기능의 학습과 수행을 위해서는 반드시 하위 수준의 부분 기능들이 필수불가결하다는 것이다. 이러한 필수불가결한 수직적 관계를 선수적 관계라고도 한다(Gagné, 1968, 1985). 이전 장에서 제시한 그림 5.3은 특허 심사에 대한 하나의 기능 위계의 예이다(또 다른 예는 그림 2.2에 제시되었다). 그림 5.3의 위계는 특허 심사를 할 수 있기 위하여 심사자가 반드시 조사 보고서를 준비할 수 있어야만 하고, 조사 보고서를 준비할 수 있기 위해서 특허 출원서를 분석할 수 있어야만 하고, 특허 출원서를 분석할 수 있기 위해서 청구된 발명품의 주요 특징들을 결정할 수 있어야만 한다는 등등을 가리킨다. 따라서, 기능 위계에서 보다 낮은 그 다음 수준에 도달하기 위해서는 "상위에 있는 보다 포괄적인 기능을 수행할 수 있기 위해서는 어떤 하위의 구체적인 기능들이 필요한가?"와 같은 질문이 필요하다. "아주 단순한" 기능이 분석될 때까지 하위 수준들이 분석되면서 위계에 추가될 것이다. 왜냐하면 기능들은 정규 과제분석 기법으로 더욱 심층적으로 분석될 수 있기 때문이다(8~9장, 11~12장 참고).

어떤 기능 위계에서 하나의 특정 수준을 확장할 때 필요한 기본 질문은 "그 기능을 수행할 수 있기 위해 다른 어떤 기능들이 고려될 필요가 있는가?" 이다. 이 질문에서 표현된 것과 같은 이러한 수평적 관계는 왼쪽에서 오른쪽으로 표시된다(Gagné, 1968, 1985). 그림 5.3은 특허 출원서를 심사할 수 있기 위해서는 조사 보고서 준비하기와 실체 심사 수행하기 두 가지 모두를 할 수 있어야만 한다는 것을 가리킨다. 이러한 수평적 관계는 다음과 같이 시간적 전후 관계, 동시적 관계, 순서를 바꿀 수 있는 관계의 세 가지로 구체화될 수 있다.

- *시간적 전후 관계(temporal relationship)*. 이 (기본적) 관계는 왼쪽 편의 기능이 오른쪽 편의 기능보다 먼저 수행되어야 한다는 것을 가리킨다. 예를 들어, 자동차를 운전할 때 그전에 엔진 시동을 걸어야 한다. 그림 5.3에서 "조사 보고서 준비하기"가 "실체 심사 수행하기"보다 먼저 이루어져야 한다.
- *동시적 관계(simultaneous relationship)*. 이 관계는 기능들이 동시에 수행된다는 것을 가리킨다. 예를 들어, 자동차를 운전할 때 보통 가속 페달과 핸들을 동시에 사용할 것이다. 그림 5.3에서 "소견서나 추천서 발간하기"는 "신청서 재심사하기"와 동시에 이루어져야 한다. 기능들 간에 양 방향 화살표는 동시적 관계를 나타낸다.
- *순서를 바꿀 수 있는 관계(tranposable relationship)*. 이 관계는 원하는 어떤 순서로도 수행할 수 있는 기능들이다. 예를 들어, 자동차를 운전할 때

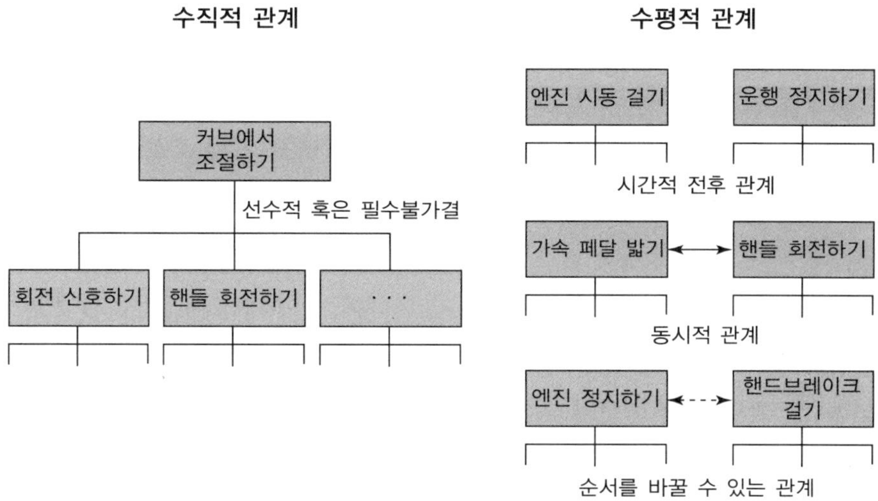

그림 6.1 기능 위계에서의 여러 관계들

먼저 엔진 스위치를 끄고 나서 핸드브레이크를 잠글 수도 있고 혹은 순서를 반대로 할 수도 있다. 그림 2.2에서 "관련 학문영역 설정하기"와 "연구 기간 설정하기"는 어떤 순서로도(심지어 동시적으로도) 이루어질 수 있다. 기능들 사이에 점선으로 된 양 방향 화살표는 순서를 바꿀 수 있는 관계를 나타낸다.

그림 6.1은 기능 위계에서 볼 수 있는 몇 가지 형태의 관계들을 보여주고 있다. 바람직하다면 기능 위계에서 수평적/수직적 관계 외에 얽힌 위계(intertwined hierarchy)도 사용될 수 있다. *수평적 조직(heterarchical organization)*에서 관계들은 "수평적(horizontal)" 위치 수준으로 한정된다. 따라서 부분 기능들이 연결되는 개개의 네트워크별로 각각의 수준이 특징화된다. 반면 *방사적 조직(reitiary organization)*에서는 어떤 목표 기능에 연결되는 어떤 두 가지 요소들 간에 복잡한 관계망이 형성된다. 따라서 그 위계는 실제로 부분 기능들이 다른 부분 기능들과 특별히 정해지지 않은 관계로 하나의 복잡한 네트워크가 된다(이것을 또한 "역량 맵"이라고도 한다; Stoof, Martens, van Merriënboer, & Bastiaens, 2002). 예를 들어, 쉽게 혼합될 수 있는 두 가지 부분 기능들 간에 어떤 *유사(similarity)* 관계로 구체화될 수 있거나 한 가지 기능의 수행이 다른 기능의 수행을 위한 투입이 되는 것과 같은 *투입-산출(input-output)* 관계로 구체화될 수도 있다. 이러한 관계들을 규명하는 것은 후속 훈련 프로그램 설계를 위해 매우 유용할 것이다.

자료 수집

기능 위계를 작성하는 과정은 그 과제 영역의 전문가들이나 내용 전문가들에 의해 수행되기도 하고, 전문가나 내용 전문가와의 긴밀한 협력을 통해 설계자에 의해 수행되기도 한다. 이러한 과정을 위해서 영역 전문가들이 실세계 과제 혹은 관련 학습 과제에 대해서 가장 잘 알고 있기 때문에 그러한 과제들이 어떻게 수행되는지 설명해 줄 수 있다. 또 다른 방법으로 설계자가 옆에서 관찰하면서 전문가가 그 과제를 실제로 수행하고 동시에 수행한 것을 소리 내어 말하게 하거나(thinking aloud), 혹은 영역 전문가가 과제 수행하는 것을 녹화하고 나서 나중에 설계자와 함께 녹화한 것을 보면서 영역 전문가에게 무엇을 했는지 왜 그렇게 했는지를 질문하는 방식으로도 할 수 있다(cued recall). 영역 전문가들은 부분 기능을 분석하기 위해서 필요할 뿐만 아니라 그 뒤에 여러 차례의 *타당화 과정*에서 분석 위계를 검증하기 위해서도 필요하다. 이러한 타당화 과정에서 설계자는 그 위계가 복합적 인지 기능을 학습하고 수행하는 데 필요한 모든 부분 기능들을 포함하는지 그리고 하위 수준 기능들이 상위 수준의 기능들의 학습과 수행을 실제로 촉진하는지를 확인해야 한다. 만약 그렇지 않다면, 그 위계는 재수정 혹은 재조직될 필요가 있다. 기능 분석은 여러 차례의 타당성 과정이 필요하고 또한 다른 단계들에 대한 작업을 수행한 후에도 수차례 업데이트되어야 하는 어렵고 시간이 많이 걸리는 과정이다.

기능 위계 작성을 위한 세 가지 유용한 지침을 제시하면 (a) 고도로 복합적인 과제에 직접적으로 초점을 맞출 것이 아니라 단순한 버전의 과제에 관심을 두어야 하고, (b) 수행 자체에만 초점을 맞출 것이 아니라 과제 수행자에 의해 사용되는 필요한 객체와 도구에도 관심을 두어야 하며, (c) 바람직한 과제 수행에만 초점을 맞출 것이 아니라 부족한 학습자의 수행에도 관심을 두어야 한다는 것이다.

우선 *과제 복합성*(*task complexity*: 과제를 구성하고 있는 요소의 수와 과제들 간의 상호작용이 합해진 것)과 관련해서, 이는 2단계에서 실세계 과제 및 관련 학습 과제들이 전체 과제의 단순한 버전과 복잡한 버전을 구분하는 과제 클래스들에 이미 순서화되어 있는 경우가 종종 있다. 부분 기능들을 분석하기 위해서는, 먼저 전문가들로 하여금 비교적 단순한 실생활 과제들을 접하게 하고, 그런 다음에 단순한 과제들의 모든 부분 기능들을 완전히 분석한 뒤에 보다 어려운(복합적) 과제들을 수행해 보도록 요구하는 것이 가장 좋다.

*객체(objects)*란 하나의 과제를 성공적으로 수행하게 되었을 때 변화되어야

하거나 주의를 기울여야 하는 일체의 것들을 일컫는다. 과제 수행자가 하나의 객체에서 다른 객체로 자신의 주의를 전환했다면, 이것은 종종 다른 부분 기능이 포함되었다고 하는 하나의 증거이다. 예를 들어, 신청서를 분석하는 특허 심사원이 출원서 자체에서 분류코드가 담긴 책자로 주의를 돌렸다면 이것은 소위 "발명품에 대한 특징 결정하기"와 "신청서 분류하기"라는 두 가지 부분 기능들이 포함되어 있음을 의미하는 것이다. 만약 어떤 외과 의사가 환자로부터 이식되기를 기다리는 기증자의 장기로 주의를 돌렸다면 그것은 "환자 준비시키기"와 "기증 장기 준비하기"라는 두 가지 부분 기능이 있음을 말하는 것이다.

*도구(tools)*는 객체를 변화시키기 위해 사용되는 것들을 일컫는다. 객체의 경우와 마찬가지로, 사용된 도구의 변화는 종종 다른 부분 기능들이 포함되어 있음을 의미한다(그림 6.2 참고). 예를 들어, 조사 보고서를 준비하는 특허 심사원이 사용하는 마커펜, 검색 엔진, 워드프로세서 순으로 바꾸었다면, 이것은 소위 "신청서 분석하기"(마커펜이 사용되는 상황), "조사 수행하기"(검색 엔진이 사용되는 상황), 그리고 "사전심사 결과 작성하기"(워드프로세서가 사용되는 상황)라는 세 가지 부분 기능들이 포함되어 있음을 나타내는 것이다. 그리고 어떤 외과 의사가 메스 사용에서 핀셋 사용으로 바꾸었다면, 그것은 "절개하기"와 "장기 제거하기"라는 부분 기능들을 포함하는 것을 나타낼 것이다.

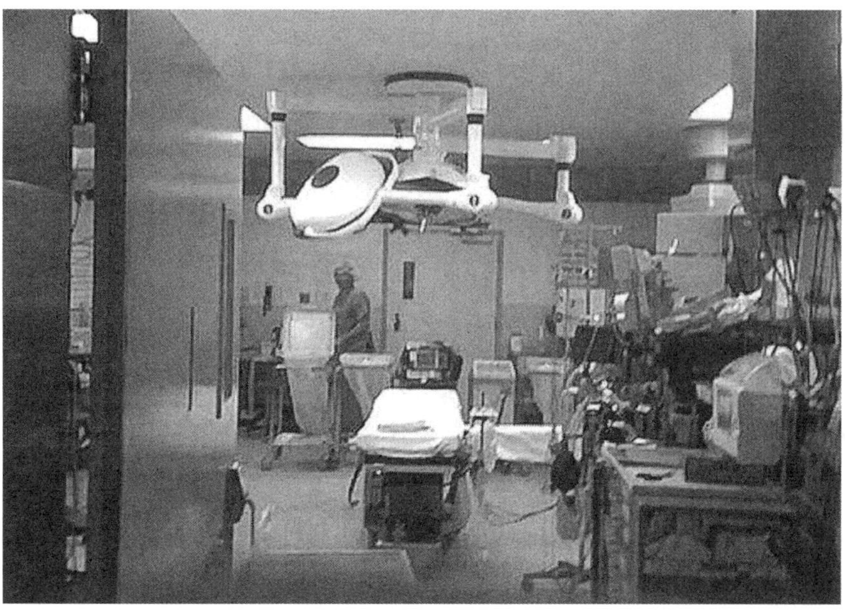

그림 6.2 유능한 과제 수행자들이 객체와 도구를 사용하는 것을 관찰하는 것은 관련된 부분 기능들을 파악하는 데 유용할 것이다.

마지막으로, 바람직한 수행에 대한 데이터를 모으는 과정뿐만 아니라 대상 집단의 수행상의 문제점에 초점을 두는 것도 중요하다. 이러한 초점의 변화는 대상 집단이 이미 그 과제 혹은 과제의 부분들을 수행하는 사람들로 구성되어 있을 때(예: 훈련받을 고용자들) 특히 유용하다. 이것은 수행상의 문제가 작업 현장에서 발견될 때나 혹은 그러한 문제들이 훈련 프로그램의 개발을 위한 판단자료로서 사용될 때에 해당되는 경우이다. 수행상의 문제는 하나의 과제에 대한 실제 수행 수준과 바람직한 수행 수준 간의 불일치를 나타낸다. 그러한 문제를 찾아내는 데 사용되는 가장 보편적인 방법은 훈련 담당자(훈련가들에게 학습자들이 부딪치는 전형적인 문제가 무엇인지 물어보기), 대상 학습자(고용자들에게 자신들이 부딪치는 문제가 무엇인지 물어보기), 관리자 혹은 감독자(사장에게 관찰된 문제 중에서 어떤 바람직하지 않은 효과가 자신에게 가장 중요한지 혹은 조직에게 가장 해로운지 물어보기)들을 면담하는 것이다. 개발되어야 하는 훈련 프로그램은 분명 수행상의 문제가 있는 부분 기능에 초점이 맞추어져야만 할 것이다.

6.2 성취 목표 진술

다수의 교수설계 모형은 이후 단계에 있어서 여러 가지 설계에 관련된 결정을 하기 위해서 주요한 하나의 투입으로서 (학습 경험의 바람직한 결과인) ***성취 목표 (performance objectives)***를 사용하고 있다. 그런 모형들에서 각각의 성취 목표에 따라 각기 다른 교수 방법 및 전략이 선택되어야 하고, 각 성취 목표에 따라 그것에 부합하는 검사 문항(들)이 개발되어야 한다. 그런데 이 책에서 제시하는 열 단계 모형에서 반드시 이 방법을 따르는 것은 아니다. 복합적 학습을 위해서는 훈련 프로그램에 반영되어야 할 부분 기능들의 통합과 협응이 성취 목표에 잘 반영되어서 기술되어야 한다. 따라서, 교수 전략 및 방법은 하나의 특정 목표에만 연결되는 것이 아니라 위계적, 수평적 혹은 방사적 조직의 형태이면서, 시간적 전후, 동시적, 혹은 순서를 바꿀 수 있는 관계에 놓여있는 상호 연계된 목표들의 집합들(interrelated sets of objectives)에 항상 연결되어 있어야만 한다. 이는 이 책에서 제시하는 열 단계 모형에서의 주요한 설계 결정은 개개 목표에 기초하는 것이 아니라 학습 과제 및 과제 분석 결과의 특성에 바탕을 두어야 한다는 것이다. 그럼에도 불구하고, 하나의 성취 목표는 기능 위계 안에 분석되어 있는 각 부분 기능별로 기술되어야 한다. 왜냐하면 전체 과제를 수행하는 데 있어서 이러한 측면들이 또한 종종 정의된 문제 혹은 결핍의 형태로 가시화되어서 설계자 혹은 훈련가에게 학습 문제를 해결하거나 부족한 것을 채우기 위한 발판을 제공할 것이기 때문이다. 각각의 성취 목표들을 포함하는 통합된 하나의 전체적인 성취 목표는 효과적인 전체 과제 수행에 대한 여러 측면들을 기술한다. 올바르게 진술된 성취 목표라면, 훈련이 끝나고 나서 학습자가 보여야 할 바람직한 수행 수준을 명백하게 보여주는 하나의 성취 행동 동사, 그 기능이 수행될 *조건*, 필요한 *도구와 객체*, 그리고 수행되었다고 판단할 수 있는 *기준*(준거, 가치, 태도) 등을 포함해야 한다(그림 6.3 참고).

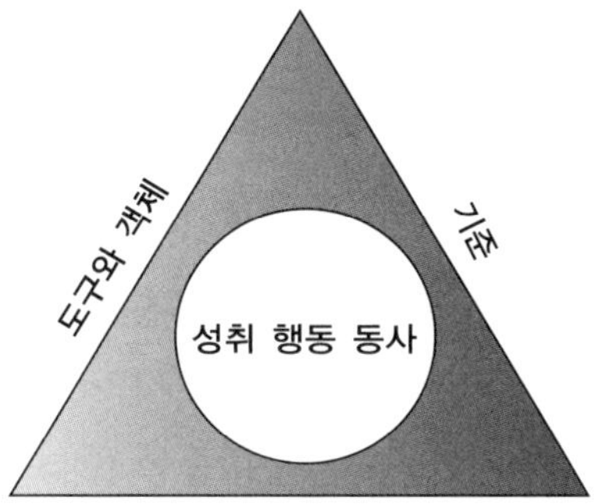

그림 6.3 성취 목표의 네 가지 구성요소

성취 행동 동사

성취 행동 동사(action verbs)는 훈련을 마친 후에 학습자들이 무엇을 할 수 있게 될 것인지를 명확하게 기술해야 한다. 성취 행동 동사는 관찰 가능하고, 성취 가능하고, 측정 가능한 행동을 나타내야 한다. 성취 목표를 진술하는 데 있어서 저지르는 가장 흔한 실수는 '파악한다', '이해한다', '인식한다', '익숙해진다', '안다'와 같은 동사를 사용하는 것이다. 이러한 동사들은 학습자들이 훈련을 마치고 나서 무엇을 할 수 있게 될지를 제시하지 않고 이를 위해 알아야 할 필요가 있는 것들만 제시하기 때문에 성취 목표에 이런 동사가 포함되어서는 안 된다. 이것은 단계 5~6 그리고 단계 8~9에서만 수행되는 다른 분석 유형들이다. Bloom의 학습목표 분류의 최상위 두 단계에 사용할 수 있는 성취 행동 동사의 예는 그림 6.4과 같다.

평가 – 아이디어와 대상에 대한 가치를 평가함. 준거와 논거에 기초한 의사결정, 판단, 혹은 선택과 같은 행동을 포함. 평가를 위해서 종합이 필요함.

감정하다	변별하다	순위를 매기다
사정하다	추정하다	조사하다
확인하다	평가하다	검토하다
선택하다	선별하다	수정하다
비교하다	점검하다	점수화하다
비판하다	판단하다	선정하다
…에 대해(을) 결정하다	감시하다	값을 매기다
…의 가치를 정하다		

종합 – 부분들을 모아 전체를 만듦. 창조적인 과정을 통해, 즉 원래의 것으로부터 새로운 실체를 만들기 위하여 요소들을 조합함. 종합을 위해서 분석이 필요함.

정렬하다	생성하다	관리하다
조립하다	설계하다	조직하다
수집하다	부분들의 관계를 정하다	계획하다
조합하다	진단하다	준비하다
구성하다	분해하다	제안하다
결론짓다	검사하다	논박하다
구성하다	형성하다	설정하다

그림 6.4 인지적 영역에서 사용하는 행동 동사[3]

성취 조건

성취 조건은 부분 기능이 어떤 상황에서 수행되어야만 하는지를 구체적으로 기술한다(수영 자격증 예로 설명하면 "선헤엄을 치는"에 대한 조건은 "완전히 옷을 갖춰 입고"가 된다). 여기에는 안전상의 문제(예: 특정 기능이 위험한 제조 시스템에서 수행되어야 하는지 여부), 시간 제한(예: 지연되거나 느린 작업이 큰 문제가 됨), 작업 부담(예: 다른 사람에게 전가할 수 없는 이미 실행되고 있는 과제에 부가함), 환경적 요인(예: 소음의 양, 일조, 날씨 조건), 시분할 요건(예: 특정 기능이 다른 기능과 동시에 수행되어야 하는지 여부), 사회적 요인(예: 적대적 집단/환경 혹은 우호적 팀) 등이 포함된다. 이것은 종종 *훈련의 전이* 문제라고도 한다.

평소 최적의 조건(무균 수술실, 적절한 조도, 최신식 수술 도구, 완벽한 의료진)에서 훈련받는 외과 수련의의 경우를 생각해 보자. 이 수련의가 적군의 지역으로 파견되는 군의관이라면 그 수련의는 이보다 덜 최적인 조건(예: 전장의 병

3) 미국 농무부: http://www.nedc.nrcs.usda.gov/isd/isd5.html

원, 낮은 조도, 제한된 수술 도구, 최소한의 의료진)에서 동일한 수술을 집도해야만 할 것이다. 종종, 학습 과제 설계와 과제 클래스 계열화로부터 이미 적절한 조건이 다음과 같이 나온다.

- *단순화된 조건*: 쉬운 것에서 어려운 것으로 과제 클래스 계열을 구성하기 위하여, 조건 단순화 방법이 사용될 수 있다(5장 1절 참고). 훈련이 끝나고 나서 학습자들이 실제로 수행할 수 있어야만 하는 보다 현실적인(복합적) 조건들이 특별히 성취 조건 진술에 반영되어야 한다.
- *그 외 조건*: 학습자들이 통합된 여러 학습 과제들을 수행할 수 있도록 하기 위해서, 실세계에서 각각의 과제들이 어떤 차원에서 어떻게 다른지가 파악되어야 한다(4장 5절 참고). 한 가지 차원은 그 과제가 수행되는 특정 조건들을 포함한다. 이러한 조건들도 성취 목표 진술에 반영되어야 한다.

이전 단계로부터 나온 단순화된 조건들로 할 것인지 혹은 그 외 조건들로 할 것인지를 결정하는 것은 하나의 부분 기능이 아니라 전체의 복합적 기능과 전형적으로 관련될 것이다. 예를 들어, "특허 신청서의 명료성"은 "특허 신청서 심사하기"와 같은 복합적 기능을 위한 중요한 단순화된 조건으로 간주된다. 성취 목표들을 진술하였다면, "명료성"은 "신청서 분석하기"라는 부분 기능을 위한 성취 목표에 포함되는 하나의 조건으로서만 나열될 것이다(그리고 하위 수준 기능을 위한 목표들이 이어받는다). 그 다음에 "훈련을 마친 후에, 심사원들은 특허 신청서의 명료성(명료한 것과 그렇지 않은 것 둘 다)을 분석할 수 있게 된다"라는 목표로 나타낸다. 성취 목표 진술은 또한 이전에는 규명되지 않았던 부가적인 조건들을 드러나게 해준다. 이는 많은 이전 단계들을 반복하게 하는 이유가 될 수 있다.

도구와 객체

개별 부분 기능을 수행하는 데 필요한 도구와 객체들이 그 기능을 위한 성취 목표 안에 구체적으로 반영되어야 된다. 그 필요한 객체와 도구들은 학습 환경이 과제 수행에 필요한 연습과 학습에 적합하게 개발될 수 있도록 기술되어야 한다. 모든 객체와 도구들은 시뮬레이션 형태 혹은 모조품의 형태로도 (사실성이 높든 낮든) 이러한 과제 환경에서 사용 가능해야 한다. 다른 한편으로는, 어떤 도구와 객체들은 해마다 빠르게 변화할 수 있기 때문에(컴퓨터 하드웨어 · 입력 장치 · 소프트웨어, 의학 진단장치, 납세 코드와 관련 법령 등등), 새로운 객체와 도구를 사용하게 됨에 따라 어떤 성취 목표와 관련 부분 기능들이 영향을 받게 되는지에 대해서도 기술을 해주는 것이 중요하다. 그렇게 하면 변화로 인한 재훈련을 해야 할 때 훈련 프로그램을 업데이트하는 것뿐만 아니라 새로운 프로그램을 설계하기도 쉬워질 것이다.

기준: 준거, 값, 태도

성취 목표는 관련 준거, 값, 태도를 포함함으로써 성취했다고 판단할 수 있는 기준들을 기술해야 한다. *준거*란 수행의 정확도, 속도, 생산성, 실수율, 허용 오차, 허용 시간(예: 수영 예에서 학습자가 몇 초간 선헤엄을 쳐야만 하는지) 등 최소한의 요건들을 말한다. 이러한 준거는 "얼마나 많이?", "얼마나 빠르게?", "얼마나 잘?" 등과 같은 질문에 대한 답을 제시한다. 준거의 예를 들면 "최소한 5개를 생산해야 한다", "10초 이내에", "실수 없이" 등이 있다.

*값*은 (수량화될 수 있는) 최소한의 요건들로 구체화되지 않고, 적절한 규칙, 규정, 혹은 협약에 따라서 그 부분 기능이 수행되어야 한다는 것을 나타낸다(수영 예에서 크롤 영법에서 배영으로 바꿀 때 자신의 신체 축에 따라 어떻게 바꾸는지에 대한 규칙이 있다). 예를 들면, "ICAO 안전 규정을 고려해서", "교통 규칙을 위반하지 않고", "유럽특허협약에 부합하는" 등이 있다.

태도 또한 하나의 기준으로 취급된다. 지식과 마찬가지로, 태도는 부분 기능에 종속되는 것처럼 다루어지지만 부분 기능과 완전히 통합된다. 예를 들어, 사서가 "고객 중심 태도"를 가져야 하거나 "문헌 검색"이라는 복합적 기능에 그러한 태도가 요구된다고 규정하지 않는다. 사서들은 근무 시간 외에 고객 중심일 필요도 없고 고객과 무관한 부분 기능을 수행할 필요가 없다. 그러나 "연구 문제를 검색어로 바꾸기"와 같은 부분 기능들이 수용 가능한 방식으로 수행되려면 고객 중심의 태도가 필요할 것이다. 이러한 관련 부분 기능들에 해당하는 성취 목표일 경우에만 태도를 구체화하는 것이 필요하다. 가능하다면, 그 태도를 나타내거나 보여주는 모든 관찰 가능한 행동들이 관찰 가능한 방식으로 기술되어야 한다. "친절하게"보다 "얼굴에 미소를 지으며"라는 기준이 더 구체적이어서 관찰하기가 쉽고, "정확한"보다 "정기적으로 확인을 수행하면서"가 그리고 "설득적"보다 "주제에 대한 관련 주장을 자주 제시하면서"가 더 구체적이어서 관찰이 더 가능하다.

하나의 부분 기능을 위한 관련 행동 동사, 조건, 도구/객체, 기준이 모두 구체화된 다음에 이 기능을 위한 성취 목표가 최종적으로 진술될 수 있다. 기능 위계의 맨 위에 있는 성취 목표는 전체 학습 목표를 구체화한 것이다. 이것을 ***최종 목표(terminal objective)***라고도 한다. 점점 더 아래로 내려갈수록 목표들은 바람직한 출구 행동을 점점 더 구체적인 용어로 기술해야 한다. "문헌 검색"을 위한 최종 목표의 예는 다음과 같다(그림 2.2 참고).

> 훈련 프로그램을 마치고 나면 학습자들은 Psycinfo® 및 ERIC©과 같이 적절한 서지 데이터베이스를 선택하고[객체], 의뢰인과 긴밀하게 협력해서[조건] 심층 질문을 함으로써 검색 질의어를 만들고[기준], PICA© 및 FreeSearch©로 검색을 수행하고[도구], 연구 문제와 밀접하게 관련되도록[기준] 검색 결과물을 추려서[객체] 문헌을 검색할 수 있다.

특허 출원서 심사 및 평가를 가르치는 훈련 프로그램에서 하위 수준의 성취 목표는 다음과 같이 부분 기능인 "조사 보고서 준비하기"와 관련된다(그림 5.3 참고).

> 훈련 프로그램을 마치고 나면, 고용자들은 CAESAR©를 사용해서[도구] 유럽특허협약의 규정에 따라[기준] 개별적으로[조건] 조사 보고서를 준비하고[객체] 찾아낸 서류와 실체 심사에 기초해 CASEX©를 사용하여[도구] 소견서나 추천서를 발간[객체]할 수 있다.

6.3 성취 목표 분류

부분 기능들과 그와 관련된 성취 목표들을 분류하는 것은 교수설계서를 설계하는 데 매우 중요하다. 이것은 세 가지 차원에 따라서 분류되는데, 부분 기능이 가르쳐질지 아닌지, 비순환적인지 아닌지 아니면 둘 다인지, 그리고 자동화되어야 하는지 아닌지의 차원으로 나뉜다.

1. *가르쳐질지 아닌지의 차원.* 기본적으로, 부분 기능들은 가르쳐질 기능으로 분류된다.
2. *비순환적으로 취급되는지 순환적으로 취급되는지, 혹은 둘 다로 취급되는지의 차원.* 기본적으로, 부분 기능들은 훈련이 끝난 다음에 쉐마 기반의 문제 해결과 추론을 포함하고 훈련 중에 지원적 내용의 제공을 필요로 하

는 비순환적인 기능으로 분류된다.

3. *자동화되어야 하는지 아닌지의 차원.* 기본적으로, 순환적 기능은 자동화될 필요가 없는 기능으로 분류된다. 자동화될 필요가 없는 기능은 훈련 후에 규칙의 적용을 필요로 해서 훈련 중에 절차적 학습 내용의 제시를 요한다. 순환적 부분 기능이 자동화될 필요가 있는 기능으로 분류된다면, 그것은 훈련 프로그램 중에 추가적인 부분 과제 연습을 또한 필요로 할 것이다(단계 10).

세 가지 차원의 부분 기능은 그 기능과 관련된 성취 목표와 함께 다섯 개로 나눠진다(표 6.1 참고). 우선순위별로 그 기능과 목표들을 분류해 보면 (a) 비순환적 부분 기능, (b) 자동화될 필요 없는 순환적 부분 기능, (c) 자동화되어야 하는 순환적 부분 기능, (d) 비순환적이면서 순환적인 부분 기능, (e) 가르칠 필요가 없는 부분 기능으로 살펴볼 것이다.

비순환적 부분 기능

하나의 복합적 인지 기능은 (정의에 의하면) 쉐마 기반 문제 해결 및 추론을 포함하기 때문에 그 최종 목표(기능 위계의 최상위)는 항상 비순환적인 것으로 분류된다. 따라서 최상위 수준의 기능의 부분 기능들 또한 비순환적인 것으로 분류된다. 하나의 부분 기능이 순환적인 것으로 분류되는 경우는 오직 그 기능의 특정 측면이 훈련 후에 특정 인지적 규칙에 기초해서 수행되었을 때만이다. 비순환적 부분 기능을 위한 성취 목표들은 문제 상황마다 달라지지만, 출구 행동이 문제 해

표 6.1 부분 기능의 분류 및 기능과 관련된 성취 목표의 특징

가르쳐야 하는 부분 기능				가르칠 필요가 없는 부분 기능
비순환적 부분 기능	순환적 부분 기능		이중 분류된 부분 기능	
	자동화될 필요가 없음	자동화되어야 함		
쉐마 기반의 문제 해결 및 추론과 관련된 성취 목표	인지적 규칙 적용 혹은 절차 사용과 관련된 성취 목표	자동적 수행 가능성과 관련된 성취 목표	자동적 수행이 작동하지 않아서 문제 해결과 추론 모드로 바꾸기 위한 때를 감지할 능력과 관련된 성취 목표	해당 없음

결 행동의 방향을 결정하는 인지적 쉐마에 의해 이끌어지고(인지적 전략 사용) 그 출구 행동은 또한 그 영역에 대한 추론을 하게 해주기 때문에(정신적 모형 사용) 비순환적 부분 기능을 위한 성취 목표들은 또한 매우 효과적인 출구 행동으로 기술해야 한다. 훈련이 끝난 후에, 학습자들은 그들의 행동이 새롭고 종종 친숙하지 않은 상황에 효율적이면서 유연하게 적용 가능하게 됨으로써 어떤 해결책을 찾는 데 필요한 쉐마를 가져야만 한다. 예를 들어 특허 심사의 맥락에서 "참신성 및 독창성 단계 결정하기"(그림 5.3 참고)라는 부분 기능은 이 과정이 각 새로운 특허 출원서마다 달라야 하기 때문에 비순환적인 것으로 분류된다. 특정한 비순환적 부분 기능으로 가능해지는 이 기능("사전 심사 결과 작성하기" 및 "조사 보고서 준비하기"와 같은 위계상의 더 높은 부분 기능들) 또한 비순환적 기능이다. 교수설계서에서, 비순환적 부분 기능은 그 기능의 개발을 위해서 지원적 내용의 제공을 필요로 한다(단계 4).

순환적 부분 기능

비순환적 부분 기능은 인지적 규칙을 적용하여 수행될 수 있는 특정 측면들을 포함할 것이다. 이 측면들은 전형적으로 기능 위계의 하단부에 있는데 *순환적 부분 기능(recurrent constituent skills)*으로 분류된다. 순환적 부분 기능을 위한 성취 목표는 문제 상황마다 대단히 유사한 출구 행동들을 기술하게 되는데, 이러한 출구 행동들은 문제 상황의 특징과 그 문제 상황을 해결하기 위해서 수행될 필요가 있는 특정한 조치들을 연결시키기 위한 특정 영역의 규칙과 단계별 절차의 사용으로 기술되어야 한다. 훈련이 끝난 후에, 학습자들은 비교적 빠르고 실수가 거의 없이 해결책에 스스로 이르게 하는 인지적 규칙을 가질 수 있어야만 한다. 상황이 발생할 때마다 학습자들이 그 상황에 똑같이 반응할 수 있는 *일관된(불변)* 기능은(*다양한*(가변) 기능과 반대; Fisk & Gallini, 1989; Myers & Fisk, 1987) 전형적으로 순환적인 것으로 분류될 것이다. 특허 심사 맥락에서 "검색 도구 사용하기"라는 부분 기능(그림 5.3 참고)은 그 도구들이 항상 같은 방식으로 조작되기 때문에 (검색이 수행될 특허에 상관없이) 순환적인 것으로 분류될 것이다. 당연히, 특정한 순환적 부분 기능을 위한 *선수 기능(prerequisite skills)*(위계에서 하위 수준에 있는 관련 부분 기능들) 또한 순환적이어야 한다. 하나의 순환적 부분 기능은 절대로 비순환적 측면을 가질 수 없다. 교수설계서에서, 순환적 부분 기능은 그 기능의 개발을 위해서 학습자들로 하여금 절차적 학습 내용을 이용할 수 있도록 해주어야 한다(단계 7).

주의: 하나의 부분 기능을 비순환적 혹은 순환적으로 분류하려면 성취 조건과 기준을 포함해서 바람직한 출구 행동을 면밀히 분석해야만 한다. 하나의 부분 기능이 어떤 훈련 프로그램에서는 비순환적인 것으로 또 다른 훈련 프로그램에서는 순환적인 것으로 분류될 수도 있기 때문이다. 단적인 한 예는 항공기 정비 훈련의 경우이다. 평화로운 시기에는 "매우 구체적으로 진단하여 가장 경제적인 방법으로 수리할 수 있다"가 성취 기준이 될 수 있다. 여기서 시간은 중요하지 않으며 진단상에 있어서 일어날 수 있는 실수는 검사 절차를 통해서 수정될 수 있다. 따라서 평화로운 시기에 항공기 정비는 아마도 비순환적 기능으로 분류될 것이다. 전쟁 중에는 성취 기준은 "작동하지 않은 부품을 가능한 한 빨리 진단하여 전체 부품을 갈 수 있다"이다. 여기에서는 속도가 극도로 중요하고 경제적 고려사항은 훨씬 덜 중요하다. 따라서 전쟁 중에 항공기를 정비하는 것은 아마도 순환적 기능으로 분류될 것이다. 따라서, 평화로운 시기에 항공기 정비를 위한 훈련 프로그램은 전쟁 중의 훈련 프로그램과는 당연히 달라야 할 것이다.

자동화되어야 하는 순환적 부분 기능

기본적으로, 순환적 부분 기능은 자동화될 필요가 없어서 학습 과제에서 연습된다. 그런데 순환적 부분 기능들 중 어떤 특정한 하위 부류는 훈련이 끝난 다음에 고도의 자동화 수준을 요하는 기능들이다. 이러한 기능들은 훈련이 끝난 다음에 자동적으로 하나의 절차(routine)로 수행될 수 있도록 부분 과제 연습(part-task practice)을 통해 부가적으로 훈련되어야 할 것이다. 특허 출원서 심사하기를 위한 훈련 프로그램과 같은 대다수의 훈련 프로그램에는 자동화가 필요한 부분 기능이 없다. 그 외 훈련 프로그램에서 아래와 같은 부분 기능들을 위해 고도의 자동화 수준을 요할 수 있다.

- *위계의 상단에 있는 다른 많은 부분 기능들에 대한 성취를 가능하게 해주는 부분 기능들*. 예를 들어 음악가들은 연주하는 데 있어서 가장 기초가 되는 그런 부분 기능들을 자동화하기 위하여 계속 악보를 연습한다. 같은 방식으로, 어린이들은 많은 산수 과제에 기초가 되는 부분 기능을 자동화하기 위하여 구구단을 연습한다.
- *다른 많은 부분 기능들과 동시적으로 수행되어야만 하는 부분 기능들*. 예

를 들어 화학 공업의 공정 작업자는 디스플레이 패널을 볼 때 상황 진단이라는 부분 기능과 동시에 일어나기 때문에 패널 읽기를 자동화할 것이다. 학생들은 필기할 때 적극적 청취라는 부분 기능과 동시에 수행되기 때문에 필기를 자동화할 것이다.

- *자본의 손실, 생명의 위협, 장비의 훼손 측면에서 중요한 부분 기능들.* 예를 들어 항공 관제사들은 레이더 스크린으로부터 위험한 비행 상황을 감지하는 것을 자동화해야 하고, 항해사는 대형 선박에 관한 표준 항해 절차의 수행을 자동화해야 한다.

어떤 순환적 부분 기능이 방금 기술한 것과 같은 하나 이상의 필요조건들을 충족하기 때문에 자동화되어야 할 필요가 있다면, 그 다음 '그러한 자동화가 실제로 가능한가?' 라는 질문에 답해야 한다. 이론적 관점에서 보면, 모든 순환적 부분 기능들은 일관적이어서 주어진 상황에 항상 그리고 고유의 방식으로 똑같은 반응을 이끌어내기 때문에 자동화될 수 있다(Fisk & Lloyd, 1988; Myers & Fisk, 1987). 그러나 교수설계에서는, 종종 상황과 반응 사이에 일대일 매핑에 초점을 맞추는 것이 아니라, 엄청나게 많은 상황과 반응들을 연결하는 높은 수준의 혹은 포괄적 일관성에 초점을 맞춘다(Fisk, Lee, & Rogers, 1991; Fisk, Oransky, & Skedsvold, 1988). 이것을 실제적 관점에서 보면, 학습자로 하여금 완벽한 자동화에 이르도록 하는 것은 평생이 걸리기 때문에 불가능하다. 1,000 미만의 숫자 쌍의 합을 연습하는 상황을 가정해 보자. 이 기능의 기본 원리는 간단한 절차이다. 그런데 자동화 측면에서 본다면 헤아리는 절차가 어려운 것이 아니라, 상황-반응의 매핑된 개수 측면에서 어려움이 있다. 여기에서, 가능한 상황은 0+0부터 999+999까지 모든 숫자 쌍 혹은 백만 가지의 다른 상황(1,000×1,000)을 의미한다. 각각의 상황-반응 쌍에 대해 완벽한 자동화에 도달하기 위해서 문항마다 5초씩 걸리는 100개의 연습 항목이 필요하다면, 훈련 프로그램을 위해서는 100,000,000개의 문항에 500,000,000초가 소요된다. 이것은 완벽한 자동화에 도달하기 위해 대략 139,000시간, 하루에 8시간 근무한다면 17,360일, 혹은 70년(방학을 제외하고) 이상이 걸린다는 말이다. 이러한 계산 결과는 왜 대부분의 사람들이 178+539란 문제 상황이 주어지면 그 답을 717이라고 자동적으로 말하지 않고 그것의 합을 계산해 내는지에 대한 이유를 설명해 준다.

자동화하기에 비교적 쉬운 순환적 기능의 한 예는 자동차 운전이다. 굴곡이 거의 없는 고속도로에서 차선을 지키면서 자동차를 운전하는 것을 연습하는 상황을 생각해보자. 학습자가 접하는 상황을 자동차의 전면이 고속도로 상에서 이루는 각도로 볼 수 있다. 핸들로 우회전 내지 좌회전으로 꺾는 각도를 1°씩 최대 회전 각도가 45°라고 가정하면(급경사는 고속도로에서 매우 흔하지 않다), 90가지의 다양한 상황이 나온다. 각각의 상황-반응 쌍을 자동화하는 데 1초씩 소요되고, 100개의 연습 항목이 필요하다면 9,000개의 항목 혹은 9,000초가 필요하다. 이것은 단지 2시간 반밖에 안 되는 시간인데 왜 대부분의 사람들이 굴곡이 거의 없는 고속도로에서 (심지어 승객과 대화하면서도) 어려움 없이 자동차를 운전할 수 있는지 이 예로 설명이 가능하다.

이중 분류가 가능한 부분 기능

하나의 순환적 기능을 자동화된 기능으로 볼 것인지 보지 않을 것인지에 대한 판단은 그 기능을 자동화된 것으로 보는 것이 바람직한가와 학습자에게 이 기능을 자동화시킬 수 있는가의 두 가지 상황을 고려해야만 한다. 일반적으로는 짧은 시간 내에 기능을 수행하지 못하거나 실수를 범하면 커다란 손실이나 위험이나 훼손을 초래하는 상황은 드물지만, 정상적으로는 자동화될 필요가 없는 순환적 기능 혹은 심지어 비순환적 기능으로 분류되는 기능들이 여전히 자동화되어야만 하는 순환적 기능으로 분류되기도 한다(그러한 기능들은 *이중 분류(double classified)*되어야만 하는 것이다). 예를 들어, "위험 상황에서 핵발전소에서 전원을 차단하는 것"은 구체적인 상황 유형에 따라 많은 다양한 방법으로 수행될 수 있기 때문에 근본적으로 그 시스템의 작동에 관한 전략적 문제 해결 및 추론이 필요할 것이다. 그럼에도 불구하고 여기에는 속도가 느리거나 실수를 범하는 것은 대재앙을 초래할 수도 있기 때문에 이 기능은 자동화되어야 할 순환적 기능으로 분류될 수 있다. 교수설계자는 이러한 분류를 위해 많은 노력을 들일 것이다. 그러한 기능에 대한 알고리즘 분석을 수행하는 데는 매우 많은 비용이 들 것이고, 대개 기술 전문가로 구성된 한 팀이 몇 달 혹은 심지어 몇 년을 들여야 하는 엄청난 작업량을 필요로 할 것이다. 훈련에 필요한 시간이 기하급수적으로 증가하는데(높은 사실성을 지닌 시뮬레이션 환경의 도움을 받으면서) 종종 몇 천 시간의 훈련을 필요로 하기도 한다.

자동화되어야 하는 이러한 부분 기능들 중에서 어떤 특정 범주의 기능에 있어서 흔히 볼 수 있는 문제는 그 기능을 자동화할 수 있도록 학습했음에도 불구하고 제대로 수행이 되지 않는 경우가 항상 발생할 수 있다는 점이다. 심지어 상당한 양의 분석과 폭넓은 훈련을 실시한 후에도 과제 수행자들은 아무도 예상하지 못한 상황에 직면할 수 있다. 대참사나 이에 가까운 상황은 종종 이러한 예기치 못한 상황이나 과실, 혹은 이것들의 조합에 의해서 발생한다. 이 때문에 이러한 특정 범주의 기능들은 "비순환적" 기능과 "자동화되어야 하는 순환적" 기능으로 동시에 이중 분류가 될 수 있다. 일반적으로 학습자에게 부분 기능을 충분히 연습해서 자동화했는데도 불구하고 수행이 제대로 이루어지지 않을 경우 그럴 수 있다는 것을 명백히 가르쳐주어야 할 뿐만 아니라, "자동화될 필요가 있는 순환적 기능 모드"로부터 "문제 해결과 추론이 필요한 자동화될 수 없는 비순환적 기능 모드"로 유연하게 전환할 수 있도록 훈련시켜야만 한다. 2장에서 제시되었던 *성찰적 전문가*라는 말은 바로 이러한 능력을 가진 사람들이다. 이중 분류된 기능을 위한 훈련의 설계는 익숙한 문제 상황과 익숙하지 않은 문제 상황 모두를 효과적으로 대처할 수 있는 확률을 최대화해줄 수 있다.

가르칠 필요가 없는 부분 기능

끝으로, 어떤 특정한 부분 기능들은 가르치지 않아야 할 이유가 있다. 예를 들어, 학습자들이 수행상의 부족한 점을 보이는 목표들만을 가르치기로 교수설계자가 정했기 때문에, 그 외의 다른 모든 성취 목표들을 학습 훈련 프로그램에서 제외시킬 경우도 있다. 또 다른 경우로, 교수설계자는 훈련 시간의 부족 때문에 대상 학습자들에게 특별히 중요하거나 학습자들이 어려워하거나 알지 못하는 목표들만을 포함시키는 경우도 있다. 그러나 그 설계자는 훈련 프로그램에서 특정한 목표들을 제외하는 것을 결정할 때 매우 신중해야 하는데, 왜냐하면 상당수의 교육 프로그램 안에는 명시적으로 가르칠 기능과 가르치지 않을 그 기능들이 상호 관련되어 있기 때문이다. 학습자들이 이미 하나의 특정 부분 기능을 따로 마스터했다고 할지라도, 학습자들이 전체 과제 수행의 맥락에서 그것을 수행할 수 있으리라고는 전혀 보장할 수 없다. 따로 하나의 특정 부분 기능을 수행하는 것은 전체 과제의 맥락에서 그것을 수행하는 것과는 판이하게 다를 뿐만 아니라(Elio, 1986), 집중적인 부분 과제 연습을 통해서 하나의 부분 기능을 자동적으로 수행하게 되었다고 해서 전체 과제의 맥락에서 그 자동적 수행이 그대로 유지되는 것이 아니기 때문이다(Schneider & Detweiler, 1988). 따라서, 어떤 사람이 운전교육을 받아서 곧고 한산한 길에서 운전할 때 클러치를 바르게 사용해서 유연하게 운전할 수 있게 되었다고 해서 교통 체증이 심한 낯선 도시에서 운전할 때도 클러치를 사용해서 유연하게 운전할 것이라고는 보장할 수 없다. 또한, 어떤 하나의 기능 그 자체가 중요하지 않을지는 몰라도(예: 후면 거울 조절하기) 다른 기능을 수행하는 데 결정적으로 중요한 기능을 할 수도 있다(예: 안전하게 차선을 바꾸기 위해 그 차량 뒤에서 같은 방향으로 운행하는 차량들을 모니터링하기). 따라서, 교수설계자는 하나 혹은 그 이상의 부분 기능을 훈련시키지 않는 것이 흔들거리는 탑에서 하나 혹은 그 이상의 벽돌을 제거하는 것과 같은 효과를 낼 수 있다는 것을 명심해야 한다.

성취 목표의 활용

많은 교수설계 모형에서 성취 목표는 교수 프로그램 설계의 기초가 된다. 이미 앞에서 제시한 바와 같이 실세계 과제가 좋은 설계를 위한 시발점이 되는 경우는 분명 이 책에서 제시하는 열 단계 모형에만 해당되지 않는다. 그럼에도 불구하고 일련의 완전하고 상호 관련된 부분 기능 및 그와 연관된 성취 목표들은 설계 과정에서 몇 가지 중요한 기능을 한다. "가르쳐져야 할 부분 기능들"을 위한 하나의 완전하고 상호 관련된 수행 목표들의 집합은 훈련 프로그램의 총체적 내용을 구체적으로 기술하게 해 주는데, 이것은 또한 프로그램 설계 과정에 참여하는 사람(예를 들면, 내용전문가와 같이 설계에 참여하는 사람들은 물론 프로젝트 발주자들)과 프로젝트에 대해서 논의를 하는 데 있어서 가장 좋은 기초적인 자료가 된다. 기능 위계는 어떻게 복합적 과제 수행의 다양한 측면들이 상호 관련되는지를 보여준다. 정확하게 기술된 성취 목표들은 훈련 프로그램을 마친 후에 학습자들이 무엇을 할 수 있게 될 것인지에 대한 명확한 그림을 제공해 준다(학습자들의 출구 행동이 무엇이어야 하는지). 뿐만 아니라 목표를 순환적인 것 혹은 비순환적인 것으로 분류한 것은 이후의 출구 행동을 어떻게 기술할 것인가를 도와줄 뿐만 아니라 이후의 설계 과정에 큰 영향을 미친다. 왜냐하면 복합적인 전체 기능 중에서 비순환적 측면을 위해서는 지원적 내용이 설계되고 순환적 측면을 위해서는 절차적 학습 내용이 설계되어야 하기 때문이다.

성취 목표는 또한 이후의 분석 및 설계 활동의 중요한 투입 요소가 된다. 지원적 내용과 절차적 학습 내용을 위한 교수자료가 처음부터 개발될 필요가 있다면 심층적인 과제 및 지식 분석이 필요할 것이다. 이러한 상황에서 비순환적인 것으로 분류된 부분 기능을 위한 성취 목표는 인지적 전략(8장)과 정신적 모형(9장)의 분석을 위한 중요한 투입 요소를 제공하는 반면, 순환적인 것으로 분류된 성취 목표는 인지적 규칙(11장)과 선수 지식(12장)의 분석을 위한 투입 요소가 된다. 이러한 분석 활동은 대단히 자세한 교수설계서를 만드는 데 도움이 되는 지원적 내용과 절차적 학습 내용을 구체적으로 기술할 수 있게 해준다. 더욱이, 성취 목표의 한 부분인 기준은 학습 과제의 수행에 대해 평가하는 채점 기준표를 개발하는 데 기초가 된다.

6.4 수행 평가

성취 목표 안에는 관련 준거, 값, 태도를 포함해서 성취했다고 판단할 수 있는 기준이 포함되어 있다. 학습자들에게 그 학습 과제에 대해서 어느 정도의 성취를 기대하고 있는가에 대한 필요한 정보를 제공해 주기 때문에 이러한 기준들은 중요하다. 여기에서의 평가는 학습자들이 이미 작성된 목록으로부터 정답을 선택한다기보다 어떤 과제를 수행하도록 하는 검사의 형식을 취하고 있기 때문에 일종의 ***수행 평가**(performance assessment)*라고 할 수 있다. 이 절에서는 학습 향상이라는 단독 목표를 바탕으로 한 학습자의 학습 진척 정도에 대한 평가, 즉 형성적 수행 평가에 초점을 맞춘다. 평가는 다음 세 명에 의해 수행된다.

- *학습자.* 학습자가 자기 자신의 수행에 대해 평가하는 것을 자기 평가라고 한다. 이러한 평가의 주요 목적은 아직 그 기준을 만족시키지 못해서 "더 학습해야" 하는 부분 기능들 혹은 수행의 측면들을 규명하는 것이다.
- *동료 학습자.* 학습자들이 다른 학습자들의 수행에 대해 평가하는 것을 동료 평가라고 한다. 이러한 평가의 목적은 평가받는 학습자를 위한 중요한 "개선점"을 규명하는 것이다. 동료 평가는 평가자를 하는 사람에게 있어서는 또 다른 하나의 가치 있는 학습 경험을 제공한다는 부가적인 이점이 있다(단계 4 참고).
- *그 외 교육 실무자.* 평가는 교사, 내용전문가, 전문가, 교육운영자, 시험관 등에 의해서도 실시될 수 있다.

명확한 기준에 기초해서 교육실무자에 의해서 실시된 효과적인 자기 평가, 동료 평가, 전문가 검토 등은 학습자들에게 자신의 수행 수준이 어느 정도가 되어야 하는지 그리고 어떤 점들을 좀 더 학습해야 하는지에 대한 중요한 정보를 제공해 준다. 이 책에서 제시하는 열 단계 모형에 의하면 훈련 프로그램 전반에 걸쳐서 전체 과제들이 사용된다. 결과적으로 훈련 프로그램 전반에 걸쳐서 어떤 동일한 기준들이 사용될 수 있다. 그 기준들은 평가 양식 혹은 ***채점 기준표(scoring rubric)*** 안에 포함되어 있는데, 거기에는 평가되어야 할 부분 기능들에 대한 증표, 이 기능을 성취했다고 판단할 수 있는 기준, 그리고 각 기준을 평정하기 위한 값이 포함된다. 뿐만 아니라 하나의 채점 기준표에는 부분 기능과 기준의 의미를 명백히 보여주기 위한 정의와 예가 포함될 수 있다. 표 6.2는 채점 기준표의 예다.

표 6.2는 순환적 기능, 자동화되지 않는 순환적 기능, 자동화되어야 하는 순환적 기능으로 분류된 수행의 각 측면들을 포함한다. 이러한 기능들은 모두 "문헌 검색하기"라는 복합적 기능의 부분 기능들이다(그림 2.2의 기능 위계 참고). "의뢰인의 연구문제를 관련 검색어로 바꾸기"와 같은 비순환적 수행 측면을 위해서는 기준들이 준거뿐만 아니라 태도 및 값의 형태까지도 포함해야 한다. 준거는 충족되었거나 충족되지 않았다고 하는 최소한의 요건(그렇다/아니다)으로 나타내는 반면, 값과 태도는 전형적으로 서술적 보고 혹은 최소한 질적인 명칭이 부여된 값으로 나타낸다(예: 매우 부족함, 부족함, 보통, 좋음, 매우 좋음). 각각의 척도점은 명칭이 명백히 부여되고 정의되어야만 한다. 기본적인 원칙은 육 내지 칠점 척도(그런 척도들은 정확성을 떨어뜨리고, 평가자들이 그러한 미묘한 평가에 대해 결정하기 어렵게 만든다) 이하로 하는 것이 좋고, '매우 부족함'에서부터 '매우 좋음'까지를 적절하게 포괄할 필요가 있을 만큼의 척도 수만 사용하는 것이 좋다. 자동화될 필요가 없는 순환적 기능의 수행에 대한 기준은 상대적으로 엄격해야 한다. 따라서 비순환적 측면과 대조적으로 순환적 기능의 정확도는 단순하게 옳음/틀림(구체화된 규칙을 따랐는지 아닌지)으로 판단할 수 있다. 이것은 자동화되어야 하는 순환적 기능의 수행에 대해서도 마찬가지이다.

수행에 대해서 몇 가지 측면으로만 판단을 한다면 학습자에게 수행을 어떻게 더 잘할 수 있을 것인가에 대하여 구체적으로 자세한 정보를 주기가 어렵다. 따라서, 잘 설계된 채점 기준표라면 수행에 대한 모든 측면에 주의를 기울여서, 각 부분 기능별로 하나 이상의 기준을 포함할 것이다(Baartman, Bastiaens, Kirschner, & van der Vleuten, 2006). 이 책에서 제시한 열 단계 모형에 따라 설계된 훈련 프로그램에서는 프로그램 전반에 걸쳐서 같은 채점 기준표가 사용될 수 있다. 왜냐하면 바로 초기부터 전체 과제들이 사용되기 때문이다(한 가지 예외는 부분 과제 계열화가 사용될 때이다. 5장 3절 참고). 기능 위계의 수준을 어디에서부터 잡을 것인가를 판단하는 일이 중요하다. 예를 들면, 총체적인 수준(global level)은 기능 위계에서 윗부분에 있는 부분 기능들을 포함하기 때문에 이미 학습된 기능들을 위해 사용하는 것이 바람직하고, 세부적인 수준(detailed level)이라면 기능 위

표 6.2 "문헌 검색하기"라는 복합적 기능을 위한 채점 기준표(평가 양식)의 예

수행 측면/부분 기능	성취 목표에 구체화된 기준들	평정 척도
의뢰인의 연구 문제를 검색어로 전환하기 (*비순환적 기능*)	*태도:* 연구 문제를 명료화하고 구체화하기 위하여 의뢰인과 하는 커뮤니케이션이 정확하고, 유쾌하다.	• 효과적으로 시작할 수 없음 • 시작은 했지만 필요한 태도로 과제를 완수하는 데 실패함 • 다소 흠이 있지만 만족스러움 • 수용할 만한 행동임 • 모범적인 행동임 *자신의 응답에 대해 설명하시오.*
	준거: • 제안된 모든 검색어를 사용 가능한 유사용어로 목록화한다. • 시소러스	그렇다/아니다
	값: 정상적인 작업 절차에 따라 고객과 함께 제안된 검색어에 대한 관련성을 확인한다.	아니다 부분적으로 그렇다 전적으로 그렇다 *자신의 응답에 대해 설명하시오.*
	준거: 의뢰인으로부터 연구 문제를 받은 시기와 제안된 검색어의 관련성을 체크하는 시기의 차이가 근무 시간 기준으로 5일 이내이다.	그렇다/아니다
검색 프로그램 조작하기 (*자동화되지 않는 순환적 기능*)	*준거:* 검색 프로그램 조작이 완벽해서 검색 과제 자체에 지장이 없다.	그렇다/아니다
	값: RSI를 방지하기 위해 메뉴를 마우스로 선택하기보다 단축키를 사용한다.	아니다 거의 그렇다 항상 그렇다
불린 연산자 사용하기 (*자동화되어야 하는 순환적 기능*)	*준거:* 불린 연산자(AND, OR, NOR) 사용이 완벽하고 매우 빠르다.	그렇다/아니다
	수행의 다른 모든 측면들을 위해 계속됨	

계에서 아랫부분에 있는 부분 기능들을 포함하기 때문에 아직 학습되어 있지 않은 부분 기능들을 위해 사용하는 것이 낫다. 그렇지 않으면, 하나의 컴퓨터 기반의 위계적 메뉴 시스템을 사용해서 평가자로 하여금 먼저 총체적인 수준을 판단

하게 하고 필요할 때만 세부적인 수준을 평가하기 위해서 이 총체적인 수준을 열어보게 할 수도 있다. 가장 세부적인 수준에 도달할 때까지 위계의 가장 바닥에 도달할 때까지 이러한 활동을 반복한다. 이렇게 하면 어떤 과제의 새로운 측면이나 어려운 측면을 학습했는지를 판단하기 위해서는 위계의 윗부분에 있는 수준을 사용하게 해주고, 동시에 이미 학습한 과제의 측면들을 판단하기 위해서는 위계의 아랫부분에 있는 수준을 사용할 기회를 준다.

이상적으로 평가자는 모든 학습 과제에 대해 같은 채점 기준표를 사용해서 모든 측면의 수행을 평가한다. 분명히 이러한 과정은 교사 혹은 교수자들에게 있어서 극도로 노동 집약적인 일이어서 학생들이 많다면 불가능하다. 따라서 이 모형에서는 자기 평가와 동료 평가를 사용할 것을 권장한다(Sluijsman, Brand-Gruwel, van Merriënboer, & Bastiaens, 2003; Sluijsmans, Brand-Gruwel, van Merriënboer, & Martens, 2004). 모든 학습 과제를 위해서 필요한 모든 수행 평가 자료는 ***개발 포트폴리오**(development portfolio)* 안에 모아둘 수 있다. 이 포트폴리오는 (a) 학습자에 의해 성취된 모든 학습 과제, (b) 특정 과제별 학습자의 성취 정도뿐만 아니라 성취 정도의 "개선"에 필요한 사항(예: 수직적 평가), 그리고 (c) 전체 과제에 대한 학습자의 총체적인 성취 정도(예: 수평적 평가) 등을 포함한다. ***수요자 중심의 교육**(on-demand education)*에서 학습자는 이 포트폴리오를 사용해서 자신이 공부하고 싶어하는 다음 학습 과제를 선택할 수 있다. 예를 들어 지원이 제공된 학습 과제에 대해 전반적인 성취 수준이 높다면 다음 과제를 위한 지원 수준은 감소될 것이고, 특정 과제에 대한 성취 수준이 낮다면 다음 과제에서는 그러한 측면들 혹은 개선될 필요가 있는 점들에 초점이 맞춰질 것이고, 지원이 제공되지 않는 학습 과제에 대한 성취 수준(전통적 문제)이 전반적으로 높다면 학습자는 다음에 더 어려운 과제 클래스로 옮겨 가게 될 것이다. 자기 주도적 학습 및 수요자 중심 교육을 위한 개발 포트폴리오의 사용 방법에 대해서는 15장에서 더욱 자세하게 다룰 것이다.

요약하면, 이 절에서는 수행 평가의 형성적 활용에만 초점을 맞추었지만, 총괄적인 방식으로도 활용될 수 있을 것이다. 총괄 평가의 결과는 일차적으로 학습자의 학습 진척 정도 내지는 수행의 질에 대한 정보를 주기 위해 사용되는 것이 아니라 학점을 주거나 합격/불합격을 결정하거나 자격증을 줄 것인지 아닌지를 결정하는 데 사용된다. 이 경우 교사 혹은 평가자들은 채점 기준표에 기입하지 않을 수 없다. 뿐만 아니라 이러한 성취 수준에 총괄 평가는 학생들에게 지원이 제공되지 않는 일반적인 학습 과제, 즉 과제 클래스의 맨 마지막 과제를 그 대상으로 한다. 앞의 결과에 의해서 학습자가 다음 과제 클래스로 옮겨 갈지 아닌지, 난이도가 더 어려운 수준으로 옮겨 갈지 아닌지, 자격증을 받을 수 있는지 아닌지와 같은 중요한 결정이 이루어질 수 있다.

6.5 요약

- 훈련 프로그램을 위한 성취 목표를 설정하려면 최종 학습 목표로부터 시작하고, 우선 기능 위계 내에서 모든 관련 부분 기능들과 그것들의 관계성을 그려내야 한다.
- 기능 위계를 구성하려면 위계 내에서 낮은 수준의 기능들이 보다 높은 수준의 기능들의 선수 지식이 되는 수직적 관계와 서로 인접한 기능들이 시간 순서대로 있는 수평적 관계를 구별해야 한다.
- 기능 위계 내에서 수평적 관계를 파악하려면 기능의 수행 순서가 왼쪽에서 오른쪽으로 순서화되는 시간적 전후 관계, 기능들이 동시에 수행되는 동시적 관계, 그리고 기능들이 바람직한 어떤 순서로도 수행될 수 있는 순서를 바꿀 수 있는 관계들을 구별해야 한다.
- 하나의 부분 기능에 대한 성취 목표를 구체화하려면 훈련이 끝난 다음에 학습자들이 할 수 있어야 하는 행동(행동 동사), 그러한 행동을 수행하는 조건, 반드시 사용해야만 하는 도구와 객체, 그리고 성취했다고 판단하는 데 적용할 기준을 명확하게 진술해야 한다.
- 성취 목표 안에 성취했다고 판단할 수 있는 기준들을 구체화하려면 그 기준들 안에 반드시 충족시켜야 하는 준거들(예: 속도 및 정확성을 위한 최소 요건), 반드시 고려되어야만 하는 값들(예: 특정 규칙, 협약, 규정 등의 충족), 그리고 과제 수행자들이 반드시 보여주어야 하는 태도들이 포함되어야 한다.
- 성취 목표를 분류한다면 (문제 해결 및 추론과 관련된) 비순환적 부분 기능, (규칙 적용 혹은 절차 사용과 관련된) 순환적 부분 기능, 그리고 (규칙/절차가 적용되지 않아서 문제 해결 및 추론 모드로 바꾸기 위한 때를 인식하는) 비순환적/순환적 두 가지 모두에 해당되는 기능들을 구별해야 한다.
- 성취 목표를 순환적인 것으로 분류한다면 (절차적 학습 내용의 제시가 필요한) 자동화되지 않는 부분 기능과 (아마도 부분 과제 연습도 필요한) 자동화되어야 하는 부분 기능을 구별해야 한다.

- 학습 과제에 대한 학습자의 성취 수준을 평가한다면 이는 과제 수행에 관련된 모든 측면들, 그러한 측면들에 대한 기준들, 그리고 평가자가 모든 기준들을 위한 판단을 하는 데 꼭 필요한 척도를 포함하는 채점 기준표에 기초해서 가장 잘 실시될 수 있다.
- 형성평가를 위해서 채점 기준표를 사용한다면 해당 학습자/동료 학습자에게 채점표를 채우도록 요구하라.

제7장

단계 4: 지원적 내용 설계

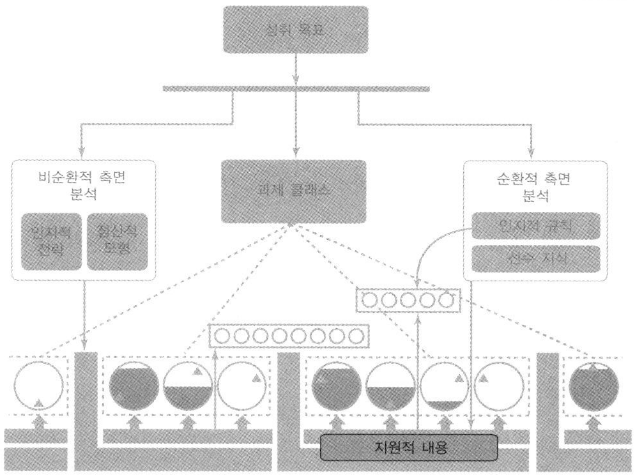

필요성

지원적 내용은 네 가지 설계 요소 중 하나이며 학습자로 하여금 학습 과제의 비순환적 측면을 수행하도록 해 준다. 교수 프로그램 설계를 위해서 설계자는 이 단계를 반드시 수행해야 한다.

학습 과제들을 설계했다면, 그 다음 단계는 그 학습 과제들의 수행을 도와주기 위한 지원적 내용을 설계하는 것이다. 이 장에서는 지원적 내용을 설계하는 데 필요한 지침에 대해 다룰 것이다. 이 장은 설계의 두 번째 요소에 관한 것으로서, 어떤 하나의 과제 클래스에 속해 있는 학습 과제들의 비순환적 측면들을 성공적으로 수행하기 위해서 학습자가 이미 알고 있는 것과 알아야만 하는 것과의 간격을 메워주는 것에 관한 것이다. 지원적 내용이란 (a) 어떤 영역이 어떻게 조직되어 있는가와 그 과제 영역에 속하는 문제들을 어떻게 해결할 것인가에 대한 일반적 내용, (b) 그 영역에만 해당되는 내용을 쉽게 알 수 있도록 해주는 예, (c) 그 과제 수행의 수준에 대해 제공되는 인지적 피드백을 의미한다. 지원적 내용의 제시를 위하여 사용되는 모든 교수적 방법들은 *정교화(elaboration)*를 통하여 쉐마 구성을 촉진한다. 다시 말해서, 이 방법들은 학습자들이 새롭게 제시되는 학습 내용 요소들 간, 그리고 새롭게 제시되는 학습 내용 요소와 학습자가 이미 가지고 있는 사전 지식 간의 의미 있는 관계를 구축할 수 있도록 돕는다. 이러한 정교화 과정을 통해서 다수의 내용 요소와 다수의 다른 내용 요소들 간을 연관 지을 수 있는 다양한 인지적 쉐마들을 생성할 수 있게 된다. 그런 다양한 쉐마를 가지게 되면 심층적 이해가 가능해지기 때문에 과제 관련 지식을 장기기억 속에 가지고 있을 가용성뿐만 아니라 빨리 찾아낼 수 있는 접근성도 높아진다.

이 장의 구조는 다음과 같다. 첫째, 과제 영역에 속하는 문제를 어떻게 해결할 것인가에 대한 내용을 주는 SAP의 특성을 먼저 살펴보고, 영역이 어떻게 구성되어 있는가에 대한 내용을 주는 영역 모형을 다음에 살펴볼 것이다. 이러한 일반적 내용을 위해서, 학생들이 내용 요소들 간에, 그리고 내용 요소들과 기존의 사전 지식 간에 의미 있는 관계를 형성하도록 돕는 설명적(expository) 방법에 대해 살펴볼 것이다. 둘째, SAP를 보여주기 위한 모델링 예의 활용과 영역 모형을 보여주기 위한 사례 연구의 활용에 대해서 살펴볼 것이다. 셋째, 일반적 SAP와 영역 모형을 모델링 예와 사례 연구들과 결합하기 위한 제시 전략에 대해서 살펴볼 것이다. 이 부분에서는 학습자가 지원적 내용을 적극적으로 처리할 수 있도록 촉진하는 질문적(inquisitory) 방법의 활용에 대해서 살펴볼 것이다. 넷째, 과제의 비순환적 측면을 수행한 질에 대한 인지적 피드백을 제공하기 위한 지침을 살펴볼 것이다. 마지막으로, 교수설계서의 어디에 이런 지원적 내용을 포함할 것인지에 대해서 살펴볼 것이다.

7.1 SAP와 영역 모형의 제공

학습자들로 하여금 학습 과제의 비순환적인 측면을 학습할 수 있도록 하기 위해서는 정보를 제공해 주어야 한다. 이러한 지원적 내용은 학습자들이 이미 알고 있는 것과 학습 과제를 수행하기 위해 알아야 할 필요가 있는 것 간의 가교 역할을 한다. 이것은 교사들이 전형적으로 "이론"이라고 부르며, 종종 교재와 강의에서 제시된다. 동일한 지식체(body of knowledge)들은 동일한 과제 클래스에 속해 있는 모든 학습 과제들을 수행하기 위한 능력의 바탕이 되기 때문에, 지원적 내용은 하나하나의 학습 과제와 짝을 이루는 것이 아니라 과제 클래스 전체 짝을 이룬다. 다음에 오는 과제 클래스를 위한 지원적 내용은 학습자로 하여금 그 전에 할 수 없었던 새로운 과제를 할 수 있도록 하기 위해서 앞의 과제 클래스를 학습할 때 제시된 지원적 내용에 정교화를 해주어야 한다.

지원적 내용은 두 가지 유형의 지식을 포함한다. 첫 번째 유형의 지식은, 학습자로 하여금 과제를 수행하고 문제를 체계적으로 해결할 수 있도록 해주는 인지적 전략이다. 인지적 전략은 *SAP(Systematic Approach to Problem-solving*; 8장 참고)로 분석될 수 있는데, 이것은 전문가가 과제를 수행하는 동안 전형적으로 밟는 단계들뿐만 아니라 각 단계들을 성공적으로 수행하는 데 유용한 경험에 근거한 규칙(rules-of-thumb)을 포함한다. SAP를 지원적 내용(하나의 특정한 과제군에 속하는 학습 과제를 수행하는 것을 도와주기 위한 정보)으로 직접 제시해서 학습자들이 공부할 수 있도록 해주거나 혹은 *프로세스 워크시트(process worksheet)* 형태로 재작성해 주어서 어떤 과제를 수행하는 중에 학습자가 "따라할 수 있도록" 할 수 있다(이러한 유형의 문제 해결 지원 예는 4장 3절 참고).

지원적 내용에 포함되어야 할 두 번째 유형의 지식은, 학습자가 과제 영역 내에서 추론을 할 수 있게 해주는 정신적 모형이다. 정신적 모형은 세 가지 유형의 ***영역 모형(domain models)***으로 나눠지는데(9장 참고), 첫째 영역 모형은 하나의 영역에 어떤 것들이 포함되어 있는지를 보여주는 개념적 모형, 그 영역들의 구성 요소들이 어떻게 구성되어 있는가에 대한 구조적 모형, 그 요소들이 어떻게 서로 작용하는지에 관한 인과적 모형 등이다. 정신적 모형은 학습자가 유용한 인지적 전략을 적용할 수 있는 능력이 있을 때에만 문제 해결에 도움이 될 수 있다. 이와 반대로, 학습자가 적합한 정신적 모형을 가지고 있을 때에만 인지적 전략이 효력을 발휘한다. 따라서 인지적 전략과 정신적 모형 간에는 쌍방향적 인과 관계가 있다. 즉 하나가 없이는 다른 하나가 소용이 없다는 것이다. 다음 절에서 SAP와 영역 모형에 대하여 살펴볼 것이다.

SAP 제시하기

SAP(Systematic Approach to Problem-solving)는 학생들에게 그들이 특정 과제 영역 안에 포함된 문제들을 어떻게 최상으로 해결할 수 있는지를 알려주기 위한 것이다. 이를 위해서 SAP는 어떤 목표들과 그것의 하위 목표들을 달성하는 데 필요한 단계들과 하위 단계들에 대한 정보를 제공해 준다. 또한 이 단계들과 하위 단계들의 시간적 순서를 보여줄 뿐만 아니라 어떤 단계들과 그것의 하위 단계들이 앞 단계의 결과에 의해서 어떻게 영향을 받는지 보여준다. 뿐만 아니라 각 단계 혹은 그것들의 하위 단계를 성취하기 위한 목표에 도달하는 데 유용한 경험에 근거한 규칙이나 요령을 제공한다.

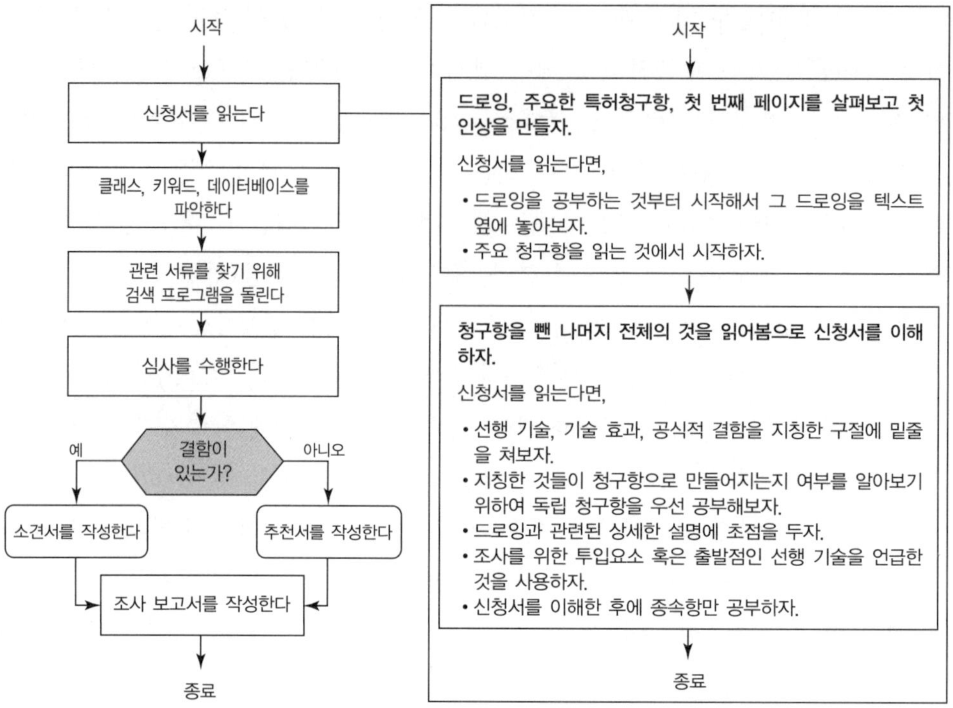

그림 7.1 특허 심사를 위한 SAP의 예. 각 (하위) 단계를 완료하는 데 도움이 될 하위 단계들과 규칙들(우측)뿐만 아니라 문제 해결 안의 단계들(좌측)을 설명하고 있다.

그림 7.1은 특허 심사원들을 위한 어떤 훈련 프로그램에 사용된 SAP의 예다. 좌측에는 "조사 보고서 준비하기"라는 기능군 가운데 하나의 과제 클래스들로 구분할 수 있는 문제 해결 단계들을 기술한다(5장 3절 참고). 이 SAP는 플로차트 형태로 제시되는데, 그 안에서 전 단계의 성공여부에 따라 진행 경로가 결정되는 특정 단계들을 제시한다. 이 SAP에 따르면 특허 신청서에 결함이 발견되었을 경우에만 "소견서 작성하기"를 진행하고, 그렇지 않으면 특허 검사원은 "추천서 작성하기"(특허를 승인하기 위한 심사 부문의 제안서)를 진행해야 한다. 그림 7.1의 우측에 있는 SAP는 좌측에 있는 SAP의 첫 번째 단계("신청서를 읽는다")를 자세하게 기술한 것으로서 두 개의 하위 단계로 나뉜다. 일반적으로 초기 과제 클래스들을 위해서는 전반적인 SAP를 제시하고 특정 하위 단계들을 위해서는 다음 과제 클래스들을 위해 점진적으로 보다 구체화되는 SAP를 제시할 것이다.

그림 7.1의 우측에 있는 SAP도 신청서에 대한 첫인상을 만들고(단계 1의 목표) 신청서를 잘 이해하기 위한(단계 2의 목표) 몇 가지 유용한 *경험에 의한 규칙(rules-of-thumb)*을 제공한다. 어떤 목표를 위해서 무엇을 해야 하는지, 왜 그런

규칙들을 사용해야 하는지, 그리고 *언제* 사용해야 하는지, *어떻게* 사용해야 하는지와 같은 처방적 규칙들을 제공하는 것이 가장 좋다(Newby & Stepich, 1990). 뿐만 아니라 교수 자료나 학습자들의 논의 과정에서 어떤 SAP가 사용되었는지를 쉽게 알아차리게 할 수 있도록 SAP에 이름을 부여하는 것도 도움이 된다(예: 체계적 검색, 반분법, 체계적인 의료법).

SAP를 제시하기 위한 교수 방법은 학습자들이 정교화 과정에서 새롭게 제시되는 내용 요소들(예: 단계, 목표, 규칙) 간에 의미 있는 관계, 그리고 새로운 내용 요소와 이미 가용한 사전 지식 간에 의미 있는 관계를 구축하도록 도와주어야만 한다. 하나의 SAP에 포함되어 있는 단계들을 위해서 선택된 방법들은 과제 수행자들에 의해 반드시 달성되어야만 하는 목표들과 하위 목표들에 대한 *시간상의 구조화(temporal organization)*에 중점을 두어야 한다. 예를 들어 학습자가 SAP를 공부할 때 교육 프로그램은 왜 특정 단계들이 다른 단계들 전에 수행되어야 하는지(예: 온도에 따른 화학 반응이 있기 때문에 시약을 넣기 전에 어떤 용액은 반드시 특정 온도에서 가열되어야 한다) 그 이유를 설명해 주어야 하고, 혹은 단계들을 재배치했을 때 발생할 수 있는 효과와 문제점(예: 만약 용액에 시약을 추가한 다음 그것을 가열하면 시약은 특정 분자를 억제해서 그것의 기능을 상실시킨다)에 대해서도 알려주어야만 한다. SAP에서 경험에 근거한 규칙들을 제시할 때 교수 방법은 "효과"(반드시 달성되어야 하는 목표)와 그것의 "원인"(목표를 달성하기 위해 과제 수행자가 반드시 행해야 하는 것) 간의 *변화-관계(change-relationship)*에 중점을 두어야 한다. 예를 들어 교육 프로그램은 어떻게 어떤 특정 규칙이 어떤 바람직한 현상(예: 특정 시약을 용액에 넣어서 가열하면 칼슘이 용액에서 응결될 것이다)을 발생시키는지에 대해서 설명해줄 수도 있고 어떤 특정 규칙의 사용 효과 혹은 문제점(예: 시약의 활성화는 온도에 달려있기 때문에 용액을 가열하지 않으면 시약이 기능하지 않을 것이다)을 예측해줄 수도 있다.

영역 모형의 제시

영역 모형(domain models)은 어떤 한 영역에서 관련된 요소들뿐만 아니라 그 요소들 간의 관계를 구체적으로 보여줌으로써 세상에 있는 모든 것들이 어떻게 구성되어 있는가에 대해서 보여주는 것이다. 영역 모형에는 개념적 모형, 구조적 모형, 인과적 모형 세 가지가 있다.

개념적 모형(conceptual models)은 가장 흔히 볼 수 있는 모형이다. 개념적

모형은 개념이라고 하는 요소들로 구성되어 있기 때문에 객체, 사건(events), 활동들에 대한 분류 혹은 설명을 가능하게 해준다. 개념적 모형은 학습자들로 하여금 "이것이 무엇인가?"와 같은 물음에 대답하도록 도와준다. 예를 들어 주식과 채권의 다양한 유형에 대한 지식, 그리고 그것들 간에 어떻게 서로 다른지에 대한 지식은 금융 분석가들로 하여금 주식과 채권을 구매하는 여러 방식의 포트폴리오에 대한 위험 요소를 판단할 수 있게 해준다. 수많은 종류의 특허 데이터베이스의 내용에 관한 지식은 특허 심사원으로 하여금 특정한 특허 신청에 대한 적절한 평가를 하기 위해서 어느 데이터베이스로 검색을 해야 하는가를 판단할 수 있게 해준다. SAP를 제시하기 위한 교수 방법과 마찬가지로 영역 모형을 제시하기 위한 방법 또한 학생들이 새롭게 제시되는 요소들 간에 의미 있는 관계를 형성하도록 도와주어야만 한다. 표 7.1은 그런 관계를 형성할 수 있도록 도와주는 몇 가지 방법들이다.

아래와 같은 것들이 그 중요한 방법으로 제시될 수 있다(표 7.1에서 방법 1~4 참고).

- *하나의 아이디어를 더 작은 아이디어들로 분석하기.* 전기 회로에 대한 개념적 모형에 대한 것이라면 병렬 혹은 직렬과 같은 전기회로의 전형적인 유형(kind of 관계)을 구별해 보거나 스위치, 저항기, 배터리와 같은 전기회로의 전형적인 부품들(part of 관계)을 말해보게 한다.
- *어떤 내용에 대한 설명을 그 내용의 주요 속성이나 특성으로 제시하기.*

표 7.1 지원적 내용을 제시할 때 유의미한 관계를 강조하는 교수 방법

설명식 방법	부각된 관계(들)[a]
1. 특정 아이디어를 더 작은 아이디어들로 분석하라.	종속적인(하위의) kind of 혹은 part of 관계
2. 주요 특징과 특성들로 특정 아이디어를 묘사하여 제공하라.	종속적인(하위의) kind of 혹은 part of 관계
3. 비슷한 아이디어들을 좀 더 일반적인 아이디어나 조직 프레임워크를 제시하라.	상위의 kind of 혹은 part of 관계
4. 비슷한 아이디어들을 비교하고 대조하라.	대등한(등위의) kind of 혹은 part of 관계
5. 요소들의 관계 위치를 시간이나 공간으로 설명하라.	위치 관계
6. 요소들을 재배치하고 그 효과를 예상하라.	위치 관계
7. 앞으로의 상황을 예측하라.	인과 관계 또는 자연적 과정 관계
8. 사건의 특정한 현상을 설명하라.	인과 관계 또는 자연적 과정 관계

[a] 서로 다른 유형의 관계들은 8장과 9장에서 더 자세하게 설명된다.

HCI에 대한 개념적 모형을 제시해야 한다면, 가상현실 헬멧과 데이터 장갑(헬멧과 장갑은 특정 유형의 인터페이스를 제공하기 때문에 kind of 관계임)의 정의를 제시하거나 "대화 상자"(대화 상자는 인터페이스의 일부이기 때문에 part of 관계임)에 대한 개념 정의를 제시하는 방법이 있다.

- *비슷한 아이디어들을 보다 더 일반적인 아이디어나 조직적 프레임워크로 제시하기.* 어떤 과정의 통제에 대한 개념적 모형을 제시해야 한다면, 모든 통제 장치들(예: 온도 제어기, 흐름 제어기, 수준 제어기)의 공통점이 무엇인지를 진술할 수 있다. 이러한 공통점은 각 요소들의 특징보다는 보다 포괄적이고 일반적이고 축약적이다. 그러한 조직 프레임워크가 사전에 제시된다면 그것은 *선행 조직자(advance organizer)*이다(Ausubel, 1960).
- *비슷한 아이디어들을 비교/대조하기.* 컴퓨터 분야에서 반복되는 코드에 관한 개념적 모형을 제시해야 된다면, 여러 유형의 루핑 구분이 어떻게 작동하는지 비교하거나 대조시켜 줄 수 있다(예: WHILE 루프문, REPEAT UNTIL 루프문, FOR 루프문 등).

*구조적 모형(structural models)*은 특정 목표나 효과를 달성하기 위해 어떻게 객체, 사건, 활동들이 시간과 공간적으로 서로 관련되는지를 설명해준다. 구조적 모형은 학습자들로 하여금 "이것은 어떻게 조직되는가?"와 같은 물음에 대답할 수 있도록 도와준다. 객체 혹은 사건들이 시간상으로 어떻게 관련되는지를 보여주는 모형을 *스크립트(script)*라고도 한다. 구조적 모형은 학습자들로 하여금 '언제 무엇이 발생하지?'와 같은 행동을 이해하고 예측할 수 있도록 해준다. 예를 들면 생물학에서 일 년 중 특정 시기에 특정 조류에게 일어나는 전형적인 사건 순서에 관한 지식은 생물학자들로 하여금 새의 짝짓기 행위를 예측하고 이해할 수 있게 해준다.

객체들이 공간적으로 어떻게 관련되는지를 보여주는 모형을 *템플릿(templates)*이라고 하는데, 이것은 학습자들로 하여금 인공물을 이해하고 설계하는데 도움을 준다(이것은 어떻게 만들어지지?). 예를 들어 소프트웨어 공학에서 프로그래밍 코드나 프로그래밍 템플릿의 전형적인 패턴과 그것들이 어떻게 함께 어우러지는지에 관한 지식은 프로그래머들이 프로그래밍을 위한 코드 라인들을 이해하고 작성할 수 있도록 해준다. 개념적 모형에서 사용된 방법들이 구조적 모형에서도 동일하게 사용된다. 다음은 구조적 모형을 제시하기 위한 그 외의 방법이다(표 7.1의 교수 방법 5와 6 참고).

- *요소들의 관계 위치를 시간적/공간적으로 설명하기.* 과학 분야에서의 논문에 대한 구조적 모형을 제시해야 한다면, 그 논문의 주요 목표(포괄성, 신뢰도)에 도달하기 위해 논문의 주요 부분들(제목, 초록, 서론, 방법, 결과 및 논의)과 하위 부분들(연구대상, 도구, 절차 등)이 서로 어떻게 연결되어 있는지를 설명할 수 있다.
- *요소들을 재배치하고 그 효과를 예측하기.* 컴퓨터 프로그램에 관한 구조적 모형을 제시해야 한다면 행위에 관한 특정 코드 조각과 프로그램 산출물을 재배치하는 것의 효과를 제시할 수 있다. 컴퓨터 코드의 특정 부분들을 재배치하면 프로그램의 작동이나 산출물에 어떠한 영향을 미치는지를 제시할 수 있다.

*__인과적 모형(causal models)__*은 객체, 사건 혹은 활동이 서로간에 어떻게 영향을 주고받는지에 초점을 두고 있는 것으로서, 학습자가 그것들이 영향을 주고받는 과정을 해석하고, 설명하고, 예측하도록 도와주기 위한 것이다. 이 모형은 학습자가 "이것은 어떻게 작동하는가?"라는 물음에 답하도록 해준다. 하나의 조치(action) 혹은 사건이 결과와 어떤 관계에 있는지를 보여주는 가장 단순한 인과적 모형을 우리는 흔히 *원리(principle)*라고 부른다. 원리는 학습자들이 특정 변화의 결과인 어떤 현상을 예측함으로써 함의를 이끌어내도록 하거나 특정 변화의 결과로서 현상을 설명함으로써 추론하게 해준다. 원리는 대단히 일반적인 변

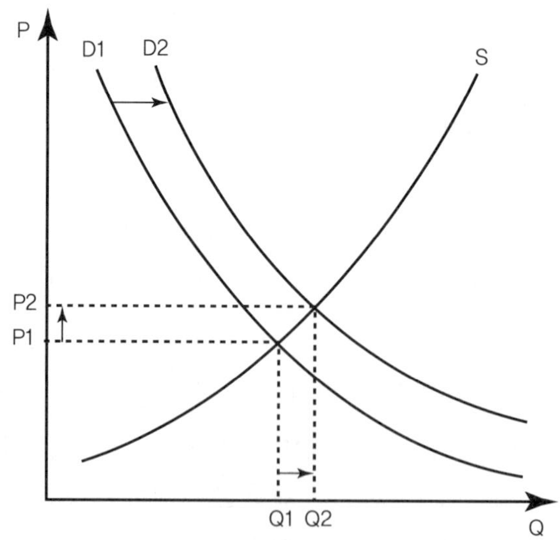

그림 7.2 수요-공급 법칙은 특정 가격에서의 제품 공급과 그 가격에서의 수요가 일치하는 점에서 가격이 결정됨을 설명한다.

화의 관련성을 지칭하는데, 그런 경우에 원리는 *법칙(laws)*의 형태(예: 그림 7.2의 수요-공급 법칙)를 취하는 경우도 있지만 어떤 특정 기술 장치에서 대단히 특정한 관계(예: C 밸브를 열면, X 부품에 스팀 공급량이 증가한다)를 보여줄 때도 있다.

상호간 인과 관계가 있는 어떤 원리들로 현상을 설명하는 모형을 *이론(theories)*이라고 한다. 그리고 공학 기술에 의해서 만들어진 기계 장치가 어떻게 작용하는지를 설명해주는 모형을 *기능적 모형(functional models)*이라고 한다. 예를 들어, 화학 공장을 구성하고 있는 부품들이 어떻게 기능하는지에 관한 지식과 각 부품들이 서로 어떻게 영향을 주는지에 관한 지식은 공장에 근무하는 기술자들로 하여금 고장을 발견하는 과제를 해결할 수 있도록 도와준다. 원리에 내재돼 있는 관계를 강조하기 위한 인과적 모형의 제시 방법은 다음과 같다(표 7.1에서 교수 방법 7과 8 참고).

- *앞으로의 상황 예측하기.* 기상학 모형과 같은 인과적 모형을 가르쳐야 한다면, 다양한 여러 상황들에서 기상을 예보해보게 한다.
- *사건의 특정한 현상 설명하기.* 어떤 물체들이 부식할 수밖에 없는 이유에 관한 이론을 가르쳐야 한다면, 철과 같은 금속 물체에 부식이 일어나고, 스테인리스 스틸과 같은 금속 물체에 부식이 일어나지 않는 요인들을 설명해준다.

표 7.1에서 ***설명적 방법**(expository methods)*은 학습자에게 어떤 종류의 "연습"을 제공하지 않아서 이들이 새로운 학습 내용을 능동적으로 처리하도록 명시적으로 자극을 주지 않는다는 점에 주목해야만 한다. 이 방법은 설명 중심의 텍스트나 전통적 강의에서 많이 사용되는데, 여기에서 학습자의 이해를 향상시키기 위해 사용되는 가장 흔한 방법은, 학습자들이 새롭게 제시되는 정보를 그들의 언어로 의미를 표현해야만 하는 *바꾸어 말하기(paraphrasing)*이다. 표 7.1에 제시한 것보다 더 많은 설명적 방법들에 대하여 다루고 있는 교수 프로그램의 설계와 개발에 대한 많은 연구들이 있다(Hartley, 1978). 이 책에서, 개념적 모형, 구조적 모형, 인과적 모형 등으로 이루어져 있는 실제의 복합적인 영역 모형들을 명백하게 이해하는 것을 도와주기 위해서 그 모형들 간에 어떤 관계가 있는지와 영역 모형의 다양한 형태 및 분석 기법 등에 대한 내용을 9장에서 다룰 것이다. 이 장의 나머지 부분에서는 학습자가 지원적 내용을 이해해야 할 때 항상 고려해야 하는 두 가지 이슈에 대하여 다룬다, 이는 SAP를 제시하는 데 사용되는 모델링

예와 영역 모형을 제시하는 데 사용되는 사례 연구, 그리고 새로운 내용을 제공할 때의 사전 지식 활성화와 정교화에 대한 필요성에 관한 것이다.

7.2 SAP와 영역 모형 제시를 위한 표현

특별히 중요하면서 의미 있는 관계는 이전 절에서 살펴본 일반적이고 축약된 내용(SAP와 영역 모형의 자세한 내용)과 이를 표현해주고자 하는 구체적이고 친숙한 예로 관련짓는 경험적 관계이다. 열 단계 모형에 따르면, 관련 예로 SAP나 영역 모형을 표현하지 않고 SAP나 영역 모형을 절대로 제시해서는 안 된다. 인지적 전략과 정신적 모형은 일반적이고, 축약적인 형태로 표현된 SAP나 영역 모형을 담고 있을 뿐만 아니라 그 지식의 예가 될 수 있는 구체적인 사례 장면에 대한 기억을 담고 있어야 하기 때문이다. 실생활 과제를 수행할 때, 학습자들은 과제 영역에서 문제에 어떻게 접근할지와 그 영역이 어떻게 조직되는지에 대한 일반적 지식뿐만 아니라 비슷한 과제에 대한 구체적인 사례에 대해서 자기들이 가지고 있는 기억을 이용한다. 사례기반 추론의 과정에서, 기억은 당면한 문제를 해결하기 위한 하나의 유추로 사용된다. 또한 귀납적인 학습 과정에서(해당 학습 과정에 대한 간단한 설명은 4장의 Box 2 참고) 기억은 일반적 지식을 수정 및 보완하기 위해서 사용된다.

교수 자료에서 사용되는 모델링 예와 사례 연구들은 지원적 내용과 학습 과제 간의 가교 역할을 하는 내적 기억에 대응되는 외적 기억이다. 지원적 내용을 제공하기 위해서 모델링 예는 SAP를 표현하기 위한 것이고, 사례 연구들은 영역 모형을 표현하기 위한 것이다. 이 두 방법은 과제 지원을 최대화해 주어야 할 때는 학

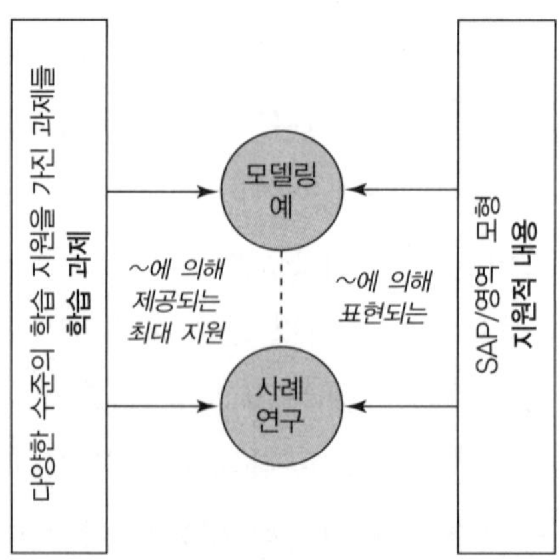

그림 7.3 학습 과제와 지원적 내용 간 가교 역할을 하는 모델링 예와 사례 연구

습 과제처럼 보일 수 있다(그림 7.3 참고). 모델링 예와 사례 연구는 초보자부터 전문가까지 아우르는 모든 전문성 수준에 있는 학습자들에게 필요하다. 예를 들면, Tiger Woods(이 글을 쓰고 있는 현 시점에서 세계에서 가장 훌륭한 골프 선수)는 경기 중 문제 접근 방법에 대한 인지적 전략을 개발하기 위해 그의 경기 상대가 녹화되어 있는 비디오테이프로 여전히 치밀하게 공부하고, 어떻게 경기를 최고로 진행할지에 대한 정신적 모형을 개발하기 위해 세계 곳곳의 골프 경기장 레이아웃을 매우 세심하게 공부하는 것으로 알려져 있다. 다시 말해서, 전문가조차도 사례 연구를 통해 인지적 전략과 정신적 모형을 개발한다는 것이다.

모델링 예

모델링 예와 사례 연구를 설계하는 것을 4장의 학습 과제 설계 부분에서 이미 살펴보았는데, 이것들은 최대한의 지원을 가진 학습 과제로 볼 수 있기 때문이다. SAP를 표현하는 모델링 예는 전문가가 대단히 중요한 과제를 어떻게 수행하며, 전문가가 왜 그런 결정을 하며, 그 특정한 조치를 왜 취하는지에 대한 이유를 설명해주기 위한 것이다(예: 생각한 것을 소리내어 말하기). 모델링 예는 전문가가 하나의 문제를 해결하기 위해서 수행하는 눈에 보이지 않는 정신적 과정을 눈에 보이도록 가시화하는 것이다. 다시 말하면, 모델링 예는 전문가의 사고 과정이 의식적으로 어떻게 통제되는지를 보여주기 위한 것이다. 올바른 문제 해결 과정을 단순히 관찰하게 하는 것이 아니라 전문가들이 중간에 해결되지 않는 것을 극복하기 위해서 어렵고 실제적으로 복잡한 상황을 어떻게 추론해 가는지를 학습자에게 보여주어야만 한다. 예를 들면, "관련 문헌 검색하기"를 목표로 하는 훈련 프로그램에서 학습자들은 스스로 더욱 효과적인 검색 전략을 개발할 수 있도록 숙련된 사서가 어떻게 검색 질의어를 구성하는지(잘못된 상황도 포함하면서)를 배울 수 있다. 또 다른 예로, 심리학과 학생들은 좋지 않은 내용에 대하여 상담하는 단계들(의뢰인에게 나쁜 소식을 전하기, 의뢰인의 감정 다루기, 해결책 탐색하기)을 분간하고, 의뢰인의 감정 상태를 다루는 광범위한 기법들을 사용하는 것을 좀 더 잘 배우기 위해 숙련된 전문가들이 대화를 이끌어 갈 때 어떻게 SAP를 사용하는지를 비디오테이프로 녹화한 심리 치료법 세션을 활용할 수 있다(Holsbrink-Engels, 1997).

사례 연구

영역 모형에 따라 활용할 수 있는 다양한 유형의 사례 연구가 있다. *개념적 모형(conceptual models)*을 표현하기 위한 사례 연구는 그 모형의 예를 보여주기 위해서 구체적인 객체, 사건 혹은 활동을 이용한다. 문헌 검색을 배우는 학습자들은 검색어 자체, 이보다 더 광범위한 검색어, 보다 더 협소한 검색어, 그리고 관련된 검색어 등에 유의하면서 관련 학문 분야의 판단력을 개발하기 위해 시소로스를 학습한다. HCI를 전공하는 학생들은 직접 조작 방법, 사용자 편의성, 데스크톱 메타포, 대화 상자 등과 같은 개념들의 정신적 모형을 개발하기 위해 성공적인 HCI를 학습한다.

*구조적 모형(structural models)*을 표현하기 위한 사례 연구는 인공물이나 그 인공물을 설명하는 형식을 빌린다. 문헌 검색을 배우는 학생들은 서지 데이터베이스(인공물)가 어떻게 구조화되었는지를 알아내기 위하여 다양한 서지 데이터베이스를 사용할 수 있다. 데이터베이스가 어떻게 구조화되었는지에 대해 더 정교화된 모형일수록 학습자들이 검색어를 더 잘 구성할 수 있도록 해준다. 건축학과 학생들은 특정 방식으로 어떤－이미 조립된－템플릿들 혹은 요소들을 함께 사용한 것이 건물(인공물)의 특정 목적에 부합되는지 혹은 부합되지 않는지를 배우기 위하여 건물을 방문할 수 있다. 어떤 건축 기법들이 더 이용 가능성이 높은지가 포함된 한 발짝 더 나아간 모형은 더 나은 건물을 학습자가 설계할 수 있도록 도와준다.

*인과적 모형(casual models)*을 표현하기 위한 사례 연구는 실제 과정이나 기술적인 시스템의 형태를 취할 수 있다. 문헌 검색하는 것을 배우는 학습자들은 특정 질의 시스템이 어떻게 작동하는지에 대하여 학습할 것이다. 질의 시스템이 어떻게 작동하는지에 대하여 상세하게 나타낸 정신적 모형은 학습자들의 검색 능력을 향상시켜 준다. 건축학과 학생들은 건물 안에서 재해 혹은 재해에 가까운 것을 일으키는 일련의 사건들이 상세하게 설명된 것을 배울 수 있다. 가능한 결함수(fault tree)가 포함된 보다 나은 정신적 모형은 학습자들이 건축 과정에서 취약점을 파악하게 하거나 혹은 보다 안전한 건물을 설계하도록 해준다.

7.3 제시 전략

이제 중요한 문제는 어떻게 구체적이고 실제적인 모델링 예와 사례 연구를 일반적인 특성을 갖고 있는 SAP 내지는 영역 모형에 연결할 것인가에 관한 것이다. 이와 관련해서 연역적 전략, 귀납적 전략, 안내된 발전 전략 등 세 가지 제시 전략이 있다.

연역적 전략

***연역적 전략**(deductive presentation strategy)*은 SAP와 영역 모형에서 제시된 일반적이고 추상적인 내용으로부터 이러한 내용을 구체적으로 표현한 것으로 접근해 가는 방식이다. 전형적으로 첫 번째 학습 과제(들)에 제시된 SAP와 영역 모형을 나타내기 위해 모델링 예 혹은 사례 연구의 형식을 사용한다. 예를 들어 생물학 프로그램에서 학생들로 하여금 동물을 조류, 파충류, 어류, 양서류, 포유류로 분류하도록 훈련시킬 것이다. 그러면 포유류에 대한 개념적 모형의 일반적 내용은 목에 일곱 개의 뼈가 있고, 따뜻한 피가 흐르고, 몸에 털이 있고, 젖의 분비물인 모유로 영양을 공급하는 새끼를 낳는다는 것 등을 포함할 것이다. 그러면 첫 번째 학습 과제는 이 모형을 나타내는 사례 연구로서, 예를 들면, 학습자들에게 기린, 고래, 인간 등과 같이 자신이 관심 있는 포유류를 공부하도록 시키는 것이다. 이것을 교수설계서에 표현하면 다음과 같다.

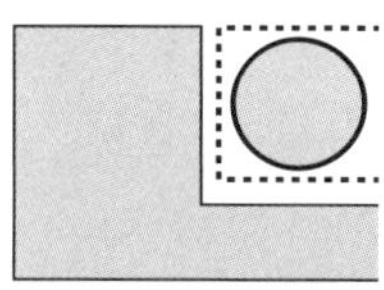

연역적 전략이 가장 시간 효과적이기 때문에 많은 훈련 프로그램에서 기본적인 전략으로 사용되어 왔다. "이론"이 먼저 제시되고 그 다음에 학생들이 이 이론을 학습 과제에 "적용"해야만 하는 형태이다. 그러나 이 전략에도 몇 가지 심각한 취약점이 있다. 사전 지식이 없거나 적은 학습자들은 어쨌든 그들에게 제시된 일반적 내용을 이해하는 데 아주 큰 어려움이 있을 것이다. 또 다른 한계는 학습자가 제시된 내용을 정교화하지 못할 뿐만 아니라 그들이 이미 알고 있는 것에 그 내용을 연결 지어보도록 해주지 못한다는 것이다. 즉 새롭게 제시되는 내용이 "머리속에서 따로 놀게 되는" 위험성이 있다는 것이다. 따라서 학습 시간이 충분하지 않고, 학습자가 이미 영역에 대해서 어느 정도 이해를 하고 있거나 심층적 이해가 그렇게 필요하지 않을 경우에만 귀납적 전략이 효과적으로 사용될 수 있다.

귀납적 전략

*귀납적 전략(inductive presentation strategy)*은 구체적 내용 혹은 예로부터 일반적이고 추상적인 내용(SAP와 영역 모형)으로 접근해가는 방식이다. 따라서 모델링 예나 사례 연구가 일반적인 내용 제시를 위한 디딤돌로 사용된다. 이 전략에서는 개념적 모형을 제시하기 이전에 포유류(원숭이, 사자, 기린, 인간)의 행동이나 특징에 관한 사례 연구가 제시될 것이다. 이러한 전략을 교수설계서에 표현하면 다음과 같다.

일반적인 내용이 의미 있는 관계를 포함하여 학습자들에게 명확하게 제시되기는 하지만 위 그림에서 물음표로 표시된 것과 같은 *유도 질문(leading questions)*을 던짐으로써 이러한 일반적인 내용을 학습자들에게 안내하는 것도 가치 있다. 이 질문은 학습자들이 제시된 모델링 예에 대해서 능동적으로 생각해 보게 하고, 특히 예에 포함되어 있는 내용들 간의 관계에 대해 생각해 보도록 한다. 표 7.1의 설명식 방법 대신에 학습자들이 이미 알고 있는 것으로부터 그리고 그들에게 제시된 모델링 예와 사례 연구들로부터 의미 있는 관계를 찾아내도록 도와주는 ***질문식 방법**(inquisitory methods)*이 사용된다.

학습자들에게 자신들이 가지고 있는 관련된 사전 지식을 활성화하도록 촉진하는 유용한 유도 질문들은 학습자들에게 유추와 반례를 떠올리게 해주기도 하고 7장 1절에서 제시된 방법들(유도 질문의 몇 가지 예는 표 7.2 참고)에 "학습자들에게 …을 요구하라"는 접두사를 추가함으로써 유도 질문들을 만들 수도 있다. 사례 연구와 모델링 예들 사이사이에 유도 질문들이 들어가 있어서 학습자들로 하여금 과제 영역과 문제 해결 과정은 비판적으로 사고하고 심층적으로 분석하게 해준다. 유도 질문을 전반에 걸쳐 제시하거나 사례 연구 혹은 모델링 예의 끝에 제시함으로써 학생들에게 예와 관련되는 아이디어, 증거와 반증, 그리고 가정을 검토하게끔 한다. 이러한 질문은 학습자들이 이미 알고 있는 것으로부터 시작해서 새로운 내용을 "스스로 설명하게 해주어서"(Chi, de Leeuw, Chiu, & LaVancher, 1994; Renkl, 1997) 자신이 알고 있는 지식을 보다 일반적인 이해로 확장하게 해준다.

귀납적 전략은 연역적 전략보다 시간적으로 덜 효과적이다. 왜냐하면 연역적 전략의 경우처럼 일반적 내용을 먼저 제시한다면 단 한두 개의 예만으로도 그 내용을 잘 나타낼 수 있기 때문이다. 그러나 귀납적 전략의 경우처럼, 예가 먼저 제시된다면 일반적인 내용에서 중심이 되는 공통분모를 찾아내기 위해서 보다 더 많은 예들이 필요하기 때문이다. 개념이 축약되면 될수록 더 많은 예가 필요할 것이다. 예를 들어 "개"라는 개념은 "포유류"라는 개념보다 더 적은 예를 필요로 하고, "포유류"라는 개념은 "공정성"이라는 개념보다 더 적은 예를 필요로 한다. 유도 질문이 사용되면 학생들은 그 질문들을 처리하고 그것에 대답할 시간이 필요하게 된다. 그러나 귀납적 전략의 이점은 구체적인 예들을 초기에 사용함으로써 사전 지식이 적은 학습자들에게도 효과가 있다는 점이다. 모든 유도 질문은 관련된 사전 지식의 활성화와 제시되는 내용의 정교화를 촉진한다. 학습자들이 스스

표 7.2 지원적 내용을 제시할 때 학습자들의 사전 지식을 활성화시키고 유의미한 관계를 구성하도록 돕는 교수 방법

질문식 방법	질문 예
1. 학습자에게 특정한 아이디어에 대해 친숙한 유추를 제시하도록 요구하라.	건강을 위해 에너지를 축적하는 것 외에 또 무엇을 생각할 수 있는가?
2. 학습자에게 특정 아이디어에 대한 반례를 제시하도록 요구하라.	물에 살지 않는 물고기가 있는가?
3. 학습자에게 특정 아이디어를 더 작은 아이디어들로 분석하도록 요구하라.	어떤 요소가 전기 회로의 일부가 될 수 있는가?
4. 학습자에게 특정 아이디어의 주요 특징을 묘사하도록 요구하라.	양서류의 주요 특징은 무엇인가?
5. 학습자에게 비슷한 아이디어들을 위한 좀 더 일반적인 아이디어나 조직 프레임워크를 제시하도록 요구하라.	유인원, 호랑이, 기린, 인류는 어느 과(科)에 속하는가?
6. 학습자에게 비슷한 아이디어를 비교하고 대조하도록 요구하라.	인류와 고래의 공통점은 무엇인가?
7. 학습자에게 요소들의 관계 위치를 시간이나 공간으로 설명하도록 요구하라.	자동차 대부분은 전륜구동인가?
8. 학습자에게 요소들을 재배치하고 그 효과를 예측하도록 요구하라.	양극과 음극이 바뀌었을 때도 이 기계는 여전히 작동하겠는가?
9. 학습자에게 사건의 특정한 현상을 설명하도록 요구하라.	네덜란드에서는 왜 여름이 시원하고 습한가?
10. 학습자에게 앞으로의 상황을 예측하도록 요구하라.	이 물주전자가 내일도 여전히 끓고 있을까?

로 관련성을 찾아낼 수 있도록 촉진해주기 때문에 이 방법을 사용하면 학습자들의 이해를 도와줄 수 있을 것이다. 따라서 이 책에서 제시하는 열 단계 모형은 귀납적 전략을 기본 전략으로 사용한다.

안내된 탐구 전략

연역적 전략과 귀납적 전략 모두는 어떤 점에서, 학습자에게 일반적인 학습 내용을 명시적으로 제시해주는 반면 ***안내된 탐구 전략(guided discovery strategy)***은 일반적인 내용을 학습자에게 제시하지 않는다. 이 전략에서는 모델링 예들과 사례 연구들로 표현된 일반적인 내용과 의미 있는 관계들을 학습자 스스로의 힘으로 결정하고 이해해야 한다.

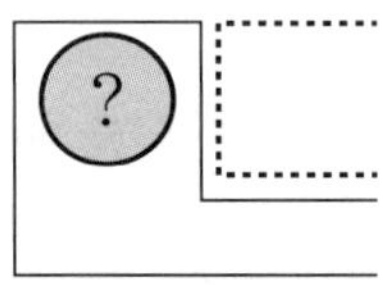

안내된 탐구 전략

학습자들이 탐구하는 데에 필요한 것이 무엇인지 사전에 모르는 경우 안내된 탐구는 시간 소모적이면서 어렵다. 반면, 학습자들이 잘 개발된 탐구 기능을 가지고 있다면, 이 전략은 새롭게 학습해야 될 학습 내용을 이미 가지고 있는 인지적 쉐마에 연결해보는 것과 같은 정교화 기능을 사용해볼 수 있는 좋은 기회를 제공해줄 수 있다(McDaniel & Schlager, 1990). 더욱이, 귀납적 전략에서 유도 질문이 사용되었던 것처럼 여기에서도 일반적 내용의 탐구를 안내하기 위해서 유도 질문이 사용될 수 있다. 많은 연구자들이 유도 질문이 포함되어 있지 않은 순수한 탐구는 학습에 효과적이지 않다고 지적해왔기 때문에 그런 탐구는 교수 방법으로 적합하지 않다(Kirschner, Sweller, & Clark, 2006). 만일 충분한 시간이 있고, 학습자들이 적절히 개발된 탐구 기능을 가지고 있고, 심층적 이해가 필요하다면 안내된 탐구 방법이 사용될 만한 방법이다.

표 7.3은 연역적 전략, 귀납적 전략 혹은 안내된 탐구 전략 중에 어떤 전략을 선택할 것인가에 참고할 수 있는 요인들을 제시하고 있는데, 그중에서 귀납적 전략이 가장 기본적인 방법이다. 따라서, 하나 이상의 모델링 예나 사례 연구를 제시한 다음 그 예들로 표현된 SAP와 영역 모형을 명시적으로 제시해야 한다. 특히 SAP의 경우 학습자들이 SAP와 관련된 단계들과 경험에 의한 규칙들을 발견하고 명료화하도록 하기 위해 꽤 많은 모델링 예들을 필요로 한다는 것에 주목해야 한

표 7.3 지원적 내용을 위한 최적의 제시 전략 선택과 관련된 요인

연역적 전략	귀납적 전략	안내된 탐구 전략
아래의 경우에만: – 가용한 교수 시간이 매우 제한될 때 – 학습자가 관련된 사전 지식이 충분할 때 – 심층적 이해가 엄격히 요구되지 않을 때	기본 전략	*아래의 경우에만:* – 가용한 교수 시간이 충분할 때 – 학습자가 잘 개발된 탐구 기능을 갖고 있고, 관련된 사전 지식이 없을 때 – 심층적 이해가 필요할 때

다. 왜냐하면 SAP는 대단히 축약적이어서 그 특징을 직관적으로 이해하기 힘들기 때문이다(Clark & Taylor, 1992; Taylor & Clark, 1992).

사전 지식의 활성화 및 새로운 내용의 정교화를 촉진하는 유도 질문뿐만 아니라 다른 방법들의 활용도 학습자에게 새롭고 어려운 지원적 내용을 제공하는 데에 있어서 특히 중요하다. Collins와 Ferguson(1994; Sherry & Trigg, 1996; Shaffer, 2006)은 ***인식적 게임(epistemic games)***이라는 유용한 방법을 개발하였다. 인식적 게임은 학습자들에게 정보를 (재)구성하도록 요구하고, 지원적 내용을 보는 새로운 방식을 제공하는 지식 생성 활동이다. 이 활동은 보통 인식의 형태를 구성하도록 이끄는 일련의 조치들(sets of moves), 진입 조건들, 제한들, 전략들이다. 여기에서 사용되는 규칙들은 복잡할 수도 있고 단순할 수도 있고, 암묵적일 수도 있고 명시적일 수도 있다. 또 다른 유용한 방법은 많은 다양한 관계들로 아이디어들이 다른 아이디어들과 연결되면, 하나의 아이디어에 대한 ***다양한 관점(multiple viewpoints)***을 학습자들이 취할 수 있다고 주장하는 인지적 유연성 이론(Jonassen, 1992; Spiro, Coulson, Feltovich, & Anderson, 1988)에서 찾아볼 수 있다. 예를 들면, 사례 연구가 기계의 어떤 부품을 설명하는 것이라면, 그 설명은 기계 장치의 설계자, 장치의 사용자, 장치를 유지 보수해야 하는 기술자, 장치를 팔아야 하는 판매원의 입장에서 제공될 것이다. 다양한 관점들을 비교 및 대조하는 것은 학습자가 지원적 내용을 더 잘 이해하도록 해준다. 이러한 방법들의 공통점은 학습자에게 일종의 "연습"을 제공하는 것이다. 연습을 제공하는 것은 학습 과제들과 결국에는 훈련 프로그램에서 목표하는 기능들을 수행하는 데 도움이 되는 정보에 대한 심층적 이해를 위한 것이다. 이것을 *대리적 경험(vicarious experience)*이라고 하는데, 학습 과제들에 의해 제공되는 직접적 경험과 대조된다.

Box 3 – 정교화와 지원적 내용

잘 설계된 지원적 내용은 학습자가 학습 과제에 대하여 이미 알고 있는 것과 학습 과제를 수행하기 위하여 알면, 그리고 배우면 유용한 것 간의 가교 역할을 한다. 이러한 지원적 내용의 제공은 새로운 내용의 정교화, 다시 말하자면 이미 기억에서 가용한 인지적 쉐마와 새로운 내용을 통합하는 인지적 활동을 일으킨다. Box 2에서 제시한 귀납법과 함께, 정교화는 인지적 쉐마를 구성하는 역할을 하는 주요한 학습 과정이다.

유의미 학습

새로운 내용에 대한 기억을 증진하는 최상의 방법은 학습자들에게 제공된 교수 자료에 대해 정교화 활동을 하도록 하는 것이다. 정교화 활동은 학습자들에게 기존의 지식을 사용해 새로운 내용을 구체적이고 자세하게 만드는 것을 말한다. 학습자들은 정교화할 때, 새로운 내용을 학습자가 이미 알고 있는 용어로 이해하게 해주는 인지구조를 제공하는 일반적인 쉐마와 유용한 유추를 제공해 주는 구체적인 쉐마(기억)를 우선적으로 찾아본다("아, 전에 이와 유사한 경험을 한 적이 있어."). 찾아낸 쉐마들은 새로운 내용과 연결되고, 이 쉐마들 안의 내용 요소들도 새로운 내용과 즉시 연결된다. 이것이 바로 유의미 학습의 형태인데, 학습자들이 새로운 내용과 기억 속에 있는 한 가지 이상의 쉐마를 의식적으로 연결하기 때문이다. 따라서, 학습자들은 새로운 내용을 구조화하고 이해하는 데 유용하도록 하나의 특정 주제에 대하여 이미 알고 있는 것을 활용한다.

구조적 이해(structural understanding)

정교화의 결과로 하나의 인지적 쉐마가 만들어지는데, 이것은 그 쉐마 자체 내에서뿐만 아니라 해당 쉐마와 다른 쉐마 간의 많은 상호연결들을 가지고 있다. 이렇게 상호연결된 인지적 쉐마는 특정 정보에 이르는 다양한 인출 경로가 사용가능해지기 때문에 특정 쉐마의 인출 가능성과 가용성을 촉진할 것이다. 간단히 말하면, 정교화의 결과로 내용의 구조적 이해를 제공하는 하나의 풍부한 지식 기반이 생긴다는 것이다. 지식 기반은 통제적 처리에 의하여 동작하는 데 적합한데, 바꿔 말하면 이 기반은 문제 해결 행동을 안내하고 특정 영역을 추론하기 위하여 해석될 수 있다.

정교화 전략

귀납법과 같이 정교화 전략은 학습자의 의식적 처리를 요하는 하나의 전략적이면서 통제적인 인지 과정이다. 이것은 학습될 수 있으며, 여러 하위 과정들을 포함하고 있다. 이 과정들에는 새로 배운 내용이 다른 맥락에서 배운 것들과 어떻게 관련있는지를 탐색하는 것, 자기 설명 전에 배운 것이 새로운 내용에 어떻게 어울리는지를 설명하는 것, 혹은 새로운 내용이 다른 맥락에 어떻게 적용될 수 있는지를 질문하는 것 등이 있다. 학습자들 간의 협력과 집단 토의는 정교화를 촉진시킬 수 있다. 협력 상황에서 학습자들은 종종 자신이 속한 집단의 동료들에게 자신의 생각들을 명확하게 드러내 보여야 하는데, 이것은 이들이 특정 영역에 대하여 심층적으로 이해할 수 있도록 해준다. 집단 토의는 또한 관련된 사전 지식을 활성화하도록 도움을 주어 정교화를 촉진하기도 한다.

암묵지

정교화 혹은 귀납의 결과로 얻어지는 인지적 쉐마는 문제 해결 활동을 안내하는 데에 혹은 하나의 영역에 대한 추론을 하는 데에 사용될 수 있다. 그러나 하나의 인지적 쉐마가 일관적으로, 그리고 반복적으로 연습되면, 이 쉐마를 더 이상 참조하지 않고 쉐마를 사용하는 인지적 규칙이 형성될 수 있다(10장의 Box 4에서 인지적 규칙들의 개발 참고). 대부분의 쉐마의 경우, 이렇게 인지적 규칙의 형성은 절대 일어나지 않는다. 예를 들면, 어떤 수리공이 한두 가지 경험에 근거한 하나의 특정 고장을 일으키는 어떤 시스템의 상태에 대한 쉐마를 구성하고 있다고 하자. 하나의 문제 상황에 부닥쳤을 때 이 수리공은 시스템의 고장에 대하여 추론하고자 이 구체적인 쉐마를 사용할 것이다("아, 맞다. 7, 8년 전에 이와 유사한 경험을 한 적이 있어"). 이 쉐마는 충분히 빈번하게 사용되지 않기 때문에 절대 자동화되지 않는다. 그러나 그 뒤에 사람들은 또한 반복적으로 적용된 쉐마를 구성할 수 있다. 이것은 암묵지(문자적으로 소리 없이 혹은 말하지 않고라는 뜻이며, 암묵적 지식 혹은 비결["tricks-of-the-trade"]로도 불린다)를 만들어내는데, 이것은 명확하게 표현되기 어려우며, 경험적인 속성을 가진 것으로 특징지어진다. 달리 말하면, 사람들이 무엇인가를 어떤 식으로 한다라고 "느끼는 것(feel)"을 말한다. 설명은 사람들이 정교화 혹은 귀납을 통하여 발전된 쉐마들을 구성한 후 직접적 경험의 기능으로 이 쉐마들의 인지적 규칙을 형성한 것이다. 그 후에 곧장 그 쉐마들은 구체화하기가 어려워지는데, 더 이상 직접 경험의 기능으로 사용되지 않기 때문이다. 인지적 규칙들은 직접적으로 수행을 이끌기는 하지만 의식적 검사에는 개방되어 있지 않다.

참고 문헌

Chi, M. T. H., de Leeuw, N., Chiu, M. H., & La Vancher, C. (1994). Eliciting self-explanations improves understanding. *Cognitive Science*, *18*, 439–477.

Reigeluth, C. M. (1983b). Meaningfulness and instruction: Relating what is being learned to what a student knows. *Instructional Science*, *12*, 197–218.

Stark, R., Mandl, H., Gruber, H., & Renkl, A. (2002). Conditions and effects of example elaboration. *Learning and Instruction*, *12*, 39–60.

Willoughby, T., Wood, E., Desmarais, S., Slims, S., & Kalra, M. (1997). Mechanisms that facilitate the effectiveness of elaboration strategies. *Journal of Educational Psychology*, *89*, 682–685.

Van Boxtel, C., van der Linden, J., & Kanselaar, G. (2000). Collaborative learning tasks and the elaboration of conceptual knowledge. *Learning and Instruction*, *10*, 311–330.

7.4 인지적 피드백

학습자에게 제공해야 하는 특히 중요한 유형의 지원적 내용은 학습자들의 수행의 질에 대한 피드백이다. 이러한 소위 ***인지적 피드백(cognitive feedback)*** (Balzer, Doherty, & O' Connor, 1989)은 비순환적인 수행의 측면에만 해당한다. 인지적 피드백은 학습자들이 향후의 수행이 어떻게 개선되면 좋을 것인가와 같은 방식으로 그들의 인지적 쉐마를 구성할 수 있도록 도와주는 정보(프롬프트,

단서 및 질문)로 구성된다(McKendree, 1990). 지원적 내용을 제공하기 위해 사용되는 모든 방법, 특히 정교화는 쉐마 구성에 초점을 두어야 한다(이러한 기초적 학습 과정에 대한 설명은 앞에서 제시한 Box 3 참고).

인지적 피드백은 학습자들이 찾아낸 자신의 문제 해결 과정과 해결책의 질에 대해서 성찰해 보도록 촉진함으로써 효과적인 전략과 정신적 모형을 개발할 수 있게 해준다. 교정적 피드백과는 달리 인지적 피드백의 주요 기능은 오류를 찾아내서 교정하게 하는 데 있는 것이 아니라 오히려 피드백을 받는 학습자의 성찰을 촉진하게 하기 위한 것이다. 여기에서 성찰의 핵심은 ***이중룹 학습(double-loop learning)***(Argyris & Schön, 1978)으로 이루어져야만 한다. 이중룹의 첫 번째 룹은 학습자들이 오류를 범하게 한 비효과적인 행동이 무엇이었는지를 찾아내는 과정이고(detect), 두 번째 룹은 학습자 자신의 기저 전략, 정신적 모형, 태도, 관련 준거 등을 바꿈(correct)으로써 행동을 개선시키는 것을 말한다.

이 책에서 제시하는 열 단계 모형에서 주장하는 성찰의 역할은 *인지적 도제 학습(cognitive apprenticeship learning)*(Collins & Brown, 1989; Kluger & DeNisi, 1998) 모형과 맥을 같이한다. 인지적 도제 학습에서도 복합적 학습에서처럼 하나의 올바른 성취 행동만 있다고 주장하지 않는다는 점을 인정하고 있다. 하나의 과제를 가장 잘 수행한다고 하는 것은 수용 가능한 해결책을 찾기 위해서 SAP를 적용하고 영역 지식을 잘 활용하는 것이다.

분명한 것은 교수설계자가 인지적 피드백을 미리 충분히 계획하는 것은 어렵다. 왜냐하면 피드백이란 기본적으로 학습자가 가지고 있는 각기 다른 문제 해결 과정에 따라 달라져야 하기 때문이다. 인지적 피드백은 학습자가 과제를 수행한 후에 다음과 같이 교수설계서로 제시될 수 있다.

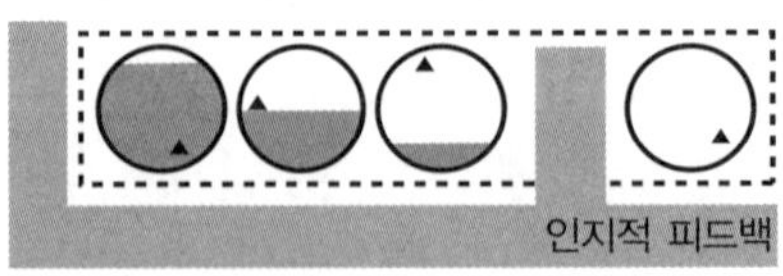

성찰을 촉진하는 기본적인 방법은 학습자들에게 자신의 문제 해결 과정 및 (중간) 해결책을 다른 사람들의 문제 해결 과정 및 해결책과 신중하게 비교하고 대조해 보도록 하는 것이다(표 7.2의 방법 6 참고). 구체적인 예는 다음과 같다.

- 학습자들에게 자신의 *문제 해결 과정*을 다른 교수자료에 제시된 SAP, SAP에 제시된 모델링 예 혹은 다른 사람에 의해 보고된 문제 해결 과정들과 비

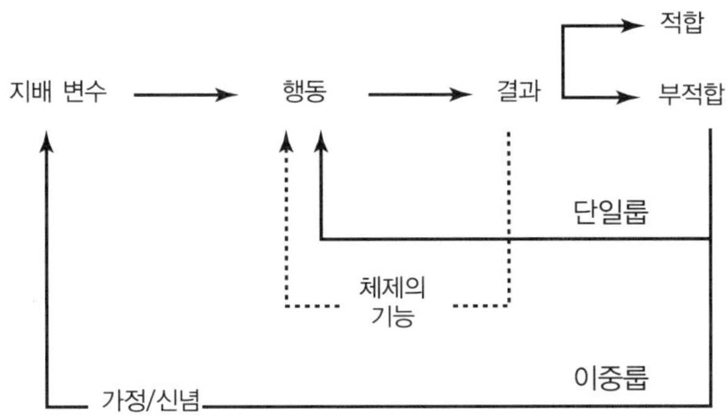

그림 7.4 단일룹과 이중룹 (Argyris in Allen, 2001에서 인용)

교하도록 요구할 수 있다. 때때로 학습자로 하여금 과정 보고서나 비디오 녹화 형태로 자기 자신의 문제 해결 과정을 기록하게 해볼 수도 있다.

- 학습자들에게 자신의 해결안 혹은 과정 해결책을 사례 연구 안에 제시된 해결책, 전문가의 해결책, 이전해 경험해 봤던 문제의 해결책, 혹은 다른 사람에 의해 보고된 해결책과 비교하도록 요구할 수 있다.

학습자 자신의 (지식) 문제 해결 모형과 해결책을 "전문가"의 것과 비교하는 것은 학습자가 ***직관적인 인지적 전략(intuitive cognitive strategies)*** 내지는 초보적인 정신적 모형으로 문제 해결을 시작한 경우에 특히 유용할 것이다. 이러한 개념적 변화 과정을 통해서 학습자는 자신의 최초 모형과 전략을 기반으로 차츰 더 나은 지식으로 개발할 수 있다. 표 7.2에 제시된 질문식 방법들(유도 질문들)은 성찰을 촉진시키기 위한 좋은 방법이다. Collins와 Stevens(1983)는 반례(counter-examples) 선택하기, 가설적 사례 생성하기, 학습자를 의도적으로 실수하게 하기와 같은 *탐구에 의한 피드백(feedback by discovery)*을 제공하는 부가적인 방법들을 제안하였다. 예를 들면 특허 심사 분야에서 한 학습자가 특허 신청서를 분류하기 위해 특정 방법을 적용할 때 이 방법이 잘 적용되지 않을 반례를 제공해 주거나 그가 사용한 전략이 잘못된 결정을 내리게 하는 과제를 제시할 수 있다. 다른 예로, 한 의대생이 어떤 환자가 특정한 증상을 보이기 때문에 어떤 병이 걸렸다고 결정을 내려야 하는 경우, 그 진단한 병 때문이 아니라 의료적인 처치에 의해서 부작용이 일어난 같은 증상을 가진 가설적 환자의 예를 제시할 수도 있다. 동료 학습자들에 의해 제시된 모형과 해결책을 비교해보는 것은 이런 학습 과정의 다음 단계에서 특히 유용할 수 있다. 그룹 발표와 그룹 토의는 전형적으로 과제 영역에 대해 보다 일반적인 이해에 도달하도록 도울 수 있는 다양성 수준을 제공하면서 광범위한 또 다른 방법들이나 해결책을 접하게 해줄 수 있다.

7.5 교수설계서에서 지원적 내용

교수설계서에서, SAP, 영역 모형, 모델링 예, 사례 연구는 과제 클래스별로 모두 다르게 구체화되어야 한다. 이것들은 과제 클래스의 특성을 가지고 있는 비순환적 학습 과제를 다양한 난이도 수준에서 수행하게 해준다. 지원적 내용은 다음에 올 각각의 과제 클래스를 위하여 이전의 과제 클래스들에서 제시된 정보를 확장 또는 정교화한 것으로, 학습자들로 하여금 보다 복합적인 조건하에서 보다 어려운 과제를 수행할 수 있도록 해준다. 따라서, 각각의 새로운 과제 클래스는 학습자의 지식, 기능, 태도를 좀 더 높은 단계로 이끈다. 이 접근은 Bruner(1960)의 나선형 교육과정과 Ausubel(1960)의 점진적 분화와 입장이 같다.

일반적 학습 내용과 예가 들어가야 할 위치

과제 클래스 내에서 일반적 학습 내용을 어디에 위치시켜야 할지는 어떤 제시 전략을 선택하느냐에 따라 달라진다. 연역적 전략에서 학습자들은 교재를 읽고 강의를 들음으로써 (SAP와 영역 모형 내에 있는) 일반적 학습 내용을 먼저 공부한다. 그 다음, 이 내용은 보통 모델링 예와 사례 연구의 형태로 첫 번째 학습 과제 안에서 표현된다. 명백하게 일반적 내용은 학습자들이 학습 과제를 공부하기 전뿐만 아니라 하는 중에도 제시될 것이다. 따라서 연습하는 동안에 학습자들은 그 과제를 수행하기 위해서 필요한 관련된 일반적 학습 내용을 가지고 있는 교과서, 교사, 인터넷 사이트, 어떤 다른 형태의 자료를 이용할 것이다.

열 단계 모형의 기본 제시 전략인 귀납적 전략에서 학습자들은 모델링 예와 사례 연구들로 시작하여 다음 학습 과제들의 수행을 위하여 필요한 일반적 학습 내용을 공부한다. 연역적 전략에서와 마찬가지로, 일반적 학습 내용은 학습자에게 명백하게 제시되고 언제든지 이용 가능하다. 차이점은 연역적 전략에서는 일반적 학습 내용이 보통 강의, 교과서, 독본(讀本) 등과 같이 사전에 제작된 형태로 제시되는 반면, 귀납적 전략에서는 학습자들이 도서관, "학습 환경(study landscape)" 또는 인터넷에서 일반적 학습 내용을 *검색*하도록 요구한다는 것이 보통이다. 이러한 방법은 특히 학습자에게 정보 리터러시를 개발할 필요가 있거나 정보 관련 문제 해결 기능을 학습하도록 할 필요가 있을 때 유용하다. 그런 다음 일반적 내용은 광대하게 쌓여진 "자원" 내에서 사용 가능하게 해주기 때문에 이 접근은 때때로 ***자원 기반 학습(resource based learning)***이라고 불린다(RBL; Hill & Hannafin, 2001).

안내된 탐구 전략에서 학습자들은 다음 학습 과제들을 수행하기 위해서 필요한 SAP와 영역 모형들을 찾아내서 이해하도록 해주는 모델링 예와 사례 연구를 공부하는 것에서 시작한다. 일반적 학습 내용은 절대로 사전 제작된 형태로 학습자들에게 제시되지 않으며, 대신 학습자들이 이 학습 내용을 발표 혹은 보고서의 형태로 이해하고 설명해야 한다.

종합하면, 제시 전략은 각 과제 클래스를 위해 선택되어야 한다. 학습자들이 훈련 프로그램을 시작할 때 그와 관련된 사전 지식이 없는 것이 일반적이기 때문에 첫 번째 과제 클래스에서 귀납적 전략(혹은 심지어 높은 수준의 안내된 탐구 전략)을 적용한다. 학습이 진행되는 동안에 과제 영역에 필요한 관련 지식을 학습해가기 때문에 다음 과제 클래스에서는 좀 더 시간-효과적인 연역적 전략을 적용할 수 있다.

인지적 피드백이 들어가야 할 위치

과제의 비순환적 측면을 수행한 것에 대한 인지적 피드백은 학습자들이 학습 과제를 마쳤을 때에만 제공된다. 이 과제에서는 정확하고 그렇지 않은 행동 간에, 그리고 정확하고 그렇지 않은 해결안 간에 뚜렷한 구분이 없기 때문에, 학습자가 학습 과제를 공부하는 동안 "즉시적" 피드백을 제공하는 것은 불가능하다(이것은 과제의 순환적 측면에서는 권장할 만하다는 것에 주목하자). 과제의 추론 및 문제 해결 측면을 위해, 학습자들이 특정 방법들과 경험에 의한 규칙들을 적용함으로써 얻는 장단점이 무엇인지를 경험하게 해야만 한다. 예를 들면, 정확한 해결안을 안내할 유일한 절차나 검색어 목록이 없기 때문에, 학습자들이 검색 질의어를 만들면서 실수한 것에 대한 피드백을 제공하는 것은 분명히 불가능하다. 대신, 많은 방법들이 가능해서 학습자는 어느 정도 적합한 해결안에 도달하기 위해 많은 경험에 의한 규칙들을 적용할 수 있다. 여기에서는 후향적 피드백(retrospective feedback)만이 제공될 수 있다.

종합하면, 표 7.4는 "문헌 검색하기"라는 보통 수준의 복합적 기능을 위한 교수설계서 중에서 하나의 과제 클래스를 제시하고 있다(다른 과제 클래스들의 설명을 보려면 표 5.2 참고). 표에서 보듯이, 지원적 내용의 상세 내용이 과제 클래

표 7.4 중간 정도의 복합적 기능인 "문헌 검색하기"를 위한 예비 교수설계서: 과제 클래스에서 학습 과제에 지원적 내용이 추가됨

과제 클래스 2
학습자는 (검색될) 특정 영역 내에 있는 개념이 명확하게 정의된 상황과 마주한다. 특정 주제에 대해 작성된 논문의 양이 상당하지만 한 연구 분야에 국한되어 있다. 따라서 검색은 특정 연구 분야의 하나의 데이터베이스 내에서 아티클 제목으로만 행해질 필요가 있다. 그러나 상당한 양의 아티클이 검색결과로 나오기 때문에 이를 제한하기 위하여 많은 검색어들을 불린 연산자로 연결해야 한다.

지원적 내용: *사례 연구*
- 학습자는 문헌 검색과 관련하여 해결된(좋은) 예 세 개를 제공받는다. 각 예는 불린 연산자가 사용된 정교한 검색 질의어를 포함하고 있다.

지원적 내용: *정신적 모형을 위한 질문*
- 학습자들은 검색 질의어를 보다 구체적으로 만드는 데 사용할 수 있는 검색어와 불린 연산자의 조합을 설명하는 검색 질의어 템플릿을 확인해보도록 요청받는다.

학습 과제 2.1: *모방하기 과제 + 제한*
학습자는 특정 아티클 목록을 찾아내는 데 필요한 사용 가능한 연구 문제, 아티클 목록, 불린 연산자를 사용한 정교화된 검색 질의어를 포함한 해결된 예 한 개를 제공받는다. 학습자는 유사한 연구 문제 한 개와 함께 제한된 수의 관련 아티클 목록을 찾으라는 하나의 목표를 제공받는다. 주어진 예를 모방하면서 검색 질의어를 만들어보고, 검색을 하고, 관련 아티클들을 선택해야 한다. 이 때 학습자가 만든 검색 질의어가 승인된 후에만 검색을 수행할 수 있다.

학습 과제 2.2: *완성하기 과제*
학습자는 연구 문제와 검색어 목록을 제공받는다. 학습자는 제공된 검색어를 불린 연산자로 조합해 검색 질의어를 만들어야 한다.

학습 과제 2.3: *일반적 과제*
학습자는 연구 문제를 제공받는다. 이것과 가장 관련성이 높은 10개의 아티클을 찾기 위해 문헌 검색을 해야 한다.

지원적 내용: *인지적 피드백*
- 학습자는 학습 과제 2.3에서 사용했던 문제 해결 방법에 대한 피드백을 제공받는다.

스와 학습 과제들의 상세 내용에 추가되었다. 지원적 내용의 일부가 학습 과제들을 공부하기 전에 학습자들에게 제공되고(사례 연구와 정신적 모형을 위한 질문), 일부는 학습 과제를 마친 후에 제시된다(인지적 피드백). 전체 교수설계서는 부록 2에 있다.

7.6 요약

- 지원적 내용을 설계한다면, 일반적 내용, 이것의 예, 인지적 피드백을 구분해야 한다.
- SAP와 영역 모형과 같은 일반적 내용을 설계한다면, 학습자가 그 내용을

이해하도록 도와주는 요소들 간의 의미로운 관계를 강조하는 교수 방법을 사용해야 한다.

- SAP를 설계한다면, 처방적인 관점(학습자가 해야 하는 것)을 가지고 문제 해결 단계들과 학습자가 각 단계를 완수하도록 도와주는 규칙을 분명하게 제시해야 한다.
- 영역 모형을 설계한다면, 기술적 관점(특정 영역이 조직되는 방식)으로 개념적, 구조적, 인과적 모형을 구분해야 한다.
- 일반적 내용을 제시한다면, 이 내용을 (SAP를 위한) 모델링 예와 (영역 모형을 위한) 사례 연구들로 표현해야 한다.
- 모델링 예와 사례 연구로 일반적 내용을 표현한다면, 우선 유도 질문으로 점철되어 있는 예로부터 시작하여 일반적 내용에 이르게 하는 귀납적 전략(기본 전략)을 사용해야 한다.
- 인지적 피드백을 설계한다면, 학습자들에게 자신의 문제 해결 과정과 해결책을 다른 사람들의 것과 비판적으로 비교 및 대조하도록 요구해야 한다.
- 교수설계서 안에 지원적 내용을 구체화하려면, 새로운 과제 클래스를 위한 지원적 내용이 이 클래스 이전의 클래스들을 위한 정보를 바탕으로 구성되고, 이것의 확장 혹은 정교화한 것임을 확인해야 한다.
- 교수설계서 안에 지원적 내용을 구체화하려면, 훈련 프로그램이 진행되는 동안 학생들이 보다 많은 전문성을 획득해간다는 것을 명심해야 한다. 이것은 제시 전략이 귀납적 전략에서 연역적 전략으로 옮겨가는 이유가 될 수 있다.

제8장

단계 5: 인지적 전략 분석

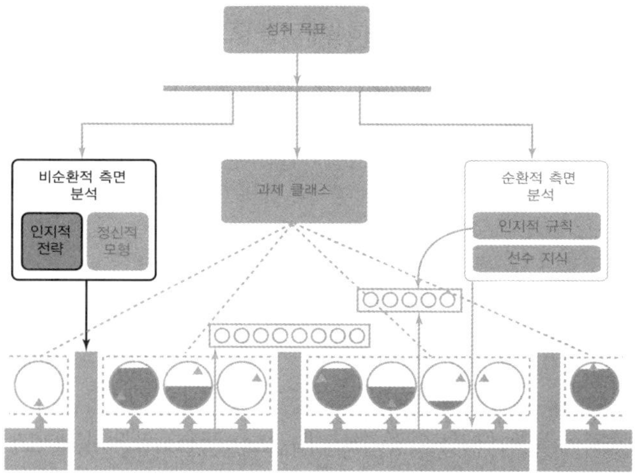

필요성

인지적 전략 분석은 지원적 내용, 특히 SAP(Systematic Approaches to Problem solving: 문제 해결을 위한 체계적 접근)를 위한 기초를 제공한다. 이 단계는 기존의 교수 프로그램 내에 그러한 내용이 없을 경우에만 수행되어야 한다.

우리 모두는 친숙하게 보이는 문제를 해결하거나 과제를 수행한 적이 있다. 친숙하게 보이는 것은 우리가 그와 관련된 꽤 많은 경험을 갖고 있다고 생각하기 때문이다. 그러나 불행하게도 우리는 문제 해결이나 과제 수행에 있어서 이전에 접하지 못한 특정 측면들을 접하게 된다. 이러한 경우에 우리가 가지고 있는 절차적 지식이 충분하지 않기 때문에 문제 해결 과제를 수행하기 위해서 필요한 어떤 다른 유형의 지식, 즉 전략적 지식을 사용해야만 한다. 그러한 전략적 지식은 과제 수행가들로 하여금 익숙하지 않은 문제에 체계적으로 접근하게 해주고 그것들을 해결하기 위해 필요한 자원을 정돈할 수 있게 해준다. 이 장은 새로운 과제의 *익숙하지 않은* 측면을 다루는 데 필요한 인지적 전략의 분석에 중점을 둔다. 그러한 분석의 결과는 SAP(문제 해결을 위한 체계적 접근)의 형태로 된다. SAP는 어떻게 유능한 과제 수행가가 자신의 행동을 조직하는지, 즉 문제를 해결하는 동안에 그들이 어떤 단계를 거치는지, 그리고 각 단계를 성공적으로 완수하기 위해 어떤 경험에 의한 규칙들을 사용하는지를 보여준다. 어떤 내용 영역의 어떤 특정 문제에 어떻게 접근하는지를 보여주는 체계적 설명은 때때로 기존의 직무 기술서, 교수 프로그램, 혹은 다른 문서들의 형태로 사용 가능한 경우가 있다. 이 경우에는 이 장에서 제시된 활동들을 수행할 필요가 없다. 그러나 그외 경우에는 인지적 전략에 대한 분석은 학습 과제를 위한 문제 해결 지원(예: 프로세스 워크시트)을 설계하고, 과제 클래스의 선정된 계열을 수정 및 보완하고, 지원적 내용의 주요한 부분을 설계하는 데 있어서 중요할 것이다.

이 장의 구조는 다음과 같다. 첫째, SAP에 대한 구체적인 사항이 제시된다. 여기에는 문제 해결의 단계에 대한 규명 내지는 각 단계를 성공적으로 완수하도록 도와줄 경험에 의한 규칙들이 포함된다. 둘째, 직관적인 인지적 전략에 대한 분석이 간략히 제시된다. 직관적 인지적 전략은 효과적인 전략의 습득을 방해하기 때문이다. 셋째, 설계 과정에서 SAP의 사용에 대해 다룬다. SAP는 문제 해결 안내(guidance)를 설계하고, 과제 클래스의 계열을 수정 및 보완하고, 지원적 내용을 설계하는 데 유용하기 때문이다. 이러한 각각의 활동에서 직관적 전략의 존재 유무가 교수 방법을 선택하는 데 영향을 줄 수 있다. 그리고 이 장은 요약으로 마무리된다.

8.1 SAP의 구체화

SAP는 어떤 특정 영역의 문제를 해결할 때 학습자에 의해 달성되어야 하는 목표들과 하위 목표들, 그리고 학습자들이 그러한 각각의 목표들을 달성하도록 도와줄 경험에 의한 규칙(rules-of-thumb)들을 상세화한 처방적 계획을 말한다. 따라서, SAP는 유능한 과제 수행자들의 수행 행동의 방향을 정해주는 통제 구조로 이루어졌다. SAP는 항상 발견적(heuristic) 특징을 가지고 있다는 것을 명심하는 것이 중요하다. 따라서, SAP는 학습자가 과제 영역의 문제를 해결하도록 돕기 위한 것이라고 할지라도, SAP를 적용한다고 해서 그 문제의 해결을 보장하는 것은 아니다. SAP가 알고리즘적인 절차만큼 그대로 따라하면 되는 것처럼 학습자들을 편안하게 해주지 않지만 더 많은 다양한 문제 상황이 사용될 수 있기 때문에 유연성이 높다고 할 수 있다. 교수 설계를 위해서 SAP에 포함될 인지적 전략을 분석하는 이유는 다음과 같다.

1. 문제 해결 안내의 개발을 위한 기초를 제공한다(예: 프로세스 워크시트의 형태, 4장 3절 참고).
2. 과제 클래스 계열화를 도와준다(예: 단순한 인지적 전략으로부터 복잡한 인지적 전략으로 진전시키는 방법, 5장 1절 참고).
3. 지원적 내용의 주요한 부분을 개발하기 위한 기초를 제공한다(7장 1절 참고).

구체적이면서 실생활 과제를 수행하고 있는 전문가와의 면담과 관찰로부터 단계 및 규칙을 분석해 낼 수 있다. 전문가들에게 생각한 것을 소리 내어 말하도록 요구하는 것은 그들이 거쳐간 단계뿐만 아니라 그들이 적용한 규칙들을 찾아낼 수 있도록 해준다. 기존의 서류를 분석하는 것은 분석가(교수설계자)들로 하여금 적절하게 면담을 준비하고 관찰한 것을 해석하는데 도움이 된다. 분석을 용이하게 하기 위해서는 (a) 초기 과제클래스에서는 비교적 단순한 과제로 시작해서 이후의 과제 클래스에서는 더 어려운 과제로 진전시키고, (b) 일반적인 단계 및 그와 관련된 규칙으로부터 보다 구체적인 하위 단계들 및 규칙들로 진전시키는 것이 가장 좋다.

이러한 단계적인 방법에 의하면, 분석가는 처음에 유능한 과제 수행가가 비교적 단순한 과제를 해결하는 장면을 대상으로 하게 된다. 열 단계 모형의 단계 2에서 과제 클래스가 정의되었다면, 첫 번째 과제 클래스로부터 과제를 시작하는 것이 가장 좋다. 그러한 전문가의 고차원적인 접근방법이 단계 및 그와 관련된 목표를 나타내는 용어와 각 단계별로 규명된 목표들을 달성하도록 도와줄 규칙을 기술하는 데 적용된다. 그런 다음, 각 단계는 하위 단계들로 세분화되고 다시 각 하위 단계를 수행하기 위한 규칙들이 규명된다. 특정 수준의 난이도까지의 과제를 위해 이러한 분석이 완료되었다면, 분석하는 사람들은 더 어려운 과제를 해결하는 과제 수행가들을 대상으로 분석을 진행해야 한다. 이러한 과제에는 전형적으로 부가적 단계 혹은 규칙들이 추가될 것이다. 가장 어려운 과제에 대한 분석이 완료될 때까지 이런 과정은 지속되어야 한다. 각각의 분석 수준에서 문제 해결의 단계와 규칙이 규명되어야 한다.

문제 해결에서 단계 규명

SAP는 과제 수행가에 의해 달성될 일련의 순화된 목표로서 문제 해결 과정의 연속적인 단계를 설명하고 있다. 이 단계들은 시간에 따른 조치(action)와 결정을 적절하게 계열화하여 문제에 접근하는 데 체계적으로 사용될 수 있다. 일련의 순서화된 단계 및 그와 관련된 목표들, 그리고 하위 단계와 그와 관련된 하위 목표들은 계획 혹은 처방적 스크립트라고도 한다. 어떤 SAP는 선형적인 방식으로 계열화되는 반면, 다른 어떤 SAP는 문제 해결 과정 동안에 만들어진 특정한 의사결정을 고려함으로써 비선형적인 방식으로 계열화된다. 예를 들면, 교수설계 영역에서 잘 알려진 다섯 단계의 선형적인 계열로 다음과 같은 ADDIE 모형을 들 수 있다.

- *단계 1*: 분석—이 단계의 목표는 훈련이 일어나는 상황, 대상 학습자 집단의 특성, 가르쳐야 할 과제 혹은 내용을 분석하는 것이다.
- *단계 2*: 설계—이 단계의 목표는 훈련 프로그램을 위한 교수설계서 혹은 수업계획안을 작성하는 것이다.
- *단계 3*: 개발—이 단계의 목표는 훈련 프로그램에서 사용될 교수 프로그램을 개발하거나 생산하는 것이다.
- *단계 4*: 실행—이 단계의 목표는 가능한 자원과 조직의 구조를 고려하면서 조직 내에서 훈련 프로그램을 실행하는 것이다.
- *단계 5*: 평가—이 단계의 목표는 훈련 프로그램을 평가하고 그것을 개선하기 위해 사용될 정보를 수집하는 것이다.

분명히, 이러한 단계들은 하위 단계들로 더 분화될 수 있다. 예를 들면, 첫 번째 단계의 하위 단계에는 (a) 상황 분석하기, (b) 대상 학습자 집단 분석하기, (c) 과제 혹은 내용 영역 분석하기가 포함된다. 때때로, 그러한 하위 단계들은 하위의 하위 단계로 세분화될 수 있다.

그림 8.1은 열역학 문제 해결을 위한 단계의 비선형적인 계열화의 예를 보여준다(Mettes, Pilot, & Roossink, 1981). 음영이 없는 각각의 사각형은 달성되어야 할 목표 혹은 하위 목표와 같아서 문제 해결 동안에 특정한 의사결정을 하도록(육각형으로 표시됨) 고려해야 하는 대상이다. 이러한 *SAP 유형*은 플로차트 형식을 취하고 있는데 SAP 차트라고 부르며(7장 참고), 특정 목표가 이전 목표의 성공 여부에 영향을 받을 때 사용된다. 이와 같이 특정한 열역학 SAP에서 "문제를 재구성하기"라는 단계는 문제가 표준문제가 아닐 경우에만 수행해야 하는 것이다. 뿐만 아니라, 이 단계는 "핵심 관계 파악하기", "표준 문제로 변환하기", "대안적 과정 도입하기"라는 하위 단계들로 더욱 세분화될 것이다.

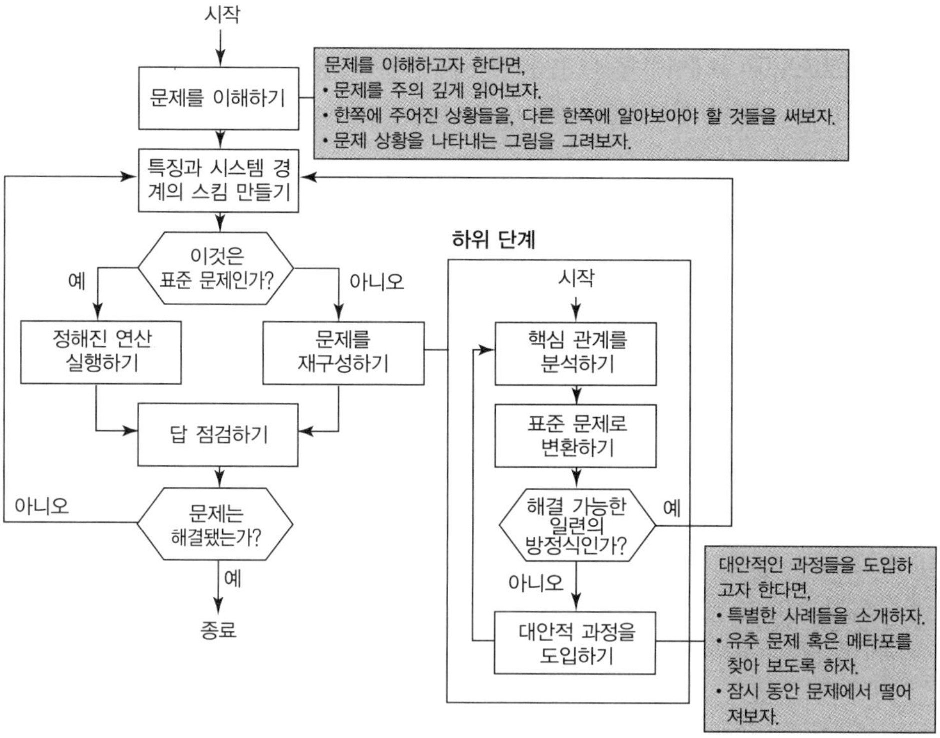

그림 8.1 열역학 문제 해결을 위한 SAP(회색상자는 경험에 의한 규칙)

규칙 분석하기

경험에 의한 규칙은 "X를 달성하려면 Y를 해야 할 것이다(if-then)"와 같은 일반적인 형태를 취한다. 종종 주어진 상황 내지는 그와 관련된 특정한 일련의 경우들을 다루는 데 적절한 특정한 문제를 위한 해결책을 생성하기 위해 전문적인 과제 수행가들에 의해 사용된다. 경험에 의한 규칙은 요령 혹은 처방적 원리라고도 하는데(Schoenfeld, 1979), 하나의 원리 전이 분석 방법으로 별도로 분석될 수 있다(Reigeluth & Merrill, 1984). 기본적인 아이디어는 어떤 특정한 영역에 적용하는 몇 가지 원리가 유용한 규칙을 만들어내기 위한 처방적 방식으로 재구성될 수 있다는 것이다. 예를 들어 학습과 교수 영역에서 한 가지 잘 알려진 원리는 다음과 같다.

> 연습의 양과 수행 수준 간에는 정적 관계가 있다.

이 원리는 다음과 같이 처방적인 형태로 재구성될 수도 있다.

학습자를 높은 수행 수준에 도달하게 하려면, 그들에게 많은 연습량을 제공해야 할 것이다.

연속선에서 한 극단을 고도로 영역 특수적인 알고리즘적 규칙으로 보고 다른 한 극단을 고도로 영역 일반적인 문제 해결 방법으로 본다면, 경험에 의한 규칙은 전형적으로 그 중간에 해당될 것이다. 그런 규칙들이 여전히 어떤 특정 영역과 연결되긴 하지만, 해결책의 일부를 알고리즘적으로 구체화한다(절차 수행하기, 11장 참고)기보다는 단지 그 해결책을 찾기 위한 좋은 지침을 제시할 뿐이다(절차 생성하기). 규칙의 다른 몇 가지 예를 들면 다음과 같다.

- 운전을 할 때 커브를 도는 데 어려움이 있다면, 커브의 각도를 추정하고 각도에 적합하게 핸들을 돌려라.
- 빠르게 움직이는 객체들을 다루는 컴퓨터 게임을 하고 있다면, 그 객체를 보려 하지 말고 스크린 위에서 그것의 다음 이미지를 보려고 노력하라.
- 항공 교통을 관제한다면, 가능한 한 최소한으로 교정하면서 항공기를 관제하도록 하라.
- 컨퍼런스에서 프레젠테이션을 한다면, 제시할 정보의 양을 청중의 선수지식에 맞추도록 하라.

SAP 분석의 일부인 규칙 분석은 단계별로 수행되고 각 하위 단계에서도 반복 수행될 것이다. 그런 다음 각각의 규명된 목표는 비슷한 원인과 결과를 다루는 규칙들을 하나의 카테고리로 정의하는 데 사용될 것이다. 여기에서 조건(if) 쪽에 기술된 내용은 전형적으로 분석 중인 단계의 일반적 목표를 의미하지만 추가적인 조건을 포함할 수도 있다. 예를 들면, 그림 8.1에서 음영이 있는 글상자는 학습자들이 문제를 이해하도록 해주고(첫 번째 주요 단계) 대안적 과정을 도입하도록 해주는("문제를 재구성하기"라는 주요 단계에 포함된 하위 단계 중 하나) 몇 가지 규칙을 나열하고 있다. Mettes, Pilot, Roossink(1981)은 그러한 규칙들을 구체화하기 위한 세 가지 지침을 다음과 같이 제시한다.

- 학습자들이 아직 모르는 규칙만 제시하고, 학습자들이 가장 중요한 과제를 수행하기 위해 필요한 규칙들만 사용할 수 있도록 제한을 둔다.
- 학습자들이 현재의 수준으로 이해할 수 있는 방식으로 규칙을 형성하고, 바람직한 조치를 위한 방향으로 규칙들을 명확하게 하기 위해 명령투로 사용한다.

- 텍스트를 가능한 한 구체화하되 동시에 규칙이 적용되는 모든 상황에 규칙의 적절성을 보증하기에 일반성을 가질 수 있게 충분한 여지를 둔다.

8.2 직관적인 인지적 전략의 분석

이 책에서는 SAP에서 효과적인 인지적 전략의 분석에 초점을 둔다. 이 분석은 과제가 어떻게 수행*되어야 하는가*를 설명해주기 위한 것이다. 뿐만 아니라 교수설계자는 해당 학습자들이 어떤 인지적 전략을 사용하고 있는가를 분석해내야만 한다. 학습자가 과제를 *실제로* 어떻게 수행하는지를 분석한다는 점에서 다분히 경험적 분석(empirical analysis)의 측면이 있다. 유능한 과제 수행자가 사용하는 효과적 방법인 SAP와 학습자가 사용하고, 경험적 분석에서 확인된 직관적 인지 전략 간에는 큰 차이가 존재한다.

예를 들면, 설계 문제를 해결하는 데 있어서 흔하게 나타나는 직관적 인지 전략은 *하향식 깊이 우선(top down depth first) 탐색* 방법을 따르는 것이다. 초보자들이 논문을 작성하거나 컴퓨터 프로그래밍을 할 때 이들은 주어진 어떤 문제를 별개의 절(節) 혹은 서브루틴을 다루는 하위 문제들로 분해하려고 한다. 그러고 난 후, 다음의 하위 문제로 넘어가기 전에 모든 상세화된 해결책이 각 하위 문제별로 다 실행된다. 방금 제시된 논문 작성과 프로그래밍 문제에서, 전체 텍스트가 어떤 한 절을 위해서 작성되거나 혹은 전체 프로그래밍 코드가 어떤 한 서브루틴을 위해 개발된다. 결과적으로, 초보자들은 절들 혹은 서브루틴들 간의 관계에 있어서 엉뚱한 곳으로 빠질 수 있어서 텍스트 혹은 코드를 연결하고 이것들을 수정하고 재작성하는 데 많은 시간을 허비한다. 반면, 전문가는 *하향식 너비 우선(top down breadth first) 탐색* 방법을 사용한다. 이들은 문제를 하위 문제들(절들, 서브루틴들)로 분석하고, 그러고 난 후 모든 하위 문제들을 텍스트나 코드 수준에서 최종 해결책이 구체화될 때까지 하위의 하위 문제들로 분해한다. 모든 수준의 하위 문제에 그 해결책이 어떤 영향을 줄 수 있는 것을 따져보면서 해결책을 생성한다.

규칙의 측면에서 본다면, 학습자가 사용하는 직관적 요령과 SAP 분석에서 규명된 규칙 간에 엄청난 차이가 또한 존재할 것이다. 이 점을 명확히 하기 위하여 전 절에서 살펴보았던 규칙으로 돌아가보자. 자기가 평소에 몰지 않던 자동차로 좌회전 우회전하는 데 사용된 초보적 규칙은 각도를 맞추기 위해서 차선에다 자동차의 양쪽 귀퉁이를 맞추려고 하는 것과 같다. 이렇게 하면 엄청나게 많은 판단을 해야 하고 쓸데없는 많은 결정을 내리기 때문에 피곤해진다. 빠르게 움직이는 객체에 초점을 두어야 하는 컴퓨터 게임에 사용되는 직관적 규칙은 객체 자체에 직접 초점을 두는 것이다. 이는 불필요한 움직임에 주의를 집중하기 때문에 게임 성적이 나빠질 수밖에 없는 전략이다. 위험한 상황을 피할 필요가 있을 때에만 지시를 해서 항공관제를 해야 하는데 이것의 직관적 규칙은 엄청나게 많은 관제 지시를 내리는 것이다. 이는 레이더 화면에 단지 몇 개의 항공기가 있을 때만 효력이 있는 전략으로, 많은 수의 항공기를 다루는 데 적합하지 않다. 마지막으로, 학습자가 가진 사전 지식에 따라 제공되는 학습 내용의 양을 달리해야 하는데, 그렇지 않고 주어진 시간에 가능한 한 많은 학습 내용을 대상 학습자들에게 제공하는 직관적 규칙은 과부하를 일으키기 때문에 명백하게 적합하지 못한 전략이다.

8.3 설계 결정을 위한 SAP의 사용

SAP에 관한 정보가 기존 교수 프로그램에 없을 때에만 단계 5가 실시될 수 있다. 만약 이 단계가 수행된다면, 이 단계를 통하여 산출된 분석 결과는 다른 설계 활동들을 위한 기초 자료로 활용될 수 있다. 특히, 구체화된 SAP는 문제 해결을 위한 안내(guidance)를 설계하고, 기존의 계열화된 과제 클래스를 수정 및 보완하고, 지원적 내용의 일부를 설계하는 데 도움을 제공한다. 뿐만 아니라 직관적 전략을 분석하는 것은 이 세 가지 설계 결정에 영향을 미친다.

문제 해결 안내의 설계

SAP는 프로세스 워크시트 혹은 수행 활동 제한(performance constraints)의 형태로 문제 해결 안내를 설계하는 데 사용될 수 있다(4장 3절 참고). 프로세스 워크시트는 과제를 수행할 때 거쳐야 하는 단계들을 분명하게 나타낸다. 프로세스 워크시트는 학습자에게 진술문("문제에 대한 이해를 향상시키려면 해당 문제 상황을 나타내는 그림을 그려보도록 해라")의 형태로 주거나 아니면 유도 질문("문제에 대한 이해를 향상시키기 위하여 어떤 행동을 취할

수 있나?")의 형태로 제시될 수 있다.

또한, *수행 활동 제한*은 학습자가 학습하고 있는 단계와 무관한 활동을 수행하지 못하게 하거나 혹은 현재 단계를 성공적으로 마치기 전에 다음 단계로 넘어갈 수 없도록 할 때 이용된다. 어려운 과제 클래스에 속해있는 학습 과제를 위한 문제 해결 안내는 쉬운 과제 클래스에 속해있는 학습 과제를 위한 안내보다 종종 더 정교하거나 혹은 더 포괄적이어야 할 것이다. 이러한 경우, 단순한 것에서부터 복잡한 방식으로 SAP를 진전시키는 것은 여러 과제 클래스를 위한 안내를 설계하는 데 사용될 수 있다.

SAP를 통한 과제 클래스의 수정 및 보완

SAP는 *지식 수준 진전시키기(knowledge progression)* 방법으로 과제 클래스 계열을 수정 및 보완하는 데 사용될 수 있다(5장 1절 참고). 가장 쉬운 수준의 과제(첫 번째 과제 클래스)는 보통 SAP 차트에서 가장 단순한 혹은 최단 경로와 같다. 보다 복합적인 과제 클래스에 해당되는 보다 복잡한 경로는 *경로 분석(path analysis)*을 통해서 규명될 수 있다(P. Merrill, 1980, 1987). 일반적으로 좀 더 복잡한 경로들은 덜 복잡한 경로보다 결정을 해야 할 것과 달성해야 할 목적을 더 많이 포함하고 있다. 뿐만 아니라 좀 더 복잡한 경로들은 단순한 경로의 단계들을 포함하고 있어서, 과제 클래스들의 계열을 수정 및 보완하기 위하여 경로가 위계 형태로 조직될 수 있다. 예를 들면, 그림 8.1에서 제시된 SAP 차트에서 다음의 세 가지 경로가 조직될 수 있다.

1. 표준 문제에 대해서는 최단 경로가 만들어진다. "이것은 표준 문제인가?"라는 질문에 "네"라고 응답된다면, 첫 번째 과제 클래스는 열역학에서의 표준 문제이다.
2. 핵심 관계를 찾아서 해결 가능한 일련의 방정식이 산출될 수 있다면, 표준 문제로 전환될 수 있는 비표준 문제에 대해서는 그 다음의 최단 경로가 만들어진다. "이것은 표준 문제인가?"라는 질문에 "아니오"라고 응답되고, "이것은 해결 가능한 일련의 방정식인가?"라는 질문에 "네"라고 응답된다면, 두 번째 과제 클래스는 표준 문제로 쉽게 전환될 수 있는 비표준 문제이다.
3. 핵심 관계를 찾아서 표준 문제로 전환될 수 없는 비표준 문제인 경우에는

가장 어려운 경로가 만들어진다. 이러한 상황에서는 "이것은 표준 문제인가?"라는 질문에 "아니오"라고 응답되고, "이것은 해결 가능한 일련의 방정식인가?"라는 질문에. 역시 "아니오"라고 응답된다. 결과적으로 최종 과제 클래스는 재구성, 특별 사례, 혹은 유추에 의해서만 표준 문제로 전환될 수 있는 비표준 문제라 할 수 있다.

지원적 내용 설계하기

SAP는 인지적 전략과 관련된 지원적 내용의 일부를 설계하는 데 기초를 제공한다. 우선, SAP는 학습자들에게 특정 과제 영역의 문제를 어떻게 가장 잘 해결할 수 있는지를 명확하게 말해준다(7장 1절 참고). 종종 교수 프로그램이 목표로 하는 대상 학습자들이 명확하게 이해할 수 있는 방식으로 단계와 규칙을 구성하기 위해 분석 이후에도 어떤 교수적 구체화 과정이 필요하다. 둘째, SAP는 그것을 적용하는 것에 대한 구체적인 예를 제공하는 모델링 예를 찾거나 설계할 수 있게 해준다(7장 2절 참고). 그러한 모델링 예는 최대로 "*과정 중심 지원(process-oriented support)*"을 하는 학습 과제 혹은 인지적 전략을 구체적으로 표현한 것으로 간주될 수 있다. 셋째, SAP는 학습자에게 인지적 피드백을 제공하기 위해 사용될 수 있다(7장 4절 참고). 예를 들면, 학습자에게 자신의 문제 해결 과정을 SAP에 제시된 것과, 혹은 그 SAP를 구체적으로 표현한 모델링 예와 비교해 보도록 요구할 수 있다.

직관적 전략 다루기

직관적 전략을 분석하는 것은 제시되는 다음의 세 가지 설계 활동을 위한 의사결정에 영향을 미칠 수 있다. *문제 해결 안내 설계하기*와 관련해서, 학습자들의 직관적 전략은 이들에게 별도의 안내를 제공하는 이유가 될 수 있다. 이러한 별도의 안내는 그러한 직관적 전략을 사용함으로써 발생되는 비생산적인 행동과 실수를 막아준다. 프로세스 워크시트 내지는 구조화된 응답지 형태와 같은 특정 지원을 제공하면 학습자들은 필요한 트랙 안에서 유용한 규칙을 적용하게 된다. 수행 제한하기 방법은 직관적 전략의 사용을 봉쇄해서 학습자들로 하여금 효과적인 체계적 접근을 하도록 촉진할 수 있다. 예를 들면, 과학적 글쓰기 과목에서 학습자들이 원고를 작성하기 전에, 자신의 원고를 그와 관련된 제목 내지는 부제목을 사용해서 아이디어 내지는 하위 아이디어로 충분히 풀어내도록 촉진하거나 강요할 수 있다(하향식 너비 우선 방법). 어떤 워드프로세서에는 이러한 기능(개요 기능)이 내장되어 있다.

*과제 클래스 수정 및 보완하기*와 관련해서, 직관적 전략은 추가적인 과제 클래스를 제공하는 즉, 쉬운 학습 과제로부터 보다 어려운 학습 과제로 천천히 학습을 진행시키는 이유가 될 수 있다. 이러한 방법은 학습자들로 하여금 각 난이도 수준에서 문제 해결에 대한 자신의 직관적 전략을 더 효과적인 방법과 주의 깊게 비교/대조해 보게끔 해준다. 이상적으로, (어떤 직관적 전략은 매우 변화하기 어렵긴 하지만) 이러한 과정을 통해 그러한 직관적 전략이 효과적인 방법으로 바뀔 것이다.

*지원적 내용 설계하기*와 관련해서, 직관적 전략은 특정한 교수 방법을 사용하는 이유가 될 수 있다. SAP와 모델링 예를 연결하기 위해서, 모델링 예로부터 시작하여 일반적 SAP를 공부하게 하는 귀납적 전략이 기본 전략으로 처방된다(7장 3절 참고). 직관적 전략을 다루기 위해서는, 더 많은 모델링 예가 제공되어야 하고, 귀납적 전략은 학습자들이 새롭게 제시되는 단계 및 규칙을 그들이 이미 가지고 있는 직관적 아이디어와 연결시킬 더 좋은 기회를 제공하는 안내된 발견 전략으로 대체된다. 인지적 피드백(7장 4절 참고)은 학습자들이 자신의 직관적 방법 내지는 그 결과로 나타나는 해결안을 SAP, 모델링 예, 전문가의 해결안과 주의 깊게 비교/대조해 보게 하는 데 있어서 매우 중요하다.

8.4 요약

- 인지적 전략을 분석하려면, 전문적인 과제 수행가들을 관찰하거나 인터뷰해서 체계적인 문제 해결 과정의 단계 내지는 하위 단계와 각 단계를 성공적으로 마치게 해주는 규칙을 분석하면 된다.
- SAP의 단계와 하위 단계를 분석하려면, 과제 수행가에 의해 달성되어야 하는 일련의 순서화된 (하위) 목표와 필요한 경우 반드시 결정해야 할 의사결정 요소들을 구체화해야 한다. 이는 특정 목적들이 이전 목적의 달성 여부에 따라 달라지기 때문이다.
- 하나의 문제 해결 단계를 성공적으로 완수하도록 도움을 주는 경험에 의한 규칙들을 분석하려면, 특정 규칙이 문제 해결에 도움을 줄 수 있는 특정 조건들과 학습자들이 취해야 하는 조치를 if-then의 형태로 나열해보자.

- 직관적인 인지적 전략을 분석하려면, 전문가가 사용하는 문제 해결 단계 및 규칙과 학습자들이 사용하는 것 간에 어떤 차이가 있는지를 주목하자.
- SAP로 문제 해결 안내를 설계하려면, 관련된 모든 문제 해결 단계들을 안내하고 유용한 규칙들을 적용해 보도록 유도하는 프로세스 워크시트나 수행 단계 제한하기 방법을 설계하자.
- SAP로 과제 클래스를 수정 및 보완하려면, SAP 차트에서 단순한 경로들을 분석하는 것에서 시작하여 점점 복잡한 경로들을 분석하여 연관된 과제 클래스들을 정의하자.
- SAP로 지원적 내용을 설계하려면, 대상 학습자가 명확하게 이해할 수 있는 방법으로 단계들과 규칙들을 만들고 이를 설명하는 데 사용할 수 있는 모델링 예들을 선정하거나 설계하자.
- 비효과적인 직관적 전략을 사용하는 학습자들에게 인지적 전략을 가르치려면, 별도의 문제 해결 안내를 제공하고, 과제 난이도를 점차적으로 높이고, 학습자들로 하여금 자신의 직관적 전략과 전문가의 전략을 비교 및 대조해보게 하자.

제9장

단계 6: 정신적 모형 분석

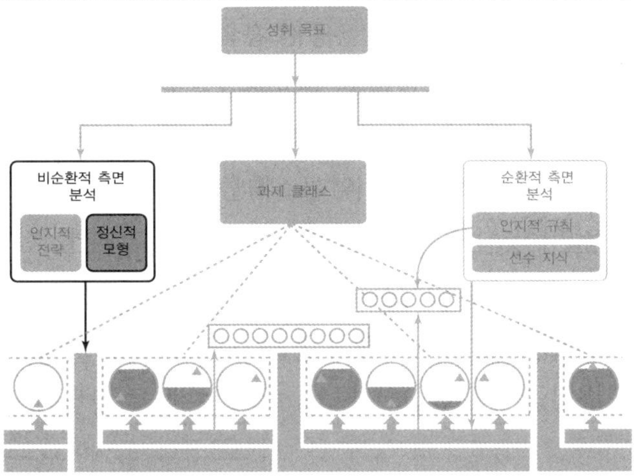

필요성

정신적 모형 분석은 지원적 내용 중에서 특히 개념적, 구조적, 인과적 모형을 설계하는 데 기초를 제공한다. 이 단계는 지원적 내용이 기존의 교수 자료에서 가용하지 않을 때에만 수행되어야 한다.

아는 만큼 볼 수 있다. 지질학자가 등산할 때에는 지질학적 연대와 암석 형성에 대해서만 볼 것이다. 같은 산을 타는 경륜선수는 자전거의 변속비와 경사도만 볼 것이다. 이 사람들은 (감각 기관의 관점에서 보면) 같은 것을 보고도 자기들이 본 것을 다르게 해석한다. 이런 점에서, 이 두 사람은 매우 다른 정신적 모형을 가지고 있다고 할 수 있다.

과제 수행자는 정신적 모형을 이용해서 하나의 과제 영역을 이해하고, 추론하고, 설명하고, 예측할 수 있다(Gentner & Stevens, 1983; Van Merriënboer, Seel, & Kirschner, 2002). 이 장은 하나의 영역이 어떻게 조직되어 있는가를 보여주는 정신적 모형의 분석에 초점을 두고 있다. 이 분석 결과로 나온 것을 영역 모형이라 하는데, 이것은 개념적 모형(이것은 무엇인가?), 인과적 모형(이것은 어떻게 작동하는가?), 구조적 모형(이것은 어떻게 이루어졌는가?)의 형태를 취한다. 정신적 모형은 유능한 과제 수행자가 자신의 문제 해결 지원을 위하여 영역을 추론할 수 있는 방법으로 그들이 어떻게 정신적으로 하나의 영역을 조직하고 있는지를 구체적으로 보여준다. 다루려고 하는 정신적 모형의 내용에 대해서 자세히 설명된 것이 교수 자료나 교재 등에 이미 나와 있는 경우가 굉장히 흔하다. 그런 경우라면, 이 장에서 설명하고 있는 활동을 할 필요가 없다. 그렇지 않을 경우 선택된 과제 클래스의 순서를 수정 및 보완하고, 특히 지원적 내용의 중요한 일부를 설계하는 데 정신적 모형 분석은 중요할 것이다.

이 장의 구조는 다음과 같다. 우선 개념적, 구조적, 인과적 모형의 규명을 포함한 영역 모형의 구체화에 대하여 살펴볼 것이다. 둘째, 직관적 정신적 모형의 분석에 대하여 간단히 살펴볼 것이다. 왜냐하면 학습자가 그러한 모형을 가지고 있다면, 보다 효과적이면서 과학적인 모형의 구축이 방해될 수 있기 때문이다. 셋째, 설계 과정을 위한 영역 모형의 활용에 대하여 살펴볼 것이다. 영역 모형은 과제 클래스의 순서를 수정 및 보완하고 지원적 내용의 주요한 부분을 설계하는 데 유용하다. 이 두 가지 활동에 있어서, 직관적 정신적 모형은 교수 방법을 선택하는 데 영향을 줄 것이다. 마지막으로 정신적 모형 분석을 인지적 전략 분석과 간단히 비교해 보고, 요약으로 마무리할 것이다.

9.1 영역 모형의 구체화

영역 모형은 어떤 특정 과제 영역이 어떻게 조직되어 있는가에 관해서 자세하게 기술되어 있는 것이라고 정의될 수 있다. 그리고 그 영역 모형은 사실과 개념이 유의미한 관련성에 의해서 서로 어떻게 연결되는지를 보여주는 것이다. 그 결과로, 영역 모형은 학습자들로 하여금 잘 모르는 상황을 그들이 이미 알고 있는 일반적 지식에 의해서 해석하게 해주거나 새로운 것을 알게 해줄 수 있는 인지적 쉐마를 담고 있는 상당히 복잡한 네트워크를 보여준다. 교수설계에 있어서 정신적 모형 분석은 영역 모형에 있어서 다음과 같은 기능을 한다.

1. 점차 어려워지는 학습 과제의 수행에 근간이 되는 단순한 정신적 모형부터 보다 복잡한 정신적 모형의 순서를 찾아내서 과제 클래스의 순서를 수정 및 보완하게 한다(5장 1절 참고).
2. 각각의 과제 클래스를 위한 지원적 내용의 주요한 부분을 개발하는 데 있어서 기초가 된다(7장 1절 참고).

정신적 모형 분석은 전형적으로 서류 분석과 유능한 과제 수행자들이 어떤 특정 영역에 대하여 작업을 할 때(특정 영역에 대하여 이야기하고, 무엇인가를 분류 및 분석하고, 설명하고, 예측할 때) 어떤 모형들을 사용하는지를 설명해주는 인터뷰를 통해서 이루어진다. 정신적 모형의 분석을 용이하게 하기 위해서는 초기 과제 클래스로부터 단순한 과제의 수행의 근간이 되는 정신적 모형을 먼저 분석하고, 그 후에 실시할 과제 클래스로부터 보다 어려운 과제의 수행의 근간이 되는 정신적 모형을 분석하는 식으로 진행하는 것이 낫다. 이렇게 하고 나서, 분석자는 어떤 과제를 학습해야 하는 과제 수행자에게 비교적 단순한 과제들을 하게 하고 그 과제를 수행하기 위해서 필요한 정신적 모형을 설명해보도록 도와준다. 이런 절차는 점차적으로 난이도가 높아지는 과제들을 포함한 각각의 새로운 과제 클래스마다 반복된다.

각 과제의 난이 수준마다 정신적 모형 분석은 연합적 과정이다. 분석자는 주어진 난이 수준에 있는 그 과제의 문제 해결과 추론을 하는 데 도움이 될 수 있는 사실들 혹은 개념들 간의 유의미한 관계 혹은 연합을 찾아내야만 하기 때문이다. 그러나 이것은 반드시 참이 아닐 수도 있다. 간단히 말해서, 이것은 우리가 하나의 영역 혹은 어느 정도 관련된 영역들에 대하여 많이 알면 알수록 해당 영역에서 문제를 효과적으로 해결할 수 있을 것이라는 흔한 신념에 바탕을 두고 있다. 여기에서 심각한 위험은 개념과 사실의 관계를 규명하기 위한 연합적인 분석을 너무 오랫동안 진행하는 것이다. 어떤 점에서 모든 것은 서로 연결되어 있어서 분석자가 지식을 상호연계된 끝없는 네트워크로 만들 수 있기 때문이다. 그래서 새로운 관계는 유능한 과제 수행자가 새롭게 연합된 어떤 개념이나 사실이 수행을 증진시킬 수 있다고 그 이유를 명백하게 말하지 않는 한 추가되어서는 안 된다.

그러나 이렇게 하기는 쉽지 않다. 예를 들면, "정보 과학을 전공하는 학생들이 프로그래밍을 하기 위하여 어떻게 컴퓨터가 동작하는지를 알아야 하겠는가?", "예술을 전공하는 학생들이 그림을 그리는 데 유화의 화학성분을 알아야 하겠는가?", "교육공학을 전공하는 학생들이 효과적 혹은 효율적인 교수설계를 하기 위하여 학습자가 어떻게 학습하는지를 알아야 하겠는가?" 라는 질문을 생각해 볼 수 있다.

이런 문제인 경우에 어디까지 정신적 모형의 분석을 진행하는 것이 충분하다는 것인가? 영역 모형

에서 찾아낼 수 있는 다양한 유형의 관계의 개수는 이론적으로는 무한대이다. 대표적인 관계를 보여줄 수 있는 기본적인 모형에는 개념적, 구조적, 인과적 모형이 있다.

개념적 모형

개념적 모형의 기본적 요소는 개념이다. 여기서 *개념*은 객체, 사건 혹은 다른 실체들의 고유의 특징(*속성* 혹은 *특성*이라고도 함)을 하나의 클래스로 표현한 것이다. 하나의 개념은 그 개념의 특징들을 나열하는 명제 혹은 "사실"로 연결되는 하나의 노드로 볼 수 있다. 개념은 어떤 특정한 클래스에 구체적인 사물을 규명하거나 분류할 수 있도록 해준다. 언어에 속하는 대부분의 단어는 개념으로 동일시되는데, 대부분의 개념은 사물을 다양한 방식으로 묶거나 분류할 수 있다는 의미로, 임의적이라고 할 수 있다. 예를 들면, 하나의 컴퓨터는 그것의 특성("전기 장치"), 색깔("검정"), 사용기간("낡음") 등등에 따라 분류될 수 있다.

그러나, 어떤 특정한 과제 영역에서 어떤 개념은 다른 개념들보다 과제를 수행하는 데 더 유용하다. 분명히, 컴퓨터를 색깔에 따라 분류하는 것은 서비스 엔지니어에게는 그다지 유용하지 않을 것인 반면, 컴퓨터를 프로세서 유형에 따라 분류하는 것은 그들에게 매우 유용할 것이다. 그러나, 인테리어 디자이너에게 있어서는 컴퓨터를 색깔에 따라 구분하는 것이 의미가 있을 것이다.

개념적 모형은 개념들을 다른 개념들과 상호 관련시킨다. 개념적 모형은 "이것은 무엇인가?"라는 기본적인 질문에 대답할 수 있도록 해준다. 개념적 모형은 범주, 기술, 질적인 논증을 해야만 하는 과제를 수행하는 데 특히 중요하다. 왜냐하면, 개념적 모형은 사람들로 하여금 사물을 서로 비교하고, 사물을 부분 혹은 유형별로 분석하고, 예와 유추를 검색하는 등등의 과제를 수행할 수 있도록 해주기 때문이다.

개념적 모형을 구성하는 데에는 다양한 유형의 관계들이 많다. 특히 중요한 한 가지 관계는 어떤 특정한 개념이 다른 더 축약적 혹은 더 일반적인 개념의 요소가 된다는 것을 가리키는 유형(kind-of) 관계이다. 예를 들면, "의자"와 "테이블"이라는 개념은 둘 다 "가구"라는 개념과 유형 관계를 가진다. 왜냐하면, "의자"와 "테이블"이라는 두 가지 개념 모두가 "가구"라는 동일한 일반적인 클래스에 속하기 때문이다. 유형 관계는 개념의 위계를 정의하는 데 사용되는데, 분류학(taxonomy)이라고도 불린다. 분류학에서, 더 축약적 혹은 더 일반적인 개념을 상

표 9.1 상위, 등위, 하위 유형 관계(분류학) 및 부분 관계(부분학)의 예

	유형(kind of) 관계	부분(part of) 관계
상위 *상황을 제공한다*	• "동물"이라는 개념은 "포유류"라는 개념의 상위임 • "비소설"이라는 개념은 "요리책"이라는 개념의 상위임	• "몸"이라는 개념은 "다리"라는 개념의 상위임 • "책"이라는 개념은 "장"이라는 개념의 상위임
등위 *비교* 및 *대조한다*	• "포유류"라는 개념은 "새"라는 개념과 등위임 • "학습지"라는 개념은 "여행가이드북"이라는 개념과 등위임	• "다리"라는 개념은 "팔"이라는 개념과 등위임 • "장"이라는 개념은 "서문"이라는 개념과 등위임
하위 *분석한다*	• "인간"이라는 개념은 "포유류"라는 개념의 하위임 • "자습 가이드북"이라는 개념은 "학습지"라는 개념의 하위임	• "발"이라는 개념은 "다리"라는 개념의 하위임 • "절"이라는 개념은 "장"이라는 개념의 하위임

위 개념이라고 하고, 같은 축약화 혹은 일반화 수준에 있는 개념을 등위 개념이라 하며, 더 구체적 혹은 더 자세한 개념을 하위 개념이라고 한다. 상위 개념은 위계에서 더 낮은 단계의 아이디어를 다루는 상황을 제공하고, 등위 개념은 아이디어를 비교하고 대조하기 위한 기초를 제공하며, 하위 개념은 아이디어를 그것의 유형별로 분석하기 위한 기초를 제공한다. 표 9.1의 왼쪽은 개념들 간의 상위, 등위 및 하위 유형 관계의 예를 제시하고 있다.

다른 중요한 연합 관계는 어떤 특정한 개념이 다른 개념의 일부가 된다는 것을 가리키는 부분(kind of) 관계이다. 예를 들면, "키보드"와 "모니터"라는 개념은 둘 다 데스크톱 컴퓨터의 부품이기 때문에 "데스크톱 컴퓨터"라는 개념의 부분 관계가 된다. 부분 관계는 개념의 위계를 정의하는 데 사용되는데 부분학(partonomy)이라고도 한다. 표 9.2의 오른쪽은 개념들 간의 상위, 등위, 하위 부분 관계의 몇 가지 예를 제시하고 있다.

분류학과 부분학은 위계적으로 순서화되는 개념적 모형의 예다. 이와는 달리, 수평적(heterarchical) 모형 안의 각 개념은 하나 이상의 다른 개념들과 네트워크와 같은 구조를 생성하는 관계를 가질 수도 있다. 관계들에 대한 명칭이 부여되지 않는 위계적 모형을 *개념도*라고 한다. 개념도에서, 구현된 관계는 "개념 A는 개념 B와 어떤 방식으로 관련되어 있다", "개념 A는 개념 B와 연합되어 있다" 혹은 "개념 A는 개념 B와 어떤 관계를 가지고 있다"라는 의미를 갖는다. 때때로, 일방향적 관계(개념 A로부터 개념 B로 향하는 화살표로 표시됨)와 양방향적 관계(개

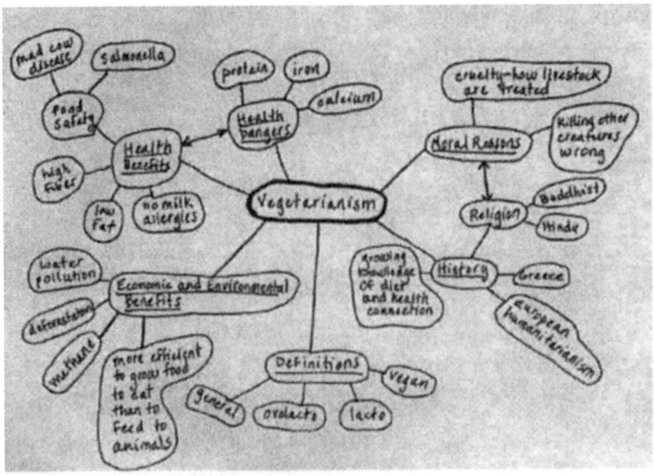

그림 9.1 개념도의 예

념 A와 개념 B 사이에 화살표가 없는 선 혹은 양방향 화살표 선으로 표시됨) 사이에 차이가 있기도 하다. 그림 9.1은 채식주의에 대한 찬반 이유를 뒷받침 해줄 수 있는 개념들 간의 관계를 나타내는 개념도의 예다.

개념도에서 관계에 대한 명칭이 부여되지 않는 데서 발생하는 한 가지 문제점은 그 관계에 대한 의미가 잘못 이해되거나 모호한 상태로 남을 수 있다는 것이다. 이러한 문제에 대한 대안으로 관계 혹은 연결에 대해 뚜렷한 명칭을 부여하는 개념도인 의미망이 있다(그림 9.2 참고).

앞에서 제시한 유형 관계와 부분 관계뿐만 아니라 의미망에서 연결선에 명칭을 부여하는 데 사용될 수 있는 다른 유의미한 관계로 다음과 같은 것들이 있다.

- *경험적 관계(experiential relationship)*: 새로운 개념을 학습자들에게 이미 익숙한 구체적인 예에 연결함(예: "자동차 발전기"는 "발전기"라는 개념 예임)
- *유추적 관계(analogical relationship)*: 새로운 개념을 과제 영역 바깥의 유사하면서도 학습자에게 익숙한 개념에 연결함(예: "인간의 심장"을 "HS 펌프"로 빗대어 일컬음)
- *선수적 관계(prerequisite relationship)*: 새로운 개념을 이해할 수 있게 해주는 익숙한 다른 개념에 연결함(예: "나누기"라는 선수 개념을 이해함으로써 "소수"라는 개념을 이해할 수 있게 됨)

경험적, 유추적 내지는 선수적 관계는 그것이 나타내는 개념적 모형을 학습자

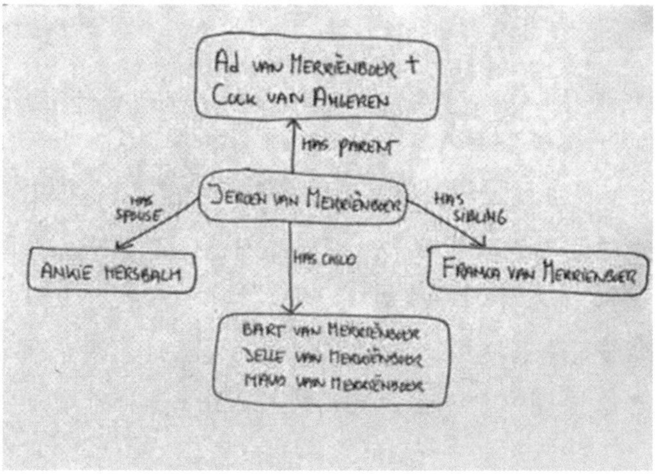

그림 9.2 의미망의 예

가 이미 알고 있는 것과 뚜렷하게 관련시키기 때문에 과제 영역을 심층적으로 이해하도록 해준다. 이 세 관계는 초보 학습자들을 위해 귀납적 교수방법이 사용될 때 특히 중요하다(7장 3절 참고). 왜냐하면 이 관계는 학습자들이 자신의 사전 지식으로부터 일반적 · 축약적 모형을 구성하도록 해줄 수 있기 때문이다. 다른 유의미한 관계에는 다음과 같은 것들이 있다.

- *시간적 위치 관계(location-in-time relationship)*: 어떤 특정한 개념이 다른 개념과 시간적으로 특정한 관계(이전, 도중, 이후)에 있음(예: 군대 상황에서 "복명"은 "작전"과 이후의 관계임)
- *공간적 위치 관계(location-in-space relationship)*: 어떤 특정한 개념이 다른 개념과 공간적인 관계(예: 안, 위, 아래쪽, 위쪽 등)에 있음(예: 전형적인 과학 논문에서 "결과 부분"은 "방법 부분"의 아래쪽에 위치함).
- *원인 결과 관계(cause-effect relationship)*: 한 가지 개념의 변화(원인)가 다른 개념의 변화(결과)와 관련됨을 나타냄(예: "수요"와 "공급"에서 하나가 증가하면 다른 하나가 증가할 것이기 때문에, "수요"와 "공급"이라는 개념은 인과 관계에 있음)
- *자연적 과정 관계(natural-process relationship)*: 한 가지 특정한 개념이 인과 관계가 아니라 다른 개념과 동시에 일어나거나 혹은 다른 개념 뒤에 따라 나옴("증발"이라는 개념은 "액화"라는 개념과 자연적 과정 관계에 있어서 증류 사이클에 의하면 증발이 액화를 유발하거나 액화가 증발을 유발한

다고 할 수 없다).

이전에 제시된 관계들 중 어떤 것이 개념적 모형에 사용되어야 하는가라는 질문에 대한 대답은 과제 영역의 특성, 특히 이 영역에서 수행되어야만 할 학습 과제에 따라 달라진다고 할 수 있다. 분석 과정을 적절하게 하기 위해서, 과제 영역에서 질적인 논증을 가능하게 해주는 개념적 모형은 관계들을 간결하게 한 하나의 세트로 만든 것을 가장 잘 사용한다. 뿐만 아니라, 구조적 모형에서는 위치 관계에 명확하게 중점을 둘 것이고, 인과적 모형에서는 원인-결과 내지는 자연적 과정 관계에 중점을 둘 것이다. 다음은 이러한 특별한 모형들에 대해 다룰 것이다.

구조적 모형

구조적 모형은 시간적 위치 관계이든 공간적 위치 관계이든 거기에 포함되어 있는 개념들의 관계가 부각된 영역 모형이다. 그리고 시간적 위치 관계와 공간적 위치 관계를 함께 사용해서 계획을 세울 수 있도록 해주기 위한 영역 모형으로서 학습자들로 하여금 "이것은 어떻게 만들어져 있는 것이지?", "이것은 어떻게 조직되어 있는 것이지?"와 같은 *계획 행동(plans)*을 하게 한다. 계획은 시간적인 개념이나 공간적인 개념으로 표현된다. 개념을 시간적으로 표현한 계획을 *스크립트(scripts)*라고 한다. 스크립트는 시간적 위치 관계를 활용한 사건들 혹은 활동들의 전형적인 순서로 표현된다. 예를 들면 생물학에서 다음의 스크립트는 숫메기의 짝짓기 행위의 전형으로 볼 수 있다.

- 쫓아가기, 그러고 나서
- 매달리기, 그러고 나서
- 껴안기

이 스크립트는 생물학자들이 메기의 짝짓기 철에 암메기 부근에서 특정 방식으로 행동하는 숫메기의 행동을 관찰한 것에 대한 해석을 가능하게 해준다. 다른 어류의 짝짓기 행위와 메기의 것과는 다르기 때문에 이 스크립트는 무슨 일이 일어나고 있는지에 대하여 이해하도록 해준다. 더군다나 스크립트는 앞으로의 사건들을 예측하도록 해주거나 혹은 따로 관찰된 것을 통합적으로 설명하도록 해준다. 예를 들면, 만일 생물학자들이 숫메기가 암메기를 쫓아간 후 매달리는 행동을 관찰했다면, 그 다음에는 껴안는 행위가 나올 것이라는 것을 예측할 수 있다는 것이다.

개념을 공간적으로 표현한 계획을 *템플릿(templates)*이라고 한다. 템플릿은 공간적 위치 관계를 사용하여 요소들을 공간적으로 표현한 것을 말한다. 예를 들면, 체스 분야의 초기 연구에서 체스 전문가는 초보자보다 의미 있는 문제 상태에 대한 보다 나은 메모리를 가지고 있는데, 전문가는 체스판에 있는 체스의 패턴을 떠올리는 데 참조할 수 있는 템플릿들을 가지고 있기 때문이다(De Groot, 1966). 보다 실제적인 예를 보면, 과학적 글쓰기 분야에서 다음의 템플릿은 실증적 논문의 전형으로 볼 수 있다.

- (방법 전에 나오는) 서론
- (결과 전에 나오는) 방법
- (논의 전에 나오는) 결과
- (참고 문헌 전에 나오는) 논의
- 참고 문헌

실증적 논문은 모두 똑같은 구조를 가지고 있기 때문에 이러한 템플릿은 연구자가 실증적 논문을 빨리 이해하게 해준다. 이 템플릿은 또한 글쓰기 과정을 이끌어주기 때문에 논문을 작성하는 데에도 도움을 준다. 동일한 방식으로, 인공물을 설계하는 다른 분야에서도 템플릿은 과제 수행자들에게 도움을 준다. 그 예로 컴퓨터 프로그래머들이 프로그래밍 코드들을 배치하는 데 전형적인 패턴을 사용하는 것, 건축가들이 건물을 설계하는 데 전형적인 빌딩 블록을 사용하는 것, 전기공이 표준 컴포넌트를 사용하여 복잡한 회로를 만드는 것이 있다.

구조적 모형은 단 하나의 계획이 아닌 인공물을 이해하고 설계하도록 도와주는 서로 관련된 여러 계획들로 구성되기도 한다. 다양한 유형의 관계들은 계획들을 서로 연결하는 데 사용될 수 있다. 그림 9.3은 과학적 논문을 작성하는 데 유용한 구조적 모형이다. 또 다른 예로 컴퓨터 프로그래밍 영역에서 보다 일반적이면서 축약적인 계획들은 하나의 프로그램의 기본 아웃라인(예: 헤딩, 선언부, 프로시저, 메인 프로그램)을 나타낸다. 이런 일반적이고 축약적인 계획은 프로시저(procedure), 반복 구조(looping structure), 선택 구조(decision structure)와 같은 기본적인 프로그래밍 구조들을 보여주는 보다 더 구체적인 계획으로 발전될 수 있다. 다시, 이 계획들은 반복 구조(예: while문, for문, REPEAT-UNTIL문), 조건(예: IF-THEN, CASE) 등을 위한 구체적인 템플릿과 같은 실제 프로그래밍 코드와 같은 것들을 제공해주는 구체적인 계획으로 발전된다.

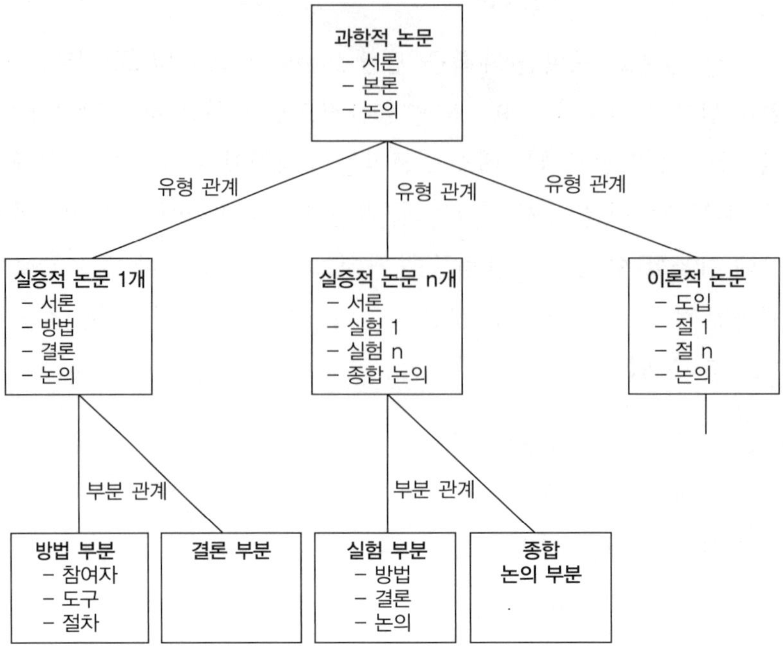

그림 9.3 과학적 논문 작성을 위한 구조적 모형

인과적 모형

인과적 모형은 개념들 간의 관계를 원인과 결과의 관계, 자연적인 과정의 관계가 부각되도록 표현한 영역 모형이다. 이 모형은 학습자들이 "이것은 어떻게 작동하지?" 혹은 "이것은 왜 안 되지?"와 같은 질문에 답할 수 있도록 해주는 *원리*들로 구성된다. 원리는 하나의 개념에서의 변화가 다른 개념에서의 변화에 영향을 미치는 것으로 원인-결과의 관계일 수도 있고 자연적 과정의 관계일 수 있다. 원인-결과 관계는 한 개념에서의 변화는 항상 다른 개념의 변화를 초래하기 때문에 이것은 결정론적(deterministic)이라고 할 수 있다. 예를 들면, "가스통의 부피가 줄어들면 그 내부 압력이 높아진다" 혹은 "대기의 이산화탄소와(혹은) 오존의 양이 증가하면 스모그가 심해진다"가 있다. 원인-결과 관계는 한 개념의 변화가 어떠한 때에만 다른 개념의 변화에 영향을 주기 때문에 확률적(probabilistic)이라고 할 수 있다. 예를 들면 "열심히 일하면 성공할 수 있다" 혹은 "흡연은 암을 유발할 수 있다"와 같은 것이 있다. 자연적 과정(natural process) 관계는 인과성 없이 하나의 사건이 또 다른 하나의 사건과 동시에 일어날 때 사용된다(A와 B가 동시에 일어난다; A는 B 앞에 일어날 수 있다 혹은 B는 A 다음에 일어난다). 그래서 자연적 과정 관계는 단지 상관관계적(correlational)인데, 예를 들면 "태양은 아침마다 떠오른다"(태양이 뜨기 때문에 아침인가 혹은 아침이기 때문에 태양이 뜨는 것인가?) 혹은 "과체중인 사람은 운동을 적게 한다"가 있다.

인과적 모형은 하나의 원리로 이루어진 것이 아니라 특정한 영역에 적용될 수 있는 상호 연관된 원리들로 이루어져 있다. 인과적 모형은 자연 현상, 어떤 과정, 그리고 도구들이 어떻게 작동하는지를 이해하도록 도와주며 그것들에 관해서 추론하게 도와준다. 원인이 주어지면, 원인-결과 모형은 예측을 하고 함의를 이끌어낼 수 있게 해주며(하나의 특정 상태가 주어지면 그것이 가져올 결과가 무엇인지 예측한다), 결과가 주어지면 원인-결과 모형은 설명을 제공하고 사건들을 해석할 수 있도록 해준다(하나의 특정 상태가 제공되면 무엇이 그것을 일으키게 했는지를 설명한다). 인과적 모형이 자연 현상의 원리를 묘사하고 있다면 그것은 *이론(theory)*이라 한다. 예를 들면, 전기 이론은 하나의 특정한 입력이 주어지면, 원하는 유형의 출력을 만들어낼 수 있는 전기 회로를 설계하는 데 사용될 수 있다(예: 가느다란 저항 장치를 통해 흐르는 전기의 양이 많으면 저항 장치가 매우 뜨거워진다. 이것은 어떻게 백열 전구가 기능하는지를 설명하고 있다). 인과적 모형이 인공적인 공학 시스템의 원리를 묘사하고 있다면 이를 *기능적 모형(functional model)*이라 한다. 기능적 모형이 시스템의 각 요소들이 입력 장치 변화에 따라 어떻게 변화하는지, 그리고 이것은 출력 장치에 어떻게 영향을 주는지를 설명함으로써 시스템의 각 요소들의 행위(behavior)를 설명하고, 하나의 장치의 출

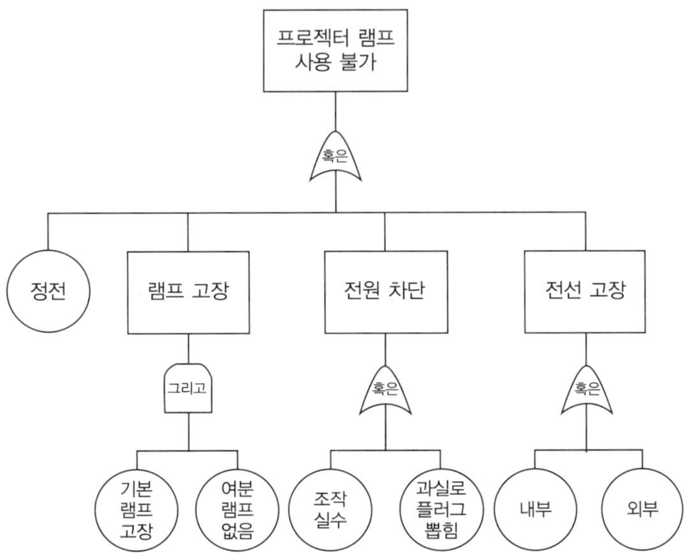

그림 9.4 프로젝터 램프가 나갔을 때의 결함수 분석

력 장치가 다른 장치의 입력에 어떻게 연결되었는지를 기술함으로써 전체 시스템의 행위를 설명하고 있다.

바람직한 결과가 주어지면 공학 시스템의 잘 개발된 기능적 모형은 과제 수행자에게 바람직한 결과가 나올 수 있도록 원인을 찾아내서 수리하게 해준다. 이러한 방법은 특히 운영 내지는 작동하는 과제에 도움이 된다. 바람직하지 않은 결과가 주어지면(예: 고장 혹은 실수) 잘 개발된 기능적 모형은 과제 수행자에게 바람직하지 않은 결과를 일으키는 원인을 찾아내주고(진단하기), 궁극적으로 바람직한 결과에 이를 수 있는 원인에 이르도록 해준다(수리하기). 이 방법은 특히 고장진단 과제에 유용하다. *And/or 그래프*는 여러 가지 원인별 결과를 표현하는 좋은 방법이다. 이 그래프의 특정 유형인 *결함수(fault tree)*는 사용자가 고장진단 과제를 수행하도록 하는 데 유용할 수 있는데, 결함수는 시스템 고장의 모든 잠재적 원인들을 분석해주기 때문이다(Wood, Stephens, & Barker, 1979). 그림 9.4는 프로젝터 램프가 나간 것을 진단하는 결함수의 간단한 예를 보여준다. 램프가 나간 것은 정전이 되었거나(더 이상의 하위 단계가 없는 기본 사건) 혹은(or) 램프 고장 혹은(or) 부주의에 의한 전원 차단 혹은(or) 전선 고장임을 나타내고 있다. 램프 고장은 기본 램프가 고장났으면서(and) 여분의 램프가 없어 일어난 결과이다. 대형 기술 시스템을 위한 결함수는 굉장히 복잡해질 수밖에 없다.

통합적 모형

구조적 모형과 인과적 모형은 개념적 모형의 한 종류로 볼 수 있으며, 하나의 과제 영역에 관한 특정 관점을 제공해준다. 구조적 모형과 인과적 모형을 의미망으로 통합한 것을 복합적 영역 모형이라 할 수 있는데, 이 의미망은 복합적인 인지 기능을 수행하게 해주는 전체적인 정신적 모형이다. 그러나 분석을 용이하게 할 수 있도록 하기 위해서 처음에는 한 모형에만 집중할 필요가 있다. 과제 영역에 따라 각기 다른 구조를 가지고 있다. 구조적 모형은 기계 공학, 교수설계, 건축학과 같은 분석과 설계가 중심인 영역에 특히 중요하고, 인과적 모형은 자연과학, 의학과 같은 설명, 예측, 진단이 중심인 영역에 특히 중요하고, 일반적인 개념적 모형은 역사 혹은 법학과 같은 기술, 분류, 질적인 추론이 중심인 영역에 특히 중요하다. 분석가는 그 영역의 중심이 되는 모형이 어느 것인가라는 분석부터 시작해야 한다(Dijkstra & van Merriënboer, 1997; Reigeluth & Stein, 1983). 다음 분석 단계에서 정신적 모형의 부분을 구성하고 있는 다른 모형들과 어떤 관계가 있는지를 분석해야 한다.

9.2 직관적인 정신적 모형의 분석

이 책에서 제시하는 열 단계 모형은 주어진 영역에서 문제를 해결하고 과제를 수행하도록 해주는 효과적인 정신적 모형의 분석을 강조한다. 분석된 영역 모형은 그 영역에서 일반적으로 받아들여지는 생각, 계획, 법칙에 따라 달라지기 때문에 '합리적' 분석(rational analysis)이라고 할 수 있다. 교수설계자들은 이러한 분석뿐만 아니라 그 분야의 초보 학습자들의 정신적 모형도 분석할 수 있으며, 분석해야만 한다. 이러한 분석은 대상 학습자 집단에 의해 사용되는 실제적인 모델을 기술하는 것이기 때문에 '경험적' 분석(empirical analysis)이라고 할 수 있다. 유능한 과제 수행자들에 의해 사용되는 효과적인 정신적 모형을 기술하는 영역 모형과 그 영역의 초보 학습자들의 직관적 혹은 초보적인 정신적 모형 간에는 엄청난 차이가 있을 것이다. 그러한 직관적 혹은 초보적 모형은 종종 단편적이고, 명확하지 않고, 완성적이지 않기 때문에, 오해 혹은 ***오개념(misconceptions)***을 동반할 수 있어서 전형적으로 학습자들은 요소들 간의 기저 관계를 제대로 알아채지 못한다. 그림 9.5는 초보 학습자들의 지구에 대한 직관적 개념 모형의 예를 보여준다(Vosniadou & Brewer, 1992). 직관적 구조적 모형의 한 예는 모든 컴퓨터 시스템이 중앙 서버에 연결되어 있는 하나의 중앙집중화된 시스템으로 인터넷을 본다는 것이다. 직관적인 인과적 모형의 한 예는 조수간만의 차가 오로지 달의 자전에 의해서만 일어난다고 보는 것이다.

직관적인 정신적 모형은 종종 변화시키기가 매우 어렵다. 이를 위한 한 가지 방법은 현재 학습자들이 가지고 있는 직관적 모형을 가지고 수업을 시작해서(귀

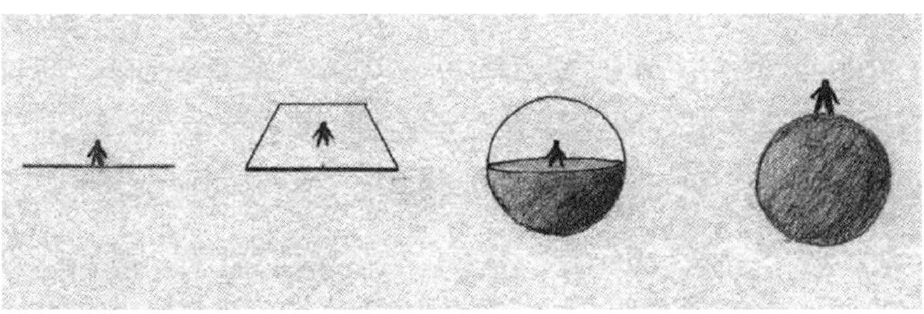

그림 9.5 초보 학습자들의 지구에 대한 직관적인 개념 모형의 예 (Vosniadou & Brewer, 1992)

납적 방법) 개념이 변화되는 과정에서 점점 더 효과적인 모형을 향해 천천히 진전시키는 것이다(Schnotz, Vosniadou, & Carretero, 1999). 또 다른 방법은 학습자들로 하여금 그들이 가지고 있는 직관적 모형의 효과성에 대해 의문을 품어보게 하는 것이다. 예를 들면, 학습자들로 하여금 그들이 가지고 있는 직관적 모형을 보다 더 정확한 모형과 대조해보게 하거나 자신의 직관적 모형에 대해 다양한 관점을 취해보게 하는 것이다. 이러한 방법에 대해서는 다음 절에서 간략하게 다룰 것이다.

9.3 설계 결정을 위한 영역 모형의 사용

단계 6은 기존의 학습 자료와 교수 프로그램 안에 영역 모형에 관한 정보가 없을 경우에만 수행된다. 이 단계가 수행되었다면, 그 분석 결과는 많은 설계 활동을 위한 기초를 제공하게 된다. 특히, 규명된 영역 모형들은 정신적 모형 진전시키기 방법을 사용함으로써 기존의 과제 클래스의 순서를 더욱 수정 및 보완하고 지원적 내용의 중요한 부분을 설계할 수 있도록 해줄 것이다.

정신적 모형 진전시키기를 통한 과제 클래스의 수정 및 보완

영역 모형은 *정신적 모형 진전시키기(mental model progression)* 방법을 통해 과제 클래스의 기존 순서를 수정 및 보완하는 데 사용될 수 있다(5장 1절 참고). 첫 번째 과제 클래스는 가장 단순한 영역 모형에 기초해서 정확하게 수행될 수 있는 학습 과제들로 이루어진 하나의 범주로 정의된다. 이러한 모형은 가장 대표성이 있고 근본적이고 구체적인 개념들을 이미 포함하고 있으며, 학습자들이 공부하게 될 중요한 학습 과제들을 구성하기에 충분히 강력해야 한다. 점점 더 어려워지는 과제 클래스들은 점점 더 복합적인 영역 모형과 일대일 대응이 된다. 일반적으로, 복합적인 모형은 덜 복합적인 모형보다 다양한 유형의 요소들과 그러한 요소들 간에 더 많은 관계를 포함한다. 보다 복합적인 모형은 이전 모형들의 한 부분 혹은 한 측면에 복합성 혹은 세부사항을 추가해서 그것들을 정교화하거나 혹은 그 영역 안의 문제를 해결하는 데 있어서 대안적인 관점을 제공한다. 따라서 정신적 모형 진전시키기에서, 모든 모형들은 '보다 더 복합적인 모형에 기반하여 구성된다' 는 본질적인 특성을 공유한다. 이러한 과정은 정교화의 수준과 다양한 관점을 제공하는 일련의 모형들이 최종 출구 행동을 포함할 때까지 지속된다.

표 9.2 전기 고장 문제 해결하기 영역에서 정신적 모형 진전시키기 (White & Frederiksen, 1990)

모형 진전시키기	모형의 내용	적합한 과제 클래스
무순위 모형	• 기본적인 회로 원리 • 전도율의 유형 • 전류 및 저항의 존재여부	전압, 전류 흐름, 저항이 어떻게 나누어지는지에 대한 이해를 요하는 학습 과제
일순위 모형	• 피드백의 개념 • 아날로그 회로 • 전압, 전류 및 저항의 관계	피드백의 감지 및 이해를 요하는 학습 과제
질적 모형	• Kirchov의 법칙 • Ohm의 법칙 • 휘스톤브릿지	상황에 따른 전류, 저항, 전압 계산을 요하는 학습 과제

표 9.2는 전류 고장 문제 해결하기 영역의 정신적 모형 진전시키기의 한 예를 보여준다(White & Frederiksen, 1990). 각각의 모형은 학습자들이 수업이 끝난 환경에서 발생할 수 있는 학습 과제를 수행할 수 있도록 해준다. 이 영역에서 인과적 모형은 전기 회로 및 그 부품들, 즉 배터리, 저항 장치, 콘덴서(축전기) 등과 같은 요소들의 작동을 통제하는 원리들을 기술한다. 단순한 것에서부터 복잡한 것으로 진전되는 세 가지 인과적 모형은 다음과 같다.

- *무순위 모형(zero-order models)*: 저항, 전압, 전류의 존재 여부를 회로 작동과 관련짓는 원리를 포함함. "전구의 불이 켜질 것인가 말 것인가?" 와 같은 질문에 답하는 데 사용될 수 있음.
- *일순위 모형(first-order models)*: 한 가지 변화를 다른 변화와 관련짓는 원리를 포함함. "저항이 낮아질 때 전압이 높아지는가?" 와 같은 질문에 답하는 데 사용될 수 있음.
- *양적 모형(quantitative models)*: Kirchov의 법칙, Ohm의 법칙과 같은 전기에 관한 법칙을 표현하는 원리를 포함함. "이 회로에서 X와 Y가 교차하는 지점의 전압은 얼마인가?" 와 같은 질문에 답하는 데 사용될 수 있음.

지원적 내용 설계

영역 모형은 정신적 모형과 관련된 지원적 내용의 일부를 설계하는 데 있어서 기초를 제공한다. 첫째, 영역 모형은 사물이 어떻게 명명되는지, 사물이 어떻게 구성되는지, 그리고 사물이 특정 영역에서 어떻게 작용하는지를 보여주기 때문에(7장 1절 참고) 학습자들에게 명시적으로 제시될 수 있다. 목표로 하는 대상 학습자들이 명확하게 이해할 수 있는 방식으로 영역 모형이 형성되도록 하기 위해서 종종 어떤 교육적 목표를 구체화하는 것이 필요하다. 둘째, 영역 모형은 교수설계자들이 사물에 대한 분류, 조직 및 작용에 대한 구체적인 예를 제공하는 사례 연구를 찾을 수 있도록 해줄 것이다(7장 2절 참고). 그러한 사례 연구들은 최대한의 ***산출지향 지원**(product-oriented support)*을 제공하는 학습 과제 혹은 정신적 모형을 가시화한 것으로 볼 수 있다. 셋째, 영역 모형은 학습자에게 인지적 피드백을 제공하는 역할을 맡을 수 있다. 왜냐하면, 그것이 제시되면 그 후에 학습자들에게 자신의 해결책을 제시된 영역 모형과 비교해보도록 할 것이기 때문이다(7장 4절 참고). 예를 들어, 학습자들이 과학적 논문을 작성했다면 그들은 자기 논문의 구조를 제공된 구조적 모형(그림 9.3 참고) 혹은 그 영역의 한 (과학적) 저널에서 선택된 특정 논문과 비교할 수 있다. 학습자가 특정한 오류를 진단했다면, 그 학습자는 제공된 결함수(그림 9.4 참고)와 비교하면서 자신의 진단에 대한 신뢰도를 확인할 수 있다. 그러한 성찰적 활동은 학습자들이 지원적 내용을 보다 정교화하도록 해준다.

직관적인 정신적 모형 다루기

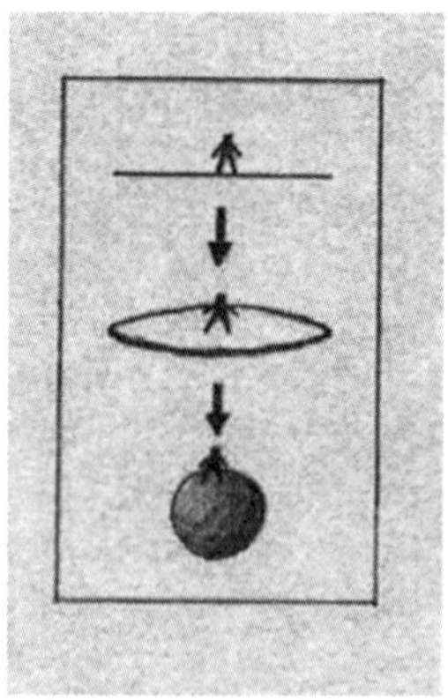

앞서 논의했듯이, 초보 학습자들이 가지고 있는 직관적 모형을 분석하는 것은 설계 결정에 영향을 줄 수 있다. 과제 클래스의 수정 및 보완 측면에서, 직관적 모형의 존재는 기존의 직관적 모형에서 출발하고, 비교적 많은 수의 과제 클래스를 제공하는 이유가 된다. 즉 직관적이면서 비효과적인 모형에서부터 효과적인, 하지만 여전히 불완전하고 부분적인 모형을 거쳐 보다 효과적이고 완전하면서 통합된 모형으로 서서히 가게 하는 이유가 된다. 이는 학습자들로 하여금 각 난이 수준마다 보다 새롭고 강력한 모형과 이전의, 그리고 비교적 덜 강력한 모형들을 비교하고 대조해보도록 한다. 이상적으로는 전문가 모형은 점차적으로 직관적 모형을 대체하게 된다. 그러나 직관적인 정신적 모형이 바뀌기가 굉장히 어렵다는 사실을 주지해야 한다.

지원적 내용의 설계 측면에서, 강력한 직관적인 정신적 모형의 존재는 새로운 정보의 정교화에 명확하게 초점을 두는 교수 방법을 선택하는 이유가 된다. 우선, 사례 연구와 관련해서, 특정 영역 모형을 나타내는 비교적 많은 사례 연구들을 제시하고, *다양한 관점*에서 그 사례 연구들을 제시하는 것이 바람직하다. 예를 들면, 지구에 대한 모형을 가르치려고 할 때, 지원적 내용은 다양한 측면(서로 다른 대륙을 구의 형태로 보여주는)에서 본 지구의 위성 사진이 될 수 있으며, 조수를 가르치려고 할 때 사례 연구에서 지중해보다 대서양의 조수가 더 강력하며, 이것은 달과 태양에서 지구까지의 상대적 위치뿐만 아니라 이것들의 모양, 크기, 경계에 의해서 영향을 받는다는 것을 보여줄 수 있다. 둘째, *귀납적 전략*과 *안내된 탐구 전략*은 연역적 전략보다 선호되어야 한다. 앞의 두 가지 전략은 학습자들로 하여금 자신의 모형을 수정 및 보완하여 보다 효과적인 모형으로 구성하도록 해준다. "왜 배가 수평선 너머로 사라질까?", "멈추지 않고 직선으로 걷는다면, 무슨 일이 일어날까?"와 같은 물음은 지구에 관한 모형을 수정 및 보완하도록 해주며, "대조(大潮)는 언제 일어날까?", "소조(小潮)는 언제 일어날까?"와 같은 물음은 조수가 어떻게 일어나는지에 대한 모형을 만들 수 있도록 해준다. 셋째, *탐구에 의한 피드백(feedback by discovery)*은 학습자들로 하여금 자신의 모형과 보다 효과적 혹은 보다 과학적인 모형과 비교 및 대조해보도록 한다. 학습자들은 지구에 대한 자신의 모형과 지구본을 비교해볼 수 있으며, 조수에 대해 예측해본 것과 해안 경비대가 제공한 실측치를 비교해볼 수 있다.

정신적 모형 분석과 인지적 전략 분석

정신적 모형은 세상이 어떻게 조직되어 있는지를 기술하고 있으며, 인지적 전략은 이 세상에서 과제 수행자들의 행위가 어떻게 조직되어 있는지를 기술하고 있다. 열 단계 모형은 정신적 모형과 인지적 전략을 *상보적 관계(reciprocal relationship)*, 즉 어느 하나가 없으면 다른 하나도 거의 사용할 수 없는 관계로 가정하고 있다. 학습자의 정신적 모형 내에 특정한 한 영역의 지식이 보다 잘 조직되어 있을수록 인지적 전략의 활용이 하나의 완전한 해결책을 이끌어 낼 확률이 높아진다. 이것의 역도 항상 참이다. 보다 효능적인 정신적 모형일수록 인지적 전략은 해결책을 찾도록 도움을 줄 수 있는 확률이 높아진다. 따라서, 잘 설계된 교수 프로그램은 영역 모형의 개발과 SAP 개발이 함께 일어나도록 항상 보장해야 한다.

열 단계 모형은 인지적 전략과 정신적 모형의 차이를 우선적으로 이것들이 인간의 기억 속에서 어떻게 표현되는지보다 이것들의 *활용(use)*에 둔다. 예를 들면, 인지적 전략은 시간적 위치 관계(location-in-time relationships)를 과제 수행자의 행위를 기술하는 데 사용하는 반면 정신적 모형은 동일한 관계를 세상의 특정 사건들을 기술하는 데 사용한다. 인지적 전략이 규칙을 기술하기 위하여 원인-결과 관계를 사용하는 반면 정신적 모형은 동일한 관계를 어떤 한 특정 영역에 적용하는 원리들을 기술하는 데 사용한다. 핵심은 동일한 표현은 다양한 방식으로 사용될 수 있고, 사용되기도 한다는 것이다. 지도는 유용한 메타포를 제공해준다. 지도는 지형이 어떻게 이루어졌는지에 대한 생각을 들게 해주고(정신적 모형), 한편으로는 A에서 B로 여행하는 길을 계획하는 데 사용될 수 있다(인지적 전략).

열 단계 모형은 6단계인 정신적 모형 분석 전에 5단계인 인지적 전략을 분석하도록 제안하고 있다. 그 이유는 SAP가 기존의 문서와 교수 자료에 종종 덜 명시화되었거나 아예 없기도 하기 때문이다. 전통적인 교수 프로그램에서 "what-is 질문"에 우선 초점을 두고, 그 다음에 "how-to 질문"에 초점을 두는 것이 흔한 일이다. 열 단계 모형에서는 그 반대이다. 그럼에도 불구하고, 인지적 전략과 정신적 모형을 분석하는 데에 정해진 순서는 없다. SAP(예: 설계 기술)를 적용하면서 학습 과제를 가장 잘 기술하고 싶다면 인지적 전략 분석부터 시작하는 것이 가장 쉬울 수 있을 것이다. 영역 모형(예: 진단 기술)으로 추론하면서 학습 과제를 가장 잘 기술할 수 있다면, 정신적 모형 분석부터 시작하는 것이 가장 쉬울 것이다.

9.4 요약

- 영역 모형들을 분석하고자 한다면, 과제 영역에서 질적 추론에 도움을 줄 수 있는 주요한 지식 요소들과 그 요소들의 관계들을 규명해주는 서류 분석과 전문가 인터뷰를 하도록 하자.
- 기술과 분류를 고려하여 개념적 모형을 규명하고자 한다면, 개념들 간의 유형(kind of) 관계와 부분(part of) 관계에 초점을 두도록 하자.
- 새로운 개념적 모형과 학습자의 선수 지식을 연결시키고자 한다면, 경험적, 유추적, 선수적 관계를 활용하자.
- 구조적 모형을 규명하고자 한다면, 시간적 위치 관계와 공간적 위치 관계에 초점을 두도록 하자.
- 인과적 모형을 규명하고자 한다면, 원인-결과 관계와 자연적인 과정 관계에 초점을 두도록 하자.

- 직관적 정신적 모형을 분석하고자 한다면, 유능한 과제 전문가에게 현저하게 나타나는 지식 요소들과 이 요소들 간의 관계, 그리고 초보 학습자들에게 현저하게 나타나는 지식 요소들과 이 요소들 간의 관계 사이의 격차에 초점을 두도록 하자.
- 과제 클래스의 계열을 수정 및 보완하기 위해 영역 모형을 활용하고자 한다면, 단순한 모형부터 점차적으로 복잡해지는 모형의 순서를 찾아낸 후 각각에 해당하는 과제 클래스들을 정의해보자.
- 지원적 내용을 설계하는 데 영역 모형을 활용하고자 한다면, 대상 학습자가 명확하게 이해할 수 있는 방법으로 영역 모형을 만들고, 이 모형을 표현하는 데 활용될 수 있는 사례 연구들을 선정하거나 설계하도록 하자.
- 비효과적인 직관적 정신적 모형을 사용하려고 하는 학습자들에게 영역 모형을 가르치고자 한다면, 다양한 관점을 제공하는 사례 연구들을 제공하고, 귀납적 혹은 안내된 탐구 전략을 활용하고, 탐구에 의한 피드백을 제공하도록 하자.
- 인지적 전략들과 정신적 모형들을 분석할 필요가 있다면, 두 가지 중 과제 영역 내에서 가장 수행하기 쉬운 분석부터 시작하자.

제10장

단계 7: 절차적 학습 내용 설계

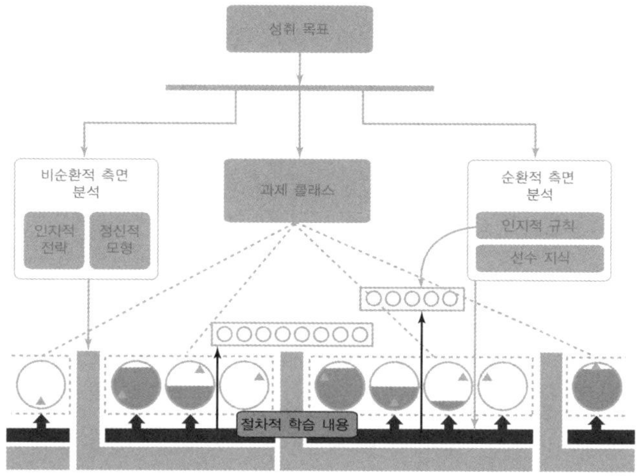

필요성

절차적 학습 내용은 네 개의 설계 요소 중 하나이며 학습자들로 하여금 학습 과제의 순환적 측면과 부분 과제 연습 항목을 수행하게 해준다. 이 단계는 반드시 수행되어야 한다.

일상생활에서 대부분의 활동은 상당히 고정된 루틴(routine)에 의해서 이루어진다. 아침에 일어날 때, 직장이나 학교에 갈 때, 매주 대형 마트에 쇼핑하러 갈 때, 어떤 요리를 할 때, 심지어 시험공부를 할 때도 사용하는 루틴이 있다. 사람들은 이러한 루틴을 가지고 있어서 기본적으로 그러한 과제와 활동을 수행할 때마다 그러한 루틴을 사용하게 된다. 말하자면, 상당히 고정된 절차를 따르게 되는 경우가 많다.

이 장에서는 절차적 학습 내용 설계를 위한 지침을 다룰 것이다. 이러한 지침은 순환적인 학습 과제를 어떻게 수행할지(단계 1) 혹은 항상 순환적인 부분 과제 연습 항목을 어떻게 수행할지(단계 10)를 구체화해주는 교수설계서의 세 번째 요소에 관한 것이다. 절차적 학습 내용은 적시적 학습 내용 디스플레이, 시연과 사례, 교정적 피드백으로 구성된다. 첫 번째 절차적 학습 내용은 학습자들에게 순환적인 복합 기능을 어떻게 수행해야 하는지에 대한 규칙과 절차뿐만 아니라 그 규칙과 절차를 올바르게 이행하기 위해서 요구되는 선수 지식을 학습자에게 제공해주기 위한 *적시적 학습 내용 디스플레이(just-in-time information displays)*를 말한다. 두 번째 절차적 학습 내용은 규칙과 절차의 적용에 대한 *시연(demonstration)*과 선수 지식에 대한 사례(instance)를 말한다. 세 번째 절차적 학습 내용은 오류에 대한 *교정적 피드백(corrective feedback)*을 말한다. 절차적 학습 내용을 위한 모든 교수 방법은 새로운 지식이 고도로 구체화된 인지적 규칙으로 전환되는 과정인 *지식 컴파일화*가 일어나도록 하기 위한 것이다. 이러한 인지적 규칙은 인지적 쉐마를 해석하지 않고도 순환적 과제 수행을 가능하게 해준다. 어떤 경우에는, 부분 과제 연습의 형태를 취할 수도 있는 집중적인 훈련을 하고 나면(13장 참고) 그러한 규칙이 완전히 자동화되어서 의식적 통제 없이도 순환적 과제 수행이 가능해진다.

이 장에서 다룰 내용은 다음과 같다. 첫째, 적시적 학습 내용의 디스플레이 설계에 대해 다룰 것이다. 적시적 학습 내용의 제시는 모듈화되고 단순한 언어를 사용해서 주의 분산 효과를 방지해야 한다. 둘째, 시연 및 사례의 사용에 대한 설명이 제시된다. 규칙과 절차는 전체 학습 과제 상황일 때 가장 잘 제시된다. 셋째, 절차적 학습 내용을 위한 세 가지 제시 전략을 소개한다. 즉, 교수자 혹은 컴퓨터를 통한 (학습자의 요구를 파악하여 필요한 절차적 학습 내용의) 제시, 맞춤형 매뉴얼 형태의 제시, 도움 시스템, 직무 가이드, 학습자들이 학습 과제를 시작하기 전에 절차적 학습 내용을 기억할 수 있도록 사전에 제시하는 것 등이 포함된다. 마지막으로, 교수설계서에서 절차적 학습 내용을 어떻게 배치할 것인지에 대해 설명할 것이다.

10.1 적시적 학습 내용의 디스플레이

순환적 학습 과제를 수행하려면 학습자들은 절차적 학습 내용을 필요로 한다. ***적시적 학습 내용의 디스플레이(Just-in-time information displays; 이하 JIT 학습 내용의 디스플레이라 함)***는 누구든지 보면 쉽게 이해할 수 있도록 그 과제를 어떻게 수행하는지에 대해 대단히 구체적으로 보여주는 것이다. JIT 내용은 "방법에 대한 학습(how-to instruction)", "규칙 기반 학습(rule-based instruction)", 혹은 "단계별 학습(step-by-step instruction)"이라고도 하며, 교수자가 설명해 주거나 매뉴얼 형태로 주어지기도 하고, (온라인) 도움 시스템, 직무 수행 보조 자료(job aids), 간편 안내서의 형태로 제시되기도 한다. 절차적 학습 내용은 같은 순환적 기능이 적용되는 여러 가지 학습 과제의 경우에 똑같이 적용될 수 있기 때문에, 그 순환적 기능과 관계가 있는 맨 처음 학습 과제가 제시될 때 함께 제공하는 것이 좋다. 그 다음 학습 과제를 위해서는 학습자가 차츰 숙달되어 감에 따라 절차적 학습 내용을 소거해서 종국에는 절차적 학습 내용이 더 이상 필요 없게 된다. 이러한 원리를 소거(fading)라고 한다.

JIT 학습 내용은 두 가지 유형의 지식으로 이루어져 있다. 첫 번째 유형의 지식은 학습자가 특정한 순환적 수행을 하나의 옳은 알고리즘적인 방식으로 수행할 수 있도록 해주는 인지적 규칙을 말한다. 그러한 규칙 혹은 그러한 규칙으로 구성되는 절차 등에 대한 분석 방법은 11장에서 다룰 것이다. 두 번째 유형의 지식은 앞에서 제시한 규칙들을 정확하게 적용할 수 있기 위해서 학습자가 알아야만 하는 것들에 관한 것이다(예: 선수 지식 혹은 개념). 사실, 개념, 계획, 원리 등과 같은 선수 지식 요소들을 분석하는 방법에 대해서는 12장에서 다룰 것이다. 분명히, 인지적 규칙과 선수 지식 간에는 어떤 일방향적인 관계가 있다. 즉, 선수 지식은 인지적 규칙을 올바르게 사용하기 위한 선행적 조건이 되지만, 그 반대의 관계는 성립이 되지 않는다.

인지적 규칙과 선수 지식은 모두 연습하는 도중, 즉 학습자가 그것을 필요로 할 때 정확하게 제시하는 것이 가장 좋다. 학습자가 골프를 배우거나 골프 연습장에서 처음 드라이브를 하려고 할 때, 코치는 클럽을 어떻게 잡아야 하는지(규칙), 클럽이 무슨 뜻인지(클럽을 잡기 위한 선수 개념), 자세를 어떻게 취해야 하는지(규칙), 스윙을 어떻게 하고 "follow-through"를 어떻게 해야 하는지(규칙), "follow through"가 무슨 뜻인지를 말해 줄 것이다. 강의실에서나 교재로 사전에 학습자에게 이러한 모든 내용을 제시해 줄 수도 있겠지만, 그 내용이 필요할 때 정확하게 제시해 주는 것이 학습자에게 더 의미 있을 것이다. 왜냐하면 과제를 수행하는 중에 학습자의 단기 작동 기억에서 그 내용을 활성화할 수 있으면 학습자가 자신의 장기 기억에 적합한 인지적 규칙을 만들 수 있기 때문이다.

학습 내용을 작은 단위로 나누기

JIT 학습 내용은 모듈 구조로 되어 있어서 작은 디스플레이 형태로 조직되어야만 한다. 여기서 각각의 디스플레이는 하나의 의미 있는 목표를 달성하기 위한 하나의 규칙 혹은 하나의 절차만을 담고 있어야 한다. 각각의 디스플레이들은 서로 명백하게 분리되어야만 한다. 즉 각각의 디스플레이들은 서로 명백히 구분될 뿐만 아니라 하나의 디스플레이에 필요한 것은 그 안에 모두 담겨 있어야만 한다(각 디스플레이는 부가적인 내용을 참고하지 않고서도 그 자체로 완전하게 이해될 수 있어야 한다). 절차적 학습 내용을 작은 단위들로 구성하는 것이 가장 핵심적이다. 왜냐하면 새로운 절차적 학습 내용은 비교적 적은 양의 정보를 어떤 특정 시기에 제시해야만 학습자가 그 과제를 수행할 때 과부화되지 않게 해주기 때문이다.

그림 10.1은 컴퓨터 화면으로 제시된 JIT 학습 내용 디스플레이의 예이다. 이 디스플레이를 보면 "문서내 페이지 방향 바꾸기"를 위한 하나의 목표에 명백하게 맞추어져 있다. 이 디스플레이는 목표를 달성하기 위한 절차들을 제시하고, 각 목표별로 하나의 절차적 단계가 제시되어 있다. 어떤 단계는 '페이지 스타일', '세로', '가로' 등의 개념과 같은 선수 지식을 필요로 할 수도 있다. 이 디스플레이에서 JIT 학습 내용은 다른 색깔로 된 글자로 표현되어 있어서 그 글자를 클릭하면 그것과 관련된 구체적인 개념이나 그것을 어떻게 해야 하는지에 대한 정보로 링크되어 있다. 그림 10.1의 Box 안에는 학습자 혹은 사용자가 '페이지 스타일'이라는 링크를 클릭하면 그와 관련된 개념 정의가 나타나는 것을 보여준다. 다른 링크들을 클릭하면 마찬가지로 그와 관련된 개념 정의가 나타날 것이다. 끝

페이지 방향 변경하기

OpenOffice.org는 문서 내에서 페이지 방향을 정하기 위해 페이지 스타일을 사용한다. 예를 들어, 문서 내에서 한 페이지 이상 페이지 방향을 세로에서 가로로 바꾸기 위해서 가로 방향을 사용하는 페이지 스타일을 만든 다음 그 페이지 스타일을 해당 페이지에 적용한다.

페이지 방향을 가로 혹은 세로로 변경하기 위해서

현재 페이지 스타일을 모든 페이지에 적용시켜 페이지 방향을 바꾸려면,

1. **Format-Page**를 선택한다.
2. **Page** 탭을 클릭한다.
3. **Page Format**에서 **Portrait** 혹은 **Landscape**를 선택한다.
4. **OK**를 클릭한다.

현재 페이지만 페이지 방향을 바꾸려면 먼저 페이지 스타일을 만든 다음에 해당 스타일을 적용한다.

1. **Format-Styles and Formatting**을 선택한다.
2. **Page Style** 아이콘을 클릭한다.
3. 마우스 오른쪽 클릭하여 **New**를 선택한다.
4. **Organizer** 탭 페이지에서 예를 들어 "My Landscape"라고 입력한다.
5. **Next Style** Box에서 다음 페이지에 적용하고 싶은 페이지 스타일을 선택한다.

각주/미주를 포함해서 페이지 레이아웃을 결정하려면 페이지 스타일을 사용하자.

그림 10.1 OpenOffice Writer 프로그램에서 페이지 방향을 변경하는 절차를 제시하는 JIT 학습 내용 디스플레이의 예

으로 이 예에서 어떤 목표들은 더 작은 수준의 하위 목표들로 구성될 수도 있다는 것을 보여준다. 예를 들면 '페이지 스타일 적용하기' 라는 목표 아래 '한 페이지에 페이지 스타일 적용하기' 혹은 '모든 페이지에 페이지 스타일 적용하기' 등과 같은 하위 목표들이 존재하는 경우가 있다.

JIT 학습 내용 구성하기

JIT 학습 내용을 구성하는 데 있어서 가장 중요한 것은 모든 규칙이나 절차적 단계를 가장 *초보 학습자의 수준*에서 규정해야 한다는 것이다. 이상적으로는 학습할 영역에 대한 능력 수준이 가장 낮은 학습자라고 하더라도 그들이 이미 선수 지식을 가지고 있다면 오류를 범하지 않고 제시된 규칙을 적용할 수도 있고 제시된 행위를 수행할 수 있어야만 한다. 이러한 점은 SAP와 절차를 구분하는 주요 특징적 차이와 연관된다. SAP를 구성하는 단계들은 발견적 문제 해결 과정을 통해서 단지 학습자를 안내만 해주기 때문에 성공이 보장되지 않지만, 절차적 학습 내용으로 제시되는 단계들은 목표에 어떻게 도달하는지에 대한 알고리즘적인 설명을 제공해주기 때문에 성공을 보장해줄 수 있다(다만, 규칙이나 행동을 잘못 적용해서 실패할 가능성은 있다). 모든 단계와 규칙은 학습자들이 바로바로 직접 이해할 수 있는 수준으로 만들어지기 때문에, 그것이 제시되는 동안에 장기 기억 속의 지식 구조와 연결(정교화)하기 위해 다른 특정한 참조물을 참고할 필요가 없다. 정교화는 지원적 내용을 이해하는 데 중요한 것이기 때문에 제시된 내용이 즉각적으로 이해될 수 있는 것이라면 정교화는 불필요하다.

JIT 학습 내용의 디스플레이를 위해서는 행동 지시적인 표현 방식을 사용하는 것이 중요하다. 예를 들면 지시문 형태의 목소리를 사용하거나, 자세하게 기술하지 않고 단문으로 서술하는 식이다. 하나의 과정이 길고 복합적이라면 그래픽 방식으로 제시하는 것이 좋을 것이다. 또한 복잡한 기계를 다루는 것을 설명하기 위한 절차라면 그 기계의 ***물리적 모형(physical model)***을 분해 조립도나 시각적으로 표현하는 것이 도움이 될 것이다. 도구와 객체들을 물리적 모형으로 분석하는 방법은 12장 1절에서 다룰 것이다. 이 책에서 직접 다루지는 않겠지만 그 밖에도 미시적 수준의 메시지 설계와 기술적 글쓰기를 위한 많은 지침들이 제시되고 있다(Alred, Brusaw, & Oliu, 2003; Fleming & Levie, 1993; Hartley, 1994 참고).

주의 분산 방지하기

학습자들이 학습 과제를 공부하면서 과제의 순환적 측면을 어떻게 수행하는지를 구체적으로 설명해주는 적시적(JIT) 내용을 사용하고자 할 때, 과제와 JIT 내용 사이에서 주의를 분산시켜야 한다. 이런 상황에서, 학습자들은 그 JIT 내용과 학습 과제를 인지적으로 통합시키기 위해서 이 둘 사이를 지속적으로 왔다 갔다 하면서 집중해야 한다. 정신적 활동들 사이에서 지속적으로 주의를 전환시키는 것은(과제를 수행하면서 JIT 내용을 처리하는 것) 외생적 인지 부하(Box 1 참고)를 증가시키고 학습을 방해할 수 있다. 이러한 상황을 프로 골퍼가 골프를 치면서 동시에 당신의 발의 위치, 그립, 팔의 각도 등에 따른 모든 포인터 종류를 당신에게 설명하는 상황과 비교해보자. 이는 문헌에 ***주의 분산 효과(split attention effect)***로 잘 정리되어 있다(Chandler & Sweller, 1992; Sweller, van Merriënboer, & Paas, 1998). 이 효과를 방지하려면, JIT 내용을 과제 환경에 완전히 통합시키고, 정보를 표현하는 다양한 소스들을 하나로 통합된 단일한 소스로 대체하는 것이 가장 중요하다. 이렇게 소스들을 물리적으로 통합하면 정신적 통합의 필요성을 없애주어서 외생적 인지 부하를 경감시키고 학습에 긍정적인 효과를 준다.

그림 10.2는 학습자가 컴퓨터 시뮬레이션의 도움을 받으면서 전자 회로와 관련된 고장진단 과제를 배우는 과제 환경의 예를 보여준다. 이 그림에서, 화면 왼쪽의 전기 회로의 다이어그램은 화면 오른쪽의 JIT 내용과 분리되어 있는데, 이는 학습자로 하여금 왼쪽에 있는 회로와 그 구성요소들, 그리고 오른쪽에 있는 회로의 구성요소들의 설명 사이를 계속해서 왔다 갔다 해야 하기 때문에 주의분산을 일으킨다. 그림 10.2의 아래 그림을 보면, 위의 그림에서 제시된 동일한 JIT 내용이 전기 회로 다이어그램과 완전히 통합되어 있기 때문에 학습자는 회로의 구성요소와 그 구성요소에 관한 정보 사이를 왔다 갔다 하면서 주의를 분산시키지 않아도 된다. 이렇게 통합된 형태의 교수 프로그램이 학습에 긍정적인 효과를 보여주는 연구들이 있다(Kester, Kirschner, & van Merriënboer, 2004a, 2004b, 2005).

실생활 과제 환경과 관련된 절차적 학습 내용을 다루고 있는 매뉴얼(혹은 체크리스트, 간편 안내서 등)을 사용할 때에도 주의분산 효과가 발생한다. 이러한 매뉴얼에 실생활 과제에 절차적 학습 내용을 통합하기가 어렵기 때문이다. 예를 들면, 의대생들이 환자를 진찰하거나 혹은 기술자가 증류기를 구동해야 하는 경우에 그 일을 하면서 관련 절차에 관한 내용을 동시에 보기가 어렵다. 이때 과제 환경과 절차적 학습 내용 사이에서 일어나는 학습자들의 주의분산을 방지하기

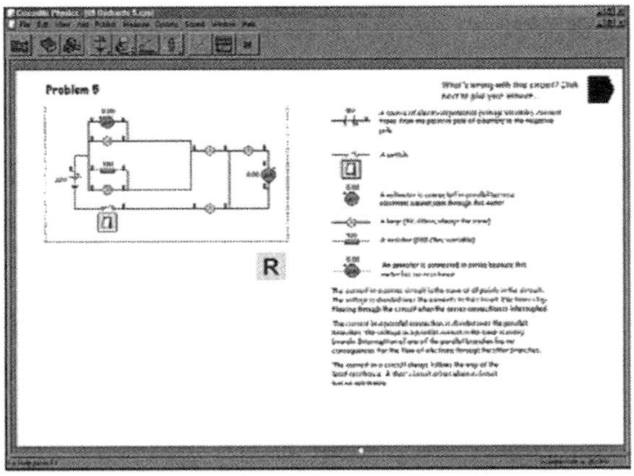

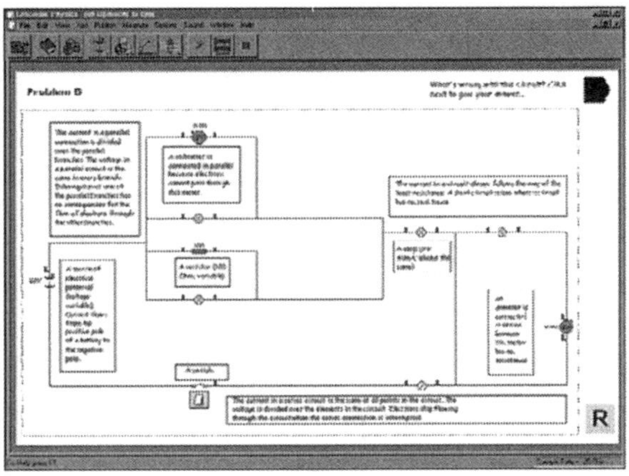

그림 10.2 전기 회로에 관한 통합되지 않은 JIT 내용(상)과 통합된 JIT 내용(하)

위한 한 가지 방법은 매뉴얼 내에 과제 환경을 표현한 것을 포함하는 것이다. 예를 들면, 과제 환경이 컴퓨터를 기반으로 하고 있다면 매뉴얼에 화면 캡처를 포함시킬 수 있고(Chandler & Sweller, 1996), 과제 환경이 특정 기계를 구동시키는 것이라면 매뉴얼에 해당 기계 내의 연관된 부품들에 관한 그림을 포함시킬 수 있다. 결국, 문제를 일으키는 것은 매뉴얼 사용 자체가 아니라 과제 환경과 매뉴얼 사이를 왔다 갔다 하면서 학습자의 주의가 분산되는 것이다. 따라서, 이러한 주의분산 문제는 과제 환경 내에 JIT 내용을 통합시키거나 혹은 그 반대로 매뉴얼 내에 과제 환경의 관련된 부분들을 통합시킴으로 해결될 수 있다. 앞으로, *증강 현실(augmented reality)*과 같은 새로운 제시 방법을 사용해서 이러한 주의 분산 문제까지도 보다 줄일 수 있다. 이미 앞에서 제시된 예를 증강 현실에 적용해보면 기술자는 전용 안경을 통해서 JIT 내용을 특정 시간과 장소에서 보게 된다.

10.2 JIT 내용의 예 만들기

JIT 내용은 전체 과제의 맥락에서 시연과 사례와 같은 구체적인 예들을 활용하여 가장 전형적으로 보여진다. ***시연(demonstrations)***은 절차의 활용과 규칙의 적용을 예로 든 것인 반면 ***사례(instances)***는 선수 지식 요소들을 예로 든 것이다.

시연

JIT 내용 디스플레이에서 제공하는 규칙과 절차는 학습자들에게 *시연*될 수 있다. 예를 들어, 그림 10.1과 같은 온라인 디스플레이가 "show me" 링크를 포함하는 것은 왕왕 볼 수 있는데, 이 "show me" 링크는 학습자 혹은 사용자에게 구체적인 상황에서 특정 규칙들이 어떻게 적용되는지 혹은 특정 단계들이 어떻게 수행되는지를 관찰할 수 있는 기회를 제공하기 위하여 해당 커서의 움직임과 메뉴 선택을 애니메이션으로 제공한다. 열 단계 모형에서는 전체적으로, 의미 있는 과제의 맥락에서 이러한 시연의 제공을 강조하고 있다. 이렇게 했을 때, 하나의 기능이 가진 순환적 측면들을 보여주는 시연들은 모델링 예들 혹은 학습 과제의 또 다른 적합한 유형과 이상적으로 일치한다. 이러한 일치는 학습자들로 하여금 의미가 있는 전체 과제를 수행하는 속에서 어떤 과제의 특정한 순환적 측면이 어떻게 맞아떨어지는지를 볼 수 있도록 해준다.

문헌 검색에 대해서 학습하는 예로 돌아가보면, 학습자들은 훈련이 진행되는 어떤 시점에서 검색 프로그램을 어떻게 작동시키는지에 대한 JIT 내용을 제공받을 것이다. 어떤 특정한 JIT 내용 디스플레이에서 특정한 출판 형태(책, 학회 논문, 학위 논문) 혹은 연도로 검색을 제한하는 단계적 절차를 제공할 수 있다. 이 절차는 가공의 상황을 위한 시연을 만들어내기보다 오히려 과제와 관련된 출판 형태로 어떻게 검색을 제한하는지 직접 보여주는 것과 같은 학습 과제 맥락에서 시연된다. 또 다른 예로 복잡한 고장 진단 과제에서 특정 값이 범위에서 벗어나는 때를 찾아내는 하나의 표준 절차의 수행을 요구하는 경우가 있을 수 있다. 이 표준 절차는 고장 진단의 전체 기능을 위한 모델링 예의 일부로서 가장 잘 시연될 수 있는데, 이러한 시연에서 학습자는 강조된 순환적 측면에 주의를 기울이게 된다.

사례

"show me" 링크와 같이 절차들 혹은 규칙들을 시연하고자 할 때, 그 절차적 단계 혹은 규칙들을 정확하게 사용하는 데 필수적인 선수 지식 요소(예: 사실, 개념, 계획, 원리)의 구체적인 예들 혹은 사례들을 제공하는 것은 유용할 수 있다(Merrill, 1983). 시연처럼, 사례도 학습 과제의 맥락에서 제공되는 것이 가장 좋다. 따라서 만일 "페이지 스타일"이라는 특정 개념의 사례로서 구체적인 페이지 레이아웃이 제시되면(그림 10.1 참고), 이 레이아웃은 특정 과제(여기에서는 페이지 방향을 변경하는 것을 말하고 있음)와 가능한 한 직접적으로 관련성이 있는 명세화 된 것들의 집합이어야 한다.

Merriënboer와 Luursema(1995)는 자신들의 책에서 모든 절차적 학습 내용을 JIT 방식으로 제시 및 시연하는 예로 프로그래밍 튜터를 들고 있다. 이 시스템은 완성형 과제를 활용하는데, 이 과제에서 학습자는 부분적으로 짜여있는 컴퓨터 프로그램을 완성해야 한다. 학습자들은 완성되어야 하는 프로그램의 일부에서 특정한 프로그래밍 코드들을 맨 처음 사용할 때, 온라인 JIT 내용 디스플레이는 언제, 어떻게 이러한 코드 패턴을 사용해야 하는지를 설명하는 하나의 규칙을 제공해준다. 동시에 이 사례화된 코드는 실제 컴퓨터 프로그램 내에서 사용되는 코드를 예시화한 하나의 구체적인 사례로 제공되면서 컴퓨터 프로그램 내에서 강조되기도 한다.

시연과 사례를 JIT 내용 디스플레이에 통합

JIT 내용은 능력이 가장 낮은 수준의 능력을 가진 학습자들에게 항상 구체화되어 있는데, 이 학습자들에게는 내용 제시 전략 중에서 연역적 전략의 사용이 권장된다(표 7.3 참고). 이것은 교수설계자가 교수 프로그램을 설계할 때 일반적인 절차적 단계와 조건-조치에서 시작하여 이것들의 구체적인 예들, 즉 시연과 사례로 마무리하는 것을 의미한다. 이러한 연역적 전략은 시간 효과적이며, 주어진 내용을 학습자가 쉽게 이해하는 데 필요한 사전 지식을 갖게 한다는 최대의 장점이 있다. 정교화를 촉진하기 위한 귀납적 전략의 사용은 여기에서는 불필요하다. 이상적으로, JIT 내용 디스플레이는 자신과 연결된 학습 과제의 일부인 시연과 사례와 *동시에* 제공되는데, 이것에 대하여 이미 그림 10.2에서 설명한 바 있다. JIT 내용 디스플레이는 공간상으로 학습 과제와 통합되어 있을 뿐만 아니라 시간적으로도 통합되어서 ***공간적 주의 분산 효과**(spatial split attention)*와 ***시간적 주의 분산 효과**(temporal split attention)*를 방지한다. 이러한 방식에서 JIT 내용은 전체 과제 맥락 내에서 가장 잘 위치하게 된다.

종합하자면, 하나의 규칙 혹은 절차의 보다 많은 시연들, 그리고 그 규칙 혹은 절차의 사전 지식 요소들의 보다 많은 사례들은 하나의 JIT 내용 디스플레이를 충분히 예시화하기에 바람직할 수 있다는 것을 주지해야 한다. 이러한 시연들과 사례들은 JIT 내용을 다양하게 적용할 수 있도록 제시되어야 한다. 하나의 시연은 보통 오직 한 가지 버전의 절차가 적용되는 것을 보여준다. 예를 들면, 그림 10.1의 페이지 방향을 바꾸는 절차는 하나의 페이지 혹은 전체 문서의 방향을 변경하는 데 사용될 수 있다. 따라서, 그 절차는 하나의 페이지 레이아웃을 변경하는 것으로 시연될 수 있을 뿐만 아니라 전체 문서의 레이아웃을 변경하는 것으로도 시연될 수 있다. 시연과 마찬가지로 하나의 사례는 오직 하나의 개념, 계획 혹은 원리의 예에 관한 것이다. 만일 하나의 사례가 "페이지 스타일"이라는 개념을 예시화하는 것을 제시한다면 그 사례는 다양한 형태의 각주와 미주, 방향을 보여줄 수 있을 것이다. 시연의 경우, 이상적으로는 전체의 사례 세트가 개념, 계획 혹은 원리에 의하여 포괄되는 모든 개체(entity)를 대표해야 한다.

10.3 제시 전략

학습자들이 학습 과제들을 연습할 때 이들의 작동 기억에 절차적 학습 내용을 활성화시켜야 한다. 그래야만 지식 컴파일화 과정에서 절차적 내용이 인지적 규칙으로 전환될 수 있기 때문이다(Box 4 참고). 따라서 연습 도중에 절차적 학습 내용이 최적으로 제시되도록 해야만 한다. 그렇게 하기 위해서, 학습 내용 제시 시기가 중요하다. 과제를 수행하기 위해서 새로운 절차적 학습 내용이 필요할 때에 그 내용이 작동 기억에서 활성화되어야 하기 때문이다. 이와 관련된 세 가지 제시 전략은 다음과 같다.

1. *학습자의 요구를 파악하여 필요한 내용 제시.* 절차적 학습 내용은 교수자나 컴퓨터에 의해 자연스럽게 제시되고, 동시에 학습자는 단계별 지침대로 행동한다. 학습자는 학습 내용 제시에 대한 통제권이 없다. 따라서 학습자의 작동 기억 안에서 관련된 절차적 단계들이 직접적으로 활성화된다.
2. *학습자의 요구에 따른 내용 제시.* 절차적 학습 내용은 학습자가 그것을 요청할 때 과제 수행 도중에 교수자 혹은 교수 자료(예: 매뉴얼, 도움 시스템,

직무 수행 보조 자료, 간편 안내서)에 의해 제공된다. 절차적 학습 내용이 특별하게 설계되고 쉽게 접근할 수 있는 교수자료 안에 제시된 후에만 관련 절차적 단계들이 학습자의 작동 기억에 활성화된다.

3. *사전 암기.* 학습자는 처음으로 학습 과제를 수행할 때 절차적 학습 내용을 사용해야하기 전에 그 내용을 기억한다. 과제 수행 도중에는, 학습자의 장기기억으로부터 그 절차적 단계가 회상되어서 작동기억 안에서 쉽게 활성화될 수 있다.

학습자의 요구를 파악하여 필요한 내용 제시

학습자의 요구를 파악하여 필요한 내용을 제시(unsolicited presentation)하는 것은 "학습자의 어깨너머로 바라보면서 도와주는 사람" 처럼 행동하고("ALOYS: Assistant Looking Over Your Shoulder" 10장 3절 참고) 순환적인 학습 과제를 어떻게 수행하는지에 대해 구체적인 방향을 제시해주는 교수자에 의해서 제공된다. 이러한 ***상비적 튜터링(contingent tutoring)***(Wood & Wood, 1999)의 형태는 학습자가 실험실에서 학습 과제를 공부할 때 개별 학습자들을 가까이에서 관찰하고 "아니, 이 장비를 이런 식으로 잡아야 돼." 혹은 "좋아, 이제 반드시 이 수(數)를 이 수(數)로 나누어야 돼." 와 같은 방향을 제시하는 교사, 혹은 운동장에서 학습자가 운동하는 것을 관찰하고 "무릎을 구부리는 것을 명심해" 혹은 "아니, 볼에서 눈을 떼지 말라고" 와 같이 큰 소리로 방향을 제시하는 코치에 의해서 제시된다. 이렇게 방법에 대한 학습은 더 복잡한 개념적 내지는 전략적 이슈(지원적 내용)보다는 오히려 수행의 순환적인 측면과 관계가 있다. 그럼에도 불구하고, 어떤 유형의 JIT 학습 내용을 언제 제시할지를 결정하기는 대단히 어렵다. 교수자는 개별 학습자들의 전체 과제 수행을 지속적으로 모니터링해서 어떤 특정 상황에서 어떤 특정 학습자가 특정 JIT 내용을 언제 필요로 할지를 "예측" 하기 위하여 이러한 수행에 관한 정보를 해석한다. 지능적 튜터링 시스템(ITS) 내지는 지능적 도움 시스템의 영역에 학습자의 요구를 파악하여 필요한 JIT 내용의 제시를 자동화하려는 시도가 있기도 했지만, 학습자가 복합적이고 개방적인 학습 과제를 수행하는 경우에는 이러한 시도가 매우 어려운 것으로 입증되었다. 그러한 시도는 학습자가 부분 과제 연습과 같이 복합적 과제의 한 가지 순환적 측면을 수행할 때에만 가능하다(13장 참고).

종종 교수자의 도움이 가용하지 않기도 하고 상비적 튜터링을 자동화하는 것

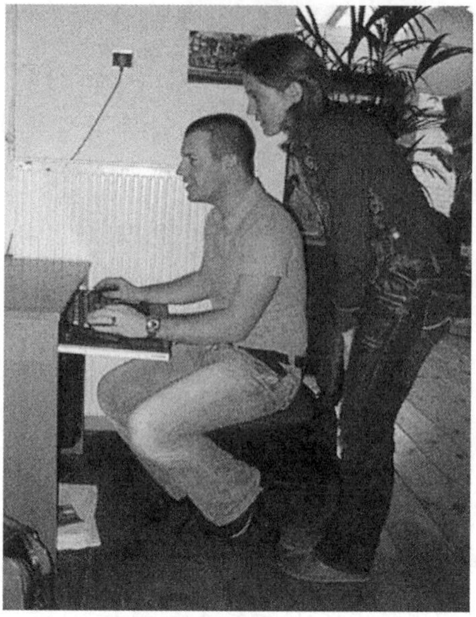

그림 10.3 ALOYS

도 지극히 어렵기 때문에 이 책에서 제시하는 열 단계 모형은 기본적인 제시 전략으로 첫 번째 학습 과제와 함께 관련된 JIT 학습 내용을 명시적으로 제시할 것을 제안한다. 이것은 *시스템에 의하여 제공되는 도움(system-initiated help)*이라고도 한다(Aleven, Stahl, Schworm, Fischer, & Wallace, 2003). JIT 내용은 새로운 규칙이나 절차의 활용을 시연하는 학습 과제에 연결되어 있다. 제시된 JIT 내용은 후속 학습 과제로 갈수록 점차적으로 어느 정도 감소된다. 이러한 방법의 예는 JIT 학습 내용이 첫 번째 학습 과제와 함께 명확하게 제시되는 경우, 몇 개의 후속 과제에서 학습자의 요청에 따라 제시되는 경우, 그리고 마지막 학습 과제를 위해 보류되는 경우가 될 것이다. 이러한 방법이 대부분의 상황에서 잘 돌아가지만, 한 가지 필요조건은 설계자가 학습자가 접하게 될 학습 과제에 대해 어느 정도 통제권을 가지고 있어야 한다는 것이다. 그렇지 않을 경우, JIT 내용을 학습 과제에 연결시킬 수 없을 수도 있을 것이다. 훈련이 업무현장에서 일어난다면, 설계자가 예측할 수 없는 실제적이지만 변덕스러운 문제를 학습자가 접하는 경우가 흔하게 있다. 이것의 좋은 예는 병원에서 훈련 중인 수련의의 경우이다. 이러한 상황에서는 그 수련의가 다양한 증상과 다양한 질병을 가진 다양한 환자를 만나게 될 그 순서를 실제로 통제하지는 못하므로 시스템에 의하여 안내가 제공되는 것은 불가능하다. 그러한 상황에서는 의사결정 지원을 위해 사용되는 컴퓨터 기반 정보 시스템인 의사결정 시스템이 종종 사용된다(Turban, 1995).

학습자의 요구에 따른 학습 내용 제시

학습자가 필요로 할 때 요구를 파악하여 필요한 내용을 제시하는 것은 지식 컴파일화를 촉진하는 최선의 방법이다(Aleven et al., 2003; Anderson, 1993). 그러나 그러한 상비적 튜터링은 인간 튜터가 가용하지 않다면 실행되기 매우 어렵다. 반면, 시스템에 의하여 제공되는 도움은 학습자가 접하는 학습 과제에 대해 설계자가 통제권을 갖고 않지 않으면 실행하기 매우 어렵다. 또 한 가지 드는 의문은 "학습자가 필요로 할 때"가 정확히 언제인가 하는 것과 누가 그 시점을 결정해야 하는가이다. 이러한 상황에서는 매뉴얼, (온라인) 도움 시스템 혹은 체크리스트 안에서 JIT 학습 내용을 학습자 요구에 따라 제시하는 방법이 대안적으로 적용해 볼 만한 방법이다. JIT 학습 내용이 학습 과제를 위해서 필요할 때 직접적, 명시적으로 제시되지는 않지만 최소한 연습 중에 학습자에게 쉽게 제공될 수 있고 학습자가 손쉽게 접근할 수도 있다.

학습자의 요구를 파악하여 필요한 내용을 제시하는 세 가지 기본적인 지침이 있는데, 그 세 가지가 ***학습자의 요구에 따른 학습 내용 제시(on-demand information presentation)***를 위해서도 똑같이 중요하게 적용된다. 그 세 가지 지침은 (a) 작은 모듈 단위로 제시할 것, (b) 행동 지시적인 표현 방식으로 작성할 것, (c) 주의 분산을 방지할 것이다.

모듈 구조 측면에서 잘 설계된 JIT 학습 내용은 무작위 접근을 지원해야 한다. 따라서 JIT 학습 내용 디스플레이는 학습자들이 어떤 방향으로든 이동할 수 있도록 가능한 한 서로 독립적이어야 한다. 완전한 독립성을 실현하기는 불가능하겠지만, 그 학습 내용은 최저 능력 수준의 학습자들을 위해 작성되기 때문에 "외부" 학습 내용을 참고하지 않아도 이해될 수 있는 방식으로 일종의 폐쇄적이면서 가능한 한 독립적으로 디스플레이되어야 한다.

*행동 지시적인 표현 방식*과 관련해서, 학습 과제의 순환적 측면을 수행하도록 학습자를 실제로 유도하는 것이 중요하다. Van der Meij(2003)는 학습자를 유도하지도 않으면서 비효과적으로 행동을 유도하는 예를 다음과 같이 제시하였다.

> • REMOVE 명령을 선택할 수 있습니다.
> 글자가 지워졌습니다.
>
> 주의: REMOVE 명령 대신에, [DELETE] 혹은 [BACKSPACE]를 사용할 수도 있습니다.

이 문장은 학습자로 하여금 실행해보게 자극하는 단어가 없기 때문에 이들을 유도하지 못한다. 사용자가 실행하기보다는 읽도록 자극한다. "주의"라는 단어는 일종의 추가 조항으로 한쪽 편에 표시되어 있다. 학습자는 시도해 볼 수 있는 대안이 없기 때문에 실제로 실행하거나 탐색을 할 수 없다. 행동 지시적인 표현 방식으로, 특정 단어들은 분명히 학습자에게 실행하도록 요구하는데 그러한 안내문은 적절한 시점에 바로 나타난다. 여기에 추가조항은 없고 학습자에게 글자를 훑어보도록 요구하는 다음과 같은 디스플레이로 제시된다.

> 글자를 빠르게 훑어보기
> • ↓키를 여러 번 눌러서 무슨 내용이 있는지 보십시오.
>
> →키와 ←키도 거의 같은 방식으로 작동합니다. 이 두 가지 키를 사용해 보세요!

*주의분산 방지하기*와 관련해서 학습자의 요구에 따른 JIT 학습 내용 제시를 위한 교수 프로그램은, 정보 검색 활동이 학습에 부정적으로 영향을 미칠 수 있는 부가적인 인지부하를 초래한다는 점을 반드시 고려해야 한다. 비록 그 학습 내용이 유용하다 할지라도 학습 과제와 절차적 학습 내용을 동시에 다루는 것은 학습자에게 너무 많은 인지부하를 부과시키기 때문에 학습 효과가 떨어지게 될 것이다. 학습 과제의 특성으로 인해 인지부하가 이미 높아졌을 때 부가적인 학습 내용을 보게 하는 것, 즉 "별다른 방도가 없을 경우, 매뉴얼을 참고하시오."라는 말은 학습자에게 쉽게 부담이 될 수 있다.

미니멀리즘(최소한의 표현주의) 분야에서(Carroll, 1998; Carroll, Smith-Kerker, Ford, & Mazur-Timetz, 1988; Lazonder & van der Meij, 1993), 학습자의 요구에 따라 절차적 학습 내용을 제공하는 ***미니 매뉴얼(minimal manuals)***의 설계를 위한 부가적인 규칙이 개발되었다. 미니멀리즘은 의미 있는 과제를 공부하는 학습자들을 지원하는 데 중점을 둔다.

1. *목표 지향성.* 학습자들로 하여금 과제 환경에 대한 기능보다는 도달해야 할 목표들을 찾도록 해주는 색인 시스템을 사용하라. 달리 말하면, 시스템 지향적인 방법보다는 과제 지향적인 방법으로 설계하라는 것이다. 따라서 학습자의 목표는 JIT 학습 내용 디스플레이에 가장 중요한 개시(entrance)를 제공한다(표 10.1 참고).

표 10.1 JIT 학습 내용 디스플레이에서 목표 중심 제목과 시스템 중심 제목 (van der Meij & Carroll, 1995)

목표 중심 제목 (정확)	시스템 중심 제목 (부정확)
클래스 브라우저 시작하기	키보드 메시지 사용하기
애플리케이션 게임 찾기	포맷 메뉴
애플리케이션 사례 생성하기	매크로
애플리케이션 사례에 메시지 보내기	컨버트 사용하기
애플리케이션 클래스에서 사용된 다른 객체와 메시지 찾아보기	숨겨진 코드 표시하기

2. *적극적 학습과 탐색.* 학습자에게 어떤 것을 탐색하게 하기 위하여 의미 있는 전체 학습 과제를 지속적으로 공부하게 한다. 학습자들이 스스로 다양한 순환적 과제 측면을 시도하게 한다.
3. *오류 복구.* 학습자들이 순환적 과제를 시도할 경우 어떤 것이 잘못될 수도 있다. JIT 학습 내용 디스플레이 안에 "어떤 것이 잘못되면 무엇을 해야 하는가?"라는 말을 포함시킴으로써 그 시점에서 오류 인식 및 오류 복구가 반드시 지원되어야 한다(Lazonder & van der Meij, 1994, 1995).

사전 암기

앞서 언급한 두 가지 내용 제시 방법에 이어, 세 번째로 학습자들이 학습 과제를 가지고 공부를 시작하기 전에 절차적 학습 내용을 암기하도록 하는 전통적 방법을 들 수 있다. 절차적 학습 내용을 사전에 기억해두면 장기 기억에 내용이 이미 저장되어 있기 때문에 학습 과제의 순환적 측면을 수행해야 할 때 작동 기억에서 이를 활성화할 수 있다. 이 절차적 학습 내용은 모든 학습자가 즉시적으로 이해 가능한 수준으로 구체화되어 있어서, 이 내용의 의도적인 정교화(절차적 학습 내용과 학습자가 이미 알고 있는 것과의 의도적 연결)는 그렇게 중요치 않다. 대신에, 여기에서 사용되는 교수 방법에는 암송(rehearsal), 기억술, 군집화(clustering)가 있다. 가장 전형적인 방법인 *암송*은 학습자들로 하여금 그들의 기억 속에 새로운 내용을 저장하도록 소리를 내거나 혹은 마음속으로 반복하게 하여 해당 내용을 활성화된 상태로 유지하도록 해준다. *기억술*의 예로는 두음자어(acronyms: 각 용어의 첫 글자를 이용하여 하나의 단어로 제시하기), 성구(phrases: 각 용어의 첫 글자를 이용하여 하나의 구를 제시하기), 시각적 영상(visual imagery: 암기 대상을 시각화하여 제시하기), 마지막으로 허구적 연계(trick association: 암기 대상을 적절하게 관련 있는 다른 대상과 연계시켜 제시하기)가 있다. *군집화*는 비교적 작은 크기로 어느 정도 유의미한 내용의 군집을 구성하는 것이다. 이러한 방법들은 기억을 촉진시킬 수 있다. 가장 잘 알려진 기억술의 구체적 예에는 "c 뒤에 오는 경우(ceiling) 혹은 neighbor와 weigh처럼 'ay' 라고 발음되는 경우를 제외하고 i 다음에 e가 온다(friend)"가 있다. 또 다른 예로, "Roy G Biv" (스펙트럼 색과 그 순서인 red, orange, yellow, green, blue, indigo, violet을 기억하기 위한 것)가 있다. 군집화의 예에는 화물이 도착해야 하는 약칭으로 된 공항과 관련된 지식(뉴욕행 JFK 공항, 암스테르담행 AMS 공항 등)이 화물을 처리하는 데 필요하다고 가정한다면, 이와 관련된 유용한 정보 군집에는 "북미 도착", "유럽 도착" 등이 있다.

열 단계 모형에서 사전 암기는 다음의 두 가지 이유 때문에 권장되지 않는다. 첫째 이유는, 사전 암기는 전체 학습 과제의 맥락에서 제공된 규칙이나 절차를 시연하거나 혹은 이 규칙이나 절차의 선수 지식 요소들의 사례들을 제공하는 것을 불가능하게 만들기 때문이다. 예를 들면, 학습자들이 어떤 특정한 소프트웨어 패키지가 폴더를 동기화시킬 때 F9 키를, 매크로를 편집할 때 Alt+F8 키를, 해당 소프트웨어로 작업하기 전에 비주얼 베이직으로 돌아갈 때는 Alt+F11 키를 사용한다는 것을 기억할 필요가 있을 때, 기능키들을 실제로 작동하는 방법이 소프트웨어로 작업하는 상황에서 동시에 시연될 수 없다. 이것은 소프트웨어로 작업하는 것의 순환적 그리고 비순환적 측면들이 상호 연관되어 있는 통합된 지식 기저가 개발되는 것을 방해한다(Van Merriënboer, 2000). 즉 사전 암기는 지식을 분절화하여 실생활 과제에 적용하기 힘들게 한다. 사전 암기가 권장되지 않는 또 다른 이유는 학습자들로 하여금 여러 방법으로 제시되는 JIT 내용에 적극적이지 않게 하기 때문이다.

10.4 교정적 피드백

앞에서 살펴본 대로, 절차적 학습 내용은 JIT 내용 디스플레이, 시연과 사례, 그리고 순환적 측면을 수행한 것에 대한 ***교정적 피드백(corrective feedback)***으로 구성되어 있다. 인지적 피드백(cognitive feedback)과 대조적으로, 교정적 피드백의 주 기능은 성찰을 촉진하는 것이 아니라 오류를 찾아내어 교정해주는 것이다. 따라서 교정적 피드백은 학습자가 취한 행동에 직접적으로 영향을 주는데, Argyris

와 Schon(1978)은 이를 ***단일룹 학습(single-loop learning)***이라 칭하였다. 이 학습에서는 학습자가 범한 오류를 찾아내 교정해주기 때문에 학습자가 현재 수행하고 있는 것을 보다 효율적이거나 효과적인 혹은 정확한 방법으로 진행할 수 있게 해준다. 만약 알고리즘적으로 효과적인 수행을 설명하는 규칙들 혹은 절차들이 정확하게 적용되지 않았다면 학습자가 "오류"를 범했다고 할 수 있다. 오류를 범했을 때 학습자가 이를 인식할 수 있도록 도와주는 정보가 제공된다. 뿐만 아니라 왜 오류가 발생했는지 설명해주고, 바람직한 목표에 달성하는 방법에 대한 힌트를 제공해준다. 절차적 학습 내용의 제시가 그러한 것처럼, 교정적 피드백도 학습자들이 새로 획득한 지식을 컴파일한 것을 인지적 규칙이 되도록 촉진해주어야 한다(Box 4 참고).

잘 설계된 피드백은 학습자가 오류를 범했을 때, 이 오류에 대하여 어떤 정확한 행동을 해야 하는지만 간단히 말해주지만 말고, 오류가 존재하며, 그 오류가 왜 발생했는지를 알려주어야 한다(Balzer, Doherty, & O' Connor, 1989). 피드백을 설계할 때, 학습자들이 달성하고자 노력한 목표들이 정확했는지 여부를 고려해야 한다. 학습자들이 부정확한 목표를 달성했고, 그 과정에 오류를 범했다면, 여기에 대한 피드백은 특정 행동이 특정의 부정확한 목표로 이끈 이유가 무엇인지 설명해야 하고, 이와 함께 정확한 목표에 달성하는 방법이 무엇인지에 대한 제언이나 *힌트*를 제공해야 한다. 그러한 힌트는 예 혹은 시연의 형태를 종종 취하기도 한다. 제언이나 힌트의 구체적인 예로는 "가속도 문제를 풀려고 할 때 방금 사용한 공식을 적용하는 것은 가속도를 계산하는 데 아무런 도움이 되지 않습니다. 이전 예에서 사용한 공식을 그대로 적용해보세요"가 있다. 정확한 목표를 달성했지만 그 과정에 오류를 범했다면 제공되는 피드백은 정확한 단계 혹은 행동과 이에 대한 힌트만 제공하면 되는데, "경험에 의한 학습(learning by doing)"은 인지적 규칙을 형성하는 데 중요하기 때문이다. 이러한 제언이나 힌트의 예로는 "가속도 문제를 풀려고 할 때 다른 것들을 위한 대체값들을 고려해보아야 합니다"가 있다. 학습자에게 무엇을 해야 한다고 단순히 말하는 것은 비효과적이다. 학습자들을 정확한 행동을 수행하기 위한 중요한 조건을 자신의 작동 기억에 활성화시키면서 실제로 그 행동을 수행할 수 있어야 한다. 만일 학습자가 오류를 범했다면 또 다른 정보를 제공하기 전에 이러한 오류의 결과로부터 복구하는 방법에 관한 정보를 제공하는 것이 필요할 수 있다. 이렇게 하는 것은 교수자가 피드백을 주는 경우 비교적 간단해지는데, 매뉴얼이나 도움 시스템으로 오류 정보를 주는 경우에는 보다 어려워진다. 미니 교수 프로그램(minimalist instruction)의 한 측면은

JIT 내용 디스플레이와 "무엇인가가 잘못되면 무엇을 해야 하나?"에 관한 부분을 병합하여 어떤 곳에 대한 오류 정보를 제공함으로써 학습자들이 범한 오류를 복구하도록 지원하는 것이다. 이러한 부분을 포함시키기 위해서 대상 학습자들이 범하는 ***전형적인 오류**(typical errors)*를 분석하는 것이 필요하다. 따라서 가장 흔하게 범해지는 오류들을 발견, 진단, 정정하도록 지원되어야 한다(전형적인 오류를 분석하는 것은 11장 2절 참고). 오류 정보는 다음을 포함하고 있어야 한다.

- 오류 때문에 비롯된 특정 상황에 대한 설명을 제공하여 학습자들로 하여금 인식할 수 있게 해준다.
- 오류의 특징과 예상 가능한 원인들에 대한 정보를 제공하여 학습자들로 하여금 앞으로 이를 피할 수 있게 해준다.
- 오류를 정정할 수 있도록 하는 행동 진술문

다음은 워드 프로세서에서 한 문장 "선택하기"를 학생이 성공하지 못하였을 때 제공되는 잘 설계된 오류 정보의 예이다(van der Meij & Lazonder, 1993).

> 만일 여러분이 문장 전체를 선택할 수 없다면, SELECT 명령어를 선택했을 때 커서가 문장이 시작하는 곳에 위치하지 않은 것이다. SELECT 기능을 취소하고, 재시작하기 위해서 F1 키를 누르도록 해라.

오류에 관한 피드백을 제공하는 시기에 대해서, 학습자들이 부정확한 단계를 수행하거나 혹은 부정확한 규칙을 적용한 후 되도록이면 *즉시적으로* 피드백을 제공해야 한다(Kulik & Kulik, 1988). (옳다/그르다) 피드백을 받을 때까지 학습자는 자신의 작동 기억에서 특정 규칙 혹은 절차적 단계를 적용하기 위한 조건에 관한 정보를 유지하는 것이 필요하다. 그후에야 정확한 조치에 그 조치의 주요한 조건들을 붙여서 인지적 규칙을 컴파일할 수 있다. 명백하게 지연된 피드백은 이러한 컴파일되는 과정을 방해할 수 있다. 그러나 학습자의 요구를 파악하여 필요한 JIT 내용을 제시하는 경우 즉시적으로 피드백을 제공하는 것은 일반적으로 교수자에게 학습자의 전체 과제 수행을 모니터링하고, 이 과제의 순환적 측면에서 발생하는 오류를 진단하고, 힌트를 제공하는 것을 요구한다. 오류를 진단할 때 교수자는 학습자들이 범할 수 있는 전형적인 오류에 관한 지식을 활용할 것이다. 이러닝 분야에서 오류에 관한 즉시적 피드백은 오직 하나의 순환적 측면의 기능이 연습되는 부분 과제 연습(예: 반복 연습형)에서 비교적 쉽게 여겨진다. 불행히도 학습자가 비교적 복잡하고, 개방형 학습 과제를 수행할 때에는 이런 것들이 어렵게 느껴진다.

Box 4 – 지식 컴파일화와 절차적 학습 내용

잘 설계된 절차적 학습 내용은 학습자들로 하여금 순환적 측면의 학습 과제를 수행할 수 있도록 해줄 뿐만 아니라 그 수행을 어떻게 하는지 학습할 수 있게 해준다. 절차적 학습 내용을 제시할 때 직접적으로 행동을 이끄는(특정 조건들하에서 특정 조치들을 일으키는) 인지적 규칙 내에 이 내용을 끼워 넣는 것을 단순화시켜야 한다. Box 5에서 보듯이, 지식 컴파일은 강화(strengthening)와 함께 규칙 자동화에 필요한 주요 과정이다. Anderson의 ACT(Adaptive Control of Thought 이론; Anderson & Lebiere, 1998)는 현재, 규칙 자동화에 필요한 학습 과정을 설명해 주는 가장 포괄적인 이론이다.

약한 방법(weak methods)

하나의 복합적인 기능을 학습하는 초기 단계에서, 학습자는 교과서를 읽고, 강의를 듣고, 예들을 공부함으로써 그 기능에 관한 학습 내용을 제공받는다. 이 내용은 학습자의 기억 속에 부호화된 후 행동을 일으키기 위하여 엉성한 방법으로 해석될 수 있다는 것이 일반적인 주장이다. 약한 혹은 엉성한 방법은 특정 영역에 국한되지 않는 일반적인 문제 해결 전략으로, 수단-목적 분석, 전향탐색(forward checking search), 비유 등과 같은 것에 일반적으로 적용될 수 있다. ACT 이론에 따르면 엉성한 방법들은 본유적이어서 특정 영역에 구애받지 않고 문제 해결하는 데에 사용될 수 있다. 그러나 이 과정은 굉장히 더디고 많은 인지적 자원이 소요되며, 오류를 범하기 쉽다. 한편 귀납법(Box 2 참고)과 정교화(Box 3 참고)로 인지적 쉐마를 구성하면서 학습하는 것은 수행을 보다 효과적이면서 효율적으로 해준다. 문제 해결 과정을 안내하기 위하여 학습자가 습득한 인지적 전략과 정신적 모형들이 해석되기 때문이다. 다른 한편으로 이렇게 학습하는 것은 해석될 필요 없이 행동을 직접적으로 이끌어내는 규칙 자동화도 포함하고 있다. 이러한 자동화의 과정에서 일어나는 첫 번째 단계를 지식 컴파일화라고 한다.

지식 컴파일화(knowledge compilation)

엉성한 방법을 적용하여 새로운 지식을 획득할 때 이 방법에서 초기 해결책이 나오게 되는데, 이 해결책으로부터 매우 구체적인 인지적 규칙들이 만들어지는 과정을 바로 컴파일이라 한다. 새로 획득된 지식이 컴파일되면, 엉성한 방법 대신에 매우 구체적인 인지적 규칙들이 초기 해결책을 만들어낸다. "컴파일"이라는 용어는 소스 코드를 기계어로 변환시키는 컴퓨터 프로그램을 비유적으로 표현한 것이다. 컴퓨터 프로그램은 워드 프로세서로 작성한 텍스트를 실행가능한 프로그램 코드로 컴파일한 것을 말한다. 지식 컴파일의 하위 과정에는 절차화와 구성이 있다.

절차화(proceduralization)

지식 컴파일의 하위 과정 중 하나인 절차화는 지식을 영역 특수적인 새로운 규칙들에 통합시키는 것을 말한다. 절차화 과정의 간단한 예로, 여러분이 전화를 걸 때 다음의 가공된 규칙을 사용한다고 가정해보자.

IF
여러분의 목표가 X라는 사람에게 전화를 거는 것이라면

THEN
X의 전화번호를 여러분의 작동기억으로 보내고
그 전화번호로 전화를 건다는 하나의 하위 목표를 설정하라

여러분이 동료에게 634-5789로 전화를 정기적으로 건다면, 절차화는 위 규칙 내에 634-5789라는 지식을 끼워 넣을 것이다.

IF
여러분의 목표가 동료에게 전화를 거는 것이라면
THEN
634-5789로 전화를 건다는 하나의 하위 목표를 설정하라

구성(composition)

지식 컴파일의 또 다른 하위 과정인 구성은 특정 과제들을 수행하는 데 있어서 일관되게 서로 뒤이어 나오는 규칙들을 함께 덩어리로 묶는 것을 말한다. 따라서 일련의 규칙들이 특정 순서로 작동하는 하나의 단일 규칙으로 만들어진다. 전화 거는 데 사용되는 또 다른 규칙의 예를 살펴보자.

IF
여러분의 목표가 X라는 사람에게 전화를 거는 것이라면
THEN
수화기를 들고
특정 전화번호로 전화를 걸고
대화를 시작한다는 하나의 하위 목표를 설정하라

다시 여러분이 동료에게 정기적으로 전화를 건다면, 구성은 앞에 나온 두 규칙들을 묶어 다음과 같은 결과로 나온다.

IF
여러분의 목표가 동료에게 전화를 거는 것이라면
THEN
수화기를 들고
634-5789 번호로 전화를 걸고
대화를 시작한다는 하나의 하위 목표를 설정하라

망각(forgetting)

지식 컴파일은 수행 속도를 굉장히 높여주기는 하지만, 그렇다고 해서 (a) 엉성한 방법, (b) 현재 특정 규칙들 안에 내장되어 있는 지식, 혹은 (c) 보다 큰 규칙들을 구성하고 있는 보다 작은 규칙들을 제거할 필요까지는 없다. 왜냐하면 컴파일되기 전의 본래의 지식은 컴파일된 규칙들을 적용할 수 없는 상황에 적용될 수 있기 때문이다. 그러나 이 본래의 지식이 더 이상 사용되지 않는 경우엔 망각될 수 있다. 예를 들면, 만일 여러분이 하루에 몇 번씩 동료에게 전화를 거는 경우, 실제로 전화기를 들고, 다이얼을 돌리지 않는 경우를 제외하곤 전화번호를 기억하지 못할 가능성이 있다. 이런 동일한 과정을 거쳐서 "암묵지"가 개발될 수 있다(Box 3 참고).

참고 문헌

Anderson, J. R. (1983). *The architecture of cognition*. Cambridge, MA: Harvard Uni-

versity Press.
Anderson, J. R. (1987). Skill acquisition: Compilation of weak-method problem solutions. *Psychological Review, 94*, 192-210.
Anderson, J. R. (1993). *Rules of the mind.* Hillsdale, NJ: Lawrence Erlbaum.
Anderson, J. R. & Lebiere, C. (1998). *The atomic components of thought.* Mahwah, NJ: Lawrence Erlbaum Associates.
LePlat, J. (1990). Skills and tacit skills: A Psychological perspective. *Applied Psychology: An International Review, 39*, 143-154.

10.5 교수설계서에서 절차적 학습 내용

교수설계서에서, 절차적 학습 내용은 학습자들이 과제의 순환적 측면을 수행할 수 있게끔 학습 과제마다 구체화된다. 한편으로는 정확한 규칙 혹은 절차를 상세히 설명하는 JIT 학습 내용 디스플레이와 다른 한편으로는 JIT 학습 내용의 선수 지식 요소, 그 디스플레이 안에 제시된 예들(시연과 사례) 그리고 교정적 피드백 사이에 차이가 있을 수 있다. 여하튼 최소한, JIT 학습 내용 디스플레이는 첫 번째 학습 과제와 같은 순환적 측면을 포함하는 이후의 학습 과제와 함께 제시될 수도 있지만, 원칙적으로 그것과 관련된 첫 번째 학습 과제와 함께 제시된다. JIT 학습 내용 디스플레이는 학습자들로 하여금 시연 혹은 사례들이 어떻게 전체 과제의 맥락에 들어맞는지 알게 하기 위해서 학습 과제 자체의 요소에 의해서 가장 잘 예시화된다. 이것은 문제 해결 과정 혹은 해결안의 한 부분(예: 모델링 예, 사례 연구, 완성하기 과제)을 제시하는 학습 과제의 사용을 필요로 하며, JIT 학습 내용 디스플레이가 *동시에* 제시되는 예로 표현되는 연역적 전략의 사용을 가리킨다. 교정적 피드백은 과제 수행의 순환적 측면에 대한 규칙 혹은 절차적 단계가 잘못 적용된 *직후*에 제시되는 것이 가장 좋다. JIT 학습 내용 디스플레이와 관련된 예들은 종종 학습자들이 교육 프로그램에 실제로 참여하기 전에 설계될 수 있지만 교정적 피드백은 각 개별 학습자의 행동에 따라 달라지기 때문에 그렇게 설계하는 것이 불가능할 것이다. 그럼에도 불구하고, 대상 집단의 전형적인 오류와 오개념이 사전에 분석되었다면 몇 가지 사전 계획 활동이 가능할 수도 있다.

소거

만약 절차적 학습 내용이 그것과 관련된 첫 번째 학습 과제뿐만 아니라 이후의 과제들과도 함께 제시된다면 그것은 ***소거(fading)*** 과정을 통해서 수행된다. 소거는 절차적 학습 내용이 반복적으로 제시되지만 학습자들이 더 이상 그것을 필요로 하지 않을 때까지 그 양을 완전히 줄이도록 한다. 예를 들어, 어떤 도움 시스템은 관련된 JIT 학습 내용 디스플레이를 먼저 체계적으로 제시하고, 그 다음에 학습자의 요구할 때만 제시하다가 어떤 내용도 제시하지 않고 끝낼 수 있다. 어떤 특정한 과제 환경은 학습 내용과 관련된 피드백(예: 왜 그런 오류가 발생하는지 설명하는 것)을 먼저 제시하고, 그 다음 틀렸는지 맞았는지에 대한 피드백만을 제시하고, 궁극적으로는 교정적 피드백을 전혀 제공하지 않을 수도 있다. 소거로 인해서 학습자는 절차적 학습 내용을 필요로 한다면 언제든 그것을 제공받을 뿐만 아니라 일련의 확산적인 시연 혹은 사례들을 제시할 더 나은 기회를 제공하게 된다. 이상적으로, 그 전체 예들은 제시되는 규칙 혹은 절차를 다루는 모든 상황들을 대표해야만 한다.

전형적인 오류와 오개념 다루기

학습자들은 특정한 규칙을 적용해야만 할 경우 혹은 특정한 절차적 단계를 이행해야만 할 경우에 자신의 선행 경험과 직관에 의해서 전형적인 오류를 저지르는 경향이 있다(그러한 전형적인 오류에 대한 분석은 11장 2절 참고). 게다가, 규칙 혹은 절차의 정확한 사용에 대한 선수요건인 지식과 관련해서 오개념이 발생할 수도 있다(그러한 오개념에 대한 분석은 12장 2절 참고). 컴퓨터 끄기와 관련된 전형적인 오류는 "컴퓨터를 끄고자 한다면, 〈시작〉을 클릭한 다음 〈컴퓨터 끄기〉를 클릭하세요"라는 규칙을 적용하지 않고, 컴퓨터 전원 버튼을 누르는 것이다. 여기서 관련된 한 가지 오개념은 〈시작〉이 설정 변경하기, 문서 찾기 그리고 실제로 응용 프로그램 종료에도 적용되지만 그것이 오로지 새로운 프로그램을 시작할 때만 적용된다고 아는 것이다. 전형적인 오류와 오개념이 있으면 다음과 같이 절차적 학습 내용의 제시 방법에 영향을 줄 수 있다.

1. 전형적인 오류 혹은 오개념이 흔히 발생하는 단계와 선수 지식에 학습자들이 주의를 기울이게 하라. 학습자의 요구를 파악하여 필요한 내용을 제시하고, 제시된 학습 내용을 비교적 느리게 소거하고, 많은 시연과 사례들을

사용하는 것은 여기에 도움이 될 수 있다.

2. 가능하면, JIT 학습 내용 디스플레이에 다중 표상을 사용하라(예: 글자와 그림 등). 절차에 대한 그래픽 표상과 학습자가 반드시 조작해야만 하는 도구와 객체에 대한 물리적 모형이 도움이 될 수 있다.
3. 학습자들에게 정확한 단계 및 선수 지식과 자신이 사용한 잘못된 단계 및 선수 지식, 즉 "부정확한 규칙"과 오개념을 비교/대조해보게 한다.
4. 학습자들이 일단 오류를 범했다면 되돌아가서 그 바람직하지 않은 결과를 수정할 수 있도록 제시된 JIT 학습 내용 디스플레이 안에 오류 복구에 관한 내용을 포함하라.

종합하면, 표 10.2는 보통 수준의 복합적 기능인 "문헌 검색하기"(표 5.2로 돌아가서 다른 과제 클래스들에 대해 기술한 내용을 참고할 수 있음)를 위한 교수설계서 이외의 한 가지 과제 클래스를 보여준다.

과제 클래스, 학습 과제, 그리고 지원적 내용으로 분류한 데에 절차적 학습 내용의 분류가 추가되었다. 여기서 볼 수 있듯이, 절차적 학습 내용은 그와 관련된 첫 번째 학습 과제에 학습자가 참여할 때 제시된다. 전체 교수설계서를 보려면 부록 2를 참고할 수 있다. 마지막으로 주목할 것으로, 절차적 학습 내용은 학습 과제를 수행하는 것과 관련될 뿐만 아니라 부분 과제 연습과 관련될 수도 있다는 것이다. 부분 과제 연습에 절차적 학습 내용을 연결하기 위한 특별한 고려사항은 13장에서 논의될 것이다.

표 10.2 중간 정도의 복합적 기능인 "문헌 검색하기"를 위한 예비 교수설계서: 과제 클래스에서 학습 과제에 절차적 학습 내용이 추가됨 (계속)

과제 클래스 1 학습자는 (검색될) 특정 영역 내에 있는 개념이 명확하게 정의된 상황과 마주한다. 특정 주제에 대해 작성된 아티클은 그 수가 적을 뿐만 아니라 한 연구 분야에 국한되어 있다. 따라서 검색은 특정 연구 분야의 하나의 데이터베이스 내에서 아티클 제목으로만 행해질 필요가 있다. 그 검색에 필요한 검색어는 단지 몇 개뿐이며 검색 결과로 제한된 수의 아티클이 나온다.
지원적 내용: *모델링 예* • 학습자는 전문가가 자신의 행동을 설명하면서 문헌 검색하는 것을 지켜본다.
지원적 내용: *인지적 전략 제시* • 문헌 검색을 수행하는 데 있어서 네 가지 단계에 대한 SAP: (a) 적절한 데이터베이스 선택하기, (b) 검색 질의어 만들기, (c) 검색 수행하기, (d) 검색 결과 선택하기 • 아티클의 관련성 여부를 빨리 스캐닝하기 위한 SAP

<table>
<tr><td colspan="2">지원적 내용: 정신적 모형 제시
• 문헌 검색이라는 개념에 대한 개념적 모형
• 데이터베이스가 어떻게 구성되었고, 어떻게 사용될 수 있는지에 대한 구조적 모형
• 다양한 유형의 아티클과 그것들이 어떻게 구성되었는지에 대한 개념적 모형</td></tr>
<tr><td colspan="2">학습 과제 1.1: 사례 연구
학습자는 문헌 검색과 관련하여 해결된(좋은) 예 세 개를 제공받는다. 각 예는 동일한 주제 영역 내에서 서로 다른 연구 문제, 검색 질의어, 그리고 검색 결과로 나온 아티클 목록을 보여준다. 학습자는 그 예들을 공부해야 하고, 서로 다른 검색 질의어로 그 바람직한 검색 결과가 어떻게 나왔는지에 대한 이유를 설명해야 한다.</td></tr>
<tr><td>학습 과제 1.2: 완성하기 과제
학습자는 연구 문제와 함께 이와 무관한 항목을 가진 아티클 목록을 검색 결과로 내는 완벽하지 않은 검색 질의어를 제공받는다. 학습자는 추가적인 검색어를 사용해서 검색 질의어를 수정 및 보완해보고, 관련 아티클들을 선택해보아야 한다.</td><td>절차적 학습 내용
• 검색 프로그램 구동 절차
• 시소러스 사용 절차</td></tr>
<tr><td>학습 과제 1.3: 일반적 과제
학습자는 연구 문제를 제공받는다. 이것과 가장 관련성이 높은 10개의 아티클을 찾기 위해 문헌 검색을 해야 한다.</td><td>절차적 학습 내용
• 검색 프로그램 구동 절차(소거)
• 시소러스 사용 절차(소거)</td></tr>
</table>

10.6 요약

- 절차적 학습 내용을 설계한다면, JIT 학습 내용 디스플레이, 시연과 사례, 교정적 피드백 간에 구분을 해야 한다.
- JIT 학습 내용 디스플레이를 설계한다면, 한 가지 규칙이나 과정, 그리고 선수 지식 요소를 자세하고 명확하게 제시하기 위하여 그 내용들을 작은 단위로 제시하고, 쉬운 언어를 사용해야 하며, 주의 분산을 막기 위해서 과제 환경에 그 디스플레이를 물리적으로 통합해야 한다.
- 규칙이나 과정에 대한 시연, 혹은 선수 지식 요소에 대한 사례로 JIT 학습 내용 디스플레이를 예시화한다면, 전체 학습 환경의 맥락에서 그 예들을 제시해야 하며 그 예들이 확산적으로 되게끔 해야 한다.
- 절차적 학습 내용을 제시할 때 교수자가 있다면, 전체 과제 수행 중에 교수자가 순환적 측면을 어떻게 수행하는지 상세하고 명확하게 가르쳐주는 학습자의 요구를 파악하여 필요한 내용 제시 전략을 사용해야 한다(상비적 튜터링).
- 절차적 학습 내용을 제시할 때 교수자가 없다면, JIT 학습 내용 디스플레이

가 그와 관련된 첫 번째 과제와 함께 명확하게 제시되는 학습자의 요구를 파악하여 필요한 전략을 사용해야 한다(시스템에 의하여 제공되는 도움).

- 절차적 학습 내용을 제시할 때 학습 과제에 대한 통제권이 없다면, 학습자의 요구에 따른 제시 전략을 사용해야 하고 JIT 학습 내용 디스플레이를 과제 수행 중에 학습자가 참고할 수 있는 미니 매뉴얼, 안내 시스템, 혹은 직무 설명서에 포함해야 한다.
- 교정적 피드백을 설계한다면, 오류가 있다는 것을 학습자가 인식하게 해주고, 그 오류의 원인을 설명하고, 어떻게 정확한 목표에 도달하는지에 대한 힌트를 제공해야 한다.
- 교수설계서 안에 절차적 학습 내용을 구체화한다면, 절차적 학습 내용을 그것과 관련있는 첫 번째 과제와 묶어주어야 하고 후속되는 과제에서는 그것을 소거해 나가야 한다.

제11장

단계 8: 인지적 규칙 분석

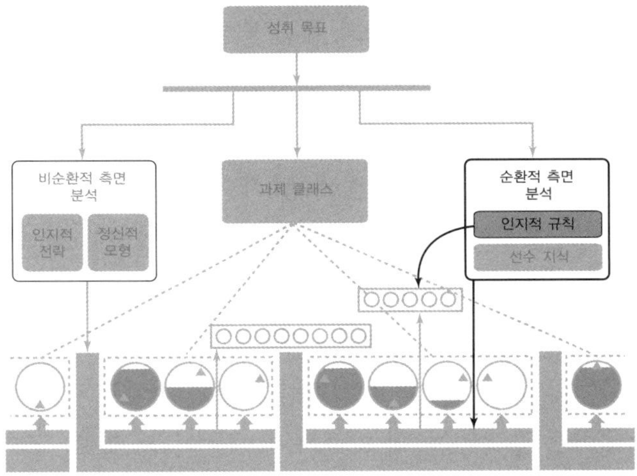

필요성

인지적 규칙 분석은 절차적 학습 내용과 (만약 해당된다면) 부분 과제 연습의 중요한 일부분을 설계하는 데 기초를 제공한다. 이 단계는 기존의 교수 프로그램 안에 규칙과 절차에 대한 정보가 없을 경우에만 수행된다.

두 개의 수를 곱하거나 나눌 경우, 두 수가 같은 부호라면 몫은 양수이지만 서로 다른 부호라면 몫은 음수가 된다. 등식을 간단히 할 때, 우리는 더하기를 하기 전에 먼저 곱하기 부호에 인접한 수들을 곱한다(예: 3×6+2=20에서 3×8이 아니라 18+2를 한 것임). 이것은 산수를 배울 때 우리 모두가 배운 인지적 규칙의 예다. 그러한 인지적 규칙은 과제 수행자들이 학습 과제의 순환적인 측면을 올바른 방식으로 수행하도록 해준다. 모든 등식을 단순화할 필요도 없고, 등식 안에 있는 모든 수들을 곱하거나 나눌 필요도 없다. 어떤 문제 안에 있는 두 수에 곱하기/나누기 규칙을 적용해서 등식에 선행 절차를 적용할 수 있다.

이 장에서는 새로운 과제의 친숙한 측면을 해결하기 위한 인지적 규칙의 분석 방법에 대해 살펴볼 것이다. 이 분석의 결과는 if-then 규칙 혹은 절차의 형태를 가진다. 분석 결과는 유능한 과제 수행자들이 과제마다 그리고 문제 상황마다 동일하게 나타나는 실생활 과제의 if-then 규칙이나 절차를 어떻게 수행하는지를 나타낸다. 때로는 기존의 직무 설명서, 교수 프로그램, 그리고 다른 문서 안에 특정한 과제 영역과 관련된 if-then 규칙/절차가 이미 있기도 한다. 그렇다면 인지적 규칙을 분석할 필요가 없다. 그렇지 않은 경우에는 인지적 규칙 분석이 이루어져야 한다. 인지적 규칙의 분석 결과는 선수 지식 분석에 필요한 정보를 제공해준다(12장 참고). 이뿐만 아니라 인지적 규칙 분석 결과는 절차적 학습 내용의 설계에 필요한 정보를 제공해준다. 부분 과제 연습이 포함된다면 인지적 규칙 분석 결과 또한 부분 과제 연습의 설계를 위한 기본 정보를 제공해준다(13장 참고).

이 장의 구조는 다음과 같다. 첫째, 규칙 기반 분석에서 if-then 규칙에 대한 명세화와 정보처리 분석에서 절차의 명세화에 대한 설명이 제시된다. 이 두 가지 방법은 모두 최종 명세서가 대상 집단의 가장 능력 수준이 낮은 학습자에게 맞추어져야 한다고 강조한다. 둘째, 이른바 "부정확한 규칙"과 전형적인 오류에 대한 분석이 간략히 논의된다. 그러한 부정확한 규칙과 절차적 단계가 그와 관련된 정확한 규칙과 절차를 습득하는 데 방해하기 때문이다. 셋째, 교수설계 과정을 위한 if-then 규칙과 절차의 사용 방법이 논의된다. 규명된 규칙과 절차는 선수 지식 분석, 절차적 학습 내용 설계, 그리고 부분 과제 연습 설계에 유용하다. 설계 활동과 관련해서 전형적인 오류와 부정확한 규칙의 존재여부는 교수 방법의 선정에 영향을 미칠 수 있다.

11.1 if-then 규칙 및 절차의 구체화

*if-then 규칙(if-then rules)*과 *절차(procedures)*는 어떻게 복합적 과제의 순환적 측면 혹은 순환적 부분 기능이 정확하게 수행되는지를 서술한다. SAP(8장 참고)와 같이 규칙과 절차는 관심 영역 안에서 과제 수행자들의 활동을 구성한다. 요령(heuristic)과 같은 특성을 지닌 SAP와는 달리, 규칙과 절차는 규칙을 사용하거나 명세화된 순서로 절차적 단계를 수행하면 그 과제가 옳게 수행되어서 목표가 달성될 것을 보장한다는 것을 나타내는 알고리즘적인 특성이 있다. 따라서 이 장에서 논의할 규칙과 절차는 "강력한 혹은 강한 방법(strong method)"의 예다. 그러나 그것의 강도는 그 제한된 유연성에 의해서 상쇄된다. 영역 의존도가 높은 규칙은 과제의 익숙한 측면이 정확하게 수행될 수 있음을 보증하지만 새로운 문제 상황의 익숙지 않은 과제에는 전혀 도움이 되지 못한다. 교수설계에 있어서 인지적 규칙의 분석 결과로 if-then 규칙과 절차가 나오는데, 이것은 다음 세 가지에

도움이 된다.

1. 규칙을 정확히 적용하거나 절차적 단계들을 정확하게 수행하기 위해서 학습자가 알아야 할 필요가 있는 것을 나타내는 선수 지식의 분석에 필요한 정보를 제공한다(12장 참고).
2. 선수 지식에 대한 분석 결과와 함께 절차적 학습 내용의 설계를 위한 기본적인 정보를 제공한다.
3. 부분 과제 연습이 개발될 필요가 있는 경우 인지적 규칙 분석이 그것의 설계를 위한 기본적인 정보를 제공한다(13장 참고).

인지적 규칙을 분석하는 것은 컴퓨터 프로그래밍과 같이 많은 힘이 드는 과제다. 분석을 담당한 사람은 보통 한 명 이상의 유능한 과제 수행자들에게 과제를 수행하게 하고 동시에 자신의 수행 혹은 과제 속에서의 정신적인 여정에 대해서 말하게 한다("소리 내어 말하기"). 모든 활동과 결정은 하나의 표 혹은 과제 개요서에 기록된다. 이러한 과정은 가능한 모든 if-then 규칙 혹은 다양한 모든 절차적 경로가 분석 결과에 포함되도록 하기 위해서 다양한 결정을 포함하는 과제의 다양한 모든 버전을 통해서 반복 수행된다. 뿐만 아니라, 순환적 부분 기능에 대한 분석은 항상 위계적인 과정이다. 이러한 분석은 대상 집단에서 능력이 가장 낮은 수준의 학습자들이 이미 그 선수 지식을 숙달했다고 가정하여 그들이 적용할 수 있는 규칙 혹은 그들이 수행할 수 있는 단계의 일차적인 수준에 도달할 때까지 되풀이되기 때문이다.

모든 순환적 부분 기능은 인지적 규칙의 적용으로 설명될 수 있고 if-then 규칙으로 분석될 수 있다(Anderson, 1993). 그러나 그 분석 과정을 단순화하기 위하여 부분 기능의 고유 특성을 이용하는 많은 다양한 분석 방법들이 있다(이러한 방법에 대해서는 Jonassen, Hannum, & Tessmer, 1989; Kennedy, Esquire, & Novak, 1983 참고). 예를 들어, 규칙 안에 명세화된 조건과 조치 대부분이 관찰 가능하거나 "명백하게 가시적"이라면 *행동 과제 분석 방법(behavioral task analysis)*이 특히 유용하다(문서의 페이지 방향 변경을 위한 과정을 보여주는 그림 10.1 참고). **인지적 과제 분석(cognitive task analysis)**은 조건과 조치 대부분이 관찰할 수 없거나 "모호한" 기능도 다룰 수 있기 때문에 더욱 강력하다. 이 장에서는 인지적 과제 분석을 위한 두 가지 인기 있는 방법에 대해 논의하고자 한다. 규칙 기반 분석은 단계에 시간적 순서가 부족한 순환적 기능을 분석하기에 적당한 유연성이 높은 방법이다. 정보처리 분석은 수행하기가 어느 정도 쉽지만, 단계별 시간적 순서가 절차로 특징지어지는 순환적 기능을 분석하는 데에만 유용하다(예: 덧셈, 펑크 난 타이어 수리하기).

규칙 기반 분석

규칙 기반 분석(rule-based analysis) 방법은 어떤 과제 수행에 관련된 단계 대부분이 시간적 순서를 보이지 않을 경우에 사용된다. 키보드 혹은 제어판 다루기, 타이핑 혹은 텍스트 편집하기, 소프트웨어 프로그램 운영하기가 그 예다. 규칙은 어떤 조건에서 과제 수행자가 특정 조치를 취해야 하는지를 명세화한다. 규칙은 if로 시작하는 조건 부분과 then으로 시작하는 조치 부분으로 구성된다.

if 조건
then 조치

if 부분은 '상태' 라는 용어로 구체화하는데, 외계(外界)의 조건, 다른 말로 객체 혹은 과제 수행의 과정에서 나타나는 특정한 정신적 상태를 의미한다. then 부분은 규칙을 적용할 때 취해져야 하는 조치들을 구체화한 것이다. 이것이 일어나면 규칙이 "작동(fire)" 되었다고 한다. 조치는 외부 세계의 객체나 정신적 상태 중 어느 것이든 변화시킬 수 있다. 따라서 규칙은 인지적 동반이 일어나게 된다. 어떤 특정한 조건을 만나면 어떤 특정 조치가 취해지기 때문이다. 어떤 과제에 대한 수행은 어떤 규칙들의 세트로 모형화될 수 있다. 이 세트에서 나온 규칙들은 소위 *인지-행동 사이클(recognize-act cycle)*에 의하여 번갈아 가면서 작동한다. 규칙 세트에서 나온 하나의 규칙은 그 안의 if 부분과 어울리는 어떤 특정한 상태를 인지한다. 규칙은 그 안의 then 부분 안에 명세화된 조치에 따라 그 상태를 변화시키는 행동을 한다. 세트 내의 또 다른 규칙은 그 안의 if 부분과 어울리는 이러한 새로운 상태를 인지하고, 이 상태를 변화시키는 행동을 한다. 또 다른 규칙은 이러한 새로운 상태나 변화를 인지하는데, 완료될 때까지 이런 식으로 진행된다.

규칙 기반 분석이 행해지는 것을 간단한 규칙들의 세트로 설명해 보고자 한다. 규칙들은 양동이들을 쌓는 것과 같은 순환적 기능을 작은 양동이들은 항상 더 큰 양동이 속에 담긴다와 같은 식으로 기술된다. 첫 번째 if-then 규칙은 과제가 언제 끝나는지를 나타낸다.

1.
if 양동이가 한 개만 있으면
then 과제는 끝난다.

두 번째 if-then 규칙은 이 목표를 달성하기 위해서 행해져야 하는 것을 구체화한다.

2.
if 양동이가 최소한 두 개 있으면
then 가장 왼쪽에 있는 두 개의 양동이들을 가지고 작은 양동이를 더 큰 양동이 속에 넣는다.

이 규칙에서 양동이라는 말은 양동이 한 개를 의미할 수도 있고 여러 개의 양동이가 쌓여있는 것을 지칭할 수도 있다. 그림 11.1의 윗부분에서 볼 수 있듯이 이 두 개의 규칙은 가능한 모든 상황에 대한 과제의 수행을 보여준다. 그러나 그림의 가운데 부분은 아직 또 다른 규칙이 필요하다는 상황을 보여준다. 여기서는 큰 양동이가 그보다 작은 양동이 위에 놓여졌기 때문에 아주 곤란한 상황이 발생한다. 이러한 난국을 극복하는 데 다음과 같은 규칙이 도움이 될 것이다.

3.
if 작은 양동이 위에 더 큰 양동이가 위로 올라오면,
then 그 큰 양동이를 가장 왼쪽에 놓은 후, 가장 작은 양동이를 가장 왼쪽에 놓는다.

그림 11.1의 아래 부분에서 볼 수 있듯이, 이 추가된 규칙이 곤란한 상황을 해결하는 데 도움이 된다. 이 세 가지의 if-then 규칙은 실제로 누구나 생각할 수 있는 모든 상황을 충족한다. 뿐만 아니라 이 규칙들은 서로가 독립적이다. 다시 말하면 그것들의 순서가 중요하지 않다는 것이다. 이러한 특징은 전체 규칙 세트에 대한 행동을 흐트러뜨리지 않으면서 if-then 규칙들을 추가하거나 삭제할 수 있게 해준다. 예를 들면, 다음과 같은 규칙을 추가함으로써 양동이 쌓기를 더 효율적으로 할 수 있다.

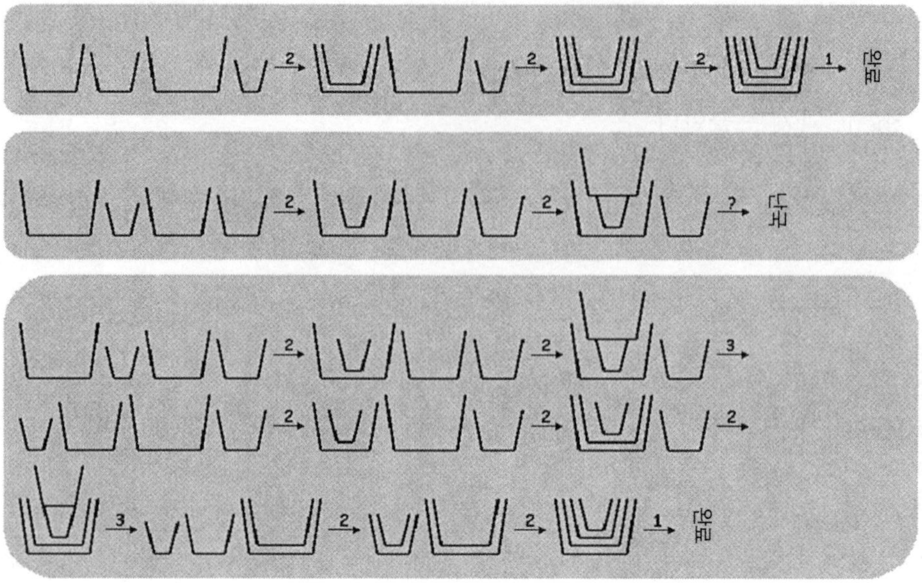

그림 11.1 양동이 쌓기 과제를 묘사한 if-then 규칙 세트의 적용과정

4.
if 가장 큰 양동이와 가장 작은 양동이가 모두 가장 왼쪽에 있으면
then 가장 작은 양동이를 가장 오른쪽에 놓는다.

이 새로운 규칙이 포함된 규칙 세트로 시도해보면 많은 상황에서 양동이들을 쌓는 데 필요한 횟수가 적어진다는 것을 분명히 경험하게 된다. 뿐만 아니라 새로운 규칙의 위치를 전체 규칙 세트의 어디에 두어야 할지를 고민할 필요 없이 한 가지 규칙을 전체 세트에 간단하게 추가함으로써 이와 같은 효과를 달성할 수 있다.

어떤 특정한 과제를 수행할 수 있게 되는 것은 확인된 규칙들의 기능뿐만이 아니라 그러한 규칙들이 더 좋은 규칙들에 의해서 처리되는 방식일 수도 있다는 것을 기억해야 한다. 예를 들어, 주어진 상태와 이것에 어울리는 if 조건을 가진 규칙이 한 가지 이상 있을 경우가 여기에 해당된다(실제로, 규칙 2, 3, 4도 여기에 해당된다). 이러한 상황에서 가능한 규칙들 중에서 한 가지 규칙을 신중하게 선택함으로써 반드시 문제를 해결해야 한다. 이러한 과정을 갈등 해결(conflict resolution)이라고 한다. 갈등 해결을 위한 일반적인 방법은 특정 규칙을 일반적인 규칙에 우선시 하는 것(예: 규칙 3을 규칙 2보다 우선시하기), 더 최근의 상태와 이것에 어울리는 규칙을 오래된 상태와 이것에 어울리는 규칙들보다 우선시하는 것(예: 규칙 3과 규칙 4를 규칙 2보다 우선시하기), 그리고 이전의 시도에서 선택되지 않은 규칙을 선택된 적이 있는 규칙에 앞서 적용하는 것 등이 있다. 갈등 해결을 위한 다양한 방법에 대해서 더 자세히 살펴보고 싶다면 요인 전이 분석(Factor Transfer Analysis; Reigeluth & Merrill, 1984), 산출 시스템 분석(Klahr, Langley, & Neches, 1987), FlexForm 분석(Scandura, 2001), 그리고 GOMS 분석(Goals-Operators-Methods-Selection 규칙; Kieras, 1988)과 같은 규칙 기반 분석의 특정 형식들에 관한 문헌을 읽어볼 수 있을 것이다. 이러한 분석 방법들의 공통점은 정확한 과제 수행을 알고리즘적으로 묘사하는 매우 영역 의존적인 if-then 규칙들을 강조한다는 점이다.

정보처리 분석

정보처리 분석(information-processing analysis) 방법은 어떤 과제를 수행하는 데 포함된 단계들이 시간적인 순서를 나타낼 때 사용될 수 있다(P. Merrill, 1980, 1987). 이렇게 일련의 단계들의 순서를 절차(procedure)라고 한다. 곱셈, 기계 구동하기, 그리고 어떤 장치의 고장 진단을 할 때 결함수로 전환하기 등이 그 예다. 정보처리 분석 방법은 과제 수행자가 취하는 명백한 혹은 묵시적인 의사결정과 조치에 초점을 맞추어 보통 플로차트로 표현되는 하나의 과정을 생성한다. 그러한 전형적인 플로차트에는 다음과 같은 상징이 포함된다.

- *사각형*—취해야 할 조치를 표시한다. 대부분의 플로차트에서 사각형을 사용한다.
- *마름모*—결정해야 할 것을 표시한다. 일반적으로, 마름모로 제시된 진술문은 예 혹은 아니오에 해당하는 응답을 요구하며 응답에 따라 플로차트에서 다른 부분으로 진행하게 될 것이다.
- *원*—플로차트가 다른 과정 혹은 플로차트와 연결되는 지점을 표시한다. 연결될 다른 과정의 이름 혹은 지시사항은 이 원 안에 제시된다.

마름모를 포함하면 단계의 위계에 영향을 미치는 의사결정에 주의를 집중시킬 수 있게 된다. 마름모는 절차 중에 반복되는 부분이나 다음에 이어지는 별도의 경로를 보여준다. 그림 11.2는 두 자릿수 더하기를 위한 순환적 기능을 나타내는 플로차트의 예다. 이 플로차트에서 어떤 조치는 묵시적이고(예: 더하라, 빼라) 어떤 조치는 명확하다(예: 결과를 적어라). 이 흐름도에서 다양한 요소들을 가리키는 것을 쉽게 하기 위해서 조치들이 1에서 6까지의 숫자로 표시되고 결정사항은 A와 B라는 문자로 표시되었다.

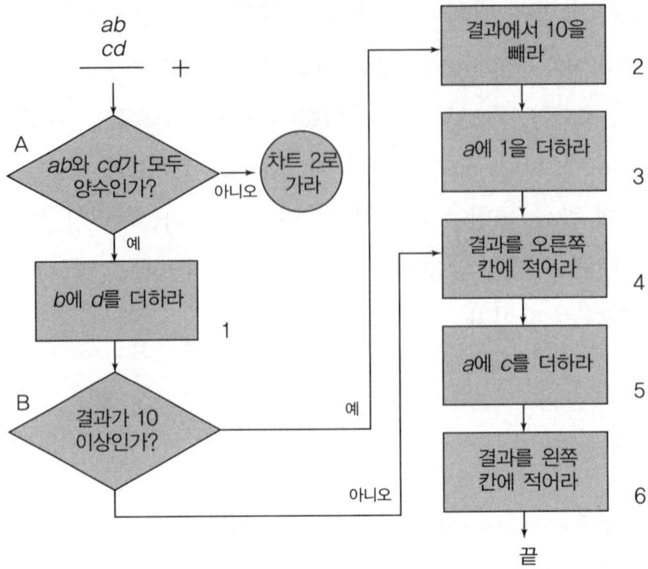

그림 11.2 두 자릿수 더하기에 대한 정보처리 분석 결과를 보여주는 플로차트

분석 과정을 끝내기 전에, 모든 (정신적) 조치와 결정사항들뿐만 아니라 결정사항에서 뻗어 나올 수 있는 모든 분지들이 포함되도록 하기 위하여 그 플로차트가 검증되고 타당화되어야 한다. 전문적인 과제 수행자와 그 과제를 가르치는 경험이 있는 교수자들은 플로차트의 완벽함과 그 질에 관한 중요한 내용을 제공해야 한다. 학습자들은 주어진 플로차트대로 과제를 수행해야 한다. 학습자들로 하여금 플로차트의 다양한 경로들을 따라가도록 하려면 과제의 모든 버전을 수행하도록 해야 한다. 만약 학습자들이 그 과제를 수행하는 데 어려움을 느낀다면 그들이 아직 대상 집단의 출발점 수준을 형성하지 못한 것이기 때문에 단계를 더 명세화할 필요가 있다.

대상 집단의 출발점 수준에 대한 명세화

이미 제시한 바와 같이 과제 수행을 규칙기반 분석 혹은 정보처리 분석 방법으로 기술한 것은 매우 구체적이고 알고리즘적이다. 따라서 학습자들이 그 규칙들을 사용하고, 거기에 명세화된 사항들을 결정하고, 또 주어진 순서로 조치들을 수행하면 모든 학습자들이 그 과제를 정확히 수행하도록 보장되어야 한다. 이것은 "그러한 처방이 어느 정도의 구체적인 수준으로 제공되어야 하는가?"라는 질문을 불러일으킨다. 이론적으로 그러한 분석은 장기 기억으로부터 어떤 항목을 연상하거나 단기 기억에 어떤 항목을 잠시 저장하는 것과 같은 정신적 작용, 혹은 특정한 객체에 주의를 유도하거나 특별한 손가락 움직임과 같은 지각적-동작적 조작(perceptual-motor operation) 수준까지 계속될 것이다.

그러므로 처방이 얼마나 자세해야 하느냐는 대상 집단의 출발점 수준에 따라 달라진다. 즉, 능력이 가장 낮은 학습자가 그 단계를 숙달하는 수준까지 분석이 계속되어야 한다. 한 가지 심각한 위험요소는 분석하는 사람들이 종종 학습자들의 사전 지식을 과대평가하기 때문에 이러한 반복적인 분석과정을 너무 일찍 끝내버리는 것이다. 따라서 분석하는 사람은 대상 학습자 집단의 예상되는 출발점 수준보다 한두 수준 더 아래 단계의 과정까지 분석하는 것이 바람직하다. "가장 능력이 낮은 학습자들이 그 선수 지식(단계에서 사용되는 개념)을 이미 알고 있다고 가정하면, 그들이 이 단계를 정확하게 수행할 수 있겠는가?" 라는 질문을 반복적으로 함으로써 대상 집단의 사전 지식에 대한 분석으로 이러한 순환적 기능에 대한 분석이 보완된다. 이러한 방법은 학습자들의 숙달 수준을 염두에 두지 않고 모든 학습자들이 정확하게 수행하기에 충분할 만큼 명세화해 두면 교수 프로그램에서 다룰 내용의 범위에 유연성을 확보할 수 있다.

단계의 구체성 측면에서 정보처리 분석의 결과를 표현한 플로차트는 SAP 차트의 그것과는 분명히 다르다(예: 그림 7.1과 8.1 참고). SAP 분석 결과물은 사실상 보편적인 체계적 접근의 기술방식으로 표현된다. 그것은 단지 달성되어야만 하는 목적들만 제공해줄 뿐이어서 그러한 목적들을 획득하는 데 도움이 될 수 있는 요령들(heuristics)을 제공한다. SAP 분석 결과물은 그 안에 제시된 목적들이 대상 집단의 출발점 수준이 아니어서 그 안에 제시된 요령들은 그러한 목적들을 달성하는 데 단지 도움이 될 수도 있는 경험에 의한 규칙들일 뿐이기 때문에 그 문제가 해결될 것이라는 것을 결코 보증할 수 없다. SAP는 학습자들에게 문제 해결의 "방향"을 제공하여 그들 스스로 이러한 일반적인 계획에 도달하는 데 필요한 길고 험난한 과정을 줄여줄 수도 있지만 반드시 그렇지만은 않다. 요약하면, SAP는 문제 해결 과정에 대한 어떤 요령을 안내하는 반면 정보처리 분석의 결과로 표현되는 if-then 규칙과 플로차트는 과제를 정확하게 수행하기 위한 알고리즘적인 처방을 제공한다.

11.2 전형적인 오류와 부정확한 규칙의 분석

이 책에서 제시하는 열 단계 모형은 정확한 if-then 규칙과 절차에 대해 합리적 분

표 11.1 전형적인 오류와 부정확한 규칙의 예

전형적인 오류 / 부정확한 규칙	정확한 규칙
변수 A와 B의 값을 바꾸려면, A=B와 B=A로 진술한다.	변수 A와 B의 값을 바꾸려면, C=A, A=B, 그리고 B=C로 진술한다.
컴퓨터를 끄려면, 전원 버튼을 누른다.	컴퓨터를 끄려면, 〈시작〉을 클릭한 다음 〈컴퓨터 끄기〉를 클릭한다.
$(x+y)^2$의 식을 풀려면, 그냥 각 문자에 제곱을 하여 (x^2+y^2)로 표현한다.	$(x+y)^2$의 식을 풀려면, x+y와 y+x를 곱하여 $(x^2+2xy+y^2)$으로 표현한다.

석 방법을 사용하는 것을 강조한다. 그 결과는 학습자들에게 과제의 순환적 측면이 어떻게 수행되어야 하는지를 말해준다. 뿐만 아니라 특정 규칙을 적용하거나 특정한 절차적 단계를 수행할 때 학습자들이 어떤 전형적인 오류를 범하는 경향이 있는지 그리고 훈련 프로그램을 시작할 때 직관적으로든 경험에 근거해서든 어떤 부정확한 규칙을 적용하는지를 찾아내는 데 경험적 분석 방법을 수행한다. 표 11.1은 전형적인 오류와 부정확한 규칙의 예를 보여준다.

정확한 규칙에 대해 잘못된 대안을 제공하는 부정확한 규칙과는 달리 전형적인 오류는 학습자가 정확한 규칙을 적용하려는 의도는 있지만 여전히 무엇인가 잘못되고 있음을 나타낸다. *오류(errors)*는 적용하기 어렵거나, 수행하기 위험하거나 혹은 대상 집단의 학습자들이 쉽게 생략해 버리는 규칙 혹은 절차적 단계와 관련이 있다. 예를 들면, "어떤 단어를 강조하려면, 그 위에 커서를 위치시키고 마우스를 더블클릭한다"와 같은 규칙에 대해서는 특히 어린 아동과 나이 든 학습자들의 경우 빠르게 더블클릭하는 데 어려움이 있기 때문에 두 번의 클릭을 서로 빨리 이어야 한다는 것을 강조하는 것이 중요하다. "어망을 투하할 필요가 있다면, 칼을 몸 쪽에서 먼 쪽으로 움직이면서 줄을 끊는다"라는 규칙에 대해서는 상처의 위험 때문에 칼의 움직임을 강조하는 것이 중요하다. 그리고 두 자릿수 빼기에서 앞자리로부터 빌려오는 절차 부분인 "왼쪽 칸에서 1을 뺀다"라는 단계에서는 초보 학습자들이 10을 빌려올 때 종종 앞자리에서 1을 빼는 것을 잊기 때문에 이 과정을 강조하는 것이 중요하다.

11.3 설계 결정을 위한 인지적 규칙의 사용

단계 8은 기존의 교수 프로그램에 규칙과 절차에 대한 정보가 없을 경우에만 수행될 것이다. 이 단계가 수행되면 그 분석의 결과는 많은 다양한 활동들, 즉 선수 지식 분석을 위한 기초 자료 제공, 절차적 학습 내용의 중요한 부분 설계를 위한 기초 자료 제공, 그리고 부분 과제 연습이 있을 경우 그것을 위한 기초 자료 등과 같은 다양한 활동들을 위한 기초 자료를 제공한다. 뿐만 아니라, 부정확한 규칙과 전형적인 오류에 대해 규명한 것이 설계 결정에 영향을 미칠 수도 있다.

선수 지식 분석

인지적 규칙에 대한 분석은 오로지 과제의 순환적 측면이 *어떻게* 수행되는지에 중점을 둔다. 결과적으로 과제 수행을 위해 학습해야 하는 선수 지식에 대한 내용을 놓치게 된다. 여기에서, 중요한 질문은 "규칙이나 절차로 이루어진 정확한 과제 수행을 가능하게 해주는 지식은 무엇인가?" 라는 것이다. 예를 들어, 학습자들은 '커서' 와 '마우스' 라는 개념을 알고 있을 경우에만 "어떤 단어를 강조하려면, 그 단어 위에 커서를 놓고 마우스를 더블클릭한다" 라는 규칙을 정확히 수행할 수 있다. 그렇지 않을 경우 그러한 개념이 "선수적" 이어서 그 규칙의 올바른 사용을 가능하게 해주기 때문에 학습자들에게 그 개념들을 가르쳐 주어야 한다. 규칙과 이것을 위한 선수 지식은 *일방향적인 관계*에 있다는 것을 명심해야 한다. 정의하자면, 선수 지식은 규칙의 정확한 사용을 가능하게 해주지만 그 반대는 성립하지 않는다(이것은 인지적 전략과 정신적 모형 간의 양방향적인 관계와 다른 것이다). 이러한 이유로, 인지적 규칙 분석부터 시작해야 하고 반드시 그 다음에 선수 지식에 대한 분석을 해야 한다. 선수 지식에 대한 분석은 교수 분석이라고 하거나 혹은 인지적 규칙에 대한 분석과 직접적으로 병용해서 수행될 때는 통합 분석(combination analysis)이라고도 한다(Dick & Carey 1996). 이러한 내용에 대해서는 12장에서 더욱 자세하게 다룰 것이다. 또한, 인지적 규칙과 선수 지식을 위한 분석 결과는 절차적 학습 내용의 설계를 위한 주요 기초 자료가 될 것이다(10장 참고).

절차적 학습 내용 설계

심리학적 측면에서 순환적 부분 기능은 *마치* 그것이 자동화된 심리적 과정인 것*처럼* 분석된다. 그 이유는 절차적 학습 내용과 부분 과제 연습의 설계를 위한 교수 방법은 반드시 컴파일화(10장의 Box 4 참고)와 매우 높은 자동화 수준으로 개발될 필요가 있는 기능, 즉 분석된 인지적 규칙을 수반하는 강화(13장의 Box 5 참고)를 직접적으로 촉진해야만 하기 때문이다. 컴파일화는 학습자들이 필요로 한 시점에서 바로 적용할 수 있는 규칙 혹은 절차들을 JIT 학습 내용 디스플레이 부분으로 정확하게 제시함으로써 촉진될 수 있다. 잘 설계된 제시자료는 학습자들의 가장 낮은 능력 수준에서 규칙과 절차를 전부 상세히 설명해주고, 간략한 언어를 사용하고, 주의분산을 방지하기 위해 과제 환경과 제시자료를 물리적으로 통합하는 그 자체로 완비된 단위의 자료가 된다(10장 1절 참고). 그런 다음 분석된 규칙과 절차는 학습자들에게 구체적인 적용 예들을 제공하는 시연을 개발하는 데 도움을 준다. 이러한 시연은 규칙의 적용 혹은 절차적 단계 수행이 그것의 알고리즘적인 특성으로 인해서 이것들을 정확하게 적용하면 언제나 바람직한 해결안을 생성한다는 것을 가리킨다(10장 2절 참고). 마지막으로, 분석된 규칙과 절차들은 학습자들에게 교정적 피드백을 제공하는 데 도움을 줄 수 있다. 만약 어떤 학습자가 실수를 하면, 피드백을 통해 실수가 발생한 곳을 지적하고, 그 이유를 설명해주고, 어떻게 정확한 목표에 도달할 수 있는지에 대한 힌트를 제공해야 한다. 그러한 힌트는 흔히 관련된 내용의 디스플레이에 대한 참조 혹은 시연의 형태를 띤다(10장 4절 참고).

부분 과제 연습 설계

부분 과제 연습은 강화라고 하는 학습 과정을 통해 순환적 부분 기능이 매우 높은 자동화 수준으로 개발될 필요가 있을 때에만 한 가지 이상의 순환적 부분 기능을 위해 설계된다(13장의 Box 5 참고). 부분 과제 연습은 최종적인 전체 과제 수행에 대한 유창성을 향상시키고 학습자들이 학습 과제의 문제 해결과 추론 측면에 더 주의를 집중하도록 도와준다. 학습자들에게 분석 규칙을 반복적으로 적용하게 하거나 절차들을 수행하도록 요구하는 많은 연습 항목을 제시하는 것은 강화를 촉진한다. 매우 복잡한 알고리즘의 경우, 분석된 규칙 세트나 절차들은 부분 과제-전체 과제 기법을 사용해서 간단한 것부터 복합적인 것으로 연습 항목들을 계열화하는 데에 사용된다. 그런 다음 그 분석된 규칙과 절차들은 반복 연습과 과잉 학습(overlearning)을 위한 적당한 방법들을 결정하기 위해 사용된다. 부분 과제 학습의 설계에 대해서는 이 책에서 제시하는 열 단계 모형의 마지막 활동과 관련된 13장에서 보다 자세히 다룰 것이다.

전형적인 오류와 부정확한 규칙 다루기

부정확한 규칙과 전형적인 오류들을 규명하는 것은 앞에서 제시한 설계 활동들을 위한 의사결정에 영향을 줄 수 있다. 절차적 학습 내용의 설계와 관련해서 부정확한 규칙 혹은 전형적인 실수가 있는 것은 특정한 교수 방법을 적용하기 때문일 것이다(10장 3절 참고). 첫째, 학생들이 오류 혹은 실수가 일어나는 경향이 있는 규칙 혹은 절차 단계에 주의를 집중하도록 해야 한다. 학습자의 요구를 파악하여 필요한 내용 제시, 제시되는 내용을 비교적 느리게 소거하기, 그리고 실수가 일어나는 경향이 있는 규칙과 단계들에 대해 많은 다양한 시연을 사용하는 것 등이 여기에 도움이 될 것이다. 둘째, 학습자들이 정확한 규칙과 절차적 단계들을 자신의 오류(buggy) 규칙 및 절차적 단계들과 비교/대조하도록 그들을 촉진해야 한다. 마지막으로, 제시되는 내용 디스플레이 자료 안에 오류 복구를 위한 내용이 포함될 수 있다. 이러한 내용은 학습자들이 일단 저지른 실수에 따른 바람직하지 않은 결과를 돌이키거나 다시 수정하도록 도와준다.

11.4 요약

- 인지적 규칙을 분석한다면, 정확한 과제 수행 과정을 알고리즘적으로 보여주는 if-then 규칙과 절차를 규명해주는 '사고 과정을 소리내어 말하기' 방법을 사용하자.
- 시간적 순서와 무관한 순환적 기능에 대한 규칙 기반 분석을 수행한다면, 가장 낮은 능력의 학습자 수준에서 바람직한 과제 수행을 묘사하는 if-then 규칙 세트를 명세화하라. 고차원적 규칙은 몇 가지 적용 가능한 규칙들 중에서 이들을 어떻게 선택하는지를 설명하고 있다.
- 시간적 순서를 보이는 순환적 기능에 대한 정보처리 분석을 수행한다면, 가장 낮은 능력의 학습자 수준에서 바람직한 과제 수행을 묘사하는 절차를 명세화하라. 그러한 절차는 (마름모 안의) 결정과 (사각형 안의) 조치가 포함된 플로차트로 제시될 것이다.
- 부정확한 규칙 혹은 전형적인 오류를 분석한다면, 초보 학습자들에게서 어렵거나 위험하거나 쉽게 생략되는 단계가 어떤 것인가에 주목해야 한다.
- 선수 지식을 분석하기 위해 규칙과 절차를 사용한다면, 각각의 규칙 혹은 각각의 절차 단계에 대해서 '이 규칙을 적용하기 위해서 혹은 이 단계를

수행하기 위해서 필요한 지식이 무엇인가' 라는 질문을 한다.

- 절차적 학습 내용의 설계를 위해 규칙과 절차를 사용한다면, JIT 학습 내용 형식으로, 유용한 시연 자료를 개발하기 위해, 그리고 수행에 대한 교정적 피드백을 제공하기 위해서 그 규칙과 절차들을 포함할 수 있다.
- 부분 과제 연습 설계를 위해 규칙과 절차를 사용한다면, 연습 항목을 명세화하기 위해, 매우 복잡한 알고리즘을 위한 연습 문제를 계열화하기 위해, 그리고 반복 연습과 과잉 학습을 위한 방법을 선정하기 위해 그 규칙과 절차들을 사용한다.
- 절차적 학습 내용 설계를 위해 부정확한 규칙과 전형적인 오류들을 사용한다면, 실수를 일으키는 규칙과 단계에 학습자들이 주의를 기울이게 하고, 정확한 규칙과 부정확한 규칙들을 비교/대조하게 하고, 오류 복구를 위한 관련 내용을 JIT 학습 내용 디스플레이 내에 포함시킨다.

제12장

단계 9: 선수 지식 분석

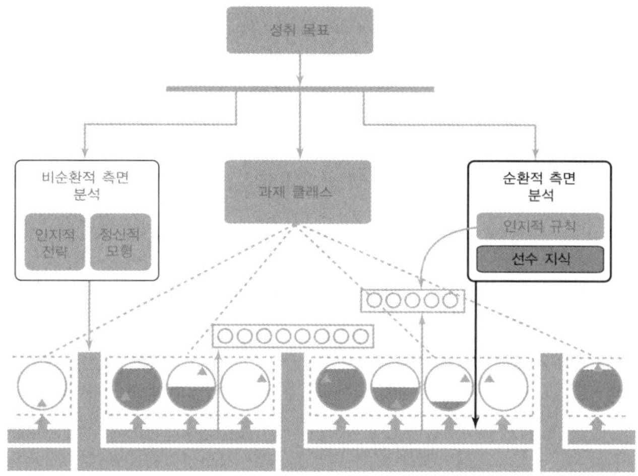

필요성

선수 지식 분석은 절차적 학습 내용을 설계하는 데 기초를 제공한다. 이 단계는 절차적 학습 내용이 기존의 교수 자료에서 아직 구체화되지 않음과 동시에 이전 8단계에서 이미 인지적 규칙이 분석됐을 때에만 수행되어야 한다.

선수 지식은 학습자로 하여금 정확하게 if-then 규칙들을 적용하거나 혹은 절차적 단계들을 수행할 수 있도록 해준다. 즉 선수 지식이란 규칙들이나 절차들과 같이 하나의 복잡한 과제의 순환적 측면들을 *수행할 수 있도록 하기 위하여* 획득되어야 하는 지식이다. 여기에서 말하는 학습은 선수 지식이 학습자가 개발하는 인지적 규칙들의 일부분이 되는 것을 가리킨다. 이 장은 선수 지식을 개념들, 계획들, 그리고 원리들의 형태로 분석하는 데 초점을 두고 있으며, 이 형태들은 사실들과 물리적 모형들로 추가 분석될 수도 있다. 가끔 관련된 if-then 규칙 및 절차, 그리고 선수 지식이 기존의 작업 수행 보조 자료, 교수 자료 혹은 기타 문서에서 이미 사용 가능한 경우가 있다. 이런 경우라면, 선수 지식을 분석할 필요가 없다. 이런 경우를 제외하면, 8단계에서 인지적 규칙의 분석이 먼저 이루어져야 하고 그 다음으로 9단계인 선수 지식의 분석이 이루어져야 한다. 선수 지식 분석은 교수 분석으로 불리기도 하고(Hoffman & Medsker, 1983), 규칙 혹은 절차 분석과 함께 사용될 때에는 통합 분석으로 불리기도 한다(Dick & Carey, 1996). 앞 장에서 살펴본 인지적 규칙의 분석 결과와 함께 선수 지식의 분석 결과는 절차적 학습 내용 설계에 필요한 기초 자료를 제공해준다.

이 장의 내용은 다음과 같다. 첫째, 선수 지식의 구체화에 관하여 살펴볼 것이다. 여기에는 개념, 계획, 원리의 분석은 물론 이것들을 사실, 그리고 가능하다면 물리적 모형으로 추가 분석한 내용을 담고 있다. 이 분석은 본질적으로 위계적이며, 대상 집단에서 가장 낮은 능력을 가진 학습자 수준으로 선수 지식이 구체화될 때까지 반복된다. 둘째, 선수 지식의 획득을 방해하는 오개념의 실증적 분석에 대해서 간략하게 살펴볼 것이다. 셋째, 설계 과정에서 선수 지식의 활용에 대해서 살펴볼 것이다. 앞 단계에서 인지적 규칙을 분석한 결과와 함께 선수 지식을 분석한 결과를 절차적 학습 내용의 설계에 반영해야 한다. 오개념이 생길 수 있는 가능성이 있으면 그 내용을 제시하기 위한 교수 전략 선택에 신중을 기해야 한다.

12.1 개념, 사실, 물리적 모형의 구체화

개념적 지식은 그림 12.1에서 보듯이 세 가지 수준으로 설명될 수 있다. 가장 높은 수준에서 개념적 지식은 영역 모형으로 설명된다. 영역 모형은 특정 영역에서 세상이 어떻게 조직되었는지에 관한 풍부한 설명을 제공하는데, 여기에 사용되는 빌딩 블록으로 개념, 계획, 원리들이 있다. 우리는 6단계에서 정신적 모형들을 영역 모형들로 분석하는 것을 다루면서, 개념적 모형(이것은 무엇인가?), 구조적 모형(이것은 어떻게 구성되어 있는가?), 인과적 모형(이것은 어떻게 작동하는가?)을 구별하였다. 영역 모형은 하나의 과제 영역에서 추론과 문제 해결을 가능하게 해주지만 하나의 기능의 순환적 측면들을 수행하는 것과는 비교적 덜 관련되어 있는데, 이 기능의 순환적 측면들은 규칙과 절차의 적용면에서 보면 알고리즘적으로 기술될 수 있기 때문이다.

이 장은 그림 12.1의 최상위 수준을 제외한 나머지 두 수준에 대해서 주요하게 다루고 있다. 두 번째 수준인 개념, (*공간적 위치* 혹은 *시간적 위치* 관계에 의하여 두 개 이상의 개념들을 연관시킨) 계획, (인과적 혹은 자연적 과정 관계에 의하여 두 개 이상의 개념들을 연관시킨) 원리 수준을 먼저 다룰 것이다. 이 수준에서 기본적인 빌딩 블록은 개념들이며, 이것들은 사실들과 특별하게 도구와 객체를 지칭하는 구체적 개념들을 위한 물리적 모형으로 추가 분석될 수 있다.

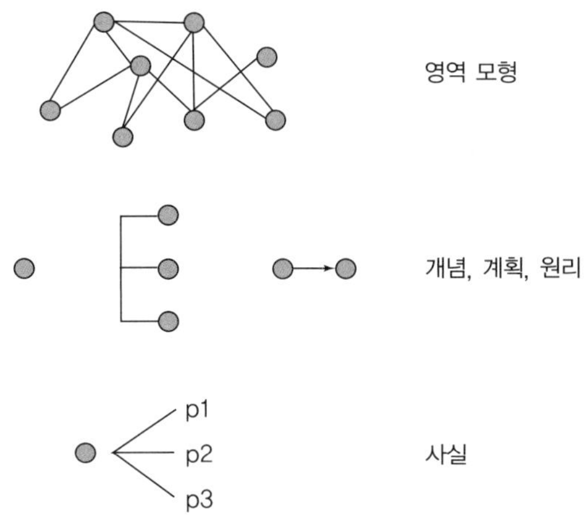

그림 12.1 개념적 지식을 설명하는 세 가지 수준

선수 지식 분석은 인지적 규칙을 분석한 결과로 나온 if-then 규칙들과 절차적 단계들로부터 시작한다. 그러므로 인지적 규칙의 분석(8단계)은 선수 지식 분석(9단계)보다 항상 선행한다. 8단계에서의 if-then 규칙과 절차의 분석은 "하나의 과제가 어떻게 수행되는가?" 라는 질문에 초점을 둔다. 그 결과, 8단계 후에도 특정 학습 과제를 수행하기 위하여 배워야 하는 선수 지식이 무엇인지를 여전히 알 수 없다. 이러한 선수 지식을 분석하기 위한 기본 질문, 그리고 각각의 분석된 규칙과 각각의 분석된 절차적 단계마다 던져져야 되는 기본 질문은 "학습자들이 특정 규칙을 정확하게 적용하거나 혹은 특정 절차적 단계들을 정확하게 수행하는 것을 배우기 위하여 어떤 개념, 계획, 그리고(혹은) 원리를 알아야 하는가?" 이다. 학습자가 지식 컴파일화(knowledge compilation)라고 불리는 학습 과정에서 개발되어야 하는 인지적 규칙들 속에 끼워 넣어야 하는 것은 바로 이 선수 지식이다(10장의 Box 4 참고). 위 질문에 대한 대답은 학습자가 아직 알지 못하는 다른 개념들을 이끌어 낼 수 있다는 점에 주목되어야 한다. 그래서 이 선수 지식 분석은 본질적으로 위계적이고, 사용된 모든 개념들에 학습자가 친숙해지는 수준에 도달할 때까지 반복되어야 하는 특징이 있다. 가장 낮은 수준에서 이러한 개념들은 사실들 혹은 명제들을 진술함으로써 정의될 수 있다. 이 명제들은 전형적으로 인지의 가장 작은 빌딩 블록들로 인식되어 있어서 추가 분석은 가능하지 않다.

개념, 계획, 원리의 분석

*개념(concepts)*은 객체들, 이벤트들, 그리고 과정들을 설명하고 분류할 수 있도

록 해준다(Tennyson & Cocchiarella, 1986). 개념은 어떤 공통적인 특징을 공유하는 서로 다른 *사례들(instances)*[4)]에 동일한 이름을 부여한 것이다(예: 푸들, 테리어, 다크훈트는 모두 개의 사례이다). 개념은 모든 종류의 과제에 있어서 중요한데, 이것이 과제 수행자들로 하여금 적합한 용어를 사용하게 하여 하나의 영역에 대해 이야기할 수 있도록 해줄 뿐만 아니라 해당 영역에서 다루어져야 하는 것들을 분류할 수 있도록 해주기 때문이다. 선수 지식 분석을 위한 질문은 "학습자가 하나의 특정한 규칙을 정확하게 적용하는 데 혹은 하나의 특정한 절차적 단계들을 정확하게 수행하는 데 필요한 개념들 중 아직 숙달하지 못한 개념들이 있는가?"와 같다. 예를 들면, 사진 영역에서 카메라 수리에 필요한 절차적 단계로 "카메라에서 렌즈를 제거하라"가 있다. 여기에서 "렌즈"라는 개념은 이 단계를 정확하게 적용하는 데 선수 지식이 될 수 있다. 만일 이것이 정말로 선수 지식이라면, 학습자의 사전 지식(prior knowledge)에 따라 그 경우가 달라진다. 즉, 만일 가장 낮은 수준의 능력을 가진 학습자가 렌즈가 무엇인지 모른다면 렌즈라는 개념은 선수 지식일 뿐이다. 또 다른 예로, 데이터베이스 관리 영역에서 규칙으로 "만일 여러분이 영구적으로 하나의 필드(field)를 삭제하려면 편집 메뉴(Edit Menu)에서 필드 제거(Clear Field)라는 명령어를 선택하라"를 들 수 있다. 여기에서 "필드"라는 개념은 학습자들에게 낯설 수 있어서 해당 규칙을 정확하게 사용하는 데 선수 지식이 될 수 있다.

계획(plans)은 시간적인 개념이나 공간적인 개념으로 표현된다. 개념을 시간적으로 표현한 계획을 *스크립트(scripts)*라고 하며, 공간적으로 표현한 계획을 *템플릿(templates)* 혹은 *빌딩 블록(building block)*이라고 한다. 계획은 종종 인공물(예: 텍스트, 전기 회로, 기계류)의 이해, 설계 및 수리 등을 포함하는 과제들에 있어서 중요한 선수 지식이 되기도 한다. 선수 지식 분석을 위한 질문은 "학습자가 특정한 규칙을 정확하게 적용하기 위하여 혹은 특정한 절차적 단계들을 정확하게 수행하는 데 필요한 계획들 중 아직 숙달하지 못한 계획들이 있는가?"와 같다. 예를 들면, 통계학 영역에서 "정상 분포를 이루는 데이터의 기술 통계치를 제시하려면 평균과 표준 편차를 보고하자"와 같은 규칙이 있다고 하자. 이 규칙을 정확하게 적용하는 데 선수 지식이 되는 간단한 템플릿은 평균과 표준편차를 과학적 글에서 어떻게 전형적으로 표현하는지를, 즉 "M=x.xx; SD=y.yy"로 계

4) 역주: 교수설계 분야에서 일반적으로 instance는 '사례(事例)', exmple은 '예(例)'로 번역되고 있다.

이탤릭

선택한 텍스트를 이탤릭체로 만들어보자. 커서가 단어 안에 위치해 있다면, 전체 단어가 이탤릭체로 만들어진다. 선택한 단어가 이미 이탤릭체라면 해당 포맷은 없어진다.
커서가 단어 안에 위치하지 않으면서 어떠한 텍스트도 선택되지 않았다면, 이 폰트 스타일은 여러분이 타이핑하는 텍스트에 적용된다.

이 명령어에 접근하기 위해서는...

Context 메뉴를 연다 - **Style-Italic**을 선택한다
[A] Italic

그림 12.2 텍스트를 이탤릭체로 만드는 절차를 제시하는 화면 디스플레이의 예 (Open Office의 Writer[5]에서 발췌)

산된 평균과 표준편차를 기술할 수 있다. 또 다른 예로, 워드 프로세스 영역에서 "로마체에서 이탤릭체로 텍스트를 변경하고 싶다면, Context 메뉴를 열고, Style을 선택한 후 Italic을 클릭하면 된다(그림 12.2 참고)"라는 규칙이 있다고 하자. 이 규칙을 정확하게 적용하는 데 선수 지식이 되는 간단한 스크립트는 다음과 같다. "텍스트의 포맷 지정을 위하여 우선 포맷을 지정할 필요가 있는 텍스트를 선택하고, 이것을 완료한 후에야만 원하는 포맷 옵션을 툴바에서 선택하거나 타이핑할 수 있다." 우리는 이 스크립트에 학습자들이 아직 알지 못하는 하나 이상의 새로운 개념들이 포함될 수 있다는 것에 유념해야 한다. 예를 들면, "Context 메뉴"라는 개념은 학습자들에게 새로워서 추가 분석을 필요로 할 수 있다.

원리(principle)는 원인-결과의 관계 혹은 자연적인 과정의 관계로 개념들을 서로 관련짓는다. 즉, 원리는 별개의 것에서 일어난 변화들이 어떻게 관련되어 있는지에 대해서 기술하고 있다. 원리는 종종 설명과 예측을 포함하는 과제들에 있어서 중요한 선수 지식이 되기도 한다. 왜냐하면 원리는 학습자들로 하여금 *왜* 특정한 규칙이 적용되는지 혹은 왜 특정한 절차적 단계가 수행되는지를 이해할 수 있도록 도와주기 때문이다. 선수 지식 분석을 위한 질문은 "학습자가 특정한 규칙을 정확하게 적용하기 위하여 혹은 특정한 절차적 단계들을 정확하게 수행하는 데 필요한 원리들 중 숙달하지 못한 원리들이 있는가?"와 같다. 예를 들면, *ab* 형태로 된 두 자릿수의 뺄셈 절차에서 위의 수가 아래 수보다 작을 때 이와 관련된 단계들에는 "십의 자리인 *a*에서 1을 빌려오기"와 "일의 자리인 *b*에 10을 더하

5) 역주: Sun사에서 만든 오피스 제품군 중 하나로 MS 오피스의 워드 프로세서와 유사하다.

기"가 있다. 이러한 단계들을 수행하는 데 도움을 주는 원리는 "왼쪽의 각 열은 바로 그것의 오른쪽 열의 10배임을 나타낸다."이다. 이 원리는 가장 오른쪽에 있는 열은 1단위, 이 열의 왼쪽에 있는 열은 10단위, 그 다음 왼쪽에 있는 열은 100단위를 나타낸다. 특정한 단계들이 왜 수행되는지에 대한 설명을 제공하는 것은 그 단계들의 효과적 적용을 위해서 중요하다. 어느 정도는 그러한 원리들을 제공하는 것이 뺄셈 절차의 무의미 학습과 유의미 학습을 구분 짓게 한다. 왜냐하면 원리들은 학습자들로 하여금 특별한 절차들을 수행하거나 혹은 특정한 규칙들을 적용하는 이유를 이해하도록 해주기 때문이다. 어쨌든 간에, 원리에 대해 기껏해야 학습자들은 *제한적 이해(limited comprehension)* 혹은 *피상적 이해(shallow understanding)*를 할 수 있을 뿐이고, 심층적 이해를 위해서는 보다 정교화된 정신적 모형들을 필요로 한다. 더 나아가 우리는 분석된 원리들이 학습자들이 아직 알지 못하는 새로운 개념들을 포함할 수 있다는 것에 유념해야 한다. 예를 들면, 분석된 원리에서 사용된 "열"이라는 개념은 학습자에게 새로울 수 있으며, 따라서 추가 분석이 필요할 수 있다.

속성 목록에서 사실 분석하기

계획들과 원리들은 개념들로 분석될 수 있고, 개념들은 (특정 개념의 사례들에 해당하는) 사실들과(혹은) 물리적 모형들로 추가 분석될 수 있다. 개념을 구체화하는 한 가지 공통적 방법은 ***속성 목록(feature list)***에서 개념의 사례들에 해당되는 모든 사실들을 나열하는 것이다. 특정 개념의 사례들에 해당되는 특징들 혹은 사실들은 *명제(proposition)*의 형태를 취한다. 명제는 하나의 술어(predicate) 혹은 관계와 최소한 하나의 논항으로 구성된다. "열(column)"이라는 개념을 특징짓는 명제들 혹은 사실들의 예는 다음과 같다.

- 하나의 열이 길게 늘어져 있다: 이 명제는 하나의 주어("열"은 주어이다)와 "길게 늘어져 있다"라는 술어로 구성되어 있다.
- 하나의 열은 여러 항목들을 조직하고 있다: 이 명제는 두 개의 논항("열"은 주어이고, "항목들"은 목적어이다)과 "조직하고 있다"라는 술어로 구성되어 있다.
- 워드 프로세서는 표 기능을 사용하여 열을 만들 수 있다: 이 명제는 세 개의 논항("워드 프로세서"는 주어, "열"은 목적어이고, "표 기능"은 술어인

"만든다"와 연결된 도구이다)으로 구성되어 있다.

그림 12.3에서 보듯이 명제는 그래픽으로 표현될 수 있다. 이것의 기본 형태는 단순하다. 하나의 *명제 노드(propositional node)*에서 뻗어 나온 하나의 링크는 술어를 가리키고 있고, 하나 이상의 링크들은 논항(들)을 가리키고 있다. 여기에서 원한다면, 각 링크들에 주어, 목적어(object) 등으로 이름을 붙일 수 있다. 명제들은 인지를 구성하는 가장 작은 블록들이다. 따라서 사실들을 학습할 때 이에 필요한 또 다른 사실들은 존재하지 않는다. 사실들 간의 관계는 무의미하면서 임의적인 링크들로 표현된다(A라는 주어를 B로 서술한다). 그렇기 때문에 어떤 점에서는, 학습자는 사실들 혹은 명제들을 이해할 수 있는 것이 아니라 기억할 수 있을 뿐이다. 그렇다고 해서, 학습자들이 선수 지식 분석에서 나온 모든 사실들을 암기해야 한다는 것은 아니다. 오히려 그 반대로, 잘 설계된 교수 프로그램은 선수 지식(사실)을 특정한 절차적 단계들을 수행하거나 혹은 특정한 규칙들을 적용하는 순간 정확하게 반복적으로 제시해준다. 그렇기 때문에, 선수 지식은 적절한 시기에 학습자의 활성 기억에서 사용 가능해져서, 연습 기능으로 개발하는 인지적 규칙들 속에 끼어 넣어질 수 있다.

명제(p)들은 하나의 개념 노드(c)에 연결될 수 있어서 해당 개념을 위한 특징 목록을 만들 수 있다. 그림 12.3에서 세 개의 명제들이 "열"이라는 개념 노드에 연결되어 있는 것은 이 명제들이 해당 개념을 정의하는 데 사용될 수 있는 특징 목록의 일부분이기 때문이다. 가장 두드러진 특징들은 텍스트로 정의된 개념 안

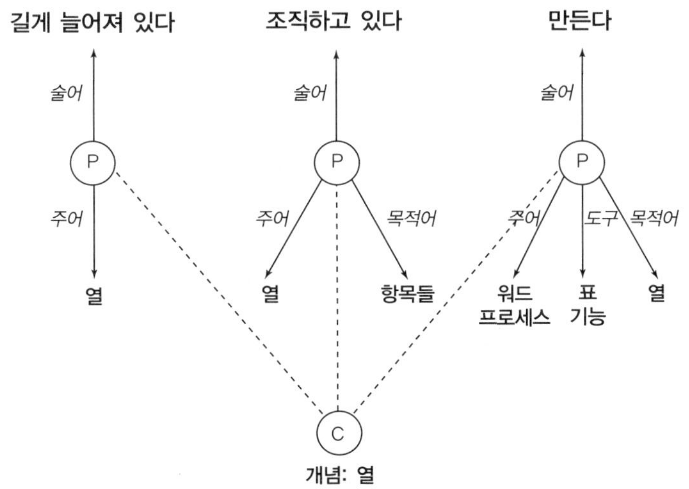

그림 12.3 하나의 개념 노드에 연결된 세 가지 명제들

에 보통 포함되어 있다. 예를 들면, 열은 "유사한 항목들을 하나의 집합으로 조직하는 데 사용되는, 수직으로 나눠진 면에서 길게 늘어난 부분들 중 하나"로 정의될 수 있다. 이를 그래픽으로 표상한다면, 여러 개의 개념 노드들이 고차원의 개념적 모형들을 형성하기 위하여 서로 관련될 수 있는데, 이 모형들은 하나의 영역에서 문제 해결과 추론 활동을 가능하게 해준다(그림 12.1과 9장 참고).

물리적 모형 분석하기

구체적 개념, 즉 실체적이어서 볼 수 있는 것으로 지칭되는 개념을 습득하기 위해서는 이 개념의 특징뿐만 아니라 물리적 이미지도 학습할 필요가 있다. 물리적 모형 분석은 성취 목표(3단계)의 일부분인 해당 모형의 객체와 도구를 구체화하는 데 있어서 종종 중요하게 여겨진다. 물리적 모형은 도구 혹은 객체의 외관 혹은 "외부 자극의 형태(external stimulus pattern)"를 설명하고 난 후 실물 사진, 그림, 그래픽, 개요도 등으로 도구 혹은 객체의 부분들을 설명하기 때문이다(그림 12.4는 저항기의 물리적 모형의 예를 보여준다). 이렇게 물리적 모형은 "전문가의 눈들"로 세상을 바라보게 해주고 각자의 관점에 따라서 행동할 수 있게 해주는 정신적 이미지를 개발할 수 있도록 해준다. 따라서 일반적으로 가장 먼저 (필요한 부분을 다 갖춘) 완전한 도구 혹은 객체를 개발한 다음 특정한 절차적 단계들을 수행하는 데 혹은 특정한 if-then 규칙들을 적용하는 데 필요한 부분들 및 하위 부분들을 추가해 가면서 해당 물리적 모형을 상세하게 설명할 수 있다. 분해조립도와 3차원 모형과 같은 것은 객체 혹은 도구의 부분들(과 하위 부분들), 이러

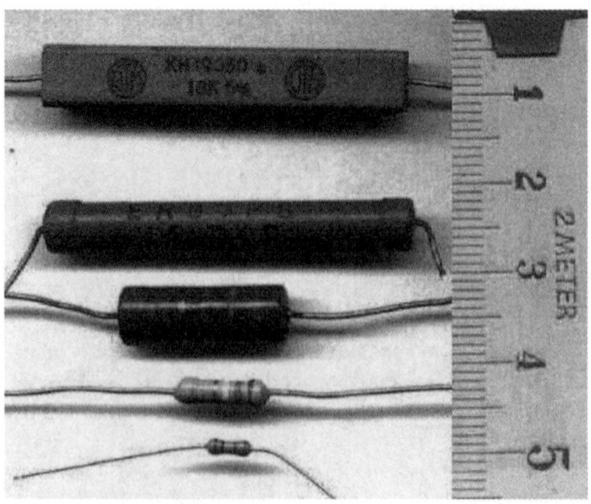

그림 12.4 저항기의 물리적 모형

한 부분들의 상대적 위치(위상), 그리고 필요한 경우 소리나 냄새 혹은 다른 감각들로 객체들 혹은 도구들의 외관을 보여주는 데 도움이 될 수 있다. 물리적 모형은 분석된 절차적 단계들과 if-then 규칙들을 수행하는 것과 무관한 상세한 설명을 담고 있지 않다. 그래서 규칙들 및 절차들의 분석과 이들과 관련된 물리적 모형들 간에 일대일 대응이 되어야 한다.

종합하면, 선수 지식 분석을 통해 특징 목록들, 개념들(과 이 개념들로 이루어진 계획들과 원리들)의 특성을 나타내는 정의들, 그리고 가능하면 특정 개념에 속해있는 것으로 사물을 분류하는 데 도움이 되는 물리적 모형들이 나온다. 따라서 "저항기"라는 개념은 일종의 특징 목록에서 저항기의 주요 속성들(이것은 전류를 방해하고, 색깔 있는 줄무늬로 된 막대처럼 생겼다)을 구체화해서 과제 수행자들로 하여금 저항기인 것 혹은 그렇지 않은 것을 분류할 수 있도록 해준다. 이뿐만 아니라 물리적 모형은 과제 수행자들로 하여금 저항기인 것 혹은 그렇지 않은 것 간의 차이를 인식할 수 있도록 해준다(그림 12.4 참고). 이 저항기 예를 또한 선수 지식을 분석하는 것과 정신적 모형을 영역 모형으로 분석하는 것 간의 차이점을 설명하는 데 사용할 수 있다.

정신적 모형 분석에 있어서 "저항기"(그림 12.1의 맨 위 참고)의 개념적 모형은 특정 저항기 자체에 초점을 두기도 하지만 다른 전기 장치들(예: 트랜지스터, 축전기 등)과의 비교; 옴의 법칙과 같이 전압, 전류, 저항의 관계를 나타낸 함수; 서로 다른 종류의 저항기들(예: 서미스터, 배리스터, 가감저항기)과 이들의 부품들 등의 설명을 포함하고 있다. 이와 달리 선수 지식 분석에서 물리적 모형은 하나의 독립된 저항기를 묘사할 뿐만 아니라 보다 큰 전기 회로에서 여러 저항기들의 작동을 설명하는 기능적 모형으로 대체되기도 한다.

특정 대상 집단의 출발점 행동 수준 구체화

8단계에서의 인지적 규칙 분석과 9단계에서의 선수 지식 분석은 본래 위계적인 속성을 가지고 있다. 위계는 대상 집단에서 가장 낮은 능력의 학습자들이 교육 프로그램을 학습하기 전 이미 알고 있는 지식 수준에 이를 때까지 이 분석들을 반복함을 말한다. 이러한 위계적 방법의 예는 이미 앞에서 살펴본 바 있다.

- *ab* 형태로 된 두 자릿수의 뺄셈 절차에서 이와 관련된 단계들(예: "십의 자리인 a에서 1을 빌려오기"와 "일의 자리인 b에 10을 더하기")을 시작하고

자 할 때, 분석가들은 선수 지식으로 다음의 원리를 분석해낸다: "왼쪽의 각 열은 바로 옆의 오른쪽 열의 10배임을 나타낸다."

- 해당 원리에서 새로 나온 개념들에는 "열", "왼쪽", "열 배", 그리고 "오른쪽"이 있다. 분석가는 "열"을 제외한 모든 개념들이 대상 집단에서 최저 수준의 능력을 가진 학습자들에게 이미 친숙한 개념임을 분석해낼 수 있다. 이것은 해당 개념들의 추가 분석이 불필요함을 나타낸다. 그러나 "열"이라는 개념은 해당 학습자들에게 아직 친숙하지 않아서 추가 분석이 요구될 수 있다.
- 두 자릿수 뺄셈의 주요 특징들 중에서 "열"이라는 개념을 분석한 결과로 다음과 같은 정의가 나온다: "유사한 항목들을 하나의 집합으로 조직하는데 사용되는, 수직으로 나눠진 면에서 길게 늘어난 부분들 중 하나"
- 해당 정의에서 새로 나온 개념들은 "부분", "수직", "면", "항목"이다. 분석가는 대상 집단에서 최저 수준의 능력을 가진 학습자들에게 이미 친숙한 개념들의 일부를 분석할 수 있다. 이것은 해당 개념들의 추가 분석이 불필요함을 나타낸다. 여기에서 또 하나 이상의 개념(예: "수직")이 해당 학습자들에게 아직 친숙하지 않아서 추가 분석이 요구될 수 있다.
- 두 자릿수 뺄셈의 주요 특징들 중에서 "수직"이라는 개념을 분석한 결과로 친숙한 개념들과 친숙하지 않은 개념들을 포함하는 정의가 또 나오게 된다. 이러한 과정은 분석된 모든 개념들이 대상 학습자들의 출발점 행동 수준에 이를 때까지 반복된다.

분석가는 이러한 반복적이고 위계적인 과정을 너무 일찍 중단하면 안 된다는 것을 인식해야 한다. 학습자의 선수 지식을 과대평가하는 것은 내용 전문가들과 (이보다 조금 덜한 정도지만) 교사들 사이에서 흔히 일어난다. 이것은 숙련된 과제 수행자들이 과제 영역에 굉장히 친숙하여 초보자의 입장에 처해보기가 어렵기 때문이다. 그래서 분석 과정은 일반적으로 숙련된 과제 수행자 혹은 교사가 제시한 출발점 행동 그 이상으로 한두 단계 아래까지 더 진행되어야 한다.

12.2 오개념 분석

지금까지 살펴본 선수 지식의 합리적 분석에 더하여, 이 선수 지식의 습득을 방해할 수 있는 오개념 분석에 사용되는 실증적 분석이 수행될 수 있다. 사람들은 오개념을 광의적으로 종종 사용하곤 하는데, 이를 오류투성이의 개념뿐만 아니라 (계획 지식에 대한) 초보적 계획과 (원리 지식에 대한) 오해라고도 한다. 오개념은 빈번하게 언어 사용의 차이에서 생긴다. 예를 들면 동일한 언어가 미국과 영국에서 사용되는데, 몇몇 단어들은 그 의미가 다르다. "팁(tip)"이라는 개념은 미국의 경우 어떤 이가 훌륭한 서비스에 대하여 레스토랑 계산서에 더하는 것을 말하는 반면 영국의 경우 쓰레기가 쌓인 장소를 말한다. 또 다른 예로 "우아한(elegant)"의 뜻은 설계자의 경우 무엇인가가 얼마나 매력적인지를 말한다. 반면 프로그래머의 경우 특정 프로그램이 얼마나 간결한지를 말하는데, 즉 이들이 얼마나 적은 라인들로 프로그래밍했는지를 말한다. 따라서 가르칠 때에 교사는 그러한 차이점을 인식해서 학습을 방해하는 오개념을 막아야 한다.

계획들에 관해서, 과학적 글쓰기에서 공통적으로 나타나는 초보적인 계획의 예는 두 명 이상의 저자들을 본문에 인용할 때 "등(and others)"을 오용하는 것이다. 저자가 세 명, 네 명, 다섯 명일 경우 (APA 5판에 따르면) 인용에 대한 정확한 계획은 참고문헌이 가장 먼저 나타날 때에 모든 저자들을 인용하고, 그 다음에 제1저자의 성 뒤에 "et al."만을 포함해야 한다(인용된 저자를 밑줄이나 이탤릭체로 표시하지 않으며, al 뒤에 마침표를 찍어야 한다). 여섯 명 이상인 경우 정확한 계획은 참고문헌이 가장 먼저 나타날 때 제1저자 성 뒤에 "et al."만을 인용해야 한다.

원리들에 관해서, 가장 흔하게 나타나는 오개념의 예는 무거운 물체가 가벼운 물체보다 빨리 낙하한다는 것이다. 이 오개념은 힘, 질량, 가속도를 계산하는 데 사용하는 절차의 정확한 적용을 방해할 수 있다. 실제로, 공기 저항이 없는 상태에서 모든 물체들은 자신들의 질량과 상관없이 동일한 비율의 가속도로 낙하한다. 오개념 분석은 모든 선수 지식을 기술하는 것에서 시작되는 것이 가장 좋다. 그런 다음 각각의 개념, 계획 혹은 원리를 물어보기 위한 질문으로 "이러한 개념, 계획 혹은 원리를 나의 대상 집단이 습득하는 데 방해가 되는 어떤 오개념들이 존재하는가?"가 있다. 숙련된 교사들은 해당 질문에 답할 수 있는 가장 좋은 정보원이다.

12.3 설계 결정을 위한 선수 지식의 사용

9단계는 선수 지식이 기존의 교육 자료, 직무 수행 보조 자료 혹은 도움 시스템에서 아직 가용하지 않을 때에만 수행될 수 있으며, 8단계 이후에 수행되어야 한다.

이 분석 결과는 절차적 학습 내용의 중요한 부분을 설계하는 데 기반을 제공한다. 오개념의 분석은 설계 결정에 영향을 준다.

절차적 학습 내용 설계하기

선수 지식의 분석 결과는 8단계에서 if-then 규칙 및 절차의 기술과 함께 절차적 학습 내용을 설계하는 데 있어서 주요한 투입 요소가 된다. 절차적 학습 내용은 학습자들이 오직 과제의 순환적 측면과 관련된 자신의 학습 과제를 수행할 때(1단계)와 전체 순환적 측면의 과제와 관련된 부분 과제 연습을 수행할 때 제공된다(10 단계). 이전에 살펴보았듯이 이 절차적 학습 내용은 과제의 순환적 측면을 정확하게 수행하는 것을 설명하는 if-then 규칙들과 절차적 단계들에 따라 작은 단위로 조직되어 있다. 따라서 특정한 하나의 if-then 규칙을 적용하는 것을 혹은 특정한 하나의 절차적 단계들을 수행하는 것을 학습하는 데 있어서 선수 지식이 되는 모든 개념들, 계획들, 그리고 원리들은 이 규칙 혹은 절차적 단계와 연결되어 있다. 이렇게 연결된 것은 최적화된 형태로 조직화된 것이라고 할 수 있는데, 이것은 소위 JIT 내용 디스플레이가 학습자가 하나의 새로운 if-then 규칙을 적용해야 하는 혹은 하나의 새로운 절차적 단계를 수행해야 하는 그 순간에 맞춰 가장 잘 제시되기 때문이다. 따라서 거의 경험이 없는 학습자 수준에서 JIT 내용 디스플레이는 필요한 규칙 혹은 단계(how to 정보)를 해당 규칙 혹은 단계의 선수 지식이 되는 절차적 학습 내용과 함께 제시한다. 학습자들이 전문 지식을 점점 획득해갈수록 JIT 내용 디스플레이는 빠르게 소거된다. 이러한 유형의 정보 제시는 지식 컴파일화를 촉진하는데 이는 학습해야 하는 인지적 규칙 안에 제시된 선수 지식을 끼어 넣을 수 있도록 해주기 때문이다(10장의 Box 4 참고).

오개념 다루기

오개념 분석은 절차적 학습 내용을 설계할 때 내려야 하는 설계 결정에 영향을 준다. 우선 학생들의 주의를 오개념이 생기는 개념들, 계획들, 그리고 원리들에 초점을 맞추도록 하는 것이 중요하다. 학습자의 요구를 파악하여 필요한 내용 제시, 제공된 학습 내용의 비교적 더딘 소거, 그리고 오개념이 되기 쉬운 개념들, 계획들, 원리들의 구체적인 예들을 제공하는 많은 사례의 활용은 주의 집중에 도움이 된다. 둘째, 오개념을 다룰 때, 다중 표상을 활용하는 것은 유용하다. 물리적 모형

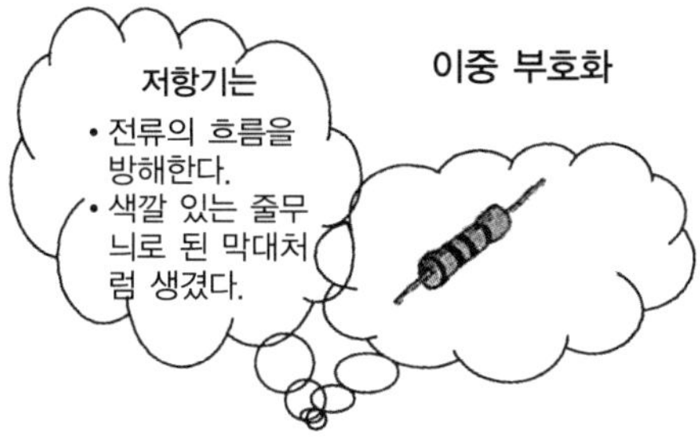

의 이미지와 사례를 제공하면서 개념의 특징 목록 및 언어적 정의를 제공하는 것은 학습자들로 하여금 언어적 부호화와 시각적 부호화 둘 다를 토대로 하여 정확한 인지적 쉐마를 개발하는 데 도움을 준다(이를 Paivio는 *이중 부호화*라 하였다, 1986). 마지막으로, 학습자는 선수 지식이 되는 개념, 계획 및 원리와 이것들의 비효과적인 다른 한쪽 측면인 오개념, 오류투성이의 계획, 오해를 함께 비교하고 대조하도록 자극받아야 한다.

12.4 요약

- 선수 지식을 분석하는 경우, 정확한 과제 수행을 기술하는 if-then 규칙 혹은 절차적 단계로부터 시작하고, 학습자가 이 규칙들을 정확하게 적용하거나 혹은 이 단계들을 수행하는 것을 배우기 위해서 알고 있어야 하는 것이 어떤 개념들, 계획들, 그리고(혹은) 원리들인지를 분석해본다.
- 선수 계획들을 분석한다면, 구성 개념들과 그 개념과 상호 관련된 시간적 위치 관계 혹은 공간적 위치 관계를 기술하자.
- 선수 원리들을 분석한다면, 구성 개념들과 이 개념들과 상호 연관되어 있는 인과 혹은 자연적인 과정 관계들을 기술해보자.
- 선수 개념들, 계획들 혹은 원리들을 분석한다면, 대상 집단에게 낯선 또 다른 개념들을 이끌어내고 가장 낮은 능력을 가진 학습자에 의해 숙달될 때까지 위계적 방법으로 분석이 반복됨을 알아야 한다.
- 오류투성이의 계획들과 오해들을 포함한 오개념을 분석한다면, 대상 집단 내에서 선수 지식 획득을 방해할 수 있는 공통의 오개념에는 어떤 것들이 있는지를 숙련된 교사들에게 물어보도록 하자.
- 절차적 학습 내용을 설계한다면, JIT 내용 디스플레이에 선수 지식에 대한 기술을 포함시키자. 그렇게 되면 절차적 학습 내용과 연결된 규칙 혹은 절차적 단계들을 적용할 필요가 있을 때 학습자가 선수 지식을 사용할 수 있게 된다.
- 절차적 학습 내용을 설계할 때 알려진 오개념이 있다면, 특정 오개념의 가

능성이 있는 그러한 개념들에 학습자의 주의를 끌고, 언어 및 시각을 활용한 다양한 표상을 사용하고, 특정 오개념과 보다 정확한 개념들을 학습자들로 하여금 비교 및 대조해보도록 격려하자.

제13장

단계 10: 부분 과제 연습 설계

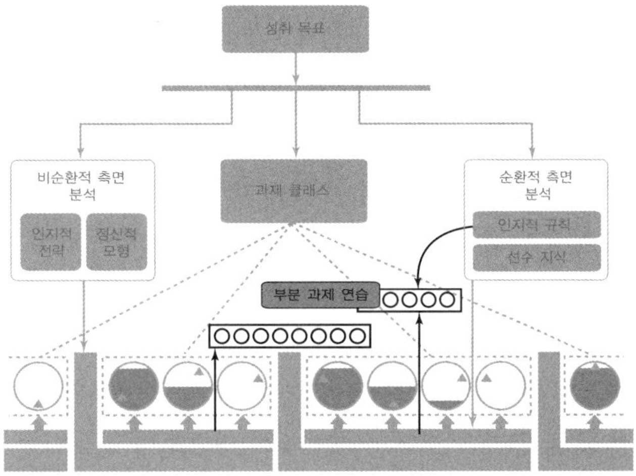

필요성

부분 과제 연습은 네 가지 청사진 요소 중 하나이다. 나머지 요소들은 항상 필요하지만 부분 과제 연습은 그렇지 않다. 매우 높은 자동화 수준에 도달하기 위한 순환적 과제 측면에 대한 부가적인 연습이 필요한 경우에만 이 단계를 수행해야 한다.

세미마이크로 질적 분석(Semi-micro Qualitative Analysis)이라는 화학 수업이 있다고 가정해보자. 이 수업의 목표는 일련의 단계를 거쳐서 미지의 용액(solution)이 실제로 어떤 용액인지를 "발견"하거나 "결정"하는 것이다. 그 목표를 달성하기 위해서 해당 수업은 잘 다듬어진 과제 클래스로 배열된 의미 있는 전체 과제들을 학습할 수 있도록 열 단계 모형에 따라서 설계된다. 이 수업에서, 또한 용액에 시약을 떨어트리기 위해서 밸브를 열어서 용액에 시약을 첨가하는 것을 포함하는 적정(滴定: 화학분석법)을 이행해야만 한다. 이것은 많은 연습을 통해서만 성취될 수 있는 엄청난 민첩성을 요하는 수작업에 있어서 중요한 과정이다. 이 수작업의 과정에서 15분에서 많게는 2시간이 소요되는 결정을 해야 하는데 안타깝게도 적절한 농도량을 정할 수 있도록 학습하기 위하여 필요한 충분한 연습을 할 만한 여유가 없다. 또한, 그것을 잘못하면 (예를 들어 너무 많은 시약을 첨가하면)

분석은 실패하고 두 시간을 "낭비" 하고 만다. 그러한 시간을 절약하기 위해서 부분 과제 연습을 시작해야 한다.

이 장은 그러한 부분 과제 연습의 설계를 위한 지침을 제시한다. 일반적으로 부분 과제 연습에 과도하게 의존하는 것은 복합적 학습에 도움이 되지 못한다. 더군다나 학습 과제들 자체가 복합적 기능의 비순환적 그리고 순환적 측면 모두를 연습할 충분한 기회를 제공하기 때문에 부분 과제 연습은 종종 무의미하기도 하다. 결국, 내용을 잘 제시하는 것은 종종 순환적/비순환적 부분 기능을 위해서 학습 과정의 근간을 이루는 것들의 다양한 특징을 다루는 것이다. 절차적 학습 내용을 제시하는 것은 컴파일을 통해 인지적 규칙을 자동화하는 것을 목적으로 하는 반면 지원적 학습 내용을 제시하는 것은 정교화를 통한 쉐마의 구성 및 재구성을 목적으로 한다. 그러나 특정한 순환적 측면에 대한 고도로 높은 자동화가 요구된다면 그 총 학습 과제 수는 필요한 반복 연습을 제공하기에 너무 적을 것이다. 그러한 때에만, 그 훈련 프로그램 안에 한 가지 이상 선정된 순환적 측면을 위한 부가적인 부분 과제 연습을 포함시키는 것이 필요하다.

이 장의 구조는 다음과 같다. 첫째, 부분 과제 연습을 위한 빌딩블록으로서 연습 항목들을 설명한다. 여러 유형의 연습 항목들은 여러 수준의 지원을 제공하고, 연습 항목의 전체 세트는 가르쳐지는 절차의 모든 다양한 면을 포함할 수 있을 만큼 다양해야 한다. 둘째, 쉬운 것에서 어려운 것으로 연습 항목을 계열화하는 몇 가지 방법들을 제시한다. 셋째, 복잡한 절차 시연해보기, 상비적 튜터링 실현하기, 그리고 모델 추적을 통한 교정적 피드백 제공하기를 위한 기법 등을 포함해서 부분 과제 연습 도중에 제시되는 절차적 학습 내용의 특별한 특징들에 대해 논의한다. 넷째, 수행준거 변경하기, 모의 시간 줄이기, 그리고 연습 기간을 시간적으로 분산시키기 등과 같이 뚜렷하게 "과잉학습(overlearning)" 을 목표로 하는 교수 기법들에 대해 설명한다. 마지막으로, 교수설계서 안에 부분 과제 연습 배치하기에 대해 논의한 후 간략한 요약으로 장을 마무리한다.

13.1 연습 항목

부분 과제 연습은 엄청난 양의 연습 항목을 필요로 한다. 부분 과제 연습의 유명한 예로 덧셈, 뺄셈, 구구단 연습, 음계 연습, 혹은 테니스 서브 연습하기 등이 있다. 이러한 모든 기능은 속도와 정확성을 요구한다. 교육 프로그램 설계에서 부분 과제 연습은 또한 안전을 중요하게 생각하는 순환적 부분 기능에 적용된다. 왜냐하면 그러한 기능들을 잘못 수행하면 생명에 위험을 초래하거나, 물질의 손실을 초래하거나, 혹은 장비가 훼손될 수 있기 때문이다. 예를 들어 환자 소생시키기 혹은 화학 공장에서 비상 차단 절차 이행하기 등에 부분 과제 연습을 제공할 수 있다. 뿐만 아니라 교수 시간이 허락한다면 다음과 같은 기능 위계와 관련된 순환적 부분 기능에도 부분 과제 연습을 사용할 수 있다.

- 부분 과제 연습은 기능 위계에서 보다 높은 많은 다른 기능들을 수행 가능하게 해준다. 초등학생들에게 알파벳으로 된 글자 순서를 가지고 추가 연습을 시킬 수 있는데, 이러한 기능이 사전, 전화번호부, 그리고 다른 알파벳으로 된 자료들을 사용하는 것과 같은 검색 기능을 가능하게 해주기 때문이다.
- 부분 과제 연습은 기능 위계에서 다른 협응 기능과 함께 동시에 수행된다. 항공 관제소에서 레이더 스크린상의 위험 상황을 감지하는 것은 추가 연습의 대상인데, 조종사들과 소통하면서 동시에 영공에 진입하는 새로운 항공기를 표시하기 때문이다.

연습 항목 유형

학습 과제의 명세화와 비교하면 부분 과제 연습을 위한 연습 항목의 명세화는 매우 간단한 과정이다. 부분 과제 연습을 위한 연습 항목을 명세화하는 준거는 그것의 효과적인 수행이 하나의 과정 혹은 일련의 if-then 규칙으로 알고리즘적으로 기술될 수 있는 순환적 부분 기능과 관련된 것일 때에만 해당된다. 문제 해결 과정과 어떤 해결책 간, 혹은 과제 지원과 문제 해결 안내 간의 구분이 여기에서는 필요 없다. 왜냐하면 정확하게 그 절차를 수행하는 것 혹은 그 if-then 규칙들을 적용하는 것(문제 해결 과정)은 곧 그 해결책이 되기 때문이다. 이러한 이유 때문에 어떤 사람들은 그것을 문제 해결이라고 하지 않고 문제 해결의 가장 효과적인 유형이라 한다.

연습 항목들은 학습자가 순환적 부분 기능을 반복적으로 수행하도록 해야 하는데 반복적으로 절차적 단계를 수행 혹은 if-then 규칙을 적용하는 것을 말한다. 엄청난 양의 연습 항목은 빠르게, 정확하게, 그리고 의식적인 노력 없이 수행될 수 있는 자동화된 학습으로 이끌 것이기 때문에 부분 과제 연습에서 "연습이 완벽을 만든다"라는 말은 실제로 사실이다. 학습 과제와는 달리 부분 과제 연습은 보통 실제 혹은 사실성 높은 모의 과제 환경에서는 수행되지 않고, "실습실" 혹은 반복형 프로그램과 같은 단순화된 환경(예: 야구 배팅장과 컴퓨터 곱셈 프로그램)에서 수행된다. 산출 항목(produce item)이라고 하는 일반적인 연습 항목(Gropper, 1983)은 학습자들로 하여금 주어진 상황 및 목표를 부딪쳐 보게 하여 어떤 절차를 실행하도록 요구한다(표 13.1의 아랫줄 참고; 알고리즘에 대해서는 11장의 그림 11.2에서 설명함). 예를 들어 어떤 연습 항목은 학습자에게 3의 4배에 대한 결과를 계산하게 하거나, 레이더 스크린상에서 항공기를 관찰함으로써 위험 혹은 안전 상황을 표시하게 하거나, 혹은 음계를 연주하도록 요구할 수도 있다.

부분 과제 연습에서 일반적인 권고사항은 가능한 한 빨리 일반적인 연습 항목

표 13.1 두 자릿수 덧셈을 위한 일반적인 연습 항목, 편집 및 인식 연습 항목의 예

연습 항목	해결안 혹은 절차	과제 기술의 예
산출/일반적인 연습 항목	?실행	43+29=?을 *계산하라*
편집 연습 항목	?편집	단계 1: 3에 9를 더하면 = 2 단계 2: 12에서 10을 빼면 = 2 단계 3: 4에 1을 더하면 = 5 단계 4: 2를 오른쪽 칸에 적는다 단계 5[a]: 4에 2를 더하면 = 6 단계 6: 6을 왼쪽 칸에 적는다 *어떤 단계가 틀리며 왜 그러한가?*
인식 연습 항목	?이름	a. 한 자릿수 올리는 것이 없는 덧셈 단계 1: 3에 9를 더하면 = 12 단계 2: 12를 오른쪽 칸에 적는다 단계 3: 4에 2를 더하면 = 6 단계 4: 6을 왼쪽 칸에 적는다 b. 한 자릿수 올리는 것이 있는 덧셈 단계 1: 3에 9를 더하면 = 12 단계 2: 12에서 10을 빼면 = 2 단계 3: 4에 1을 더하면 = 5 단계 4: 2를 오른쪽 칸에 적는다 단계 5: 5에 2를 더하면 = 7 단계 6: 7을 왼쪽 칸에 적는다 *두 가지 절차 중 어떤 것이 정확하며 왜 그러한가?*

[a] 이 단계는 한 자릿수인 1을 올리는 것을 무시했기 때문에 틀렸다.

을 사용하는 것이다. 특별한 연습 항목은 (a) 특정 절차적 단계 혹은 if-then 규칙들을 사용하는 데 오류 성향이 있는 경우, (b) 절차가 길고 분지가 많거나 if-then 규칙 세트가 매우 클 경우, 혹은 (c) 매우 비슷한 상황에 다양한 대안이 있거나 다양한 상황에 매우 비슷한 대안이 있어서 학습자가 어떤 절차적 단계 혹은 if-then 규칙을 사용할지 인식하기 어려운 경우에만 그 사용을 고려해야 한다. 표 13.1은 두 자릿수 덧셈 학습을 위한 두 가지 특별한 유형의 연습 항목, 이름하여 *편집 연습 항목*(edit practice item)과 인식 연습 항목(recognize practice item)을 포함한다. 편집 연습 항목은 학습자들에게 잘못된 단계 혹은 if-then 규칙을 구분하여 정확한 단계 혹은 규칙을 제공함으로써 잘못된 해결책을 바로잡도록 한다. 편집 연습 항목은 연습에 오류 성향이 있는 절차, 즉 학습자에 의해 찾아지고 수정될 필요가 있는 "전형적인 오류"가 소개될 때 특히 유용하다.

표 13.1에 제시된 예는 학습자들이 덧셈 도중에 10을 올리는 것을 잊어버리는 전형적인 오류를 보여준다. *인식 연습 항목*은 학습자들로 하여금 선택사항들로부터 정확한 절차를 선택하는 것을 요구한다. 그러한 항목들은 어떤 절차 혹은 어떤 if-then 규칙이 특정 상황 혹은 목표를 위해 사용될 필요가 있는지 파악하기 어려운 경우에 특히 유용하다. 비슷한 절차들을 짝짓는 것은 또한 절차들 각각에 대해 적용하는 데 기반이 되는 조건들에 학습자들의 주의를 집중시킬 수 있다.

지원과 보조바퀴의 소거

편집 연습 항목과 인식 연습 항목은 학습자들에게 해결책의 일부를 제시하기 때문에 모두 학습자들에게 과제 지원을 제공한다(그림 4.1 참고). 일반적인 항목이 학습자들에게 너무 어려워서 부분 과제 연습을 그 항목으로 바로 시작할 수 없다면, 가장 좋은 방법은 높은 지원을 제공하는 항목으로 시작해서 가능한 한 빨리 지원이 없는 항목 쪽으로 학습하게 하는 것이다. 잘 알려진 소거 전략은 학습자들이 어떤 단계 혹은 if-then 규칙을 적용할지 인식하도록 요구하는 항목으로 시작하여, 학습자들이 잘못된 단계 혹은 if-then 규칙을 편집해야만 하는 항목으로 계속하고, 학습자들이 해결책을 산출하기 위해서 단계 혹은 규칙들을 각각 적용해야만 하는 일반적인 항목으로 끝내는 인식-편집-산출의 순서로 계열화하는 것이다(Gropper, 1983).

절차를 정확하게 수행하는 것이 항상 올바른 해결책을 만들기 때문에 문제 해결 안내는 연습 항목과 관련이 없다. 이러한 절차 수행 과정은 발견적(heuristic)

이라기보다 알고리즘적이기 때문에 학습자들이 적용가능한 해결책을 찾기 위해서 정신적 조작을 시도할 필요가 없다. 이러한 특징으로 인해서 모델링 예, 프로세스 워크시트, 혹은 다른 요령을 제공하는 것은 불필요하다. 부분 과제 연습에 있어서 절차적 학습 내용은 절차 수행 혹은 규칙 적용을 위한 직접적인 방법을 명세화한다(뒤에 제시되는 13장 3절 참고). 그러나 복잡한 절차를 수행하고 있는 학습자를 지원하기 위해서는 수행 단계 제한하기가 도움이 될 수도 있다. 그러한 제한이 비효과적인 행동의 사용을 방지할 수 있기 때문이다. 부분 과제 연습을 위한 수행 단계 제한하기는 아동용 자전거에서 보조바퀴를 사용하는 것과 닮았다고 하여 이름 붙여진 용어인 보조바퀴 인터페이스 형식(Carroll & Carrithers, 1984; Carroll, Smith-Kerker, Ford, & Mazur-Rinetz, 1988)을 자주 사용한다. 훈련을 시작할 때 보조바퀴는 뒷바퀴와 같이 평지에 닿아서 자전거를 매우 안정적으로 유지하고 자전거가 넘어지지 않도록 해 준다. 아동의 균형감각이 향상됨에 따라 보조바퀴는 자전거가 여전히 넘어지지 않도록 땅위로 움직인다. 그러나 아동이 균형감각을 익히면 보조바퀴는 땅에 닿지 않을 것이다. 속도를 줄이거나, 균형을 잃거나, 넘어지려고 회전을 하는 것 등을 제외하면 아동은 실제로 두 바퀴로만 자전거를 타게 된다. 결과적으로 아동은 자전거를 잘 탈 수 있게 되고 보조바퀴는 제거되고 종종 아동이 넘어지지 않도록 지켜주면서 뒤따라 뛰어가는 부모로 대체된다. 따라서 보조바퀴 인터페이스의 사용에 대한 기본적인 아이디어는 학습자를 위해서 비효과적인 절차적 단계 혹은 규칙이 수행될 수 없도록 하는 것과 관련되는 조치를 보증하기 위한 것이다. 예를 들어 워드 프로세서 수업에서 사용될 수 있는 한 가지 보조바퀴 인터페이스는 우선 문서를 만들어내는 데 필요한 최소한의 툴바와 메뉴 옵션만 제시하는 것으로 될 수 있다. 그 외 모든 옵션사항과 툴바들은 학습자가 사용할 수 없게 될 것이다. 학습자들이 이전 것을 사용하는 데 숙달하고 난 후에만 그들에게 새로운 옵션과 툴바들(예: 고급 모양, 그리기, 표 만들기)이 제공될 수 있다. 또 다른 예로 타자 연습 수업을 들 수 있는데 학습자가 타자기의 기호를 볼 수 없도록 타자 기호를 가리는 방법이 흔하게 사용된다. 정확한 타자 키를 찾는 데 비효과적인 행동 혹은 심지어 해로운 행동을 막는 방법이다. 키 덮개는 훈련 프로그램 후반부에 제거된다. 마지막 예는 학습자가 특정한 신체 움직임을 만들어내도록 촉진하는 방식으로 교수자가 학습자를 잡아주거나 조종해주는 운동기능을 가르치는 데서 발견할 수 있다(그림 13.1 참고). 여기서도 학습자를 붙잡아주는 것은 학습자가 비효과적인 움직임, 바람직하지 않은 움직임, 혹은 심지어 위험한 신체 움직임을 만들어내는 것을 방지해 준다.

그림 13.1 학생에게 보조바퀴를 제공하는 스카이다이빙 교관

연습 항목의 다양성

부분 과제 연습에 사용되는 연습 항목의 전체 세트가 *다양(divergent)*해야 한다는 점에 주목해야 한다. 즉, 사용되는 항목들이 절차 혹은 if-then 규칙과 관련되는 모든 상황을 대표해야 한다는 것이다. 다양성은 새로운 문제 상황에 최적의 규칙 기반 전이(2장 5절 참고)를 하게 해주는 일련의 광범위한 인지적 규칙을 개발하기 위해 반드시 필요하다. 예를 들어 두 자릿수 덧셈을 위한 부분 과제 연습은 10을 올리는 것을 포함한 연습 항목과 10을 올리지 않는 것을 포함한 연습 항목 모두를 포함해야만 하고, 철자쓰기를 위한 부분 과제 연습은 학습자가 알파벳의 모든 철자들을 사용하도록 하는 광범위한 일련의 연습 항목들(단어들)을 포함해야 한다. 연습 항목의 다양성은 학습 과제 혹은 연습의 다양성(variability of practice)과 어느 정도 비슷하다. 그러나 연습 항목의 다양성은 연습 항목이 그 절차 혹은 일련의 if-then 규칙에 의해 다루어질 수 있는 모든 상황들을 대표해야만 함을 강조한다. 그 다양한 항목들은 그러한 규칙을 절대로 벗어나지 않는다. 이와는 대조적으로 연습의 다양성은 학습 과제들이 잘 알려지지 않은 접근 방법을 적용하는 것도 허용하는 친숙하지 않은 상황들도 포함해서 실생활에서 마주칠 수 있는 모든 상황을 대표함을 강조한다.

13.2 부분 과제 연습을 위한 부분 과제 계열화

지금까지는 학습자들이 "전체" 순환적 부분 기능을 수행하기 위해 필요한 연습 항목에 대해서만 살펴보았다. 그러나 매우 복잡한 절차 혹은 대단위 규칙 세트를 위해서는 그 절차를 부분으로 분해하는 것이 필요할 것이다. 그런 다음 학습자들은 완전한 순환적 기능의 연습을 시작하기 전에 그 절차 혹은 규칙 세트의 부분들을 부분적으로 이행하는 것을 엄청나게 훈련하게 된다. 매우 예외적인 상황하에서는 과제를 학습하기 위해서 부분 과제 계열화가 또한 적용되기도 한다(5장 3절 참고). 여기서 중요한 차이점은 학습 과제를 위한 부분 과제 계열화는 보통 학습자들이 훈련 프로그램의 시작부터 바로 도움이 되는 예와 모델을 제공받는 *후향 연쇄(backward-chaining)* 방법을 사용한다는 것이다. 이와 반대로 *전향 연쇄(forward-chaining)* 방법은 각 단계의 수행 혹은 각 규칙의 적용으로 다음 단계 혹은 조치를 시도하게 하는 조건을 만들어내기 때문에 부분 과제 연습에 더 효과적이다. 따라서 학습자가 적절한 조건에서 어떤 단계 혹은 규칙을 반복적으로 수행해야만 하기 때문에 규칙 자동화가 촉진된다.

표 13.2는 부분 과제 연습에 적합한 세 가지 계열화 방법으로 이른바 ***분할화(segmentation)***, ***단순화(simplification)***, ***단편화(fractionation)***를 제시한다(Wightman & Lintern 1985). 이러한 방법들은 자연적 과정 혹은 쉬운 것에서 복잡한 것으로 계열화하는 방법을 기초로 하는 전향 연쇄 방법을 흔히 사용한다. 교수 시간이 극도로 한정되어 있을 경우에는 어떤 분리된 측면의 부분만 훈련하도록 결정할 수 있다. 그러나 가능하다면 눈덩이 굴리기 방법과 같은 부분에서 전체

표 13.2 매우 복합적인 절차를 위한 연습 항목을 계열화하는 방법 (Wightman & Lintern, 1985)

방법	설명	예	사용처
분할화	절차를 시간적 혹은 공간적 부분으로 나눔	펑크 난 타이어를 수리하기 위해서, 먼저 타이어를 제거하는 연습 항목을 주고, 그 다음 타이어를 수리하는 연습 항목을 주고, 마지막으로 타이어를 교체하는 연습 항목을 줌	행동적 과제 분석 결과로 나타나는 선형적 순서를 가진 단계
단순화	절차를 점점 더 복잡한 버전의 절차로 제시되는 부분들로 나눔	뺄셈을 위해서, 먼저 빌려오기가 없는 연습 항목을 주고, 그 다음 빌려오기가 있는 연습 항목을 주고, 마지막으로 여러 개의 빌려오기가 있는 연습 항목을 줌	정보처리 분석 결과로 나타나는 플로차트 형태의 단계와 의사 결정
단편화	절차를 다양한 기능적 부분들로 나눔	타이핑을 위해서, 먼저 검지 손가락 연습이 필요한 연습 항목을 주고, 그 다음에 중지 손가락 연습이 필요한 연습 항목을 줌	규칙 기반 분석 결과로 나타나는 일련의 if-then 규칙

로 전향 연쇄 방법을 사용하는 것이 더 좋다. A, B, C로 구성된 어떤 과제를 훈련하는 경우라면 연습 항목은 첫째로 연습 A, 그런 다음 A+B, 마지막으로 A+B+C가 될 것이다.

표 13.2에 나열된 전향 연쇄 방법은 모두 연습 항목의 낮은 맥락적 간섭을 유발한다. 연습 항목들이 과제의 한 부분으로 분류되거나 "구획화" 되어서 학습자들이 한 번에 다소 비슷한 한 가지 연습 항목 세트만을 연습하도록 해주기 때문이다. 이와 반대로 학습 과제는 무작위 방식으로 가장 잘 계열화되어 높은 맥락적 간섭을 유발한다. 각 학습 과제는 실세계에서처럼 주변의 학습 과제와 다른데, 이는 정신적 모형과 인지적 규칙의 구성을 촉진하는 것으로 알려져 있다. 따라서 각 연습 항목은 그것의 주변에 있는 항목들과 유사하여서, 같은 것을 반복해서 연습하는 것은 인지적 규칙의 바람직한 자동화를 촉진하는 것으로 알려져 있다(Jelsma, van Merriënboer, & Bijlstra, 1990; Salisbury, 1990; Salisbury, Richards, & Klein, 1985).

종합하면, 매우 복잡한 절차를 위한 계열화 방법들은 소거 전략으로 분명하게 결합될 수 있다. 어떤 복잡한 절차가 A, B, C 부분으로 연습되는 것을 가정해 보자. 그러한 경우 A 부분을 위한 연습 항목들은 B 부분에 대한 연습을 시작하기 전에 인식-편집-산출 계열화를 통해서 진행될 수 있다. B 부분(혹은 A+B 부분을 위한 눈덩이 굴리기식 방법)을 위해서는 다시 인식-편집-산출의 순서로 연습 항목이 계열화될 수 있다. 그렇게 A+B+C 부분인 전체 절차를 위한 일반적인 항목이 제시될 때까지 계속된다. 이렇게 계열화 방법들은 극도로 복잡한 절차를 가르칠 경우에만 필요하다.

13.3 부분 과제 연습을 위한 절차적 학습 내용

단계 7에서는 학습자가 전체 과제를 수행하는 도중에 절차적 학습 내용을 제시받는 것에 중점을 두는 절차적 학습 내용의 설계에 대해 다루었다. 전체 과제에 있어서, 절차적 학습 내용은 전체 과제의 순환적 측면만을 포함하고 있다. 또한 절차적 학습 내용은 부분 과제 연습과도 분명하게 관련이 있다. 부분 과제 연습에서는 전체 과제의 순환적 측면만 연습되고, 학습자에게 제공되는 모든 절차적 학습 내용은 연습되고 있는 순환적 부분 기능을 포함하고 있기 때문이다. 이러한 두 가지 상황에는 규칙과 절차를 작은 단위로 제시하기, 가장 낮은 능력을 가진 학습자 수준에서 단순하면서 능동적인 언어를 사용하기, 주의 분산 효과 방지하기와 같은 절차적 학습 내용의 설계 원리들(10장 참고)이 부분 과제 연습 설계에도 기본적으로 적용된다. 그러나 부분 과제 연습이 가진 속성 때문에 다음과 같이 강조되는 방법들에 어느 정도 변화가 있다.

- 복잡한 절차에 대한 시연이 전체 과제로부터 분리될 수 있다.
- 상비적 튜터링이 실현하기 더 쉽다.
- 실수에 대한 즉각적인 피드백을 제공하기 위해 모델 추적 패러다임이 사용될 수 있다.

복잡한 절차의 시연

학습자가 전체 과제를 공부할 경우 절차적 학습 내용은 그러한 전체 과제의 맥락에서 가장 잘 제시된다. 예를 들어 미용사 견습생이 파마 머리를 컷트하는 것을 배운다면 가위를 어떻게 잡아야 하는가(과제의 순환적 측면)는 머리를 컷트하는 전체 과제의 맥락에서 가장 잘 제시될 수 있다. 그러나 부분 과제 연습 도중에 부분 과제를 제시하는 것은 흔히 전체 과제로부터 분리될 수 있다. 이러한 방법은 길거나 복잡한 과정 혹은 아주 많은 규칙들로 특성화되는 순환적 부분 기능을 가르치는 데 특히 도움이 될 수 있다. 예를 들어 어떤 공항에서 다른 공항으로 비행기를 모는 정상적인 과제와는 별도로 비행기 조종 견습생들에게 어떤 특정한 응급 절차가 제시될 수 있다. 그러한 시연에서는 주어진 상황, 바람직한 목표나 결과물, 조작할 필요가 있는 자료와 장비, 그리고 그 자료와 장비를 사용하는 절차에 대한 실제적인 수행 방법을 명확하게 보여주어야 한다(Merrill, 1983). 말할 나위 없이 좋은 교수설계는 그 다음 학습자들이 전체 과제에 그 부분 과제 행동을 통합하도록 해야 한다. 이는 보통 전체 과제가 도입된 후에 부분 과제가 도입되고(효과적인 인지적 맥락임) 전체 과제 연습과 부분 과제 연습을 "혼합(intermix)"함으로써 실현된다.

복잡한 절차를 위해서는 보통 어렵거나 혹은 잘못 적용되었을 때 심지어 위험한 규칙 혹은 절차적 단계에 특별히 주의를 집중하게 하는 것을 권장한다. 흔히 그러한 규칙들은 잘못된 규칙이나 오류가 포함되어 있는 규칙 혹은 경험적 분석 중 규명된 오개념으로 인해 나타나는 전형적인 실수와 연관된다(11장 2절 및 12장 2절 참고). 표 13.3은 학습자들에 순환적 부분 기능 중 어려운 측면을 다루는 것을 도울 수 있는 네 가지 교수 방법을 제시한다.

표 13.3 복합적인 절차를 다루는 네 가지 방법

방법	설명	예
하위 목표 파악하기	학습자에게 특정한 절차 혹은 규칙으로 도달되는 목표 혹은 하위 목표를 구분하게 함	어떤 절차를 부분적으로 시연하고 학습자들에게 다음 목표가 무엇일지 물어봄(이정표 연습이라고도 함; Halff, 1993)
주의집중시키기	어렵거나 위험한 절차적 단계 혹은 규칙에 학습자가 주의를 집중하게 함	복잡한 절차를 그래픽 시연으로 제시하고 위험한 단계를 빨간색 코드로 제시함
다중 표상	어려운 절차 혹은 규칙을 제시하기 위해 텍스트 및 시각자료와 같은 다중 표상 형식을 사용함	학습자에 의해 통제될 수 있는 실제 및 모의된 애니메이션으로 시연을 제시함
짝짓기	절차 혹은 규칙의 잘못된 시연을 잘된 시연과 비교/대조해봄	이행이 있는 (정확한) 덧셈과 이행이 없는 (잘못된) 덧셈 절차를 시연하고 이행이 왜 필요한지 설명하기 위해서 대조를 사용함

*하위 목표 파악하기(subgoaling)*는 학습자들이 특정한 절차적 단계 혹은 규칙으로 달성할 수 있는 목표와 하위 목표들을 파악하도록 시키는 것이다. ***주의 집중시키기**(attention-focusing)*는 학습자들이 쉬운 측면보다 어려운 측면에 더 주의를 기울이도록 고수하는 것이다. ***다중 표상**(multiple representation)* 사용하기는 학습자들이 주어진 내용을 한 가지 이상의 방식으로 처리하도록 돕는다. ***짝짓기**(matching)*는 학습자들이 잘못된 과제 수행과 올바른 과제 수행을 비판적으로 비교하고 대조하게 해준다. 이 경우 두 개의 시연 중 어느 것이 부정확하고 그 이유는 무엇인지를 짚어내게 하는 것이 굉장히 중요하다.

상비적 튜터링

상비적 튜터링(contingent tutoring)은 학습자의 수행을 긴밀하게 모니터링하고 해석하고 학습자가 필요로 하는 바로 그 시점에서 정확하게 절차적 학습 내용을 제시하는 교수자 혹은 컴퓨터 시스템이 필요하다. 상비적 튜터링은 전체 학습 과제를 위해서 일대일 개인교수(어깨너머로 보면서 도와주기)로 실현될 수 있지만, 인간 튜터가 아니면 실현하기가 매우 어렵다. 따라서 열 단계 모형에서는 기본적인 전략인 학습자의 요구를 파악하여 필요한 내용 제시하기의 또 다른 유형, 즉

JIT 학습 내용이 그와 관련되는 첫 번째 학습 과제에 연결되어 표시되는 *시스템이 제공하는 도움(system-initiated help)*을 사용하도록 권장한다. 그러나 부분 과제 연습에서는 상비적 튜터링이 절차적 학습 내용을 제시하기에 더 좋은 기본적인 전략이다.

부분 과제 연습 도중에 제시되는 상비적 튜터링은 인간 튜터 혹은 컴퓨터 시스템에 의해 실현될 수 있을 것이다. 오로지 하나의 유일한 순환적 기능과 관련되기 때문에 특정한 절차적 단계 혹은 규칙에 대해 학습자가 취하는 조치를 추적하는 것은 비교적 쉽다. Landa(1983)는 취해져야 하는 어떤 특정한 조치 및 관련 선수 지식이, 그 단계가 수행되어야 할 바로 그 순간에 정확하게, 학습자에게 제시되는 단계별 접근 방법을 추천한다. 그러한 교수내용은 튜터에 의해 말로 제시될 수도 있고 시각 혹은 그래픽 방식으로 제시될 수도 있다. 예를 들면 어떤 복잡한 절차의 경우, 다음 단계가 수행될 필요가 있는 바로 그 시점에서 그것과 관련된 단계가 두드러지게 표시된 그러한 그래픽적인 요소로 제시될 수도 있다(그림 10.1 참고).

모델 추적과 교정적 피드백

상비적 튜터링과 마찬가지로, 즉각적인 교정적 피드백을 제시하기 위해서는 학습자의 수행을 모니터링하고 해석할 교수자 혹은 컴퓨터 시스템이 필요하다. 학습자가 전체 과제를 공부한다면 인간 튜터가 즉각적인 교정적 피드백을 제시할 수도 있지만 이것도 역시 다른 수단으로 실현하기는 어렵다. 그러나 학습자가 부분 과제를 공부하고 있다면, 그 학습자의 행동을 단계별로 혹은 규칙별로 추적할 수 있기 때문에 즉각적인 피드백을 제공하기가 더 쉬워진다. 이를 위해서 일종의 ***모델 추적(model-tracing)*** 패러다임의 진단 도구로서 인지적 규칙 분석으로 규명된 if-then 규칙 혹은 절차적 단계들이 사용된다(Corbett & Anderson, 1995). 모델 추적은 반복연습형 컴퓨터 프로그램과 지능적 튜터링 시스템(Intelligent Tutoring Systems)에 흔히 사용되며 다음과 같은 단계들을 포함한다.

1. 학습한 순환적 부분 기능을 기술하거나 모델링하고 있는 어떤 특정한 if-then 규칙 혹은 절차적 단계를 파악하기 위해 학습자가 취한 각각의 조치들이 추적된다.

2a. 추적 과정이 성공적이고 관찰된 행동이 규칙 혹은 단계와 일관된 모습을

보이는 동안은 그 학습자를 계속 추적하고 피드백은 제공되지 않는다.

2b. 추적이 실패하고 학습자의 관찰된 행동이 규칙 혹은 단계로 설명될 수 없다면 모델 추적으로부터 이탈이 나타났기 때문에 다음과 같은 피드백을 제공한다.

- 학습자에게 오류가 발생했음을 알린다.
- 가능하면 모델 추적을 통해 이탈에 대한 설명(왜 실수가 발생하는지)을 제공한다. 이는 대상이 되는 순환적 기능에 대한 경험적 분석으로 규명된 부정확한 규칙 혹은 오개념에 기초해서 실행할 수 있다(11장 2절과 12장 2절 참고).
- 학습자에게 어떻게 실수의 결과로부터 회복할 수 있는지 알려주고 다음 단계를 위한 힌트 혹은 취해야 할 조치를 제공한다.

어떤 학습자가 두 개의 변수 값을 교환해야 하는 컴퓨터 프로그램을 작성하고 있고 그 학생이 두 값을 교환하기 위해 먼저 A=B라고 진술하고 그 다음에 B=A라고 진술하는 전형적인 실수를 저지르는 상황을 가정해 보자. 이러한 전형적인 실수는 두 개의 변수 값을 교환하기 위한 사용한 부정확한 규칙으로 추적될 수 있다(표 11.1 참고). 결과적으로 다음과 같은 형식으로 교정적 피드백을 제시할 수 있다.

올바른 경로에서 이탈:
실수했습니다.

그 이탈을 설명할 수 있는 부정확한 규칙:
먼저 A=B라고 진술하고 그 다음에 B=A라고 진술함으로써 A와 B의 값을 바꾸려고 하는 것 같습니다.

부정확한 규칙이 작동하지 않는 이유를 설명:
이것은 작동하지 않습니다. A 값이 3이고 B 값이 5인 경우를 가정해 봅시다. A=B라고 할 경우 A는 5라는 값을 가질 것이고, 그 다음에 B=A라고 할 경우 B 또한 5의 값을 가질 것입니다. 따라서 두 변수는 같은 값으로 끝나게 됩니다.

어떻게 계속해야 하는지에 대한 힌트:
세 번째 변수를 사용해서 그 변수들의 값을 바꿔보세요.

13.4 과잉 학습

앞 절에서 제시된 교수방법들은 학습자가 정확하게 수행할 수 있는 수준으로 어떤 순환적 기능을 가르치는 데 충분하다. 그러나 부분 과제 연습은 일반적으로 정확한 수행을 목표로 하는 것이 아니라 정확한 수행이 단지 그 첫 번째 단계가 되기 위한 매우 높은 자동화 수준을 목표로 한다. 어떤 순환적 기능을 완전히 자동화하기 위해서는 절차 혹은 규칙으로 다룰 수 있는 모든 상황들을 대표하고 다양한 엄청나게 많은 일반적인 연습 항목을 지닌 ***과잉 학습**(overlearning)*이 필요하다. 과잉 학습의 근간이 되는 바로 그 느린 학습 과정은 곧 강화다(Box 5 참고). 과잉 학습을 통한 강화를 목표로 하는 세 가지 교수 전략은 수행 준거 변경하기, 모의 시간 줄이기, 분산적 연습이다.

Box 5 – 강화와 부분 과제 연습

잘 설계된 부분 과제 연습은 그것이 분리되어서 매우 높은 자동화 수준으로 훈련되고 난 후에 학습자들이 복합적 기능의 순환적 혹은 자동적으로 수행해야 하는 측면을 수행하는 것이 가능하도록 해야 한다. 부분 과제 연습은 이것을 달성하는 데 필요한 반복 연습을 제공한다. 항상 강화에 선행하는 지식 컴파일과 함께 (Box 4 참고) 부분 과제 연습은 규칙 자동화를 책임지는 주요한 학습 과정이다.

강도 축적하기

각각의 규칙은 일반적으로 "If" 다음에 명세화되는 조건 아래서 그것을 적용하기 좋은 때뿐만 아니라 그 다음에 얼마나 빠르게 그것을 적용할지를 결정하는 것과 관련된 어떤 강도를 가지고 있다고 여겨진다. 지식 컴파일이 기능의 정확한 수행에 기반을 마련할 것으로 여겨지는 특정 영역의 규칙을 안내하지만, 그러한 규칙들은 약한 강도를 지닌다. 따라서 약한 규칙은 적용하는 데 쉽게 실패할 수도 있기 때문에 수행이 충분히 안정적이지 못하게 된다. 더욱이 약한 방법 혹은 심지어 쉐마 기반 문제 해결과 비교해 볼 때 규칙도 상당히 빠르긴 하지만, 규칙은 여전히 속도 측면에서 상당한 개선이 일어나면 도움이 될 수 있다. 강화는 단순한 학습 메커니즘이다. 규칙이 성공적으로 적용될 때마다 규칙은 강도를 얻는다는 것을 쉽게 짐작할 수 있다. 심화 연습을 하고 난 후에만 그 기능이 충분히 자동화될 수 있을 것이다.

연습에 대한 거듭제곱 법칙

강화로부터 얻어지는 개선은 오랜 훈련 기간을 필요로 한다. 연습에 대한 거듭제곱 법칙(power law) (Newell & Rosenbloom, 1981; Snoddy, 1926)은 강화 및 자동화 개발을 잘 특징지을 수 있다. 이 법칙은 반응을 완료하는 데 걸리는 시간의 로그가 그러한 특정 반응의 성공적인 수행 횟수의 로그를 나타내는 일차 함수가 될 것이라고 가정한다. 예를 들어 거듭제곱 법칙은 두 자릿수 더하기를 위해 필요한 시간이 첫 번째 100개의 연습 항목을 연습한 후에 3초에서 2초로 줄었다면, 1,000개 항목을 연습하고 난 후에는 1.6초가 될 것이고 10,000개 항목을 연습한 후에는 1.3초 그리고 100,000개 항목을 연습하고 난 후에는 1초가 걸릴 것이라고 예견한다. 이 법칙은 두 자릿수 덧셈뿐만 아니라 글자 편집하기, 카드 게임하기, 선택 반응 과제 수행하기, 글자 찾기, 시거 말기 등과 같은 다양한 과제를 위한 좋은 징후가 되는 것으로 밝혀졌다.

컴파일화 대 강화

지식 컴파일화와 강화는 둘 다 전략적 제어를 조건으로 하지 않는 기본적인 인지적 처리과정이지만, 연습의 양과 질에 있어서 중요한 기능을 한다. 거듭제곱 법칙에 따르면 규칙을 컴파일하는 데 드는 시간(심지어 한 번의 시도 과정이 될 수도 있는)이 전체 기능 자동화에 도달하는 데 필요한 시간과 비교해서 그다지 대단하지 않다. 강화는 어떤 기능이 정확하게 수행될 수 있는 시점을 훨씬 넘어서 그 기능에 대한 지속적인 개선에 대한 설명을 해줄 수 있다. 오래전의 한 연구에서 Crossman(1959)은 시거 말기에 대한 기능 개발에 대한 연구 결과를 보고하였다. 이러한 기능의 정확한 수행에 도달하기 위해서는 일반적으로 몇 백 번의 시도가 필요하지만, 그의 연구에 참여한 사람들은 3백만 번의 시도를 2년 동안 한 후에 개선되었음을 보여 주었다. 따라서 완전한 자동화에 도달하기 위해서는 충분한 양의 과잉 학습이 필요하다는 것이 명백하다.

참고 문헌

Crossman, E. R. F. W. (1959). A theory of the acquisition of speed skill. *Ergonomics, 2*, 53–166.

Newell, A., & Rosenbloom, P. S. (1981). Mechanisms of skill acquisition and the low of practice. In J. R. Anderson (Ed.), *Cognitive skill and their acquisition* (p. 1–55), Hillsdale, NJ: awrence Erbaum Associates.

Palmeri, T. J. (1999). Theories of automaticity and the power law of practice. *Journal of Experimental Psychology: Learning, Memory, and Cognition, 25*, 543–551.

Snoddy, G. S. (1926). Learning and stability. *Journal of Applied Psychology, 10*, 1–36.

수행 준거 변경하기

순환적 부분 기능을 위한 성취 목표들은 수용 가능한 수행을 위한 기준들을 명세화하고(6장), 정확성, 속도, 시분할(어떤 기능을 다른 기능과 동시에 수행하기)과 관련된 준거들을 포함한다. 대부분 자동화되어야 하는 순환적 기능에서 궁극적 목적은 가능한 한 가장 높은 정확성에 도달하는 것이 아니라, 빠른 속도로 그 기능을 다른 기능과 함께 전체 과제 맥락에서 수행할 수 있는 능력으로 통합된 만족스러운 정확성을 획득하는 것이다. 이를 달성하기 위해 수행 준거 변경하기와 관련된 과잉 학습의 세 가지 단계는 다음과 같다.

1. 일반적으로 과잉 학습을 시작하기 전에 완료되는 첫 번째 단계로, 수용 가능한 수준의 정확성을 획득하기 위해서 기능이 훈련된다.
2. 두 번째 단계로, 그 정확성 수준을 유지하면서 (적당한) 속도 압박 속에서 그 기능이 훈련된다. 속도 압박은 학습자들이 절차상의 단계들을 의식적으로 따르도록 함으로써 그들이 그 기능을 자동화하도록 해준다.
3. 세 번째 단계로, 정확성과 속도 준거를 유지하면서 다른 기능의 수를 늘려가면서 그 기능을 함께 훈련한다. 전체 과제 맥락에서 그 기능이 매우 높은 자동화 수준으로 수행될 수 있을 때까지 이러한 훈련이 계속된다.

모의 시간 줄이기

순환적 기능의 완전한 자동화에 도달하기 위해서는 수천 개의 연습 항목이 필요할 수도 있다. 일기 예보와 같은 자연적 과정, 혹은 큰 선박의 운행과 같이 느리게 응답하는 시스템 등과 같이 더딘 과정을 위한 것이라면 정상적인 조건에서 그 기능을 연습하는 데 필요한 시간은 엄청나게 될 것이다. 10~100의 인수로 모의 시간을 줄이면 필요한 훈련 시간을 과감하게 줄일 수 있고 동시에 속도 압박과 피드백에 대한 대기시간 증가로 인해 자동화를 촉진할 수 있다.

Schneider(1985)는 항공 관제소 영역의 한 가지 예를 제시하였다. 항공기를 어디서 회항시켜야 할지를 결정하고서 그 판단 결과를 알려면 정상적으로 약 5분이 걸리지만, 연습시간을 몇 초 안으로 완료할 수 있도록 이러한 처치법을 위한 모의 시간이 100의 인수로 줄었다. 결과적으로 정상적인 훈련 기간 일 년보다 하루에 더 많은 항목을 연습할 수 있게 되고, 그와 관련된 속도 압박은 과잉 학습을 촉진한다.

시간적으로 연습 분산시키기

시간적으로 분산된 부분 과제 연습에 대한 비교적 짧은 기간(분산 연습: spaced practice)은 길고 집중된 반복 연습 기간(집중 연습: massed practice)보다 더 좋은 결과를 낳는다. Bray(1948)의 선행 연구에서 참가자들은 모스 부호를 사용하는 연습을 하루에 네 시간 혹은 일곱 시간씩 연습하는 집단 중 하나에 참가하였다. 연습 시간에 따른 차이는 발견되지 않았다. 결과적으로 하루에 일곱 시간 연습한 집단의 학생들은 나머지 세 시간을 낭비한 꼴이 되었다. 다른 연구(Dempster,

1988)는 연습 기간들 간에 더 길게 간격을 두는 것, 그리고 더 많은 연습 기간을 다른 학습 활동으로 대체하는 것이 연습에 더 효과적이라고 제시하였다. 이는 부분 과제 훈련 기간들이 전체 학습 과제를 연습하는 것과 가장 잘 혼합되도록 하는 것과 학습자가 그 부분 과제의 기준에 도달할 때 끝내도록 하는 것을 제안한다.

13.5 교수설계서에서 부분 과제 연습

교수설계서에 부분 과제 연습을 연결하는 것을 도와주는 두 가지 지침이 있다. 첫째, 부분 과제 연습은 학습자들이 먼저 부분 과제 연습이 필요한 전체 과제 수행에 그것을 연관시키고 통합시킬 수 있어야만 한다는 것을 의미하는 충분한 인지적 맥락에서 항상 제공되어야 한다(Schneider & Detweiler, 1988). 이는 학습자들이 어떻게 전체 과제에 부분 과제 연습을 맞추는지를 이해하도록 해주는 모델링 예 혹은 다른 학습 과제를 먼저 제시함으로써 달성될 수 있다. 부분 과제 훈련에 앞서서 제시되는 엄청난 양의 부분 과제 연습과 같이 적절한 인지적 맥락이 제시되지 않는 부분 과제 연습, 혹은 실제 훈련 프로그램 이전에 실시하는 반복연습 코스는 비효과적일 것이다. 이러한 원리는 Carson, Khoo와 Elliot(1990)의 연구에 잘 나타나 있다. 이 연구에서 논리 회로의 문제를 찾아서 해결하는 전체 과제 이전에 불린 기능에 대한 8,000개 항목을 연습한 것이 긍정적인 효과가 없는 것으로 나타났지만, 그러한 불린 기능에 대한 연습 항목들을 전체 과제의 단순화된 버전을 제시한 후에 연습했을 때는 전체 과제 수행의 유창성에 긍정적인 효과가 있는 것으로 나타났다.

둘째, 부분 과제 훈련은 학습자들이 학습해야 할 과제가 바뀌게 되는 연습 기간별로 시간상 분산시키는 것이 가장 좋다(그림 13.2 참고). 더욱이, 만약 부분 과제 연습이 전체 기능 중 한 가지 이상의 순환적 측면을 위해 제공된다면, 통합을 위해서 다양한 부분 과제 연습 기간들과 전체 학습 과제에 대한 연습을 *혼합 (intermixed)**할 필요가 있다(Schneider, 1985). 상호 혼합된 훈련은 이중으로 분

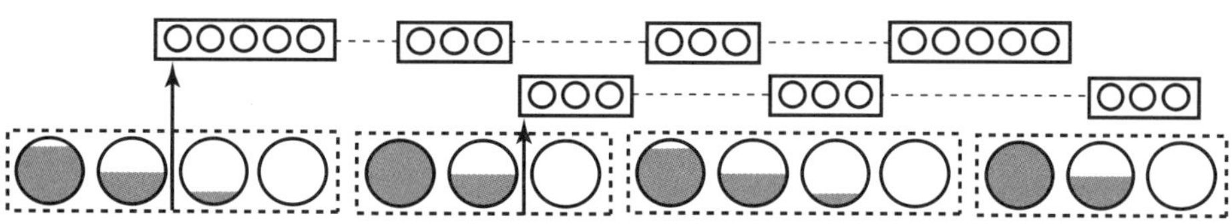

그림 13.2 선택된 두 개의 순환적 과제를 위해 학습 과제에 대한 연습과 부분 과제 연습이 혼합됨

류될 수 있는 기능들의 훈련을 위해서도 도움이 될 수 있다(6장 3절 참고). 이러한 경우, 학습자들이 개발한 루틴 기능의 수준이 앞으로 마주칠 수 있는 모든 상황에 대처하기 위하여 충분하지 않을지라도 집중적인 부분 과제 연습이 제공되어야 한다. 그런 다음, 학습자들이 그 자동화된 기능으로도 해결되지 않는 상황을 만나게 하고, 자동화 모드로부터 문제 해결 모드로 바꿀 수 있도록 하기 위하여 학습자를 훈련시키기 위한 특별한 난국을 경험할 수 있는 과제들이 사용될 수 있다.

종합하면, 표 13.4는 "문헌 검색하기"라는 어느 정도 복합적인 기능을 위한 교수설계서에 있는 과제 클래스 중 하나이다(다른 과제 클래스에 대한 설명을 보려면 표 5.2 참고). 불린 연산자 사용에 대한 부분 과제 연습이 관련되는 학습 과제

표 13.4 중간 정도의 복합적 기능인 "문헌 검색하기"를 위한 예비 교수설계서: 과제 클래스에서 부분 과제 연습이 추가됨

<table>
<tr><td colspan="3">과제 클래스 3
학습자는 (검색될) 특정 영역 내에 있는 개념이 명확하게 정의되지 않은 상황과 마주한다. 상이한 개념에 동일한 검색어가 사용되고, 동일한 개념이 상이한 검색어로 설명된다. 특정 주제에 대해 작성된 논문의 양이 상당할 뿐만 아니라 여러 연구 분야에 걸쳐 있기도 하다. 따라서 아티클 제목을 검색한 다음에는 초록 및 전문 검색을 수행해야 한다. 또한 다양한 연구 분야의 데이터베이스를 검색해야 한다. (상이한 용어를 쓰는) 관련된 모든 논문들을 검색하고, (동일한 용어를 쓰는) 무관한 논문들을 배제하기 위해서 많은 검색어들을 불린 연산자로 연결해야 한다.</td></tr>
<tr><td colspan="3">지원적 내용: 인지적 전략 제시
• 검색할 데이터베이스 수와 초록 및 전문 검색 여부를 결정하기 위한 SAP</td></tr>
<tr><td colspan="3">지원적 내용: 정신적 모형 제시
• 잘 정의되지 않는 주제에 대한 아티클을 검색하는 데 사용될 수 있는 검색어와 불린 연산자를 조합하는 방법을 설명하는 검색 질의어 템플릿에 대한 구조적 모형
• 구조, 특별한 검색 요건 등을 설명하는 다양한 연구 분야를 위한 다양한 데이터베이스 유형에 대한 개념적 모형</td></tr>
<tr><td>학습 과제 3.1: 완성하기 + 역행하기 과제
학습자는 연구 문제와 불린 연산자로 검색어를 조합한 정교화된 검색 질의어를 제공받는다. 학습자는 어떤 데이터베이스를 사용해야 하는지를 예측해서 질의어로 검색을 수행해야 한다. 그런 후에 질의어를 수정 및 보완해보고 관련 아티클을 선택해야 한다.</td><td>절차적 학습 내용
• 특정 데이터베이스 검색절차</td><td rowspan="2">부분과제연습
• 불린 연산자 적용하기</td></tr>
<tr><td>학습 과제 3.2: 일반적 과제
학습자는 연구 문제를 제공받는다. 이것과 가장 관련성이 높은 10개의 아티클을 찾기 위해 문헌 검색을 해야 한다.</td><td>절차적 학습 내용
• 특정 데이터베이스 검색절차(소거)</td></tr>
<tr><td colspan="3">지원적 내용: 인지적 피드백
• 학습자는 학습 과제 3.2에서 사용했던 문제 해결 방법에 대한 피드백을 제공받는다.</td></tr>
</table>

와 나란히 시작하는 것을 볼 수 있다. 부분 과제 연습은 학습자들이 수용 가능한 수행에 도달할 때까지 계속된다. 전체 교수설계서에 대한 내용은 부록 2를 참고할 수 있다.

13.6 요약

- 높은 수준의 자동화가 필요하고 순환적 기능이 다른 많은 기능들을 수행하는 데 결정적으로 중요하다면 혹은 그 순환적 기능이 다른 많은 기능들과 함께 동시에 수행된다면 복합적 기능 중에서 선정된 순환적 측면만을 위한 부분 과제 연습을 제공하자.
- 부분 과제 연습은 과잉 학습의 과정에서 가능한 한 빨리 일반적인 연습 항목의 사용을 목표로 해야 한다.
- 실수 경향이 있거나 여러 개의 분지가 있거나 혹은 쉽게 혼합되는 절차들을 위해서 편집 혹은 인식 연습 항목, 그리고 보조바퀴를 고려해 본다. 이 경우 첫째, 인식 혹은 편집 항목을 통해서 또는 보조바퀴를 통해서 지원을 제공하고, 그런 다음 학습자들이 점점 전문성을 획득해 감에 따라 그 지원을 점진적으로 소거한다.
- 부분 과제 연습에 사용되는 연습 항목의 전체 세트가 다양해야 한다. 그 항목들은 절차 혹은 if-then 규칙 세트를 다루는 모든 상황을 대표해야만 한다.
- 매우 복잡한 절차 혹은 많은 규칙 세트를 위해서는 분할화, 단순화, 단편화와 같은 부분 과제 계열화 기법을 적용한다. 이러한 기법들은 전향 연쇄 방법을 적용해서 낮은 맥락적 간섭을 일으킨다.
- 부분 과제 연습 도중에 제시되는 절차적 학습 내용은 (a) 어렵거나 위험한 조치에 학습자들의 주의를 집중하게 하는 시연을 제공하고, (b) 상비적인 단계별 튜터링을 적용하고, (c) 즉각적인 교정적 피드백을 주기 위해서 모델 추적 패러다임을 사용한다.
- 과잉 학습을 촉진하기 위하여 수행 기준을 정확성으로부터, 정확성+속도를 경유해서, 정확성+속도+시분할로 변경하고, 모의 시간을 10~100의 인수로 줄이고, 연습 기간을 시간적으로 분산시킨다.
- 선택된 순환적 기능을 위한 부분 과제 연습을 전체 과제와 그리고 가능하면 다른 순환적 기능에 대한 부분 과제 연습과 혼합한다.

제3부

응용

제14장

미디어 활용

A l'École

열 단계 모형을 적용하면, 복합적인 학습에 목표를 둔 교육 프로그램을 위한 상세한 교수설계서가 만들어진다. 교수체제설계(ISD: Instructional Systems Design)의 전문용어로 표현하자면, 이 교수설계서는 설계 단계에서부터 개발 혹은 제작 단계까지에 해당된다(3장 4절 참고). 설계 단계에서는 교수설계를 수행하는 데 가장 잘 활용될 수 있는 미디어에 대한 일련의 결정들을 내려야 한다. 이러한 미디어 선정은 설계 과정이 진행되면서 미디어 선택의 폭을 좁혀 나가는 점진적 과정이다. 이 장에서는 특정 미디어가 다른 미디어들보다 특정한 학습 과정들을 가능하게 하면서 지속하는 데 더 적합하다는 가정에 기반을 둔 미디어 예비 선정에 대해서만 다루고자 한다. 교수설계서의 네 가지 요소 각각은 서로 다른 학습 과정에 초점을 두고 있기 때문에 각 요소(학습 과제, 지원적 내용, 절차적 학습 내용, 부분 과제 연습; Van Merriënboer & Kester, 2005)를 각기 다른 미디어가 지원하

<table>
<tr><th colspan="2">학습 과정</th><th>교수설계서
요소</th><th>미디어</th></tr>
<tr><td rowspan="2">쉐마
구성</td><td>귀납법
(Box 2)</td><td>학습 과제</td><td>실제 혹은
모의 과제 환경</td></tr>
<tr><td>정교화
(Box 3)</td><td>지원적 내용</td><td>하이퍼미디어와
멀티미디어</td></tr>
<tr><td rowspan="2">쉐마
자동화</td><td>컴파일화
(Box 4)</td><td>절차적
학습 내용</td><td>EPSS, 온라인
도움말</td></tr>
<tr><td>강화
(Box 5)</td><td>부분 과제 연습</td><td>반복 연습형
CBT</td></tr>
</table>

그림 14.1 기본적인 학습 과정, 교수설계서 요소, 미디어 간의 관계

는 것이 더 적합할 것으로 예상된다. 그림 14.1은 학습 과정, 교수설계서 요소, 미디어 간의 관계를 나타낸다.

열 단계 모형에서는 미디어의 최종 선정과 제작을 위한 지침을 제공하지 않는다. 최종 선정은 교수목표뿐만 아니라 제약사항(예: 가능한 인력, 장비, 시간, 비용), 과제 특성(예: 학습 과제 수행에 필요한 미디어 속성과 학습자들에게 요구되는 반응), 그리고 대상 집단의 특성(예: 집단의 크기, 컴퓨터 리터러시, 장애)과 같은 요인들에 의하여 영향을 받기 때문이다. 이러한 요인들을 고려한 미디어 선정 전문 모형들이 하나 혹은 그 이상의 미디어를 최종 선정하는 데 필요한데(Romizowski, 1988), 이는 관련 서적(예: Mayer, 2005; Salomon, 1979; van Merriënboer, 1994; van Merriënboer & Brand-Gruwel, 2005)에서 교육과 미디어에 대하여 다루고 있으므로 이를 참고할 수 있다. 이뿐만 아니라 개발과 제작을 위한 지침은 굉장히 미디어 특수적이어서 열 단계 모형에서 다루는 범주에서 벗어난다. 예를 들면, 시각적 텍스트를 위한 개발 지침은 역동적 시각화(Khalil, Paas, Johnson, & Payer, 2005a, 2005b), 컴퓨터 시뮬레이션, 혹은 교수자 중심의 수업 개발을 위한 지침과는 매우 다르다.

이 장의 내용은 다음과 같다. 우선 학습자들이 학습 과제를 공부하도록 해주는 미디어에 대해서 살펴볼 것이다. 이 미디어들은 "실제"이거나 혹은 컴퓨터 시뮬레이션을 포함한 "모의" 과제 환경일 것이다. 둘째, 학습 과제의 역동적 선정을 가능하게 하는 미디어에 대해서 살펴보고자 한다. 역동적 선정은 학습자들의 개별 학습 니즈에 최적으로 맞추어진 일련의 학습 과제들을 개별 학습자에게 제

공해준다. 셋째, 지원적 내용, 절차적 학습 내용, 부분 과제 연습을 제공하는 소위 ***이차적 미디어(secondary media)***에 대해서 살펴보고자 한다.

14.1 학습 과제를 위한 미디어

열 단계 모형에 따르면, 학습 과제들은 교육 프로그램의 중심이라 할 수 있다. 이러한 이유에서, 학습자들로 하여금 학습 과제들을 공부하도록 하는 미디어를 ***일차적 미디어(primary medium)***라 부른다. 종종, 일차 미디어는 일상적인 과제 수행이 일어나는 도구들과 객체들을 가지고 있는 "실제" 과제 환경이다. 그렇지만 컴퓨터 기반 시뮬레이션과 같은 모의 과제 환경에서 해당 학습 과제들을 연습해야하는 이유들이 있을 수 있다. 이를 결정짓는 중요한 설계 결정은 모의 환경과 실제 환경 간의 유사도로 정의되는 시뮬레이션의 사실성 수준이다.

과제 환경

학습 과제의 일차 목표는 구체적 경험으로부터 인지적 쉐마를 귀납적으로 구성하도록 도움을 주는 데 있다. 따라서 일차 미디어는 학습자들로 하여금 구체적인 경험을 제공하는 학습 과제들을 공부하도록 해주어야 하는데, 그 형태는 일반적으로 실제 혹은 모의 과제 환경의 형태를 취한다. 대부분의 경우 실제 과제 환경은 학습자들이 자신의 학습 과제들을 수행하기에 적합한 환경이다. 그럼에도 불구하고 학습과정에 있어서 보다 초기 단계(특정 교육 프로그램의 초반부에 있는 과제 클래스들)에서는 모의 과제 환경이 실제 과제 환경보다 더 나은 학습 기회를 제공할 수도 있다. 표 14.1에서 시뮬레이션을 사용하는 여러 가지 이유들이 나열되어 있다. 모의 과제 환경의 예로는 모의 사무실과 워크숍(simulated office and workshop), 물리적 시뮬레이터(그림 14.2), 롤플레잉 게임, 컴퓨터 기반의 모의 과제 환경이 있다.

컴퓨터 기반의 모의 과제 환경(시뮬레이션)

멀티미디어 학습 환경의 중심부는 대체로 하나의 컴퓨터 시뮬레이션으로 구성되어 있을 것이다. 열 단계 모형에 따르면 이 환경에서 수행되는 학습 과제들은 실제적이면서 실생활의 과제들을 기반으로 하여 개발된다. 한편으로 컴퓨터 시뮬

그림 14.2 승마 시뮬레이터(1915년 이전에 촬영)

표 14.1 모의 과제 환경에서 학습 과제를 연습해야 하는 이유

이유	예
학습자에게 제공되는 학습 과제 제시 순서에 대한 통제권을 획득	실제 상점으로 들어오는 임의의 고객에 의존하기보다 모의 상점에서 점차적으로 요구를 늘리는 고객들(과제들)을 학습자에게 제공함
학습 과제에 대한 지원과 안내를 더하는 보다 나은 기회(과제의 형태 변경) 제공	실제 회사의 회의실에서 전략을 결정하는 것보다 전문가와 동료들에게 자문을 구할 수 있는 기회를 주는 경영 게임에서 전략을 결정하는 과제를 학습자에게 제공함
학습 과제를 수행할 때 발생할 수 있는 위험 상황을 방지	실제 환자들보다 사체를 대상으로 외과 수술을 해보는 과제를 의대생들에게 제공함
학습 과제를 수행하는 과정의 속도를 조절	망망대해에서 실제 선박을 운항하는 것보다 시간-압축 시뮬레이터에서 대형 선박을 운행하는 과제를 학습자에게 제공함
과제 수행에 드는 비용을 절감	실제 핵발전소의 전력을 차단하는 것보다 모의 핵발전소의 전력을 차단하는 과제를 학습자에게 제공함
실세계에서 거의 발생하지 않는 학습 과제를 생성	실제 항공기에서 비상상황이 일어나도록 대기하는 것보다 비행 시뮬레이터에서 비상 상황을 다루는 과제를 조종 훈련생들에게 제공함
제한적인 재료나 자원으로 인해 불가능할 수 있는 학습 과제를 생성	실제 환자의 치아 안에 난 구멍을 메우는 것보다 의치로 구멍을 메우는 과제를 치대생들에게 제공함

레이션은 항상 고도의 ***심리적 사실성**(psychological fidelity)*을 제공한다. 여기에서 학습 과제를 수행하는 것은 실생활 과제를 수행하는 것과 어느 정도 유사하기 때문이다. 즉 과제를 수행하는 데 있어서 포함된 특정 인지 과정들끼리 명확한 일치점이 있다는 것이다. 또 다른 측면에서 시뮬레이션은 특정의 실제 과제 환경을 모방하고자 하지 않은 환경(낮은 ***물리적 사실성**(physical fidelity)*을 가진 시뮬레이션)부터 실제 과제 환경과 매우 가까운 환경(높은 물리적 사실성을 가진 시뮬레이션, 그림 14.3 참고)까지의 범주에서 학습 과제들을 수행할 수 있도록 해준다. 예를 들면, 심리치료사들의 진단 훈련을 가능하도록 하는 학습 과제들은 낮은 사실성의 시뮬레이션(웹기반수업으로 환자들의 사례를 기술하는 텍스트 형태) 혹은 높은 사실성의 시뮬레이션(가상현실 환경에서 해설될 수 있는 실제 같은 시뮬레이션된 캐릭터인 아바타의 형태)를 취할 수 있다. 이에 한 단계 더 나아간 것이 롤 플레잉 배우들이 실제 사고 희생자 혹은 환자를 모의하는 응급처치 수업 혹은 의학 특론에서 찾아볼 수 있는 시뮬레이션 유형이다. 실제성의 다양한 측면들에 대하여 자세하게 알아보고자 한다면 Gulikers, Bastiaens, Kirschner(2004)의 논문을 참고하자.

열 단계 모형에 따르면 낮은 물리적 사실성을 가진 환경에서 특정 학습 과제들이 수행되는 과제 클래스들로 시작하여 학습자들의 전문성이 증가함에 따라 점차적으로 사실성을 증가시키면서 훈련을 진행하는 것이 바람직할 수 있다. 낮은 물리적 사실성을 가진 시뮬레이션 환경은 특정 학습 과제들을 수행하는 데 반

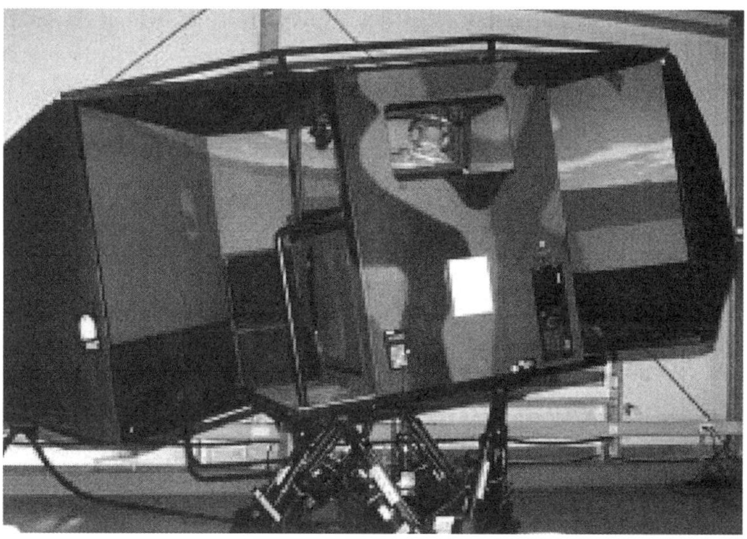

그림 14.3 고도의 사실성을 가진 헤비휠 자동차 운전자 시뮬레이터

드시 필요한 실제 환경의 측면만 나타낸다. 이 환경은 현재의 학습 과정과 무관하면서 학습자의 주의를 끌어서 결국 학습을 망치게 하는 어떤 상세한 내용들을 배제하는 것이 바람직하다. 이러한 설계 원리는 훈련 프로그램과 직접 관련이 없는 *자세한 내용들을 배제하는 것*이 학업 성취 혹은 전이에 긍정적인 효과가 있었다는 연구 결과와 일치한다(Harp & Mayer, 1998; Mayer, Heiser, & Lonn, 2001; Moreno & Mayer, 2000). 순서가 뒤에 속한 과제 클래스일수록, 학습자들이 점차로 숙련될수록, 실제 과제 환경과 가깝도록 상세할 필요가 있어서, 고도의 사실성이 있는 시뮬레이션 혹은 실제 과제 환경에서 그 학습 과제들을 수행해보게 할 필요가 있다(Gulikers, Bastiaens, & Martens, 2005; Maran & Glavin, 2003).

일반적으로 학습 과제들이 교육 프로그램 초반부부터 실제 과제 환경에서 수행되지 않았다 하더라도 이 과제들은 결국 교육 프로그램의 후반부에서는 실제 과제 환경에서 수행될 것이다. 따라서 의대생들은 병원에서 실제 환자들을 다룰 것이고, 비행 훈련 프로그램에서 훈련생들은 실제 비행기를 조종할 것이고 회계를 공부하는 학생들은 실제 고객을 다루고 실제 재무 감사를 수행할 것이다. 높은 사실성을 가진 시뮬레이션보다 실세계가 좋은 단순한 이유에서이다. 그럼에도 부득이 시뮬레이션을 사용해야 하는 한 가지 예외사항은 실세계에서 거의 일어

표 14.2 물리적 사실성 수준에 따른 컴퓨터 기반의 모의 과제 환경의 예

수준	저	중	고
심리치료에서 진단하기	웹기반수업에서, 환자들의 특징과 심리적 질환을 텍스트로 설명한다.	웹기반수업에서, 서로 다른 치료 기간에 있는 환자들을 녹화한 비디오를 보여준다.	가상현실 환경에서, 학습자들이 환자들과 면담할 수 있도록 실제와 흡사하게 환자들을 표현한다.
복잡한 기계장치 수리하기	컴퓨터 스크린상에서 시스템의 주요 고장 목록과 함께 비상호작용적인 그림으로 복잡한 기계장치를 표현한다.	학습자들로 하여금 시험을 보게 하고 마우스 클릭으로 변경할 수 있도록 하는 상호작용적인 그림으로 복잡한 기계장치를 표현한다.	학습자들로 하여금 시험을 보게 하고 객체들을 변경할 수 있도록 하는 3D 가상현실로 복잡한 기계장치를 표현한다.
교수설계하기	웹기반 수업에서, 해결되어야 하는 수행 문제를 설명하는 텍스트 형태의 사례 연구를 학생들에게 제공한다.	멀티미디어 학습 환경에서, 학생들은 다양한 이해관계자들을 인터뷰하고 수행 문제를 분석하기 위하여 다양한 자원들을 참고할 수 있다.	가상 회사에서, 학생들은 실제 고객이 의뢰한 수행 문제를 해결하는 (분산되어 있는) 하나의 프로젝트 팀에 참여한다.

그림 14.4 낙하산 훈련을 위한 가상현실

나지 않는 과제들(예: 재난관리, 복잡한 기계 장치에서 발생한 고장 수리)과 굉장한 고비용이 드는 과제들(예: 우주 왕복선 발사하기, 대규모의 공장 가동 정지)을 훈련시키는 경우에 일어날 수 있다. 이러한 종류의 과제들의 경우 고도의 입출력 장치들(예: 그림 14.4에서 가상현실 헬멧, 데이터 글로브)이 구비된 가상현실을 활용한 높은 사실성을 가진 시뮬레이션과 더불어 백그라운드에서 돌아가는 복잡한 소프트웨어 모델은 실세계와 실세계를 시뮬레이션한 것 간의 차이를 줄이는 데 도움이 될 수 있다.

14.2 과제의 역동적 선정

컴퓨터 기반의 모의 과제 환경(시뮬레이션)을 포함한 특정 미디어는 학습 과제들의 역동적 선정을 가능하게 해준다. ***과제의 역동적 선정**(dynamic task selection)*은 모든 학습자들에게 하나의 동일한 교육 프로그램을 제공하기보다 각각의 개별 학습자에게 유일한 교육 프로그램을 제공하는 것이다. 이 절에서는 우선 학습 과제들의 역동적 선정의 한 방법으로 ***적응적 학습**(adaptive learning)*에 대하여 살펴볼 것이다. 그러고 난후, 학습 과제를 선정할 때 기초가 되는 주요 요소로써 언급되면서 학습자 수행의 대안인 효율성에 대하여 살펴볼 것이다. 마지막으로 컴퓨터 기반 훈련에서의 진단 및 피드백에 관한 문제들을 살펴보도록 한다.

적응적 학습

전통적이면서 비적응적인 교육 프로그램에서 모든 학습자들은 동일한 계열로 학습 과제를 제공받는다. 적응적 프로그램에서는 각각의 개인 학습자의 특징과 요구에 기초하여 학습 과제가 역동적으로 선정된다(Camp, Paas, Rikers, & van Merriënboer, 2001). 비적응적 프로그램과 비교했을 때 적응적 교육 프로그램으로 공부한 학습자들은 보다 높은 수준의 학습 결과를 내고 전이가 보다 잘 된다(Salden, Paas, van Merriënboer, 2006). 다시 말하면 적응적 교육 프로그램이 비적응적 프로그램보다 효과적이라고 할 수 있다. 적응적 프로그램에서 높은 수준의 학습자는 단순한 학습 과제에서 어려운 학습 과제로 빠르게 진행하고, 도움을 거의 받지 않으면서 공부할 수 있다. 반면 낮은 수준의 학습자는 많은 양의 학습 과제를 사용하고, 단순한 과제에서 어려운 과제로 더디게 진도가 나가고, 많은 양의 도움을 받으면서 학습 과제를 공부할 수 있다. 열 단계 모형은 적응적 교육 프로그램의 설계를 위한 좋은 출발점을 제공해준다. 각각의 개별 학습자들을 위해서 어느 주어진 시점에, 이들이 공부하는 데 필요한 최상의 과제 클래스(현재 과제 다음에 올 최적의 난이도를 가진 과제)를 선택하는 것뿐만 아니라 이 과제 클래스 내에서부터 최적 수준의 지원과 안내가 제공되는 하나의 학습 과제도 선택이 가능하다. 적응적 프로그램에 적용 가능한 규칙들은 다음의 과제 클래스, 지원과 안내, 그리고 연습의 다양화 원리들을 따른다.

1. 과제 클래스
   a. 지원이 없는 학습 과제들을 수행한 것이 관련된 모든 성취 목표들의 특정 기준에 부합했다면, 학습자들로 하여금 다음의 과제 클래스로 진행하도록 하게 하고 보다 어려운 과제를 높은 수준의 지원과 안내와 함께 제공하자.
   b. 지원이 없는 학습 과제들을 수행한 것이 관련된 하나 이상의 성취 목표들의 특정 기준에 부합하지 않았다면, 현재의 난이도를 유지하면서 또 다른 지원이 없는 학습 과제 내지는 특정한 지원과 안내가 있는 과제를 학습자에게 제공하자.
2. 지원과 안내
   a. 어떠한 지원을 받으면서 학습 과제들을 수행한 것이 관련된 모든 성취 목표들의 특정 기준에 부합했다면, 다음번 학습 과제에서는 지원과 안내가 줄어든다.

b. 어떠한 지원을 받으면서 학습 과제를 수행한 것이 관련된 하나 이상의 성취 목표들의 특정 기준에 부합하지 않았다면, 동일한 수준의 지원과 안내를 제공하는 학습 과제 내지는 보다 높은 수준의 특정한 지원과 안내가 있는 과제를 제공하자.

3. 다양성

실세계에서도 각기 다른 그 모든 차원들에 대해 학습자에게 제공된 학습 과제들의 전체 세트가 다양해지는 그러한 방식처럼 다음의 학습 과제들을 선택하자.

학습 과제들의 역동적 선정을 위하여 개별 학습자들의 학습 진척에 대한 연속 평가(continuous assessment)가 필요하다(그림 14.5 참고). 이 평가는 특정 교육 프로그램을 위한 성취 목표와 특히 가르치려는 학습 과제와 관련된 모든 부분 기능에 대하여 정의되어 있는 *기준*(준거, 값, 태도)에 기반을 두어 이루어진다. 일반적으로 채점(기준)표는 관련된 모든 기준에 대하여 학습자들의 수행을 다양한 측면으로 평가하는 데 사용될 수 있다(6장 4절, 표 6.2 참고). 앞서 언급하였듯이, 지원이 없는 학습 과제는 전형적으로 어려운 과제(다음의 과제 클래스)로 학습 진도가 나가도 된다는 결정이 내려졌을 때 사용된다. 만일 특정 학습자가 과제에 포함된 모든 부분 기능들에 대한 특정 기준을 충족시켰다면, 다음의 과제 클래스로 진행할 수 있다. 원한다면, 지원이 제공되지 않는 학습 과제에 대한 수행 평가는 총괄 평가의 형태로 사용될 수 있다. 이러한 경우에 과제를 검사 과제로 보는 것이 더 나은데, 이 과제가 성적 산정, 합격/불합격 여부 결정, 인증을 위한 기초 자료를 제공하기 때문이다. 만일 특정 학습자가 과제에 포함된 모든 부분 기능들에 대한 특정 기준을 아직 충족시키지 못했다면, 동일한 수준의 난이도를 가진 추가적인 학습 과제들이 제공될 수 있다. 만일 추가 연습만 필요하다면, 추가 과제들은 또다시 미지원 학습 과제들이 될 수 있다. 그러나 만일 학습자들이 수행의 특정 측면들에 어려움을 겪고 있다면, 추가 과제들은 정확하게 해당 측면들에 대해서 수행 개선을 할 수 있도록 하는 특정의 추가 지원 및 안내가 제공되는 학습 과제들이 될 것이다.

지원 및 안내가 제공되는 학습 과제들에 대한 평가는 전형적으로 다음에 오는 과제들의 지원 혹은 안내의 수준 조절에 대한 결정에 사용될 것이다. 지원이 제공되는 학습 과제들에 대한 수행 평가는 ***형성평가(formative assessment)***용으로만 쓰인다. 이 평가의 목적은 학습 과정의 질을 개선하는 데 있다. 만일 특정 학습

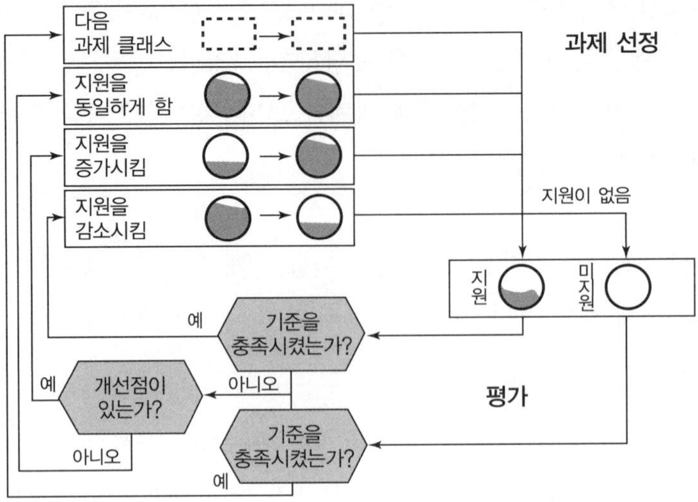

그림 14.5 학습 과제들의 연속 평가에 기반한 과제의 역동적 선정을 위한 사이클

자가 과제에 포함된 모든 부분 기능들에 대한 특정 기준들을 충족시켰다면, 다음 번에는 이전보다 지원 및 안내를 덜 받게 되며 종국에는 전혀 받지 않게 될 것이다. 만일 특정 학습자가 과제에 포함된 모든 부분 기능들에 대한 특정 기준들을 아직 충족시키지 못했다면, 지원이 제공되는 추가 학습 과제들이 학습자들에게 제공될 것이다. 만일 추가 연습만 필요하다면, 추가 과제들은 대략 이전과 동일한 수준의 지원을 하는 학습 과제들이 될 수 있다. 그러나 만일 학습자들이 수행의 특정 측면들에 어려움을 겪고 있다면, 추가 과제들은 정확하게 해당 측면들에 대해서 수행 개선을 할 수 있도록 하는 특정의 추가 지원 및 안내가 제공되는 학습 과제들이 될 것이다.

정신적 노력과 수행의 조합으로의 효율성

적응적 학습 모형들은 전형적으로 학습자의 과제 수행에 대한 평가에 기초하고 있다. 그렇지만 적응이라는 것은 또한 과제 수행과 이에 투자한 학습자의 정신적 노력을 조합한 결과에도 기초하고 있다(Kalyuga & Sweller, 2005; Salden, Paas, Broers, & van Merriënboer, 2004; Tuovinen & Paas, 2004). Paas와 van Merriënboer(1993)는 교수 조건들과 결부하여 ***정신적 효율성(mental efficiency)***을 비교하기 위해 정신적 노력의 측정치와 수행의 측정치를 조합하는 계산 방법을 개발하였다. 이 방법의 기본 가정은 어떤 특정한 교수 조건에서 학습자의 행동은 보다 효율적일

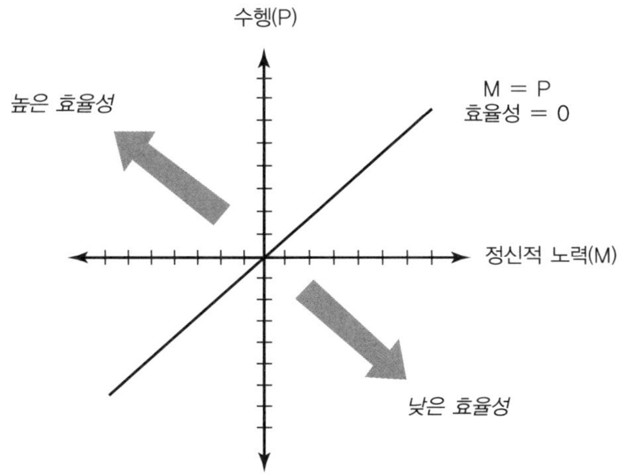

그림 14.6 수행과 정신적 노력의 관계에서의 효율성

수 있다는 것이다. 여기에서 효율이란 학습자의 수행이 이들이 투자한 정신적 노력에 비해 기대보다 높게 나타났거나 혹은 투자한 정신적 노력이 이들의 수행에 비해 기대보다 적게 투자된 경우를 말한다. 이 계산 방법에 의하면 적은 노력을 들여 높은 수준의 과제 수행을 보이면 정신적 효율성이 높다고 하는 반면 많은 노력을 들여 낮은 수준의 과제 수행을 보이면 정신적 효율성이 낮다고 할 수 있다(그림 14.6 참고).

효율성은 수행 측정치에 반드시 반영되는 것이 아닌 중요한 정보를 주는데, 그것은 바로 학습자들이 자신의 인지적 자원에 자발적으로 노력을 기울이는지 여부이다. 예를 들면, 동일한 수준의 수행을 보이는 두 명의 학습자가 있다고 하자. 이 중 한 명은 정확한 해결책에 도달하기 위하여 매우 많은 노력을 들이는 과정을 거쳐 공부하는(낮은 효율성) 반면 다른 학습자는 최소의 노력으로 앞의 학습자와 동일한 해결책에 도달한다고 하자(높은 효율성). 두 명의 학습자는 동일한 수행을 보여주었지만 상당히 많은 노력을 들인 학습자는 최소의 노력으로 과제를 수행한 학습자보다 효율성이 낮다고 할 수 있다. 이 경우에, 첫 번째 학습자를 위하여 다음에 제공되는 최적의 학습 과제는 두 번째 학습자의 그것보다 비교적 덜 어려우면서(혹은) 보다 많은 지원을 포함하고 있을 것이다. 따라서 효율성은 수행 하나만을 고려했을 때보다 학습 과제들을 선정하는 데 있어서 더 나은 정보를 제공해줄 수 있다.

진단 및 피드백

연속 평가는 채점 기준표에 반영된 성취 목표와 기준들에 바탕을 두고 있기 때문에 학습 과제의 역동적 선정에 있어서 중요하다(6장 4절 참고). 따라서 연속 평가는 수행과 관련된 모든 측면들에 대해서 학습자가 정해진 기준들을 달성했는지 여부를 반복해서 결정하는 데 사용된다. 다음에 오는 학습 과제(들)의 난이도와 지원 및 안내의 수준은 이 평가 결과에 따라 조절된다. 만일 수행의 특정 측면들에 대한 특정 기준들이 아직 충족되지 않았다면(개선되어야 할 측면이 있다면) 후속 지원 및 안내는 해당 측면들에 정확하게 맞춰져 제공될 것이다.

그런데 이 평가를 *진단(diagnosis)*과 혼동해서는 안 된다. 평가는 오직 성취 목표들이 달성되었는지 여부를 판단하는 데 사용된다. 만일 평가가 수행의 특정 측면을 위해 사용되는 경우가 아니라면 평가로 수행의 단점에 대한 설명을 제공하는 오개념, 부정확한 규칙, 초보적인 정신적 모형 혹은 직관적 전략을 분석해 낼 수 없다. 따라서 종종 평가만으로는 학습자들에게 효과적인 교정적 피드백과 인지적 피드백을 제공하는 것이 충분하지 않다. 평가는 13장에서 설명된 것처럼 심층 진단으로 보완될 필요가 있다. 우선 수행의 순환적이면서 일상적인 측면들에 대해서, 진단은 학습자들이 범하는 전형적인 오류들뿐만 아니라 과제 수행에 부정적인 영향을 줄 수 있는 오개념들을 분석한 결과에 기초하여 이루어질 수 있다(11장 2절과 12장 2절 참고). 컴퓨터 기반 시스템에서, *모델 추적(model tracing)*은 오류를 진단하고 학습자에게 교정적 피드백을 제공하는 하나의 테크닉을 제공한다(13장 3절 참고). 모델 추적은 학습자들의 행동을 정해진 규칙대로 추적한다. 학습자들의 행동이 정확한 규칙에 의해서 설명될 수 있는 한 이들에게 어떠한 피드백도 제공하지 않는다. 그런데 이들의 행동이 전형적인 오류를 나타내는 소위 부정확한 규칙에 의해서 설명될 수 있는 경우라면 이들에게 교정적 피드백을 제공한다.

그 다음으로 수행의 비순환적, 문제 해결 및 추론 측면들에 대해서, 진단은 학습자들이 적용하는 직관적 문제해결 전략과 더불어 이들이 가지고 있는 초보적인 정신적 모형을 분석한 결과에 기초하여 이루어질 수 있다(8장 2절과 9장 2절 참고). 그런데 인공지능 연구실 밖에서는 컴퓨터 기반 시스템이 인지적 피드백을 제공하기 위한 최적의 하위 문제 해결 및 추론 과정들에 대한 심층 분석을 수행할 수가 없다. 따라서 교사 혹은 교수자가 이러한 유형의 인지적 피드백을 제공하거나 혹은 학습자들이 전문가를 포함한 다른 이들의 문제 해결 및 추론 과정들을 자신의 것과 비판적으로 비교 및 대조하도록 요구될 것이다. 같은 취지로 15장에서 좀 더 자세하게 설명하겠지만 학습자들은 자신의 수행을 평가하는 것(자기 평가) 혹은 다른 학습자들의 수행을 평가하는 것(동료 평가)에 참여할 수 있다.

14.3 이차 미디어

열 단계 모형을 따라 개발된 교육 프로그램에서 일차 미디어란 항상 실제 혹은 모의 과제 환경을 말한다. 학습 과제가 수행되는 이 환경의 물리적 사실성은 낮은 수준에서 높은 수준으로 변화함에도 불구하고, 학습 과제의 심리적 사실성은 그 출발점부터 높은 수준에 있다. 학습 과제가 수행되는 환경에서 사용되는 그 외 모든 미디어는 이차 미디어에 속한다. 열 단계 모형에 따라 개발된 교육 프로그램에서 이차 미디어란 지원적 내용, 절차적 학습 내용, 그리고 부분 과제 연습의 제공을 말한다.

지원적 내용: 하이퍼미디어와 멀티미디어

지원적 내용은 학습자들로 하여금 새롭게 배운 내용을 학습자의 인지 구조 속에 있는 이미 사용가능한 사전 지식과 연결하는 정교화 과정을 통해 인지적 쉐마를 구축하도록 해준다. 지원적 내용을 가르치기 위한 전통적인 미디어에는 교과서, 교사, 실물이 있다. 교과서는 특정 "이론"에 대한 설명을 담고 있다. 여기에는 학문 분야의 특성을 기술한 영역 모형들과 이보다는 덜한 정도지만 특정 영역에서 학습자가 문제를 해결하고, 중요한 과제를 수행하도록 도움을 줄 수 있는 SAP가 있다. 교사는 전형적으로 이론 혹은 강의에서 중요 부분들에 대해 다뤄주고, SAP의 전문가 모형을 시연하거나 혹은 제공한 후 학습자 수행에 대하여 인지적 피드백을 제공한다. 실물 혹은 실제로 존재하는 것에 대한 기술들은 특정 이론을 설명하는 데 사용된다.

컴퓨터 기반의 하이퍼미디어/멀티미디어 시스템은 위에서 언급한 기능들의 일부 혹은 심지어 모두를 대신할 수 있다. 이 시스템들은 이론적 모형들, 그리고 이 모형들과 사례들을 매우 상호적인 방법으로 설명하는 구체적 사례들을 제공한다. 또한 이 시스템들은 문제 해결 방법을 설명하는데, 예를 들면 비디오로 전문가 모형들을 혹은 살아 움직이는 것 같은 아바타를 보여주면서 설명한다. 개념적 영역에 대한 컴퓨터 기반 시뮬레이션은 멀티미디어의 특수한 영역 중 하나이다.

이 시뮬레이션은 학습자들이 특정 변수들의 설정을 변경하고 그 변수들이 다른 변수들에 미치는 영향을 연구할 수 있는 사례 연구를 보여주는 매우 상호적인 방법을 제공한다. 다시 말하면, 학습자들은 하나의 영역 내에 존재하는 관계들을 탐색할 수 있다(de Jong & van Joolingen, 1998). 이러한 *마이크로월드(microworld)*의 주요 목적은 학습자들로 하여금 하나의 복잡한 기능(모의 과제 환경에서 사례)을 연습시키는 데 도움을 주는 게 아니라 적극적인 탐색과 실험을 통해서 세상이 어떻게 조직되었는지에 관한 정신적 모형들을 만들도록 하는 데 있다.

마이크로월드는 학습자들로 하여금 개념적 모형, 구조적 모형, 인과적 모형, 혹은 이 세 모형의 조합을 구성해보도록 해준다. 예를 들면 *개념적 모형*의 학습을 지원하기 위해서, 동물의 왕국을 보여주는 마이크로월드의 경우 학습자에게 다양한 종의 분류(예: 포유류, 조류, 파충류, 어류, 곤충류 등)를 제시하면서 해당 종의 정의와 함께 그 종의 일부 예들을 공부할 기회(예: 사진을 보거나 혹은 비디오 클립을 보게 함으로써)를 제공한다. 또 다른 예로 *구조적 모형*의 학습을 지원하기 위해서, 인공적으로 설계된 객체들은 일련의 빌딩 블록들 내지는 계획들로 표현될 수 있다. 이러한 일련의 빌딩 블록들 혹은 계획들은 학습자들로 하여금 다양한 빌딩 블록들을 가지고 해결책들을 설계하고 구성해보도록 한 후 하나의 특정 설계를 변경한 결과를 관찰할 수 있도록 해준다. 예를 들면, 이러한 모형의 시뮬레이션은 집적 회로들, 소규모 공장들, 그리고 대규모 공장들 혹은 심지어 Roller-Coaster Tycoon®[6]에서 롤러코스터 등과 같은 것들의 설계를 위하여 학습자들에게 일련의 빌딩 블록들을 제공할 수 있을 것이다. 마지막으로 *인과적 모형*의 학습을 지원하기 위해서, 과정들은 학습자들로 하여금 특정 변수의 설정을 변경하고 이 변경이 다른 변수들에게 주는 영향을 관찰할 수 있도록 하는 방법으로 표현될 수 있다. 이러한 과정 시뮬레이션은 뉴턴의 운동 법칙을 설명하기 위한 물체의 이동을 보여주는 비교적 간단한 시뮬레이션(그림 14.7의 자동차 가속 시뮬레이션 SimQuest)에서부터 화학 공장에서 고도의 생산 공정 혹은 삼각주 생태계와 같은 굉장히 복잡한 시뮬레이션까지 있을 수 있다.

학습자들이 하이퍼미디어와 멀티미디어 시스템에서 제시되는 학습 내용을 정교화하고 심층적으로 처리하는 것은 중요하다. 마이크로월드는 학습자들로 하여금 시뮬레이션된 과정을 탐색하고 실험을 시행해보도록 함으로써 이러한 정교화 및 심층적 처리를 장려하려고 한다. 하이퍼미디어도 또한 이러한 목적(정교화 및

---

6) 역주: 롤러코스터 타이쿤은 놀이동산 경영 시뮬레이션 게임을 말한다.

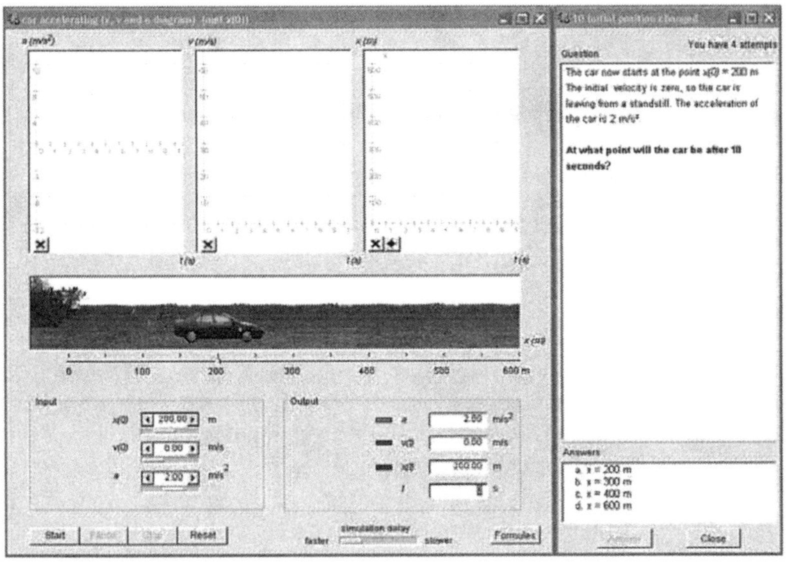

그림 14.7 이론 영역의 컴퓨터 기반 시뮬레이션인 SimQuest: 물체의 이동

심층적 처리)을 달성하도록 해주는데, 하이퍼미디어의 구조가 요소들("노드(nodes)"라고 부른다)과 그러한 요소들 간의 임의적이면서 유의미한 관계들("링크(links)"라고 부른다)로 이루어진 인간의 지식 구조 방식을 어느 정도는 반영하고 있기 때문이다. 따라서 하이퍼미디어 환경은 학습자들로 하여금 하나의 학습 내용 요소(노드)로부터 또 다른 관련된 요소로 여기저기 보게 함으로써 내용을 탐색하게 해준다. 그러나 가장 중요한 것은 학습자들에게 유도 질문을 던져봄으로써 심층 처리를 유발하고, 프롬프트를 주어 성찰을 하게 하고, 토론을 장려하는 것이다. 이와 같은 것들과 관련된 원리들에는 아래의 중복, 자기 설명, 자기 조절 원리들이 있다(예는 표 14.3 참고).

우선, ***중복 원리(redundancy principle)***란 중복된 내용의 제시가 학습에 부정적인 영향을 주는 것을 말한다(해당 연구의 개요를 보려면, Sweller, van Merriënboer, & Paas(1998)의 연구 참고). 이것은 반직관적인(counter intuitive) 원리인데, 대부분의 사람들은 어느 정도 다른 방법으로 동일한 내용을 제시하는 것이 학습에 중립적이거나 혹은 심지어 긍정적인 영향까지 미친다고 생각하고 있기 때문이다. 그러나 학습자들은 서로 다른 정보원으로부터 나오는 학습 내용이 실제로 중복된 것인지 여부를 결정하기 위하여 해당 내용을 우선적으로 처리해야 한다. 이렇게 인지적으로 큰 노력을 요구하는 처리는 유의미 학습에 아무런 기여를 하지 않는다.

둘째, ***자기 설명 원리(self-explanation principle)***는 Salmon(1984)이 언급한 '*쉬운 학습(easy learning)*' 이란 것과 관련 있다. 우리가 교육용 텔레비전에서 무엇인가를 배울 때 텔레비전은 "쉽고(easy)", 인쇄물은 "*힘들다(tough)*" 라고 느끼는데, 이는 지각과 귀인의 기능을 하면서 학습에 쏟는 정신적 노력에서 차이가 나기 때문이다. Salomon(1998)은 이를 하이퍼미디어 기반 학습에서 *나비 결점(butterfly defect)*[7]이라 칭했다. 그러나 이렇게 멀티미디어가 마치 텔레비전을 보는 것처럼 편안한 기회를 주는 것으로 인식될 수 있지만 유의미 학습이 일어나게 하기 위해서는 제시된 학습 내용이 심층적 처리와 연관되어야 하고 학습자들로 하여금 그 내용을 "자기 설명"하도록 유도해야 한다. Renkl(1997)은 해결된 예로 학습하는 맥락에서 자기 설명 원리를 소개하였다. 학습자들이 해결된 예에서 해결 단계들이 무엇인지를 자기 설명하는 정도는 이들의 학습 결과를 위한 좋은 예측 변인이어서, 학습자들을 격려하여 자기 설명을 직접적으로 이끌어내도록 하는 것은 학습의 전이에 긍정적인 영향을 준다.

마지막으로, ***자기 속도 원리(self-pacing principle)***는 학습 내용이 제시되는 속도에 관한 통제권을 학습자에게 제공하는 것 또한 정교화와 내용의 심층적 처리를 촉진할 수 있음을 나타낸다. 정교화는 노력을 요하는 시간소모적인 과정이어서 "스트리밍 방식의(streaming)" 혹은 스쳐 지나가듯이 제공되는 내용(예: 비

표 14.3 하이퍼미디어 환경에서 학습을 위한 원리

원리	예
중복 원리	계량경제학 전공생들이 경제 성장 기간을 설명하는 것을 배울 때, 수업에서 우선 어떤 성장이 있을 것인지 여부를 학생들이 예측하도록 해주는 하나의 질적 모형을 제시한다. 그러고 나서야 비로소 질적 모형을 반복함 없이 성장의 양을 계산할 수 있도록 도와주는 법칙인 보다 포괄적인 양적 모형을 제공한다.
자기 설명 원리	의대생들이 사람의 심장혈관 시스템의 고장을 진단하는 것을 배울 때, 이들에게 심장이 어떻게 작동하는지에 관한 애니메이션을 제공하고 스스로 혹은 동료들에게 기반 메커니즘을 설명하도록 하는 프롬프트를 제공한다.
자기 속도 원리	심리치료 전공생들이 우울증 환자들을 대상으로 초기 상담하는 것을 배울 때, 이들에게 실제로 초기 상담하는 비디오의 예를 보여준 후 이 특정 토막 장면에 대하여 성찰하도록 각 장면들을 잠시 정지시킨 후 재생하는 기회를 제공한다.

7) 역주: 나비가 이꽃 저꽃으로 날아다니는 것처럼 학습자들이 하이퍼링크된 내용을 여기저기 왔다 갔다 하여 표면적 이해를 하는 것

디오, 역동적 애니메이션 등)은 학습자가 내용을 처리하는 데 필요한 충분한 시간을 주지 않을 수 있다. 열 단계 모형에서, "스트리밍 방식의" 내용은 종종 사례 연구(예: 하나의 특정한 역동적 영역 모형을 나타내는 애니메이션)와 모델링 예(예: 하나의 특정한 문제 해결 과정이나 혹은 SAP를 전문가가 모델링하는 비디오)를 말한다. 이러한 유형의 멀티미디어 내용을 제시할 때에는 학습자들에게 내용의 제시 속도에 관한 통제권을 주는 것이 중요하다. 이것은 학습자들이 스트리밍되는 화면을 잠시 정지, 완전 정지, 재생하는 것 등이 가능함을 의미한다. 자기 속도 원리는 학습자들이 배우는 새로운 학습 내용을 이미 존재하는 자신의 인지 구조들과 엮도록 하기 위하여 새로운 내용을 잠시 정지하여 이를 보다 잘 성찰할 수 있도록 해준다.

절차적 학습 내용: EPSS와 온라인 도움 시스템

절차적 학습 내용은 학습자들로 하여금 지식 컴파일화를 통하여 자신의 인지적 쉐마를 자동화하도록 해준다. 절차적 학습 내용을 제시하는 전통적 미디어에는 교사와 모든 종류의 직무 수행 보조 자료 및 학습 보조 자료가 있다. 교사의 역할은 교실, 실험실, 혹은 작업장을 관통하면서, 학습자의 어깨 너머로 자세히 들여다본 후(교사의 이름은 ALOYS—the Assistant Looking Over Your Shoulder), 순환적 측면의 학습 과제를 수행하기 위한 방향을 제공(예: "아니다. 여러분은 이와 같이 저 도구를 잡아야 한다.", "보자, 여러분은 지금 이 옵션을 선택해야 한다") 하는 것이다. 직무 수행 보조 자료에는 컴퓨터 강의실 벽에 붙어 있는 사용 빈도가 높은 소프트웨어 명령어가 적혀 있는 벽보들, 기계 장치들에 인접해 있는 간편 안내서, 혹은 인턴들을 위해 회사의 내부 방침에 대한 안내가 적혀 있는 편람이 있을 수 있다.

컴퓨터 기반 환경에서, 절차적 학습 내용의 제시는 온라인 직무 수행 보조 자료, 도움 시스템, 마법사, 지능적인 교육용 에이전트와 같은 EPSS에서 이루어진다(Bastiaens, 1999). 이러한 EPSS는 학습자의 요구에 따라 혹은 EPSS 자발적으로(예: 교육용 에이전트) 절차적 학습 내용을 제시한다. 이 절차적 학습 내용은 학습자들이 자신의 학습 과제를 공부하고자 하는 필요한 시점에 가급적이면 정확하게 제공된다. PDA 및 핸드폰과 같은 이동 기기들은 절차적 학습 내용 제시를 위한 중요한 도구가 빠르게 되고 있다(그림 14.8 참고). 이러한 기기들은 학습자들이 과제를 수행하는 동안 과제의 순환적 측면을 수행하도록 무엇을 해야 하

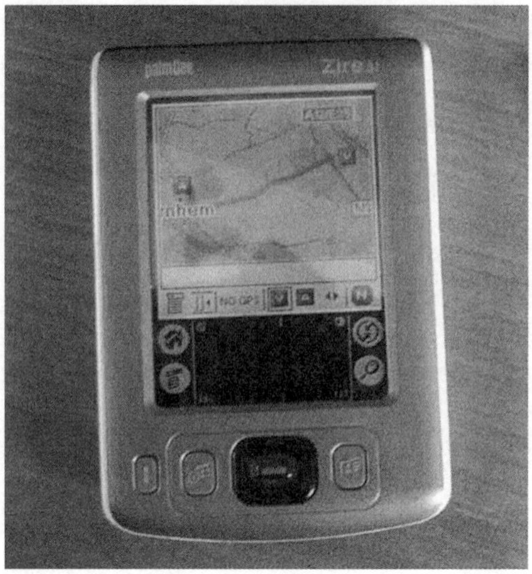

그림 14.8 최적의 여행길에 대한 정보를 제공하는 PDA의 예

는지를 작은 창으로 손수 정확하게 보여주는 데 특히 유용하다.

여기에서 중요한 점은 학습자들이 절차적 학습 내용을 필요로 할 때 이 내용을 학습자들이 손쉽게 이용할 수 있다는 것과 아울러 이 내용은 작지만 필요한 것을 다 갖춘 내용 단위들로 제시된다는 것이다. 이러한 것과 관련된 원리에는 *시간적 주의분산 원리(temporal split-attention principle)*, *공간적 주의분산 원리(spatial split-attention principle)*, ***신호 원리(signaling principle)****, ***양식 원리(modality principle)****가 있다(표 14.4에서 각 원리에 해당하는 예들 참고).

우선 *시간적 주의분산 원리*는 상호 참조되는 정보원들이 학습될 때 이것들을 시간차 없이 동시에 제시한다면 학습이 장려됨을 나타낸다. 따라서 과제의 순환적 측면을 어떻게 수행하는지에 대한 교육 프로그램을 학습자들이 필요로 할 때 즉시적으로 제공하는 것이 가장 좋다. 둘째, *공간적 주의분산 원리*는 상호 참조되는 정보원들이 공간상에서 물리적으로 통합되어 있을 때 보다 높은 학습 결과에 도달함을 말한다. 따라서 절차적 학습 내용은 학습 과제와 그 과제 환경에 최적으로 통합된 방법으로 제시되어야 한다.

셋째, 주의 집중 혹은 *신호 원리*는 학습자의 주의가 학습 과제 혹은 제시된 내용의 중요한 측면들에 초점이 맞춰진다면 학습이 향상됨을 나타낸다. 이 원리는 시각적 검색을 위한 필요성을 줄여주어서 절차적 학습 내용을 처리하는 데 드는 인지적 자원에 여유를 준다. 예를 들면 교사가 학습자에게 기계장치를 구동하는 방법을 가르친다고 한다면, 통제되어야 하는 특정 부분에 손가락으로 짚어주는

표 14.4 EPSS와 온라인 도움 시스템에서 학습을 위한 원리

원리	예
시간적 주의분산 원리	웹 디자인 전공생들이 새로운 소프트웨어 환경에서 웹페이지를 개발하는 것을 배울 때, 이들로 하여금 사전에 사용가능한 모든 기능들을 논하는 대신에 설계의 특정한 측면을 실행하는 기능들을 필요로 할 때 교육용 에이전트가 소프트웨어 환경의 서로 다른 기능들을 어떻게 사용하는지를 정확하게 설명해준다.
공간적 주의분산 원리	사회과학 전공생들이 SPSS로 데이터 파일에 대한 통계적 분석을 수행하는 것을 배울 때, 특정한 분석을 수행하는 방법 혹은 구체적인 데이터와 변수들을 입력하는 방법을 분리된 매뉴얼이 아닌 컴퓨터 스크린에 설명하는 절차적 학습 내용을 제시해준다.
신호 원리	자동차 공학 전공생들이 몇 개의 실린더를 합쳐놓은 엔진 블록을 분해하는 것을 배울 때, 단계적 방법으로 분해하는 과정을 애니메이션으로 보여줄 때 느슨해지면서 제거되는 엔진 블록의 부분들을 두드러지게 보여준다.
양식 원리	교육공학 전공생들이 점점 더 상세해지는 일련의 교수설계서들을 공부함으로써 청사진을 개발하는 것을 배울 때, 스크린상의 시각적 텍스트와 함께 내레이션으로 청사진들을 설명해준다.

것이 유용할 수 있다. 또 다른 예로 비디오 기반 예를 수행의 순환적 측면을 시연하는 데 활용한다면 그러한 측면에 대해 신호를 줌으로써(예: 손의 움직임을 주목하게 함으로써) 학습자의 주의가 집중되는 데 도움을 줄 수 있다.

마지막으로 *양식 원리*는 시각적인 다이어그램, 애니메이션 내지는 시연과 같은 것들을 설명하기 위하여 이와 동일한 양식인 시각적 내용을 사용하는 것보다 다른 양식인 청각적 텍스트 혹은 내레이션을 활용한, 즉 이중 양식으로 제시하는 것이 더 나은 학습 결과를 가져온다는 것을 의미한다(Tabbers, Martens, & van Merriënboer, 2004). 이중 양식으로 내용을 제시하는 것은 작동 기억의 용량 확장에 기여하는 긍정적 효과가 있다. 이는 이중 양식으로 내용을 제시하면 작동 기억의 두 개의 하위 시스템(시각과 청각) 중 어느 하나에 인지적 부담이 가중되지 않고 두 개 시스템에 분산되기 때문이다. 따라서 학습 과제의 순환적 측면을 수행하는 방법을 구체화한 절차적 학습 내용을 즉시적으로 제공해야 할 때에는 시각적으로 제시하는 것보다 교사 내지는 또 다른 교육용 에이전트가 말로 설명하는 것이 보다 나을 수 있다.

부분 과제 연습은 학습자들로 하여금 강화(strengthening) 과정을 거쳐서 행동의 순환적 측면을 이끄는 인지적 쉐마를 자동화하게 해준다. 전통적 미디어는 간단한 연습(예: 간단한 덧셈, 동사의 변화)을 위한 지필 형태, 지각적-동작적 기능(예: 기계 작동하기, 정맥 주사 놓기)을 연습할 수 있는 실습실, 그리고 실제 과제 환경(예: 거리에서 행진하기, 축구장에서 페널티 킥 차기)을 포함한다. 부분 과제 연습을 적용하는 주된 이유는 ***요소 유창설(component-fluency hypothesis)***에 있다. 이 가설은 하나의 과제에서 하나 이상의 순환적 측면들에 대하여 반복 연습하는 것은 전체 과제를 학습하고 수행하는 데 있어서 긍정적인 영향을 끼침을 나타낸다. 과제의 순환적 측면들을 굉장히 높은 수준으로 자동화하면 다른 처리들에 필요한 인지 용량의 여유가 생긴다. 왜냐하면 이렇게 자동화된 측면들은 의식적 처리에 필요한 인지적 자원을 더 이상 필요로 하지 않기 때문이다. 결과적으로 사용 가능한 모든 인지적 용량은 전체 과제 수행의 비순환적 측면인 문제 해결과 추론에 할당될 수 있다.

부분 과제 연습에서 컴퓨터는 지난 수십 년 동안 그 가치를 입증받아 왔다. 반복 연습형 CBT(Computer Based Training)는 의심할 여지 없이 지금까지 제작된 교육용 소프트웨어들 중에서 가장 성공적인 유형에 속한다. 컴퓨터는 반복 연습용으로 사용되는 데 있어서 때때로 남용된 면도 없지 않지만 대부분의 비판은 핵심을 놓치고 있는 듯 보인다. 왜냐하면 그 비판들의 내용이 반복 연습형 CBT를 풍부하면서 실제적인 학습 과제에 초점을 둔 교육용 소프트웨어와 비교하고 있기 때문이다. 그러나 열 단계 모형에 따르면, 부분 과제 연습은 *절대로* 전체 과제 연습으로 대체할 수 없다. 부분 과제 연습은 단지 실제적인 학습 과제를 공부하는 것을 보충해줄 뿐이고, 또한 오직 학습 과제 자체가 어떤 순환적 측면이 바람직한 수준으로 자동화되는 데 충분한 연습을 제공할 수 없을 때에만 적용된다. 그러한 부분 과제 연습이 필요하다면 컴퓨터는 매우 적합한 매체이다. 왜냐하면 컴퓨터는 실제 시간보다 많은 연습이 일어날 수 있도록 하기 위하여 모의된 시간으로 압축하고, 결과와 오류에 관한 즉시적 피드백을 제공하고, 다중 표상, 게임 요소, 음향 효과 등을 사용함으로써 절차적 지원을 하여 연습을 효과적이면서 매력적이게 만들 수 있기 때문이다.

14.4 요약

- 열 단계 모형에 따르면, 일차 미디어는 학습자들로 하여금 학습 과제를 수행할 수 있도록 해주는 실제 혹은 모의 과제 환경을 말한다.
- 학습 과제의 심리적 사실성은 항상 가능한 한 높은 수준이어야 하는 반면 과제가 수행되는 환경의 물리적 사실성은 학습자들을 위하여 무관한 상세함의 양을 제한하기 위하여 낮은 수준부터 높은 수준까지 변경할 수 있다.
- 적응적 훈련 프로그램에서, 학습자 진도에 대한 연속 평가 결과는 다음에 오는 각각의 학습 과제를 선정하는 데 기초 자료가 된다. 이러한 프로그램은 (a) 적절한 수준의 난이도(학습 과제를 최적의 과제 클래스 내에 위치시키기), (b) 적절한 수준의 지원 및 안내, (c) 전체 세트 안의 과제들을 충분히 다양하게 제공한다.
- 연속 평가는 학습자의 수행뿐만 아니라 수행과 투자한 정신적 노력의 조합인 효율성에 기반을 두고 있다. 동일한 수행을 보인 두 명의 학습자가 있는 경우 이 중 한 명은 최소한의 노력을 들였고, 다른 한 명은 힘든 과정을 거쳐서 그 수행을 했다는 차이를 보여줄 수 있다.
- 하이퍼미디어와 멀티미디어 시스템은 지원적 내용을 제시하는 데 유용한데, 이는 학습자들로 하여금 제시된 내용에 대한 정교화와 심층적 처리에 도움을 주기 때문이다.
- EPSS와 온라인 도움 시스템은 절차적 학습 내용을 제시하는 데 유용하다. 이는 학습자들이 이 내용을 즉시적으로 필요로 할 때 정확하게 작은 단위로 절차적 학습 내용을 제시하기 때문이다.
- 반복 연습형 CBT 프로그램은 부분 과제 연습에 유용하다. 이는 학습자들로 하여금 과제의 순환적 측면들을 반복적으로 연습하도록 해주어서 종국에는 전체 과제 수행의 유창성을 증가시켜 준다.

제15장

자기주도적 학습

이 책에서 제시하는 열 단계 교수설계 모형은 교육 프로그램을 위한 교수설계서를 개발하도록 도와준다. 이러한 프로그램들은, 특히 많은 훈련 상황에서 흔히 있을 수 있는 경우와 같이 집단 구성원들이 동질적인 경우에는, 종종 전체 대상 집단을 위해 동일하다. 그러나 항상 그런 것은 아니고 항상 그래야만 하는 것도 아니다. 학습 과제의 역동적인 선정을 통해서, 학습자의 개인적 요구, 진행상황, 선호도를 반영한 독특한 일련의 학습 과제를 학습자에게 제공하는 융통성 있는 프로그램이 될 수 있다(14장 2절 참고). 따라서 개발된 교수설계서의 제한된 범위 안에서 열 단계 교수설계 모형은 매우 적응적이고 융통성 있는 유형의 학습을 하도록 해준다. ***자기주도적 학습**(self-directed learning)*은 적응적 교육을 실행하기 위한 한 가지 방법이다. 그러한 시스템(그림 15.1 참고) 안에서 개별 학습자들은 학습 기회에 정향(定向)하고, 자신의 학습 과제를 계획하고, 자신의 수행을 모니터링하고 조절하고 평가할 책임이 있다(Bolhuis, 1996; Garrison, 1997). 수행에 대해 평가하고 학습 과제를 선택하는 책임을 지는 주체는 교사 혹은 컴퓨터 응용 프로그램과 같은 다른 지능형 에이전트라기보다는 학습자 자신이다.

이 장은 자기주도적 학습을 위해 열 단계 교수설계 모형이 어떻게 사용될 수 있는지에 대해 다룰 것이다. 자기주도적 학습 그 자체에 관심이 있는 사람은 학습자가 갖추어야 할 기능들, 즉 정향 기능(어떤 학습 기회가 생기는가? 그 과제로부터 무엇을 배울 수 있는가?), 계획 기능(어떤 과제를 수행해야 하는가? 이 과제에 얼마나 많은 시간과 노력을 투입할 필요가 있는가?), 모니터링 기능(이 과제를 그만 공부해도 될 만큼 충분히 학습했는가? 맥락적 변화에 민감해졌는가?), 조절 기능(자신의 학습 스타일을 바꿀 필요가 있는가? 도움을 요청해야 하는가?), 평가 기능(수용할 만한 수행 기준에 모두 도달했는가? 개선을 위해 필요한 주요 포인트는 무엇인가?) 등을 포함하는 자기주도적 학습에 대한 심층 분석을 위하여 다른 자료들을 더 참고해야 한다(예: Gray, 2003).

열 단계 교수설계 모형에 의하면 적합한 학습 과제를 선택하는 데 있어서 마

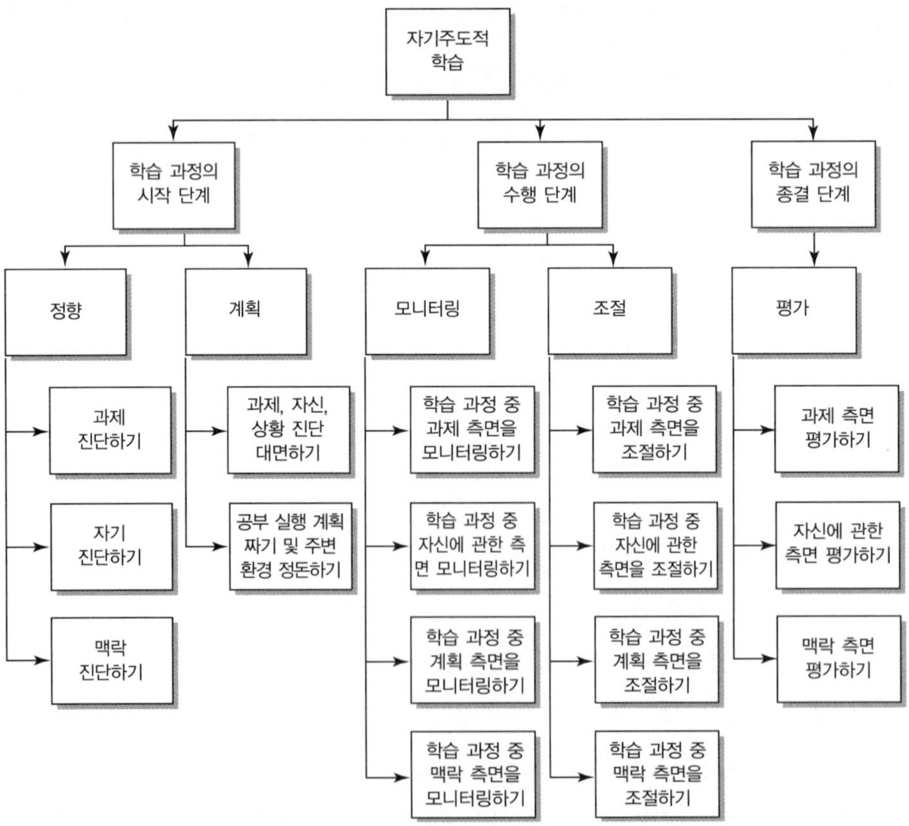

그림 15.1 자기주도적 학습과 관련된 고차원적 기능

지막 기능 집합(평가와 관련된 기능들)이 매우 중요하다. 연속체에서 어떤 극단에 있는 시스템(예: 교사 혹은 이러닝 프로그램)은 학습자의 진도 상황을 평가해서 다음에 학습해야 할 과제를 선택해준다. 또 다른 극단의 경우로 자기주도적인 학습자가 지속적으로 자신의 진도를 평가해서 사용 가능한 모든 과제 중에서 다음 학습 과제를 선택한다. 잘 개발된 자기주도적 학습 시스템에서 시스템과 학습자는 학습 과제 선택에 대한 공동의 책임을 진다. 즉, 시스템에서 학습자의 자기주도적인 학습 능력이 향상됨에 따라 학습자의 책임도 커지는 것이다.

이 장의 구조는 다음과 같다. 첫째, 자기주도적 학습을 세 가지 수준으로 구분하는 특징을 살펴볼 것이다. 학습자는 가장 낮은 수준에서 부분 과제 연습과 중간 수준에서는 지원적 학습 내용에 대한 통제권을 가지고, 가장 높은 수준에서는 자기 스스로 학습 과제를 선택한다. 둘째, 가장 높은 자기주도적 학습 수준을 위한 핵심 요소로서 평가에 대해 다룬다. 학습자는 자신이 어디에 있는지와 학습 과제를 적절하게 선택하기 위해서 어디로 가고자 하는지를 알아야만 하기 때문이다. 체계적인 방식으로 평가 결과를 수집하고 저장하고 해석하기 위한 방법으로 프로토콜 포트폴리오에 대해 다룰 것이다. 마지막으로, 자기주도적 학습을 위한 지원과 안내에 대해 다룬다. 평가 결과를 담은 포트폴리오를 기초로, 학습자들 스스로 알맞은 학습 과제를 선택하는 방법을 학습하게 된다. 학습 과정 초기에 학습자는 (미리 선정된) 적은 양의 사용 가능한 과제들로부터 학습 과제를 선택하고 코치 혹은 교사로부터 자세한 조언을 받게 되겠지만, 학습 과정 후반부에는 부가적인 조언 없이 사용 가능한 모든 과제들로부터 과제를 선택하게 된다.

15.1 자기주도적 학습의 수준

자기주도적 학습의 각 수준은 열 단계 모형의 네 가지 요소와 연결될 수 있다. 가장 낮은 자기주도적 학습 수준은 학습자 요구에 따른 절차적 학습 내용 제시방법과 연결된다(예: 학습자의 요구를 파악하여 필요한 내용을 제시하는 방법과 반대되는 방법임, 10장 3절 참고). 학습 과제든 부분 과제 연습 항목이든 그것을 공부하는 상황에서, 학습자는 어떤 제시 방법이 도움이 될지를 결정해야 한다. 왜냐하면 이러한 제시 방법은 학습자들이 과제의 순환적 측면을 수행할 수 있도록 도와줄 것으로 기대되기 때문이다. 자기주도적 학습 수준이 점점 높아지게 되면, 학습자들이 부분 과제 연습, 지원적 학습 내용, 그리고 수행되어야 하는 학습 과제에 대해 판단해서 결정을 내릴 수 있도록 해준다.

단독의 부분 과제 연습

*단독의 부분 과제 연습(independent part-task practice)*으로 학습자들은 학습 과제의 어떤 순환적 부분들을 위해서 추가 연습을 받아야 할지, 언제 연습을 해야 할지를 판단할 수 있다. 일반적으로 학습자가 추가적인 부분 과제 연습을 실행하기 시작하는 것은 전체 과제 학습에 대한 수행을 개선시키기 위한 것이다. 예를 들어 재무분석에 대해 다루는 학습 과제를 공부하는 경제학과 학생들은 스프레드시트 프로그램을 능숙하게 사용할 수 있어야 되겠다는 필요성을 느낄 것이고, 따라서 특정한 스프레드시트 프로그램을 사용하는 방법을 공부하는 온라인 코스를 수강하기로 결정할 수 있다. 병원에서 근무하는 인턴들은 인명구조법에 관한 기능(예: 인공호흡을 통한 소생법, 삽관법, 심장 마사지)을 높여야겠다는 필요성을 느껴서 그에 대한 워크숍에 등록할 수도 있다. 마지막으로, 외국어 쓰기를 공부하는 어린이들은 특정한 외국어 실력을 향상시키고 싶어서 불규칙 동사 활용법을 공부하는 반복연습형 컴퓨터 프로그램을 사용할 수 있다. 단독의 부분 과제 연습은 다음과 같은 이유로 실행하기가 비교적 쉽다.

- 개별 학습자마다 이들을 위한 프로그램 내용을 조직할 필요 없이 단 한 개의 잘 설계된 순환적 기능 혹은 자동화되어야 하는 기능과 관련이 있다.
- 활동 중에 학습자 집단을 형성할 필요 없이, 보통 개별 연습의 형태를 띤다.
- 교사 혹은 교수자의 도움을 계획할 필요 없이, 보통 반복연습형 컴퓨터 프로그램의 지원을 받을 수 있다.

적시적 개방 학습

적시적 개방 학습(just-in-time open learning: JITOL)(Goodyear & Steeples, 1992)으로, 학습자는 절차적 학습 내용과 부분 과제 연습을 공부할지의 여부를 결정할 뿐만 아니라 학습 과제의 문제 해결 및 추론적 측면의 수행을 향상시키기 위해 지원적 내용을 공부하는 것을 선택하기도 한다. 교육 자료는 학습자가 이용할 수 있도록 하기 위해 만들어지기 때문에 JITOL은 일종의 자원 기반 학습(책, 영화, 비디오, 소프트웨어 프로그램, 설명서, 도움 시스템, 상의할 수 있는 전문가 등)의 형태이다. 학습자는 어떤 자원을 참고할지 그리고 언제 그 자원을 참고할지를 결정한다. 따라서 모든 자원들은 반드시 사용자 중심으로 그리고 적시적으로 사용될 수 있도록 해야 한다. 단독의 부분 과제 연습에 있어서 학습 과제를 공

부하는 것은 학습자로 하여금 특정한 교육 자원을 참고하도록 유발한다. 예를 들어 사무용 빌딩을 설계해야 하는 건축학과 학생들은 전문가가 선호하는 방법과 그들이 사용하는 단계별 수행 요령을 알기 위해 전문가들(현직 건축가)을 관찰해야겠다는 필요성을 느낄 것이다. 전기 장치의 고장을 찾아내어 해결하는 과제를 다루는 항공 정비 훈련생은 다양한 비행장치에 대한 기술 설명서를 참고하기로 결정할 수 있다. 마지막으로 아이들의 학습 의욕을 높여주길 원하는 교생은 그러한 기법이 적용된 다양한 어린이용 텔레비전 쇼를 보기로 결정할 것이다. JITOL은 필요할 때 특별히 학습 내용을 구성하고 학습자 집단을 구성해야 할 필요가 있을 수 있고, 지원적 학습 내용의 제시를 위해, 특히 문제 해결을 위한 체계적 접근 방법을 보여주고 인지적 피드백을 제공해 주는 데 있어서 교사 혹은 다른 전문가들이 가끔 중요한 역할을 해주어야 하기 때문에 일반적으로 JITOL을 실행하는 것은 단독의 부분 과제 연습을 실행하는 것보다 더 어렵다.

수요자 중심의 교육

가장 광범위한 수요자 중심 교육(on-demand education) 형태에 있어서 학습자들은 교육자원을 참고하기로 결정할 뿐만 아니라 어떤 학습 과제를 수행할지 그리고 그것을 언제 수행할지 결정하기도 한다. 수요자 중심 교육은 교사 혹은 어떤 지능형 컴퓨터 에이전트보다는 학습자가 후속 학습 과제를 선택하는 더 역동적인 선택의 한 형태이다. 열 단계 모형 및 과제의 역동적인 선택을 위한 기본 모형(14장 2절 참고)에 따라 학습자는 다음과 같은 방법으로 학습 과제를 선택해야 한다.

1. 적절한 *난이도* 수준이어야 한다. 학습자는 현재 난이도 수준에서 지원이 제공되지 않는 과제에 대해서 성공했다고 인정할 수 있는 모든 기준에 도달한 경우에만 다음 과제 클래스에 포함시킬 보다 어려운 학습 과제를 선택해야 한다.
2. 최적 수준의 *지원과 안내*를 제공해야 한다. 학습자는 지원이 제공된 과제에 대해서 성공했다고 인정할 수 있는 모든 기준에 도달한 후에만 지원과 안내가 비교적 적은 학습 과제를 선택해야 한다. 모든 기준에 도달하지 못했을 경우에는 같은 수준의 지원과 안내가 제공되는 학습 과제를 선택해야 하며, 수행의 특정 측면에 어려움이 발생할 경우에는 지원과 안내가 제공되는 과제를 선택해야 한다.

3. 연습에 대해 충분한 *다양성*을 제공해야 한다. 후속 학습 과제를 선택할 때는 선택된 학습 과제들이 궁극적으로 실세계에서 변화되는 차원을 모두 포괄할 수 있을 만큼 다양하게 선택되어야 한다.

그림 15.2는 자기주도적인 과제 선택의 순환적 과정을 특징적으로 보여준다. 학습자들은 사용 가능한 모든 학습 과제들에 대한 설명이 있는 특정 데이터베이스에서 과제를 선택한다. 각각의 과제는 (a) 과제의 난이도, 즉 그 과제가 속한 과제 클래스에 대한 설명, (b) 지원/안내 수준, 즉 과제의 형태(예: 해결된 예, 완성하기 과제, 일반적인 과제) 혹은 사용 가능한 지원(예: 프로세스 워크시트, 수행 단계 제한하기), (c) 그 밖의 특징, 즉 실세계의 경우와 같이 과제들이 포괄하고 있는 모든 차원 등과 연결되는 ***메타데이터(metadata)***로 특징화되어 표시된다. 하나의 과제가 선택된 후에, 학습자는 그것을 수행하고 자신의 수행을 모니터링하기 위해 피드백을 사용하고(Butler & Winne, 1995; Van den Boom, Paas, van Merriënboer, & van Gog, 2004), 결국 평가를 위해서 자기 평가를 하든지 혹은 동료, 교사, 근로자 등과 같은 다른 사람들에게 물어보든지 해서 자기 자신의 수행에 대한 질을 판단한다(Sluijsmans & Moerkerke, 1999). 그 평가 결과는 수행된 모든 학습 과제에 대한 개요와 그것들의 평가 결과를 포함하는 개발 포트폴리오에 추가된다. 그 포트폴리오 안의 정보를 가지고 다음 학습 과제가 선택되고 또 그 다음 과제가 선택되기도 된다. 다음 절에서는 평가 결과를 수집하고, 그 결과를 저장하고 과제 선택을 위해 그것들을 사용하는 체계적인 방법에 대해 살펴볼 것이다.

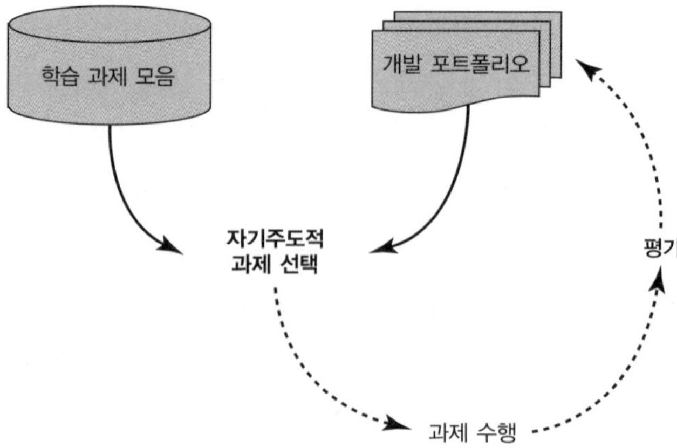

그림 15.2 자기주도적 과제 선택의 순환적 모형

15.2 프로토콜 포트폴리오

수행 평가는 열 단계 모형에 충분이 통합되어 있다. 단계 3에서는, 성취 목표 설정에 있어서 순환적 부분 기능(문제 해결 및 추론) 및 비순환적 부분 기능(자동화되어야 하는 기능)을 포함한 수행의 모든 다양한 측면에서 성취했다고 인정할 수 있는 수행 기준들(준거, 값, 태도)이 정해진다. 지원과 안내가 제공되지 않는 학습 과제인 "시험 과제"로 간주될 수 있는 학습 과제에 대한 성공적인 수행 여부를 평가하기 위해 채점 기준표도 개발되었다(6장 4절 참고). 뿐만 아니라 모든 학습자들이 자신들의 개별 학습 요구에 충분히 맞게 만들어진 일련의 학습 과제들을 받을 수 있도록 하는 역동적인 과제 선택과 적응적 학습을 위한 기초 요소로서 연속 평가가 사용될 수 있다(14장 2절 참고). 자기주도적 학습은 비록 *자신의 선택에 의한* 학습 과제라 하더라도, 본질적으로는 학습자들이 그들의 개별적 요구에 맞게 만들어진 학습 과제들을 학습하는 것과 같은 목표를 지향한다. 그러한 자기주도적 학습을 지속하기 위해서 개별 포트폴리오에 대한 평가 결과들을 확보해야 한다. 열 단계 교수설계 모형에 완벽하게 어울리는 한 가지 방법은 일관된 기준을 사용하고, 다양한 혼합 방법들을 사용해서 평가된 결과들을 저장하고, 수직적 평가와 수평적 평가를 할 수 있게 해주는 ***프로토콜 포트폴리오 채점(protocol portfolio scoring)*** 방법이다(Straetmans, Sluijsmans, Bolhuis, & van Merriënboer, 2003).

일관적인 기준

성공적으로 성취했다고 인정할 수 있는 행동에 대한 기준들은 교육 프로그램이 달성하고자 하는 복합적 기능 혹은 전문적 역량을 구성하는 모든 부분 기능들과 일치한다(Hambleton, Jaeger, Plake, & Mills, 2000). 이러한 기준들은 전체 프로그램에 걸쳐서 일관되게 지속된다! 따라서 첫 번째 과제 클래스를 시작할 때 학습자는 그와 관련된 기준들에 도달하기 위해 노력하는데 반드시 과제의 가장 단순한 버전과 충분한 지원 및 안내를 가지고 노력한다. 과제를 끝낼 때는 그와 같은 기준으로 지원이 제공되지 않는 과제들의 가장 단순환 버전을 수행할 수 있어야 한다. 이는 그와 같은 기준에 도달하기 위해서 마지막 과제 클래스 중 충분한 지원 및 안내를 가지고 과제의 가장 어려운 버전을 시작하는 부분에서도 계속되고, 그러한 기준에 도달하기 위해 마지막 과제 클래스 중에서 지원이 제공되지 않는 과제의 가장 어려운 버전을 끝내는 부분에서도 계속된다. 따라서 교육 프로그램 전반에 걸쳐서 변화하는 것은 기준도 아니고 그 기준에 대한 수준도 아니라 바로 학습 과제의 난이도와 그 과제를 수행하기 위해서 학습자에게 제공되는 지원 및 안내이다.

전체 교육 프로그램을 위해서 적용되는 일관적인 목표들이 있긴 하지만, 이것이 각각의 분리된 학습 과제가 그것과 같은 기준으로 평가된다는 것을 의미하는 것은 아니다. 첫째, 모든 기준들이 모든 과제에 해당되는 것은 아니다. 예를 들면, "관련 문헌 검색하기"라는 복합적인 기능을 구성하는 기능들은 "적합한 데이터베이스 선택하기", "검색 질의어 생성하기", "검색 수행하기", "결과 선택하기" 등을 포함한다(그림 2.2 참고). 그러한 부분 기능들 각각은 고유한 성취 목표와 기준을 지닌다. 그러나 첫 번째 과제 클래스를 위해서 학습자들은 오로지 한 가지 특정 데이터베이스 안에서 검색을 수행할 수도 있다. 이 경우 "적합한 데이터베이스 선택하기"라는 기준은 선택할 것이 아무것도 없다는 간단한 이유로 인해 이 과제 클래스 안의 학습 과제에는 해당되지 않는다. 일반적으로 교육 프로그램을 통해 학습자의 진도가 나갈수록 점점 더 많은 기준들이 관련될 것이다.

뿐만 아니라, 기준들은 평가의 구체적인 수준을 다양화시키면서 위계적으로 서열화된다. 예를 들면, 그림 15.3은 "관련 문헌 검색하기"에 맞춘 기능 위계에 따라 순서화된 기준들을 보여준다. 위계의 위쪽에 있는 부분 기능들과 연관된 기준을 사용하면 전반적인 수준에서 수행을 평가하게 될 것이고, 그 위계 아래쪽에 있는 기준들을 추가로 사용하면 중간 정도 수준에 있는 수행들을 평가하게 될 것이고, 위계의 맨 아래 수준에 있는 기준들을 추가로 사용하면 매우 구체적인 수준의 수행을 평가하게 될 것이다. 예를 들면, "적합한 데이터베이스 선택하기", "검색 질의어 생성하기", "검색 수행하기", "결과 선택하기" 등의 부분 기능 수준에 있는 기준들은 전반적 평가를 할 때에만 적용된다. 중간 수준의 평가를 위해서는 그 위계의 아래쪽에 있는 부분 기능을 위한 성취 목표의 일부인 기준이 고려되는데, 예를 들어 "검색 질의어 작성하기"를 위한 기준에 더하여 "질의어에 검색어를 통합하기"와 "의뢰인의 연구 문제를 관련된 검색어로 바꾸기"를 위한 기준들이 또한 적용된다(예: 즐거운 대화[값]; 시소러스에 제시된 검색어만 사용하기[준거]; 정상적인 작업 절차를 사용하면서 관련된 검색어 확인하기[값], 그리고 업무일 기준 5일 안에 과제를 끝내기[준거]). 매우 구체적인 평가를 위해서는 위계의 맨 아래 수준에 있는 성취 목표의 일부인 기준들이 적용되는데, 예를 들어 "질의어에 검색어 통합하기"를 위한 기준에 더하여 "불린 연산자 사용하기"를 위한 기

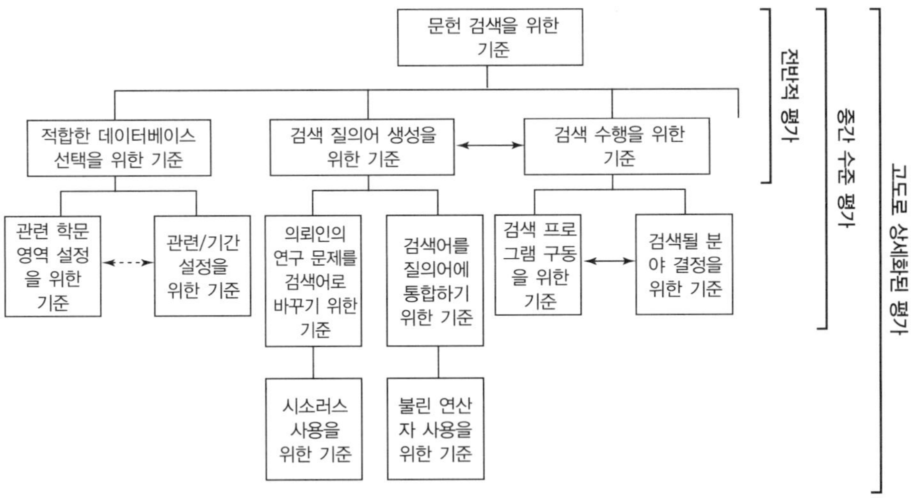

그림 15.3 성취 목표와 기준에 상응하는 기능 위계와 관련된 평가의 수준

준들이 적용된다(예: 불린 연산자 사용에 실수가 없고 매우 빠르다[준거]). 일반적으로 매우 상세한 평가는 아직 숙달되지 않은 부분 기능 혹은 학습자들이 아직 자신의 수행을 개선시켜야 하는 그러한 부분 기능에만 제한적으로 사용될 것이다.

평가 방법의 혼합

과제 수행을 평가하는 방법은 대단히 많다. 개방 응답형 질문(단문 및 에세이식 모두) 혹은 선다형 질문은 사례 연구 혹은 해결된 예에 대한 학습자들의 이해 수준을 평가하기 위해서 사용될 수 있다. 상황 판단 검사(situational judgement test)는 작업과 관련된 상황을 보여주고 질문에 대한 반응으로 가장 적당한 조치를 선택하도록 요구하는 것이다(예: 가장 먼저 무엇을 하겠는가 혹은 해야 할 가장 중요한 것이 무엇인가?). 작업 표본 검사(work sample test)는 업무 현장에서 수행하는 것과 비슷한 과제를 학습자에게 수행하도록 하는 반면, 현장 수행 평가(performance-on-the-job assessment)는 일상의 업무 조건에서 학습자가 과제를 수행하는 것을 관찰한다. 그 밖에 다른 많은 평가 방법들이 있지만, 그러한 방법들에 대해 모두 다루는 것은 이 책의 범위를 벗어난다. 요점은 모든 평가 방법은 제각각 장점과 단점을 가지고 있다는 것이다(Baartman, Bastiaens, Kirschner, & van der Vleuten, 2006). 신뢰도가 높은 평가 방법(예: 선다형 검사)은 일반적으로 비교적 낮은 외적 타당도를 유지하고, 그 반대로 외적 타당도가 높은 평가 방법(예: 현장 수행 평가)은 상대적으로 낮은 신뢰도를 지닌다. 따라서 이 책에서 제시하는 열 단계 교수설계 모형은 평가 방법들을 충분히 많이 혼합해서 사용하도록 추천한다. Baartman 등(2006)은 이러한 방법을 역량 평가 프로그램이라고 한다. 이러한 방법을 사용해서 한 가지 특정한 평가 방법을 사용하는 것에 대한 단점이 다른 평가 방법들의 장점으로 상쇄되는 것이다.

평가 방법들의 혼합과 더불어 평가자 혼합 방법도 역시 사용해야 한다. 자기주도적 학습 시스템에서 가장 중요한 평가자는 자기 수행의 질을 직접 평가하는 학습자 자신이 된다. 뿐만 아니라, 동료 학습자 혹은 동료들로부터 필요한 정보를 얻기 모으기 위해서 동료 평가가 사용될 수도 있다(Prins, Sluijsmans, Kirschner, & Strijbos, 2005; Sluijsmans, Brand-Gruwel, & van Merriënboer, 2002; Sluijsmans, Moerkerke, van Merriënboer, & Dochy, 2001). 마지막으로 중요한 평가자들로 교사, 과제 영역에 대한 교수자와 다른 전문가들, 예를 들면 의뢰인, 고객 및 학습자에 의해 도움을 받는 다른 사람들뿐만 아니라 근로자와 다른 책임 있는 관리자들도 포함된다. 그러한 평가자 전체 집단은 학습자의 수행에 대해 다양한 관점을 취하는 *360도 평가*를 제공할 수 있다. 방법과 평가자를 모두 혼합함으로써 의사결정을 위한 강력한 기초 자료를 만들어낼 수 있다(예: 개선해야 할 중요한 점은 무엇인가? 다음에 해야 것은 어떤 과제인가?). 궁극적인 자기주도적 학습 시스템에서 학습자는 사용할 방법과 평가자의 혼합 방식에 대해 독립적으로 결정을 한다. 달리 말하면, 학습자의 수행 수준에 대한 완전한 그림을 보여주기 위해서는 방법과 평가자를 둘 다 충분히 혼합하는 방법을 사용하는 것이 가장 좋다.

수직적 평가와 수평적 평가

프로토콜 포트폴리오 채점은 수행에 대한 수직적 평가와 수평적 평가를 모두 할 수 있게 해준다. 수직적 평가(vertical assessment)는 다양한 평가 방법으로 어떤 정해진 학습 영역에 대해 평가하는 것으로, 수행의 한 가지 특정한 측면을 위한 기준들을 충족시킨 정도를 나타낸다. 즉, 수직적 평가는 복합적 기능의 특정 측면에 대해 학습자가 어느 정도 숙달하였는지를 나타낸다. 수평적 평가(horizontal assessment)는 전반적인 수행을 위해 어떤 기준들이 충족되었는지를 보여준다. 즉, 전체 복합적 기능에 대한 학습자의 숙련도를 나타낸다. 표 15.1은 프로토콜 포트폴리오 채점의 예를 보여준다. 각각의 행은 한 가지 학습 과제를 나타낸다. 앞에서부터 네 개의 열은 과제 클래스의 번호, 과제 번호, 과제 평가의 형태(과제와 그 과제가 어떻게 평가되는지), 평가자를 나타낸다. 과제와 그것이 어떻게 평가되는지를 나타내는 약어로는 선다형 검사를 포함한 해결된 예(WOE-MCT), 상황 판단 검사를 포함한 완성하기 과제(COM-SJT), 작업 표본 검사를 포함한 해결된 예(WOE-WST), 현장 수행 평가를 포함한 일반적 과제(CON-POJ), 작업 표본 검사를 포함한 완성하기 과제(COM-WST), 그리고 선다형 검사를 포함한 해결된 예와 과정 지원(WOP-MCT)이 포함된다. 평가자에 대한 약어에는 자기 평가(SA), 동료 평가(PA) 그리고 그 밖의 다른 사람들에 의한 평가가 포함된다.

그 다음 8개의 열은 수직적으로 평가된 수행에 대한 여덟 가지 부문을 나타낸다. 이러한 일관된 기준들은 행동의 자동화되어야 할 측면과 문제 해결 측면 모두에 대한 준거, 값, 태도를 나타낼 수도 있다. 제시된 예에서, 수직적 기준들은 6점 척도로 첫 번째 과제가 4.7, 두 번째 과제가 3.5, 세 번째 과제가 2.5 등으로 설정되어 있다. 각 학습 과제에 대한 수행은 이 과제와 관련된 모든 부문에서 평가된다. 예를 들면, 표 15.1을 보면, 평가자 HK가 첫 번째 과제 수행을 위한 첫 번째 부문을 수직적 평가 기준인 4.7보다 훨씬 낮은 3점으로 판정했다. 이는 다음 과제에서 이 측면을 위해 개선할 여지가 남아있다는 것을 나타내는 부정적인 의사결정을 하게 된다. 학습자는 두 번째 과제 수행을 위한 첫 번째 부문에서 5점으로 스스로 평가함으로써 처음 두 개의 과제에 대한 평균점수가 4점이 된다. 이렇게 해서 바뀐 평균점수는 여전히 평균점수 4.7에 미치지 못하며 따라서 그 첫 번째 부문은 계속 개선의 여지가 남아있다. 평가자 GS는 세 번째 과제 수행을 위한 첫 번째 부문에 대해 6점을 주어서 처음 세 개의 학습 과제에 대한 평균 점수가 4.7을 넘게 된다. 이렇게 바뀐 평균 점수는 기준과 같아지고, 이제 더 이상 이 부문을 개선할 여지가 있는 것으로 고려할 필요가 없다는 것을 의미한다. 수행에 대한 다른 일곱 가지 부문들도 이와 같은 방식으로 평가된다. 수직적 평가 결과는 주로 다음 학습 과제에서 수행의 어떤 부문이 강조되어야 하고 또 강조될 필요가 없는지를 나타낸다.

표 15.1에서 마지막 세 개의 열은 수평적 평가와 관련 있다. 수평적 기준은 측정된 수직적 기준의 평균으로, 즉 수평적 점수의 평균은 측정된 모든 수직적 점수들의 평균이다. 예에서 첫 번째 과제에 대한 평가자 HK의 전체적인 평가 점수는 3.0(5개의 측정된 부문으로 합계 15를 나눔)이며, 따라서 수평적 기준 점수 3.74보다 아래다(이것 역시 5개의 측정된 부문에 대해 계산함). 이것은 부정적인 결정사항으로, 다음 과제에서 다시 학습자 지원을 포함해야한다는 것을 의미한다. 학습자는 자기 평가(SA)에서 두 번째 학습 과제를 2.8점으로 평가했는데, 이는 여전히 수평적 기준 점수 3.71에 밑도는 것이다(이것은 8개의 모든 부문에 걸쳐서 계

표 15.1 가상의 프로토콜 포트폴리오 채점의 예

클래스	과제	형태	평가자	수직적 평가 기준(8개 부문) 4.7	3.5	2.5	3.5	3.5	3.5	4.0	4.5	수평적 평가 기준 (전체 점수)		
				부문별 점수 (최대 점수 = 각 부문별 6점)								수평적 기준	평균 점수	결정
1	1.1	woe-mct	HK	3		3		4	2		3			
			평균	3.0		3.0		4.0	2.0		3.0	3.74	3.0	−
			결정	−		+		+	−		−			
1	1.2	com-sjt	SA	5	2	1	3	3	4	2				
			평균	4.0	2.0	2.0	3.0	3.5	3.0	2.0	3.0	3.71	2.8	−
			결정	−	−	−	−	+	−	−	−			
1	1.3	woe-wst	GS	6	5	5		5	6	6	5			
			평균	4.7	3.5	3.0	3.0	4.0	4.0	4.0	4.0	3.71	3.8	+
			결정	+	+	+	−	+	+	+	−			
1	1.4	con-pro	PA	3	4		2	4		3	4			
			평균	4.3	3.7	3.0	2.5	4.0	4.0	3.7	4.0	3.71	3.7	−
			결정	−	+	+	−	+	+	−	−			
1	1.5	com-wat	HK		5	4	5	6	5	6	5			
			평균	4.3	4.0	3.3	3.3	4.4	4.3	4.3	4.3	3.71	4.0	+
			결정	−	+	+	−	+	+	+	−			
1	1.6	con-poj	AH	5		6	6	5		6	6			
			평균	4.4	4.0	3.8	4.0	4.5	4.3	4.6	4.6	3.71	4.3	+
			결정	−	+	+	+	+	+	+	+			
2	2.1	wop-mct	PA	2	5		3	3	5		4			
			평균	2.0	5.0		3.0	3.0	5.0		4.0	3.9	3.7	−
			결정	−	+		−	−	+		−			

계속
⋮

산됨). 수행에 대한 점수가 낮아져서 다음 과제는 추가적인 지원을 제공하게 되는데, 이를테면 완성하기 과제 대신에 해결된 예를 제공하게 될 것이다. 평가자 GS는 세 번째 학습 과제에 대한 전체적인 평가로 3.8을 주었는데, 이는 수평적 기준 점수보다 위다. 따라서 다음 과제는 지원 혹은 안내가 제공되지 않는 일반적 과제가 될 것이다. 동료는 동료 평가(PA)에서 네 번째 학습 과제이자 지원이 없는 과제에 대한 전체적인 평가 점수 3.7점을 주었고, 이는 수평적 기준 점수에 아직 약간 못 미친다. 따라서 다음 과제는 지원과 안내가 제공되는 과제가 될 것이다. 평가자 HK는 다섯 번째 과제에 대한 전체적인 평가 점수로 4.0을 주었고, 이는 수평적 기준을 넘는다. 결과적으로 다음 과제는 지원이 없는 일반적 과제가 된다. 평가자 AH는 여섯 번째이자 지원이 제공되지 않는 과제에 대한 전체적인 평가 점수로 4.3을 주었고, 이는 수평적 기준 점수를 훌쩍 넘는다. 따라서 다음 학습 과제는 보다 더 어려운 것, 즉 두 번째 과제 클래스 부분이 될 것이다. 이러한 예는 수평적 평가가 학습 과제를 선택하는 데 결정적으로 중요하다는 것을 보여준다. 수평적 평가 결과가 높아지면 지원이 줄고, 수평적 평가 결과가 낮아지면 지원이 증가하며, 수평적 평가 결과가 기준을 넘어서면 지원이 중지된다. 바람직한 난이도에 대해서는 지원이 제공되지 않는 과제에 대한 수평적 평가가 결정적인 역할을 하는데, 이를테면 지원이 제공되지 않는 과제를 위한 평가 결과가 수평적 기준 이상일 경우에만 학습자는 다음 과제 클래스 혹은 어려운 난이도 수준으로 진행하게 되는 것이다. 이러한 과정은 학습자가 일반적인 과제, 즉 가장 어려운 과제 클래스 안의 지원이 제공되지 않는 과제를 성공적으로 수행할 때까지 그 자체를 반복한다.

15.3 자기주도적 학습을 위한 지원과 안내

열 단계 교수설계 모형에 의거해서 복합적인 기능을 가르칠 때는, 교육 프로그램을 시작할 때 학습자 지원과 안내를 높여주고, 지원 혹은 안내 없이 그 기능을 수행할 수 있을 때까지 스캐폴딩 과정에서 그 지원과 안내를 서서히 줄여주어야 한다. 자기주도적 학습과 같은 고차원적 기능을 가르치는 데에도 이와 같은 원리가 적용된다. 지원과 안내를 제공하는 두 가지 방법은 학습자가 선택할 수 있는 학습 과제의 수를 제한하는 것, 그리고 학습자에게 포트폴리오의 사용 방법을 포함한 과제 선택의 과정에 대한 조언을 제공하는 것이다. 이제부터 실제적인 예를 통해서 이 두 가지 방법에 대해 살펴볼 것이다.

학습자가 선택할 수 있는 과제 수 설정

융통적인 교육 시스템에서는 학습자보다는 지능형 에이전트가 역동적인 과제 선택을 해줄 수 있을 것이다. 이러한 지능형 에이전트의 예는 교사이거나 정교한 이러닝일 수 있다(14장 2절 참고). 그러나 과제 선택에 있어서의 이러한 "시스템 통제" 모형은 자기주도적 학습을 할 수 있도록 해주지 않는다. 그것은 과제 선택 과정에서 학습자가 책임을 지는 "학습자 통제" 모형으로 대체되어야 한다. 그러나 학습자 통제에 대해서는 두 가지 상반되는 경향을 반드시 고려해야 한다. 긍정적인 면에서, 학습자 통제는 자기주도적 학습 기술을 개발할 수 있어서 학습자의 학습에 대한 동기에 긍정적인 효과가 있다(Corbalan, Kester, & van Merriënboer, 2006; Paas, Tuovinen, van Merriënboer, & Darabi, 2005). 부정적인 면에서는 무한정의 학습자 통제와 너무 많은 선택의 자유가 스트레스, 높은 인지 부하, 동기 저하를 일으킬 수도 있는데, 낮은 능력의 학습자에게는 특히 더욱 그렇다는 점이다(Iyengar & Lepper, 2000; Schwartz, 2004). Kirschner, Martens와 Strijbos (2004)는 여기에 덧붙여 학습자들이 자신의 학습과정을 스스로 관리하도록 남겨졌을 때 그들이 종종 적절한 전략을 사용할 전략을 가지고 있지 않거나 혹은 어떻게 적절한 전략을 사용해야 하는지 모른다는 것을 제시하였다. 따라서 학습자들이 선택할 수 있는 과제의 최적 수는 너무 적거나 많지도 않아야 한다. 뿐만 아니라 학습자의 자기주도적 학습 기술이 발달함에 따라 이러한 최적의 개수도 높아져야 한다.

지능형 에이전트가 사용 가능한 모든 과제들로부터 적절한 학습 과제들을 먼저 선택하고 그 다음에 학습자가 그 부분에서 한 가지 과제를 최종적으로 선택하는 책임공유 모형(shared-responsibility model)은 시스템 통제와 학습자 통제 모형 두 가지 모두의 단점을 충족시키는 방법이다. 이러한 혼합 모형에는 부분적인 시스템 통제(일부분 선택하기)와 부분적인 학습자 통제(일부분으로부터 최종 과제 선택하기)가 있다. 뿐만 아니라 책임공유 모형은 학습자의 자기주도적 학습 기술이 발달함에 따라 과제 선택에 대한 책임을 시스템으로부터 학습자에게 점차 전이할 수 있도록 해준다. 적당한 학습 과제들을 사전에 먼저 선택하기 위해서는 역동적인 과제 선택을 위한 시스템 통제 모형이 사용될 수 있다(그림 14.5 참고). 교육 프로그램에서 학습자들에게 통제권을 늘려주기 위해서 다음과 같은 세 가지 단계가 사용될 수 있다.

1. 적당한 난이도 및 적당한 지원 수준을 제공하는 과제를 사전에 선택－학습

자는 그 밖의 과제 특징(실세계에서 과제들의 특징이 다양하기 때문에 학습 과제에 대한 특징 또한 다양)에 기초해서 최종 선택을 한다.

2. 적당한 난이도의 과제를 사전에 선택–학습자는 제공되는 지원 수준(예: 해결된 예로 공부하기, 완성하기 과제 끝내기, 일반적인 문제로 공부하기 등)과 그 밖의 과제 특징들에 기초해서 최종 선택을 한다.
3. 매우 다양한 과제 집합을 사전에 선택–학습자는 난이도, 지원 수준, 그 밖의 과제 특징들에 기초해서 최종 선택을 한다.

학습자에게 과제 선택에 대한 조언 제공

학습자가 선택할 수 있는 학습 과제의 수가 한정되었다고 하더라도 과제 선택은 여전히 배우기 어려운 고차원적인 기술이다. 학습자들에게 과제 선택의 과정에 대한 조언(학습자들에게 위계상에서 첫 번째 단계에 해당되는 기능들에 대한 지원과 안내를 제공하는 것)을 제공하고 그들의 자기주도적 학습 기술이 발달함에 따라 이러한 조언의 빈도와 상세함의 수준을 줄이는 것은 열 단계 교수설계 모형과 일치하는 접근 방법이다. 여기서 절차적 조언 모형과 전략적 조언 모형 간의 특징적인 차이를 구분할 필요가 있다. *절차적 조언 모형(procedural advisory model)*은 역동적인 과제 선택의 전 과정에 시스템 통제를 실행하는 것과 동일한 규칙을 학습자에게 제공한다. 그림 14.5에 제시된 절차는 적당한 예를 제공하는데, 자신들의 평가 결과가 주어지면 학습자들은 선택할 다음 과제에 대한 난이도, 지원 수준, 그리고 그 밖의 특징을 결정하기 위해 이러한 알고리즘을 사용할 수 있다. 절차적 모형은 직접적인 조언을 제공하므로, 예를 들면 어떤 특정한 구매 활동을 할 때 고객을 돕기 위한 기초 자료로 제공하는 상품 비교 시트와 같은 방식으로 사용될 수 있다(예: 최대 가격, 특정 브랜드에 대한 선호도, 최저 요구사양 등). 이 책에서 다루는 복합적 학습의 경우, 학습자들은 이전 학습 결과에 대한 (수직적/수평적) 평가 결과뿐만 아니라 다음 학습 과제를 선택할 수 있도록 제시된 모든 학습 과제들에 대해 비교를 할 수 있도록 그러한 학습 과제들에 대한 메타데이터(난이도, 지원, 그 밖의 특징들)를 명세화해야만 한다.

*전략적 조언 모형(strategic advisory model)*은 학습자들이 자신의 수행을 평가하고 점수를 기록하도록 하고, 개발 포트폴리오로부터 수평적/수직적 평가 결과를 해석하고, 평가 결과와 사용가능한 학습 과제들의 수준을 맞추어 보고, 그러한 과제들로부터 주어진 선택을 하고, 그러한 학습 과제들에 대한 활동을 계획

하는 등을 위해 인지적 전략을 사용하도록 명확하게 도와준다. 이러한 모형들은 자기주도적 학습 기술을 개발하는 데 도움이 되는 SAP와 경험에 근거한 규칙을 제공한다. 종종 학습자들에게 이러한 유형의 조언을 제공하기 위해서 코치 혹은 튜터가 개별 학습자들과 정기적인 모임을 가질 것이다. 그러한 코칭 모임에서는 이전 학습 과제에 대한 성찰이 일어나고, 학습자 수행에 대한 전반적인 수준이 평가되고, 구체적인 개선점이 규명되고, 다음의 학습 과제가 계획된다(Van der Klink, Gielen, & Nauta, 2001). 포트폴리오가 주는 정보는 이러한 코칭 모임에 중요한 투입 요소를 제공한다. *디지털 개발 포트폴리오(digital development portfolios)*는 관리와 계산의 의무로부터 학습자들을 자유롭게 해주기 때문에 특별히 도움이 된다.

그림 15.4는 헤어스타일리스트 연습생들을 위해 사용된 디지털 개발 포트폴리오 화면이다(Kicken, Brand-Gruwel, & van Merriënboer, 2005). 이 포트폴리오는 열 단계 교수설계 이론에 기초한 완전한 수요자 중심의 교육으로 자기주도적 학습을 유지한다. 학습자는 보통 고객의 스타일 혹은 원하는 모델의 머리 형태를 파악하게 되는 각 학습 과제를 수행한 이후에 학교 혹은 미용실에서 사용할 수 있는 컴퓨터를 사용해서 자신의 포트폴리오를 업데이트할 수 있다. 원한다면 몇 가지 과제를 수행한 다음에 포트폴리오를 업데이트할 수도 있다. 끝마친 각 학습 과제는 난이도(즉, 그 과제가 속한 과제 클래스)와 지원 수준, 예를 들면 독립적으

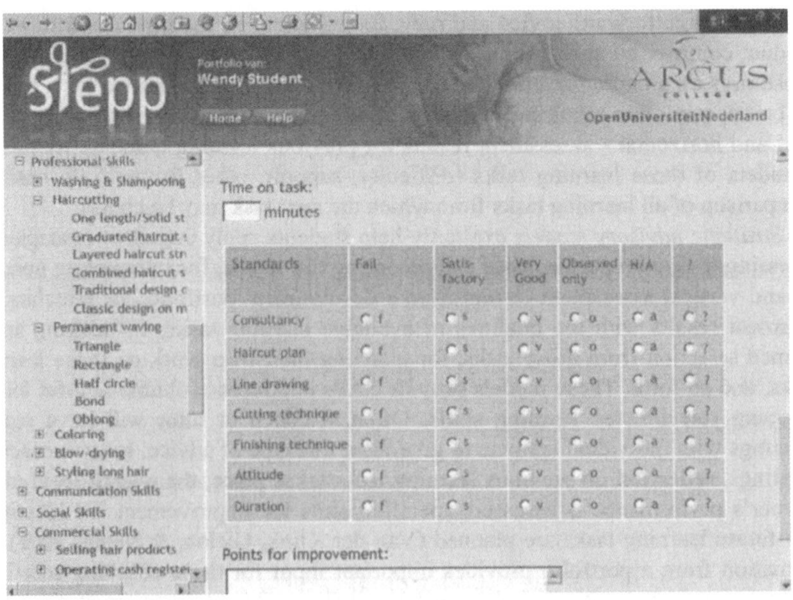

그림 15.4 헤어스타일리스트 연습생을 위한 디지털 포트폴리오 화면

로 수행되는 과제, 일부는 직원 혹은 트레이너에 의해서 수행되고 일부는 학습자에 의해서 수행되는 과제, 혹은 심지어 경험이 많은 동료 학습자 혹은 트레이너에 의해서 수행되고 학습자는 관찰만 하는 것과 같은 과제에 대한 지원 수준 측면에서 분류된다. 학습자는 또한 트리트먼트 전후에 해당하는 고객의 헤어스타일을 디지털 포트폴리오에 업데이트할 수 있다. 그런 다음 학습자는 누가 평가를 할 것인지를, 즉 학습자, 동료 학습자, 직원, 혹은 다른 고객을 표시한다.

이전 학습 과제(들)의 수행에 대해 평가하기 위해서 평가자(보통 학습자 자신)는 스크린 왼편에서 수행할 과제와 관련된 부분 기능들을 선택한다(그림 15.4의 왼쪽 부분 참고). "헤어스타일 꾸미기"라는 복합적인 기능을 구성하는 부분 기능들이 위계적으로 순서화하는데, 예를 들면 머리 감기와 샴푸하기, 머리 커팅하기, 파마 웨이브 말기, 염색하기, 고객과 커뮤니케이션하기, 헤어 관리 제품 판매하기 등을 포함한다. 마우스 버튼을 오른쪽 클릭하면 선택된 부분 기능을 위한 성취 목표가 성공적으로 수행했다고 인정할 수 있는 기준(즉, 준거, 값, 태도)을 보여준다. 학습자는 마우스 버튼을 왼쪽 클릭해서 스크린의 오른편에 이러한 측면을 위한 채점 기준표가 나타나면 원하는 세부 수준과 관련된 측면을 선택한다. 학습자는 채점 기준표에 대한 채점, 이러한 수행 측면에 소요된 시간, 별도의 텍스트 박스 안에 개선할 점과 같은 것들을 채운다. 이러한 과정은 평가되는 학습 과제와 관련된 모든 측면에 반복된다. 하나 이상의 학습 과제일 경우 모든 과제에 반복된다.

디지털 포트폴리오의 주요 장점 중 하나는 그것이 프로토콜 포트폴리오 채점에 대한 관리 및 계산이 필요한 부분을 맡아 해결해준다는 것이다. 우선 수직적 평가에 대해서, 이러한 특정한 측면에 평가된 모든 학습 과제에 대한 개요를 포함해서, 그 기능을 개발하는 데 소요된 시간, 개선점 등 수행의 모든 측면에 대한 개요가 제공될 수 있다. 수평적 평가에 대해서는 사용 가능한 지원을 고려해서 학습 과제 및 과제 클래스들의 전체적인 진전 수준 내용에 관한 개요가 제공될 수 있다. 뿐만 아니라 디지털 포트폴리오는 서로 다른 평가 방법과 서로 다른 평가자들에 대해서도 비교할 수 있게 해준다. 예를 들면 어떤 특정 평가자 집단이 다른 집단보다 학습자의 수행에 대해 체계적으로 더 낮게 혹은 더 높게 판단했다는 것이 판명될 수 있을 것이다.

종합하면, 학습자들은 앞으로의 학습 과제를 계획하기 위해서 디지털 포트폴리오를 체계적인 방식으로 사용할 수 있어야 한다. 그들은 난이도/과제클래스, 제공되는 지원과 안내, 수행의 취약한 측면을 교정할 수 있을 것으로 기대되는 그 밖의 과제 특징들(즉, 개선할 점 알려주기)의 측면에서 학습 과제들에 대하여 기술하는 내용을 작성해서 전체적인 수행을 개선할 수 있다. 포트폴리오에 의해서 생성된 정보뿐만 아니라 향후 학습 과제를 위해 계획한 것들이 곧 코치 혹은 감독자와 만나는 정기적인 모임에 도움이 되는 정보를 제공하게 된다. 그러한 모임의 주요 목표는 이전 학습 과제에 대해 활동한 것을 성찰해서 수행 개선을 위해 취해야 할 향후 기회들을 파악하기 위한 것이다. 예를 들어 학습자가 기본적인 난이도 수준의 헤어스타일 꾸미기(예: 머리 감기와 커팅만을 포함하는 과제 클래스) 수행에서 좋은 진전을 보였지만 곱슬 머리 커팅에는 아직 특정한 어려움을 보인다면, 수행의 이러한 특정 측면을 위한 부가적인 연습을 제공할 수 있기 때문에 그 학습자에게 곱슬 머리를 가진 고객(혹은 모형)을 가능한 한 많이 제공하도록 결정할 수도 있고, 그와 더불어 머리 염색을 원하는 고객들은 이전에 연습한 적이 없는 새로운 측면이기 때문에 이러한 고객들 또한 제공하도록 결정할 수도 있을 것이다.

15.4 요약

- 점차 높아지는 자기주도적 학습 수준은 부분 과제 연습에 대한 학습자 통제(단독의 부분 과제 연습), 지원적 학습 내용에 대한 학습자 통제(적시적 개방 학습), 그리고 학습 과제에 대한 학습자 통제(수요자 중심의 교육)로 구분된다.
- 수요자 중심의 교육에서, 학습자들은 자신의 수행에 대한 평가뿐만 아니라 그들이 선택할 과제들에 대한 메타데이터(난이도, 사용가능한 지원과 안내, 그 밖의 과제 특징들)에 기초해서 자신의 학습 과제를 선택한다.
- 개발 포트폴리오는 학습자(혹은 다른 지능형 에이전트)에 의해서 역동적인 과제 선택이 될 수 있도록 좋은 기회를 제공하는 방식으로 평가 결과를 수집하고 저장한다.
- 프로토콜 포트폴리오 채점은 전체 교육 프로그램에 걸쳐 기준들을 일관적으로 적용할 수 있게 해주고, 평가자와 평가 방법들을 혼합해서 사용할 수 있게 해주고, 그리고 수행에 대해 수직적(부문별로/부분 기능별로)/수평적(수행 전반)으로 평가할 수 있게 해준다.
- 선택할 수 있는 학습 과제의 수를 제한하는 것은, 학습자의 자기주도적 학습 기술이 향상될수록 과제의 수가 늘어나기 때문에 학습자들이 해당 기술

을 개발하도록 지원할 수 있다.

- 자기 자신의 수행을 어떻게 평가할지 그리고 향후 학습을 위한 기회를 어떻게 계획할지에 관한 전략적 조언을 제공하는 코치는, 학습자의 자기주도적 학습 기술이 향상될수록 제공되는 조언의 빈도와 구체성의 수준이 감소할 것이기 때문에 해당 기술을 개발하는 학습자들에게 안내를 제공하는 것이다.
- 수요자 중심의 교육에서, 디지털 개발 포트폴리오는 평가 결과에 대한 개요 정보를 만들고 코치 혹은 감독관과의 정기적인 모임에 사용할 값진 정보를 제공하는 데 도움이 된다.

제16장

마무리

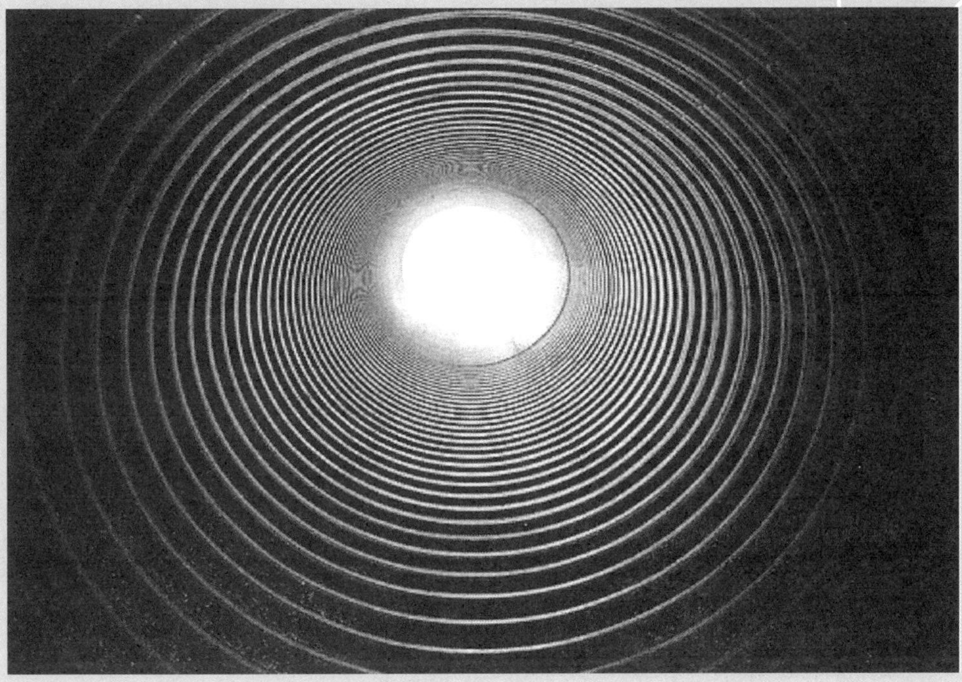

이 장은 복합적 학습을 위한 열 단계 교수설계 모형에 대한 설명으로 마무리하고자 한다. 도입부에 해당되는 1장부터 3장까지 열 단계 모형의 핵심인 네 가지 요소와 이 요소에 기초해서 교수설계서를 개발하기 위한 열 단계 모형에 대하여 살펴보았다. 4장부터 13장에서는 각 단계에 대한 세부내용을 중심으로 살펴보았다. 응용편에 해당하는 14장과 15장에서는 열 단계 교수설계 모형을 다양한 미디어에 어떻게 적용할 것인가와 자기주도적 학습을 촉진하기 위해 모형을 어떻게 활용하는가에 중점을 두었다. 마지막 장에서는 현재 교수설계 영역에서 열 단계 교수설계 모형의 위치를 살펴보고 향후 해당 모형의 발전을 위한 몇 가지 방향을 제시할 것이다.

16.1 열 단계 교수설계 모형의 위치

열 단계 교수설계 모형은 경험을 통한 학습(Schank, Berman, & MacPerson, 1999), 인지적 도제 학습(Collins, Brown, & Newman, 1989), 그리고 구성주의와 효과적인 학습 환경(Jonassen, 1999; De Corte, Verschaffel, Entwistle, & van Merriënboer, 2003)과 같은 교수설계를 위한 최근 몇몇 모형들과 함께 학습 과제 설계를 위한 기초로서 복합적 학습과 실생활의 과제 혹은 문제의 사용을 강조한다. 영향력 있는 논문을 저술한 Merrill(2002a)은 열 단계 교수설계 모형과 같이 수정된 모형과 다른 몇 가지 모형들을 포함해서 최근의 대표적인 교수설계 모형들을 심층 분석하고 비교하였다. 그의 분석 결과에 의하면, "교수설계의 제1원리(first principles of instruction)"라고 불리는 다섯 가지 처방적 원리가 효과적인 교수설계를 위한 핵심 내용이며, 학습은 다음과 같은 상황에서 촉진됨을 주지시켰다.

1. 학습자들이 실생활 과제 수행 혹은 실세계 문제 해결에 참여할 때
2. 기존의 지식이 새로운 지식을 위한 기본적인 요소로 활성화될 때
3. 새로운 지식이 학습자들에게 시연될 때
4. 새로운 지식이 학습자에 의해 적용될 때
5. 새로운 지식이 학습자의 세계에 통합될 때

열 단계 교수설계 모형을 포함한 다양한 모형들은, 비록 그 모형들의 바탕이 되는 이론적 가정이 다르고 서로 다른 개념적 설명과 적용 방법을 사용하고 있지만 위에서 제시한 다섯 가지 원리들을 공유하고 있다는 것은 매우 흥미로운 사실이다. 보다 중요한 것으로, 이 다섯 가지 원리들이 학습의 전이, 즉 배운 것을 실생활 맥락에서 적용하는 능력을 높이는 데 도움이 된다는 경험적 연구 결과들이 늘고 있다는 것이다. 열 단계 모형과 관련해서, 『Training Complex Cognitive Skills』(van Merriënboer, 1997)라는 책에서 컴퓨터 프로그래밍, 오류 진단, 통계적 분석 등의 영역에서 전이가 향상되었음을 보여주는 경험적 연구결과를 다룬 바 있다. van Merriënboer와 Kester(2008; Kirschner, Carr, & van Merriënboer, 2002; Spector & Anderson, 2000 참고)는 그러한 전체 과제에 대한 최근의 관점과 그것들이 학습의 전이에 주는 효과를 제공한다.

전통적인 교수설계 모형(예: Reigeluth, 1983a, 1987a)과 비교해서 최근 모형들은 설계자와 교수자들을 위한 새로운 역할에 대해 제시한다. 우선 설계자의 경

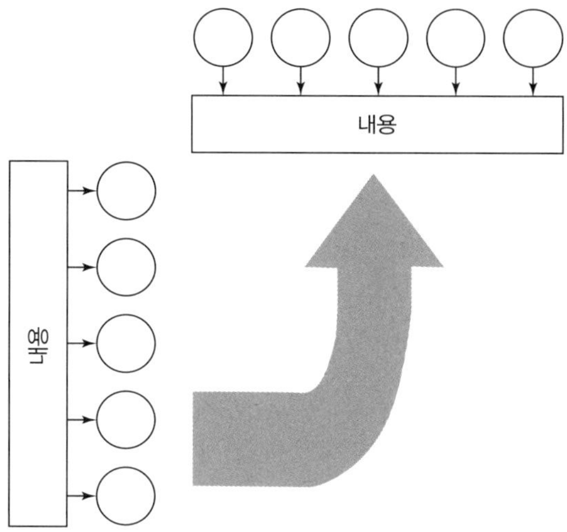

그림 16.1 토플링 설계 방법

우 학습 목표, 분석 방법, 설계 방법이라는 세 가지 요소가 상호연관되어 변화가 일어난다. 학습 목표와 관련해서는 전통적으로 따로 떨어져 있으면서 구체적인 목표에 관심이 있었던 것이 학습의 전이를 일으키는 통합된 목표에 대한 관심으로 바뀌었다. 하나의 학습 영역을 학습자들에게 "전달할 수 있는" 작은 조각들로 나누는 전통적인 분석 방법에서 학습자들이 대면해야 할 학습 기회와 과제를 파악하도록 도와주는 분석 방법으로 바뀌었다. 마지막으로, 토플링(toppling) 설계 방법은 연습 과제와 제시 내용과 연결짓지 않고, 학습 과제에 도움이 되는 내용을 연결시키는 방법이다(그림 16.1 참고). 이 모든 변화는 교수-학습에 대한 온건한 구성주의 관점을 반영하고 있는데, 그 이유는 교수 원리에 따라 개발된 학습 과제가 학습자로 하여금 지식을 적극적으로 구성하게 한다고 여기지기 때문이다.

교사들의 경우, 새로운 내용을 제시하고 설명하는 전통적인 역할이 몇 가지 새로운 역할들로 확장된다. 학습 과제와 관련하여, 교사들은 종종 관련된 전문 분야의 전문가들과 협동하면서(Hoogveld, Paas, & Jochems, 2005; Hoogveld, Paas, Jochems, & van Merriënboer, 2001, 2002) 혹은 학생들과 협동하면서(Könings, Brand-Gruwel, & van Merriënboer, 2005), 자기주도적 학습 환경에 필요한 과제를 설계하는 설계자가 되기도 한다. 지원적 내용과 관련해서, 교사들은 학습 영역이 어떻게 조직되어 있는지를 설명해주는 전통적인 역할도 계속 하겠지만, 또한 실생활 과제에 어떻게 체계적으로 접근할지를 시범을 보여주고 어려움을 극복하는 데 어떤 경험에 의한 규칙이 도움이 될지를 설명해주는 모델의 역할에 점점 더 가까워질 것이다(van Gog, Paas, & van Merriënboer, 2004,

2005). 절차적 학습 내용과 관련해서, 교사들은 학습 과제의 루틴한 측면에 대한 내용을 제시하거나 부분 과제 연습에 관한 내용을 제시하기 위해, 때에 따라 교수자 혹은 "어깨너머로 바라보며 도움을 주는 조력자"와 같이 행동할 것이다(Kester, Kirschner, van Merriënboer, & Baumer, 2001). 마지막으로, 자기주도적 학습이라는 융통적인 시스템으로 전환할 수 있어야 하기 때문에, 교사들은 학습자들이 새로운 학습 과제를 선택하고 자신들의 학습 궤적을 계획할 수 있도록 조언하는 교사의 역할을 수행할 것이다(Kicken, Brand-Gruwel, & van Merriënboer, 2005). 이러한 교사의 새로운 역할은 분명 향후 교사 훈련 프로그램의 형태와 내용에 있어서 새로운 기술을 더욱 집약적으로 사용하고(Kirschner & Davis, 2003; Kirschner & Selinger, 2003) 학습 경험을 교류하도록 해주는 지식 공동체(Kirschner & Wopereis, 2003)와 같은 새로운 것을 필요로 한다.

16.2 향후 전망

복합적 학습을 위한 열 단계 모형은 그 전신이라고 할 수 있는 네 가지 요소 교수설계 모형(4C/ID 모형; van Merriënboer, 1997; Janssen-Noordman & van Merriënboer, 2002; van Merriënboer, Clark, & de Crook, 2002; van Merriënboer & Dijkstra, 1997; van Merriënboer, Jelma, & Paas, 1992 참고)에 바탕을 두고 있다. 4C/ID 모형이 네 가지 설계 요소와 그 기초가 되는 인지학습이론에 관한 설명을 제공하는데 반해 열 단계 모형은 실제적으로 설계를 위한 체제적이면서 체계적인 접근 방법을 제시하고 있다. 앞으로의 계획은 열 단계 설계 과정을 지원하는 시각적 설계 언어 및 컴퓨터 기반 설계 도구의 개발, 이러닝 맥락에서 대량 맞춤화를 위한 방법 개발, 그리고 일차적 기능과 고차원적 기능을 가르치는 것을 통합하기 위한 열 단계 모형의 확장 등을 포함해서 복합적 학습을 위한 이 설계 모형의 유용성을 개선해 나가는 것을 목표로 하고 있다.

설계 언어 및 도구

소프트웨어공학, 기계공학, 혹은 도시공학과 같은 대부분의 설계 과학 분야는 전용 설계 언어가 있다. 이 언어를 사용해서 설계자들은 자신의 생각을 명확하게 표현하고 쉽게 커뮤니케이션할 수 있다. 이와 대조적으로 교수설계 영역에서는 전용 설계 언어가 거의 없다. 설계 언어들을 사용한다면 이 언어들은 교수설계의 특정 요구사항에 초점을 두지 않는 플로차트와 개념도와 같은 다용도의 언어들뿐이다. 이러한 일반적인 설계 언어의 기능을 넘어선 교수설계 전용 언어를 개발한다면 교수설계자들이 이해당사자(예: 교사, 프로그래머, 멀티미디어 전문가 등, Gibbons & Brewer, 2004)와 커뮤니케이션하는 데 도움이 될 것이다. 열 단계 모형은 단순하면서 분명한 시각적 설계 언어를 소개하고 있다. 이 언어는 학습 과제(원), 지원적 내용(L자 모양), 절차적 학습 내용(화살), 그리고 부분 과제 연습(사각형 안에 늘어서 있는 연속된 원들)을 나타내는 기본적인 형태들을 사용하고 있다. 게다가 열 단계 교수설계서들은 교육용 모델링 언어에 기반을 둔 IMS-LD로 표현될 수 있다(Koper & Marderveld, 2004). 이러한 설계 언어들을 개발하는 것은 앞으로 체계적인 교수설계 방법을 개발하는 데 있어서 매우 중요하다.

향후 효과적인 설계 언어들을 사용할 수 있다면 촉진될 수 있는 또 다른 가능성은 컴퓨터 기반의 교수설계 도구들의 개발을 들 수 있다(도구들의 개요를 보려면, van Merriënboer & Martens(2002) 참고). 예를 들면, ADAPT^IT Blueprint Designer®라는 도구는 열 단계 모형의 적용을 지원하는 도구로 상업적으로 시판되고 있다(De Croock, Paas, Schlanbusch, & van Merriënboer, 2002, http://www.enovateas.com 참고). Blueprint Designer®의 주요 기능은 설계자가 지그재그 설계 방법으로 할 수 있게 매우 융통적인 설계 방법을 지원한다. 이 도구의 주기능은 분석과 설계과정(예: 기능 위계, 과제 클래스, 학습 과제, 다양한 유형의 내용) 동안 만들어진 모든 중간, 산출물과 최종 산출물의 관리를 지원하는 것이다. 우선, Blueprint Designer®는 입력, 편집, 저장, 분석 및 설계 산출물의 재사용을 위한 기능들을 제공한다, 이것은 열단계 모형과 일관된 방법으로 내용을 손쉽게 입력하기 위한 템플릿을 제공하는 방식으로써 가능하다. 둘째, 다양한 관점에서 산출물들을 검토하기 위한 기능들을 제공한다. Blueprint Designer®는 바람직하지 않은 내용을 걸러내고, 산출물에 대하여 텍스트와 그래픽 측면에서 다양한 관점으로 살펴보고(예: 선택된 하나의 과제 클래스를 위한 지원적 내용을 자세히 살펴보기, 모든 학습 과제를 위하여 절차적 학습 내용을 나열하기, 과제 클래스들 간의 차이점을 검토하기 등), 원하는 모든 형태로 교수설계서를 내보내기(export) 위하여 주문형 인쇄(print-on-demand) 기능을 사용할 수 있다. 셋째, Blueprint Designer®는 분석 및 설계 산출물들이 완벽한지, 내적 일관성이 있는지, 열 단계 모형을 따라 설계했는지를 확인하는 기능들을 제공한다.

그림 16.2는 Blueprint Designer®의 주요 인터페이스를 보여준다. 화면은 세 개의 서로 다른 영역으로 나누어진다. 왼쪽 열은 프로젝트 브라우저인데, 위계적

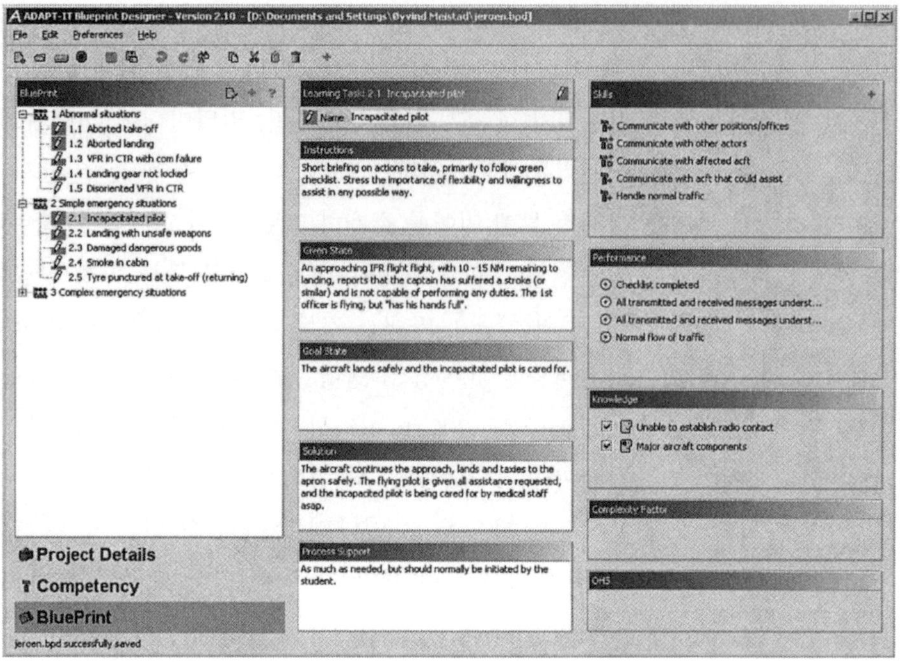

그림 16.2 Blueprint Designer®(http://www.enovateas.com)

인 방식으로 훈련 프로젝트의 모든 요소들을 표시한다. 또한 이 브라우저는 설계자에게 다른 훈련 프로젝트와 적용가능하다면 하나의 열 단계 모형 프로젝트로 가져오기(import)할 수 있는 파일들에 접근할 수 있는 권한을 부여한다. 프로젝트 브라우저 오른쪽에 있는 중앙의 열은 교수설계서 브라우저이다. 이 브라우저는 네 가지 요소들, 즉 (a) 학습 과제들과 과제 클래스들, (b) 지원적 내용, (c) 절차적 학습 내용, (d) 부분 과제 연습을 위한 다이어그램 편집기에 접근할 수 있게 해준다. 이 편집기들은 설계자로 하여금 교육 프로그램을 위한 전체 교수설계서를 구성하면서 구체화할 수 있도록 해준다. 오른쪽 열은 분석 브라우저이다. 이 브라우저는 (a) 기능 위계, (b) 성취 목표, (c) 정신적 모형들, 인지적 전략들, 인지적 규칙 및 선수 지식을 위한 다이어그램 편집기에 접근할 수 있게 해준다.

대량 맞춤화

현대 사회의 한 특징으로 유용한 가치를 지닌 지식과 기능의 수명이 반으로 줄어들면서 평생학습의 중요성이 증대되는 것을 들 수 있다. 기술의 빠른 변화는 기존에 있던 직업을 사라지게 하고 새로운 직업이 생겨나게 한다. 게다가 많은 나라의 사람들이 점점 다문화적이면서 다원적이 되어 가고 있다. 결과적으로 연령, 선수 지식, 문화적 배경이 굉장히 다른 학습자들로 이루어진 이질적인 대상 집단을 뒷받침해줄 수 있는 매우 융통적인 교육 프로그램을 위한 요구가 증가하고 있다. 예를 들면, 이러한 프로그램들은 어린 학습자들과 작동 기억고의 용량이 감소한 나이 든 학습자가 서로 다른 교수 방법들을 사용할 수 있어야 한다(Van Gerven, Paas, van Merriënboer, & Schmidt, 2000, 2002, 2004; Van Gerven, Paas, van Merriënboer, Herdriks, & Schmit, 2003). 열 단계 모형은 이러한 융통적인 프로그램들을 개발할 수 있게 하는 한편으로 이러닝 시스템은 학습 과제를 역동적으로 선택할 수 있도록 해준다. 적응적 교수를 위한 좋은 기회를 제공한다(Stoyanov & Kirschner, 2004; 14장 2절 참고). 또 다른 한편으로 자기주도적 학습은 개별 학습자들에게 최대한의 융통성을 제공하는 그러한 방법들로 지속될 수 있다(15장 3절 참고). 그러나 이 두 가지 방법의 단점은 종종 비용효과적이지 않다는 것이다. 이것은 값비싼 지능형 에이전트가 평가와 과제 선택의 과정에 관여하거나 이렇게 하는 데 있어서 개인 학습자를 안내하고 조언하는 데 필요하기 때문이다.

융통적인 교육 시스템을 비용효과적이게 만드는 것은 컴퓨터 기반의 지능형 에이전트들과 대규모 대상 집단들의 조합을 필요로 한다. 이 조합은 산출물 중심 접근에서 서비스 중심 접근으로 변화시킨 ***대량 맞춤화(mass customization)*** 혹은 대중적 개별화(mass individualization)의 특징이기도 하다(Schellekens, Paas, & van Merriënboer, 2003). 교수설계 영역에서 웹기반 훈련은 서비스 중심 접근을 위한 최상의 기회를 제공한다(Jochems, van Merriënboer, & Koper, 2004; Kirschner, 2001). 웹기반 훈련은 장소와 시간에 구애받지 않으면서 교수 프로그램을 제공할 수 있기 때문에 지능형 에이전트들을 포함하면서 대규모의 대상 집단에 내용을 제공하는 것이 비교적 쉽다. 교수학습 영역에서 두 가지 수준의 맞춤화로 구별될 수 있다. "소비자 입장"에서 대량 맞춤화는 각 개별 학생에게 원하는 교육 프로그램을 제공할 수 있게 해준다. 이 수준에서 새로운 자동차를 설계하기 위하여 자동차 제조사의 웹사이트에서 "자동차 부품 구성"(엔진의 유형과 크기 선택하기, 가용한 옵션 장치, 색깔 등)을 하는 고객은 학습자와 정확히 일치한다. 구성 후에 이 독특한 자동차는 고객이 정한 명세서에 따라 만들어지고 배달된다. 그러나 학습자 또한 자신만의 학습 과정들에 대한 책임을 지기 위하여 배워야 하기 때문에 학습자를 소비자로 보는 이 메타포만으로는 충분하지 않다.

"학습하기 위하여 배우는 수준(learning-to-learn level)"에서 대량 맞춤화는 또한 학습자들에게 그들이 다룰 수 있는 통제 수준을 제공해주어 보다 잘될 수 있도록 도와주는 것을 가능하게 해준다. 그래서, 향후 연구를 위하여 중요한 것은 학습자들에게 그들이 이미 다룰 수 있는 학습 환경의 그러한 측면들에 대한 통제를 제공하고, 아직 충분하게 다룰 수 없는 그러한 측면들을 다루는 것에 관한 조언을 제공하고, 그들의 능력을 넘어서는 측면들에 관해서는 어떠한 통제도 제공하지 않는 대량 맞춤화에 접근하는 방법을 개발하는 것이다.

고차원적 기능의 통합

열 단계 모형의 핵심적 특징을 한마디로 나타낸다면 통합(integration)이라 할 수 있다. 무엇을 가르치는가 측면에서, 학습 과제는 항상 전체적이면서 의미 있는 과제여서 이러한 과제들은 학습자로 하여금 훈련 프로그램을 마치고 난 후 숙달되어야 하는 복합적 인지 기능 혹은 전문 역량에 중요한 지식, 기능, 태도를 통합하도록 해준다. 이러한 방식으로, 열 단계 모형은 서로 다른 학습 과정들을 동시에 지원함으로써 구획화의 문제를 해결하고자 하였다. 어떻게 복합적인 기능을 가르치느냐의 측면에서, 학습 과제들은 그것에 지원적 내용, 절차적 학습 내용, 부분 과제 연습을 포함한 통째의 교육 프로그램을 위한 뼈대로 제시된다. 이러한 방식으로, 열 단계 모형은 "통합 교육과정"을 구성함으로써 분절화의 문제를 해결하고자 한다.

앞으로의 연구는 세 번째 수준의 통합, 즉 학습 영역이나 전문성과 직결된 일차적 기능의 학습을 특정 영역에 속하지 않는 고차원적 기능을 통합하는 것이다. 이와 관련된 예는 자기주도적 학습에 대하여 다룬 15장에서 제시하였다. 이 고차원 기능은 개별 학습자들에게 필수적인 융통성을 제공하는 열 단계 모형에 따라 설계된 프로그램에서 가르쳐질 수 있다. 이러한 수준의 통합에 이르기 위해서, 학습자의 수행을 모니터링하고 평가하기 위한 과제들이 학습 과제들에 완벽히 통합되어야 하고 학습자 자신의 학습을 계획하기 위한 과제들은 향후 학습 과제를 선택하는 데 필요한 정보를 제공할 수 있도록 방향이 맞추어져야 한다. 뿐만 아니라 일차적 기능의 교수를 위한 주요 지침들은 또한 고차원 기능들을 가르치는 데 쓰여진다. 예를 들면, 난이도에서의 증가(예: 사용할 수 있는 과제의 수가 점점 많아지는 과제 세트에서 스스로 학습 과제 선택하기)와 지원과 안내에서의 감소(예: 교육 프로그램 전반에 걸쳐 진도가 나감에 따라 코치나 교사에 의해 제공되는 조언이 줄어들기)가 있다. 향후 과제는 또한 현대 사회에서 중요한 정보 문제 해결(Brand-Gruwel, Wopereis, & Vermetten, 2005; Lazonder, Biemans, & Wopereis, 2000)과 과학적 탐구 기능(de Jong & van Joolingen, 1998)과 같은 고차원 기능들을 통합하는 데 목표를 두어야 한다.

16.3 결언

2000년 4월, 잡지 *Training*에 *Is ISD R.I.P.?(ISD는 죽었나?)*라는 제목의 특집기사에 교수체제 설계에 대한 불만이 실렸다(Gordon & Zemke, 2000). 이 기사에서 교수설계 전문가들로 구성된 패널은 교수설계가 죽은 상태인지 의문을 제기하면서 주류의 교수설계가 침체되었다고 주장하고 있다. 이는 ISD가 현대 사회에서 요구하는 고도로 복잡한 기능을 다룰 수 없고, 학습 및 수행 이론에 기반을 두지 않고 있고, 설계자들을 비생산적으로 구속하는 요리책과 같은 단계적 접근법을 사용하기 때문이다. 교수설계에 대한 부정적인 주장이 타당하든 타당하지 않든 간에, 이 주장은 복합적 학습에 대한 관심, 학습 이론에 대한 탄탄한 기초, 매우 융통적인 설계 방법 등과 같이 바로 열 단계 모형에 의해 제기된 이슈들이다. 전체 과제 설계를 위한 다른 모형들과 더불어 열 단계 모형이 교수설계 분야에 새로운 활력소가 되기를 바란다. 그러한 활력이 결국 빠르게 변화하는 지식 사회에서 부각되는 교육적 필요성을 극복하기 위한 전제조건일 것이라고 생각한다.

부록 A

열 단계 교수설계 모형의 개관

단계1. 학습 과제 설계

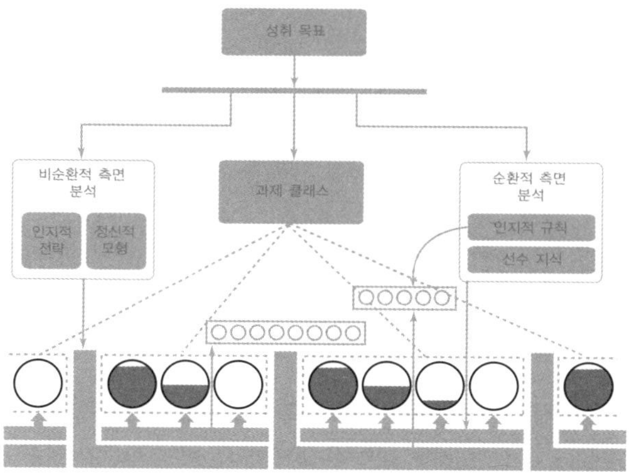

학습자들이 (거의) 모든 부분 기능들을 협응된 방식으로 수행하도록 요구하는 학습 과제 혹은 전체 과제 문제를 설계한다. 학습 과제들 간의 높은 다양성에 주의해야 하는데, 실세계에서의 학습 과제가 서로 다른 것처럼 교육 프로그램 안에서 제시되는 학습 과제들도 서로 달라져야 하기 때문이다. 학습자 지원이 높게 책정된 학습 과제로 시작해서 학습자 지원이 0이 될 때까지 서서히 줄인다. 잘된 문제 해결을 위한 준거와 템플릿을 예시화하기 위해서는 결과 중심의 학습 지원(예: 사례 연구, 완성하기 문제)을 명세화하고 문제 해결에 대한 효과적인 접근 방법을 예시화하기 하기 위해서는 과정 중심의 학습자 지원(예: 모델링 예, 프로세스 워크시트)을 명세화한다.

단계 2. 과제 클래스 계열화

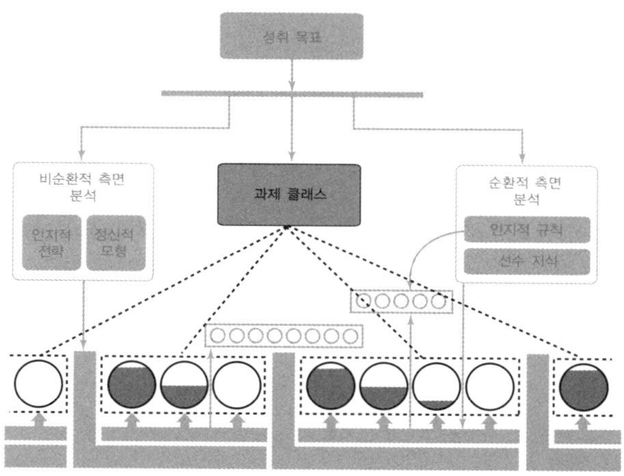

교육 프로그램에 대한 개괄적인 윤곽을 개발하기 위해 학습 과제들을 단순한 과제 클래스에서 복합적인 과제 클래스로 조직한다. 각각의 과제 클래스는 학습자들이 훈련 중에 배우게 될 학습 과제의 한 가지 범주를 나타낸다. 정의될 수 있는 가장 단순한 과제 클래스조차도 그것을 가지고 훈련을 시작하기 어려울 정도로 여전히 복잡하기 때문에 하나의 단일한 과제 클래스를 만드는 것이 불가능하다면, 교수설계서를 우선 기능 군으로 분할하는 것이 필요할 것이다. 이러한 기능 군들은, 적당히 크고 의미 있는 서로 통합된 부분 기능들의 집합을 포함하고 있기 때문에 복합적 인지 기능의 세트들로 간주할 수 있으며, 눈덩이 굴리기와 같은 후향 연쇄 방법으로 가장 잘 계열화된다.

단계 3. 성취 목표 설정

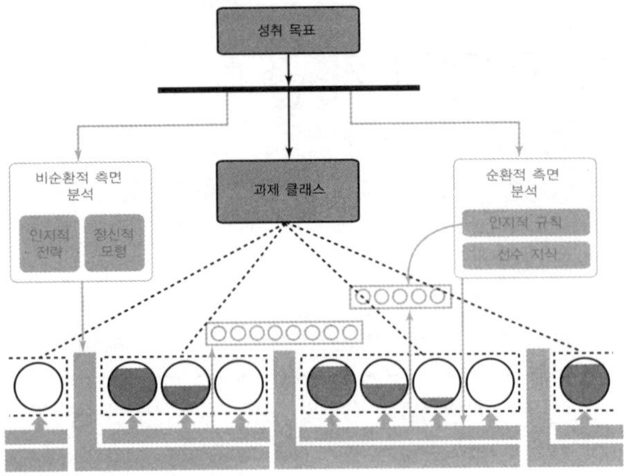

성취 목표는 전체 과제 수행과 관련된 모든 부분 기능들의 집합이다. 성취 목표들 간의 상호 관련성은 기능 위계 혹은 다른 유형의 구조적 표상으로 잘 제시된다. 성취 목표는 항상 어떤 부분 기능을 위한 출발점 상황, 부분 기능이 수행될 조건, 그리고 성공적으로 수행했다고 인정할 수 있는 기준과 준거를 기술한다. 부분 기능들은 순환적 기능이나 비순환적 기능으로 분류되고 혹은 예외적인 경우에는 두 가지 모두로 분류되기도 한다. 순환적 부분 기능은 또한 규칙적인 순환적 부분 기능과 자동화되어야 하는 순환적 부분 기능으로 세분된다.

단계 4. 지원적 내용 설계

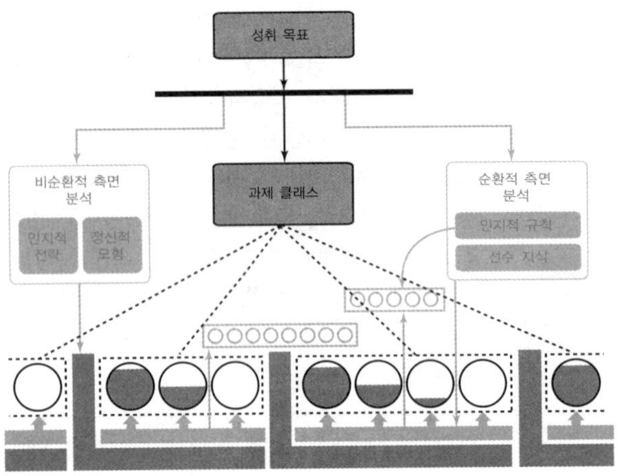

지원적 내용은 각 과제 클래스의 그리고 과제 클래스와 함께 병행하면서, 일반적으로 인지적 전략(문제 해결을 위한 체계적 접근: SAP)과 정신적 모형(개념적, 인과적, 구조적)을 묘사해서 응용할 수 있는 내용을 제시하고 예시화한다. 기본적으로 연역적 설명 전략을 사용한다. 예를 들면, 모델링 예와 사례 연구들을 설계하고 난 후에 그 모델링 예와 사례 연구들 안에 예로 제시되는 SAP와 일반적 모형들을 설계한다. 또 다른 방법으로, 심층적 이해가 필요할 경우에는 연역적 질문 전략을 선택하고, 훈련 시간이 극히 제한된 경우에는 귀납적 설명 전략을 사용할 수도 있다. 마지막으로 인지적 피드백을 설계한다.

단계 5. 인지적 전략 분석

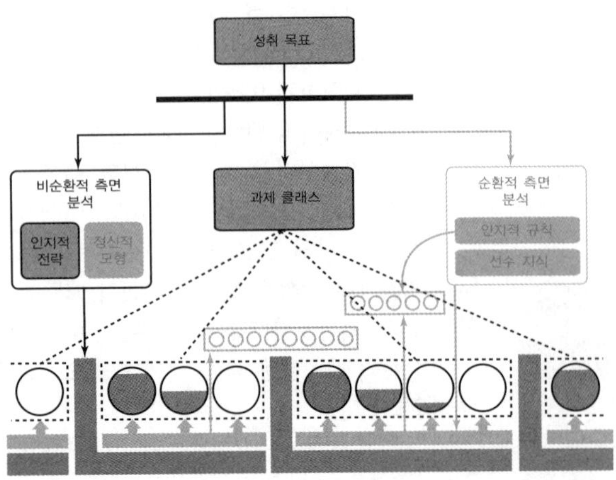

전문가의 문제 해결 행동에 대해 안내해주는 인지적 전략을 분석한다. 분석된 결과는 보통 SAP 형태를 취한다. SAP는 문제 해결 과정에서 연속적인 단계와 하위 단계들을 설명하고, 그것들을 선형적 순서로 혹은 SAP 차트 안에 표시한다. 각 단계를 성공적으로 수행하도록 돕는 요령 혹은 경험에 의한 규칙들을 명세화하고, 각 (하위) 단계를 성공적으로 완수하기 위한 준거들도 명세화한다. SAP는 전체 복합적 인지 기능을 포함할 수도 있고 그것의 비순환적 부분 기능들을 포함할 수도 있다.

단계 6. 정신적 모형 분석

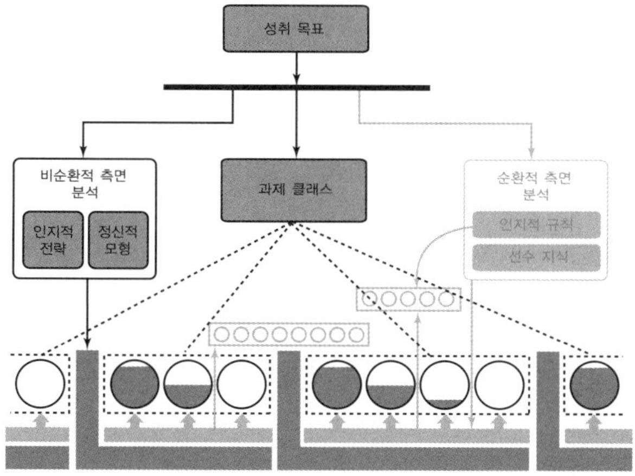

전문가들이 과제를 추론하는 데 사용하는 정신적 모형을 분석한다. 정신적 모형은 특정 영역을 위해 세상이 조직되는 방법을 나타내는 것으로 비순환적 부분 기능을 수행하는 데 도움이 될 수 있다. 분석된 결과는 보통 개념적 모형(이것이 무엇인지), 구조적 모형(이것이 어떻게 구성되었는지), 인과적 모형(이것이 어떻게 작동하는지)에 관한 형태가 된다. 필요하다면 다양한 유형의 모형들을 혼합할 수도 있다. 각 모형을 명제(사실), 단순한 쉐마(개념, 계획, 원리), 그리고 그것들이 어떻게 서로 관련되는지를 규명하고 묘사함으로써 각 모형을 (그래픽으로) 표현한다.

단계 7. 절차적 학습 내용 설계

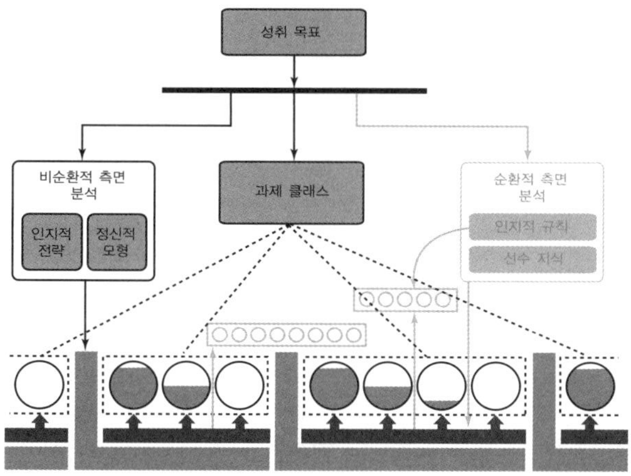

각 학습 과제마다 절차적 학습 내용을 설계한다. 다시 말해, 각 과제를 위해 연습되어야 하는 순환적 측면을 어떻게 수행하는지에 대해 명세화한다. 처음에 완전한 학습 내용을 제시하고 그런 다음 차츰 소거한다. 가장 초보 학습자 수준으로 가르친다. 기억하도록 요구하지 말고, 대신 그것이 학습되고 있을 때 절차를 사용할 수 있도록 해준다. 절차에 포함되는 모든 단계들, 그리고 그것을 수행하는 데 필요한 모든 사실, 개념 및 원리를 제공한다. 절차에 대한 시연, 사례 연구에 부합하는 사실/개념 등에 대한 사례를 제공한다. 무엇이, 왜 잘못되었는지 그리고 올바른 힌트에 관한 즉각적인 교정적 피드백을 제공한다. 마지막으로 교정을 포함한 보충 연습을 하게 한다.

단계 8. 인지적 규칙 분석

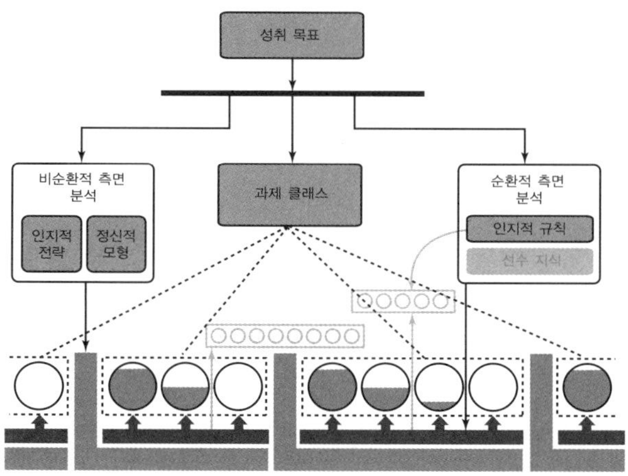

순환적 부분 기능을 위한 올바른 수행을 알고리즘적으로 보여주는 인지적 규칙 혹은 절차를 규명하기 위해 전문가의 과제 수행을 분석한다. 인지적 규칙은 어떤 특정 조치가 수행되어야 하는 정확한 조건 상황을 기술한다. 절차는 항상 처방된 순서로 적용되는 단계와 의사결정 사항에 대한 집합이다. 단계들의 시간적 순서가 있는 순환적 기능에 대해서는 절차적 분석을 수행한다(예: 정보처리 분석). 단계에서 시간적 순서를 보이지 않는 순환적 기능에 대해서는 규칙 기반 분석을 수행한다.

단계 9. 선수 지식 분석

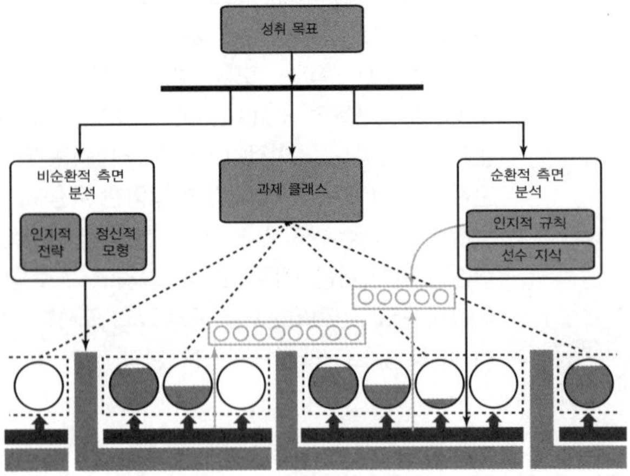

단계 8로부터 절차적 혹은 규칙 기반 분석의 결과를 심층 분석해서, 각 인지적 규칙에 대해서는 이러한 규칙을 올바르게 수행할 수 있게 해주는 지식을, 혹은 각 단계 혹은 의사결정에 대해서는 그 단계 혹은 의사결정을 수행할 수 있게 해주는 지식을 명세화한다. 물어봐야 할 질문은 '정확하게 이 규칙을 적용할 수 있도록 하기 위해서, 혹은 이 절차적 단계를 수행할 수 있도록 하기 위해서 학습자가 반드시 알아야 하는 것은 무엇인가?' 이다. 지식을 단순한 사실, 개념, 원리, 혹은 계획의 형태로 나타난다.

단계 10. 부분 과제 연습 설계

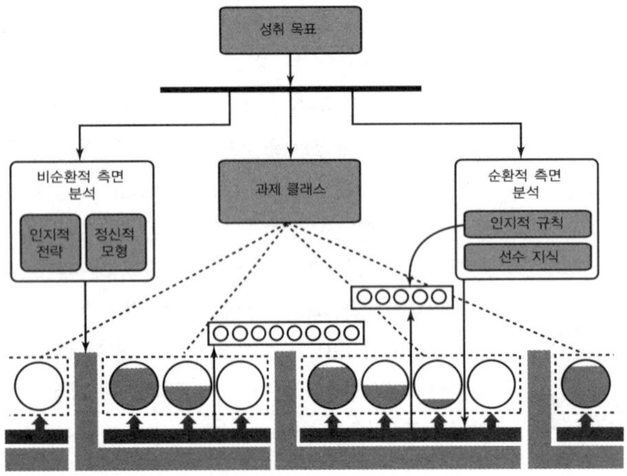

훈련이 끝난 후에 순환적 부분 기능은 매우 높은 자동화 수준이 필요하다. 학습 과제는 그러한 자동화 수준에 도달할 정도로 충분한 연습을 제공할 수 없기 때문에 부분 과제 연습을 설계한다. 매우 복잡한 절차라면, 쉬운 과제에서 어려운 과제로 활동하게 한다. 덜 복잡한 절차인 경우에는 숙달될 때까지 그냥 반복하게 한다. 그 기능이 사용되는 모든 상황 범주를 대표하는 확산적 예들을 사용한다. 처음에는 정확성을 위해 연습하고, 그 다음에 속도를 위해 연습하고, 마지막으로 높은 작업부하가 제공되는 조건에서 속도와 정확성을 위해 연습한다. 밀집되지 않은 분산된 훈련 계획으로 연습한다. 학습 과제들과 서로 혼합한다.

부록 B

교수설계서의 예

<table>
<tr><td colspan="3">과제 클래스 1
학습자는 (검색될) 특정 영역 내에 있는 개념이 명확하게 정의된 상황과 마주한다. 특정 주제에 대해 작성된 아티클은 그 수가 적을 뿐만 아니라 한 연구 분야에 국한되어 있다. 따라서 검색은 특정 연구 분야의 하나의 데이터베이스 내에서 아티클 제목으로만 행해질 필요가 있다. 그 검색에 필요한 검색어는 단지 몇 개뿐이며 검색 결과로 제한된 수의 아티클이 나온다.</td></tr>
<tr><td colspan="3">지원적 내용: 모델링 예
• 학습자는 전문가가 자신의 행동을 설명하면서 문헌 검색하는 것을 지켜본다.</td></tr>
<tr><td colspan="3">지원적 내용: 인지적 전략 제시
• 문헌 검색을 수행하는 데 있어서 네 가지 단계에 대한 SAP: (a) 적절한 데이터베이스 선택하기, (b) 검색 질의어 만들기, (c) 검색 수행하기, (d) 검색 결과 선택하기
• 아티클의 관련성 여부를 빨리 스캐닝하기 위한 SAP</td></tr>
<tr><td colspan="3">지원적 내용: 정신적 모형 제시
• 문헌 검색이라는 개념에 대한 개념적 모형
• 데이터베이스가 어떻게 구성되었고, 어떻게 사용될 수 있는지에 대한 구조적 모형
• 다양한 유형의 아티클과 그것들이 어떻게 구성되었는지에 대한 개념적 모형</td></tr>
<tr><td>학습 과제 1.1: 사례 연구
학습자는 문헌 검색과 관련하여 해결된(좋은) 예 세 개를 제공받는다. 각 예는 동일한 주제 영역 내에서 서로 다른 연구 문제, 검색 질의어, 그리고 검색 결과로 나온 아티클 목록을 보여준다. 학습자는 그 예들을 공부해야 하고, 서로 다른 검색 질의어로 그 바람직한 검색 결과가 어떻게 나왔는지에 대한 이유를 설명해야 한다.</td><td></td><td></td></tr>
<tr><td>학습 과제 1.2: 완성하기 과제
학습자는 연구 문제와 함께 이와 무관한 항목을 가진 아티클 목록을 검색 결과로 내는 완벽하지 않은 검색 질의어를 제공받는다. 학습자는 추가적인 검색어를 사용해서 검색 질의어를 수정 및 보완해보고, 관련 아티클들을 선택해보아야 한다.</td><td>절차적 학습 내용
• 검색 프로그램 구동 절차
• 시소러스 사용 절차</td><td></td></tr>
<tr><td>학습 과제 1.3: 일반적 과제
학습자는 연구 문제를 제공받는다. 이것과 가장 관련성이 높은 10개의 아티클을 찾기 위해 문헌 검색을 해야 한다.</td><td>절차적 학습 내용
• 검색 프로그램 구동 절차(소거)
• 시소러스 사용 절차(소거)</td><td></td></tr>
</table>

<table>
<tr><td colspan="3">과제 클래스 2
학습자는 (검색될) 특정 영역 내에 있는 개념이 명확하게 정의된 상황과 마주한다. 특정 주제에 대해 작성된 논문의 양이 상당하지만 한 연구 분야에 국한되어 있다. 따라서 검색은 특정 연구 분야의 하나의 데이터베이스 내에서 아티클 제목으로만 행해질 필요가 있다. 그러나 상당한 양의 아티클이 검색결과로 나오기 때문에 이를 제한하기 위하여 많은 검색어들을 불린 연산자로 연결해야 한다.</td></tr>
<tr><td colspan="3">지원적 내용: 사례 연구
• 학습자는 문헌 검색과 관련하여 해결된(좋은) 예 세 개를 제공받는다. 각 예는 불린 연산자가 사용된 정교한 검색 질의어를 포함하고 있다.</td></tr>
<tr><td colspan="3">지원적 내용: 정신적 모형을 위한 질문
• 학습자들은 검색 질의어를 보다 구체적으로 만드는 데 사용할 수 있는 검색어와 불린 연산자의 조합을 설명하는 검색 질의어 템플릿을 확인해보도록 요청받는다.</td></tr>
<tr><td>학습 과제 2.1: 모방하기 과제 + 제한
학습자는 특정 아티클 목록을 찾아내는 데 필요한 사용가능한 연구 문제, 아티클 목록, 불린 연산자를 사용한 정교화된 검색 질의어를 포함한 해결된 예 한 개를 제공받는다. 학습자는 유사한 연구 문제 한 개와 함께 제한된 수의 관련 아티클 목록을 찾으라는 하나의 목표를 제공받는다. 주어진 예를 모방하면서 검색 질의어를 만들어보고, 검색을 하고, 관련 아티클들을 선택해야 한다. 이 때 학습자가 만든 검색 질의어가 승인된 후에만 검색을 수행할 수 있다.</td><td>절차적 학습 내용
• 불린 연산자를 사용하여 검색 질의어를 명세화한 구문</td><td rowspan="3">부분 과제 연습
• 불린 연산자 적용하기</td></tr>
<tr><td>학습 과제 2.2: 완성하기 과제
학습자는 연구 문제와 검색어 목록을 제공받는다. 학습자는 제공된 검색어를 불린 연산자로 조합해 검색 질의어를 만들어야 한다.</td><td>절차적 학습 내용
• 불린 연산자를 사용하여 검색 질의어를 명세화한 구문(소거)</td></tr>
<tr><td>학습 과제 2.3: 일반적 과제
학습자는 연구 문제를 제공받는다. 이것과 가장 관련성이 높은 10개의 아티클을 찾기 위해 문헌 검색을 해야 한다.</td><td>절차적 학습 내용
• 불린 연산자를 사용하여 검색 질의어를 명세화한 구문(소거)</td></tr>
<tr><td colspan="3">지원적 내용: 인지적 피드백
• 학습자는 학습 과제 2.3에서 사용했던 문제 해결 방법에 대한 피드백을 제공받는다.</td></tr>
</table>

<table>
<tr><td colspan="3">과제 클래스 3
학습자는 (검색될) 특정 영역 내에 있는 개념이 명확하게 정의되지 않은 상황과 마주한다. 상이한 개념에 동일한 검색어가 사용되고, 동일한 개념이 상이한 검색어로 설명된다. 특정 주제에 대해 작성된 논문의 양이 상당할 뿐만 아니라 여러 연구 분야에 걸쳐 있기도 하다. 따라서 아티클 제목을 검색한 다음에는 초록 및 전문 검색을 수행해야 한다. 또한 다양한 연구 분야의 데이터베이스를 검색해야 한다. (상이한 용어를 쓰는) 관련된 모든 논문들을 검색하고, (동일한 용어를 쓰는) 무관한 논문들을 배제하기 위해서 많은 검색어들을 불린 연산자로 연결해야 한다.</td></tr>
<tr><td colspan="3">지원적 내용: 인지적 전략 제시
• 검색할 데이터베이스 수와 초록 및 전문 검색 여부를 결정하기 위한 SAP</td></tr>
<tr><td colspan="3">지원적 내용: 정신적 모형 제시
• 잘 정의되지 않는 주제에 대한 아티클을 검색하는 데 사용될 수 있는 검색어와 불린 연산자를 조합하는 방법을 설명하는 검색 질의어 템플릿에 대한 구조적 모형
• 구조, 특별한 검색 요건 등을 설명하는 다양한 연구 분야를 위한 다양한 데이터베이스 유형에 대한 개념적 모형</td></tr>
<tr><td>학습 과제 3.1: 완성하기 + 역행하기 과제
학습자는 연구 문제와 불린 연산자로 검색어를 조합한 정교화된 검색 질의어를 제공받는다. 학습자는 어떤 데이터베이스를 사용해야 하는지를 예측해서 질의어로 검색을 수행해야 한다. 그런 후에 질의어를 수정 및 보완해보고 관련 아티클을 선택해야 한다.</td><td>절차적 학습 내용
• 특정 데이터베이스 검색절차</td><td rowspan="2">부분 과제 연습
• 불린 연산자 적용하기</td></tr>
<tr><td>학습 과제 3.2: 일반적 과제
학습자는 연구 문제를 제공받는다. 이것과 가장 관련성이 높은 10개의 아티클을 찾기 위해 문헌 검색을 해야 한다.</td><td>절차적 학습 내용
• 특정 데이터베이스 검색절차(소거)</td></tr>
<tr><td colspan="3">지원적 내용: 인지적 피드백
• 학습자는 학습 과제 3.2에서 사용했던 문제 해결 방법에 대한 피드백을 제공받는다.</td></tr>
</table>

용어설명

강화(strengthening) 인지적 규칙이 성공적으로 적용될 때마다 그 규칙의 강도가 강해지게 만드는 학습과정의 한 범주. 이것은 쉐마 자동화가 잘 발전된 형태로, 반복연습형 컴퓨터 기반 훈련 프로그램과 같이 부분 과제 연습에 터한 과잉 학습에 있어서 특히 중요하다.

개념적 모형(conceptual models) 어떤 특정한 과제 영역에서 문제를 해결하기 위해 중요한 개념과 그것들의 상호관계에 대해 기술하는 영역 모형의 특정한 한 종류. 개념적 모형은 영역 모형에 대한 분석 결과로 만들어지고 객체, 사건, 그리고 활동들을 분류하거나 설명하기 위해 중요하게 사용된다.

개발 포트폴리오(development portfolio) 시간 경과에 따라 수행 평가 결과를 수집하기 위해 사용되는 도구. 각각의 순간에, 포트폴리오가 학습자의 전반적인 수행 수준(수평적 평가)과 그 과제의 특정한 측면에 대한 수행의 질(수직적 평가)에 대한 정보를 제공한다.

과잉 학습(overlearning) 부분 과제 연습을 엄청난 양으로 반복하여 고도의 자동화 수준에 이르게 하는 수행의 순환적/반복적인 측면을 학습하는 것을 일컬음.

교수체제설계(ISD: Instructional Systems Design) 분석, 설계, 개발, 실행, 평가로 구분되는 단계로 교수 체제를 설계하는 방법. 열단계 모형에서는 복합적 기능의 설계와 교수설계서를 설계하는 것에만 초점을 두었다. 따라서 보다 광범위한 ISD 모형과 함께 병행해서 사용하는 것이 좋다.

구조적 모형(structural models) 어떤 특정 과제 영역에서 중요한 계획이나 그러한 계획들 간의 관계를 설명해주는 영역 모형의 특정 유형. 정신적 모형에 대한 분석 결과로 얻어지며, 인공물을 설계하고 평가하는 데 있어서 중요하게 사용된다.

귀납법(induction) 학습자들이 자신의 구체적인 경험을 주의 깊게 축약화하는 일반화 및 변별화를 포함하는 귀납적 학습 과정의 한 범주. 쉐마 구성을 위한 한 방법으로, 실제 혹은 모의 과제 환경에서 과제로 학습하는데 있어서 특히 중요하다.

귀납적 전략(inductive presentation strategy) 구체적인 예로부터 일반적인 내용의 순서로 공부하도록 내용을 제시하는 방법. 예를 들어, 수업에서 모델링 예를 제시한 후에 SAP를 제시하는 식으로 접근할 수도 있고, 사례연구로 시작해서 일반적인 영역 모형으로 접근할 수도 있다. 열 단계 모형에서는 이 전략을 지원적 내용을 제시하는 기본적인 전략으로 사용한다.

규칙 기반 분석(rule-based analysis) 조치/결정에 시간적 순서가 없는 순환적 부분 기능을 분석하는 과제분석 기법.

기능군(skill clusters) 전체 복합적인 인지적 기능의 한 "부분"으로 볼 수 있는 의미롭고 비교적 큰 부분 기능들의 집합. 훈련을 시작하기에 충분히 작은 하나의 전체 과제를 찾을 수 없을 경우에 학습 과제들을 계열화하기 위해서만 기능군이 사용된다.

기능 분석(skill decomposition) 어떤 특정한 기능 위계로 복합적 기능을 구성하는 모든 부분 기능들을 설명하는 분석과정.

기능 위계(skill hierarchy) 복합적 기능 혹은 전문 역량을 구성하고 있는 모든 부분 기능들을 위계적으로 설명한 것. 부분 기능이 수직적 관계를 이루면 "선수" 관계를, 수평적 관계를 이루면 "시간적 전후" 관계를 나타낸다.

기준(standard) 성취했다고 판단할 수 있는 준거, 값, 태도 등을 포함하는 성취목표의 일부. 기준은 채점기준표 개발과 수행 평가의 기초가 된다.

내재적 인지부하(intrinsic load) 과제를 수행할 때 특히 작동기억에서 동시에 처리되어야만 하는 요소 수와 직접적인 연관이 있는 인지부하(요소 상호작용성).

눈덩이 굴리기 방법(snowballing) 훈련의 진행됨에 따라 점점 더 많은 부분들이 함께 훈련되는 방식의 부분 과제 계열화 방법. 예를 들어, 세 개의 부분(A, B, C)이 있다면, 가장 먼저 A, 그 다음에 AB, 마지막에 ABC로 훈련하는 것이다.

다양한 관점(multiple viewpoints) 정교화나 전이의 도움을 받으면서 동일한 내용에 대해 다양한 관점을 취할 수 있도록 장려하는 지원적 내용을 제시하는 것.

다중 표상(multiple representation) 어려운 절차나 규칙을 표현하기 위해 텍스트 및 시각 자료 등과 같은 다중 표상 형식들을 사용하여 복합적 절차를 가르치기 위한 기법 중 하나.

단순화(simplification) 부분 과제 계열화 방법 중 하나로, 절차를 점점 복잡한 형태로 표현하는 부분들로 나누는 것.

단편화(fractionation) 부분 과제 계열화 방법 중 하나로, 각기 다른 기능 부분으로 절차를 나누는 것.

독립적인 부분 과제 연습(independent part-task practice) 열 단계 모형에서, 이것은 학습자가 학습 과제의 어떤 순환적 측면들을 추가적으로 연습해야 할지 그리고 그것들을 언제 연습해야 할지 결정할 수 있는 자기주도적 학습의 한 수준이다.

래피드 프로타이핑(rapid prototyping) 설계 과정에서 비선형적인 반복성을 계획하기 위한 접근 방법. 열 단계 모형에서, 래피드 프로타이핑은 추가적인 학습 과제나 다른 과제 클래스를 개발하기 전에 하나의 특정 과제 클래스에 적합한 하나 이상의 학습 과제("prototypes")를 개발하고 실제 사용자들을 대상으로 그것을 테스트함으로써 실현될 수 있다.

맞춤형 교육(on-demand education) 가장 높은 수준의 자기주도적 학습으로 학습자가 공부할 후속 학습 과제를 혼자 선택할 수 있다.

맥락적 간섭(contextual interference) 맥락적 요인들은 기능이 빠르고 매끄럽게 숙달되는 것을 방해하는 데, 열 단계 모형은 학습 과제들이 우선적으로 쉐마 구성을 목표로 하기 때문에 학습 과제에 대해서는 높은 맥락적 간섭을, 연습 항목들은 우선적으로 쉐마 자동화를 목표로 하기 때문에 부분 과제 연습을 위해서는 낮은 맥락적 간섭을 제안한다.

메타데이터(metadata) 메타데이터(그리스어로 meta는 'after', 라틴어로 data는 'information')는 데이터들을 설명해주는 또 다른 데이터이다. 열 단계 모형에서, 학습 과제를 선택하는 데 있어서 중요한 메타데이터는 과제의 (a) 난이도, (b) 지원과 안내, (c) 각 과제에 따라 달라지는 실생활의 차원을 포함된다.

모델링 예(modeling examples) 제시된 해결책을 이끄는 문제 해결 과정에 대한 시연을 포함하는 하나의 해결된 예 혹은 사례 연구. 예를 들어, 모델링 예는 어떤 문제 해결에 참여하면서, 해결책에 도달하기 위하여 무엇을 하고 왜 그렇게 하는지를 설명해주는 전문가를 제시한다. 모델링 예는 학습자가 반드시 공부해야만 하는 하나의 학습 과제 혹은 지원적 내용의 일부인 SAP의 실례로 사용될 수 있다.

모델 추적(model-tracing) 학습자의 행동이 미리 정의된 if-then 규칙에 의해 추적되는 상비적 튜터링의 한 방법. 추적 과정에 실패가 생기면 이탈했음을 나타내고 그에 대한 피드백을 학습자에게 제공한다.

문제 해결에 대한 체계적 접근(Systematic Approach to Problem-solving: SAP) 각 단계를 성공적으로 완료하도록 해줄 수 있는 연속되는 문제 해결 단계 및 경험에 의한 규칙에 대해 체계적으로 접근하는 방법에 대한 설명. SAP는 인지적 전략에 대한 분석 결과로 나온다.

물리적 모형(physical model) 학습자가 정신적 이미지를 습득하는 데 중요한 (구체적) 개념을 나타낸 데생, 그림, 사진, 축소 모형물 혹은 기타 상징물 등. 성취 목표의 일부로 구체화되는 도구와 객체들을 위해 물리적 모형의 상세한 분석이 종종 중요하다.

미니 매뉴얼(minimal manuals) 절차적 과제를 어떻게 수행하는지에 대해 최소한의 과제 지향적인 학습 내용을 제시하는 매뉴얼. 열 단계 모형에서는 절차적 학습 내용을 학습자 요구에 따라 맞춤형으로 제시하는데 사용한다.

보조바퀴 방법(training wheels approach) 이 방법은 학습자의 바람직하지 않은 활동을 봉쇄시킨다. 학습자들의 수행을 처음에 제한하고 나중에 그 제한을 서서히 소거하는 방식으로 학습 과제를 계열화한다.

본유적 인지부하(germane load) 학습과 직접적으로 관련되는 인지적 처리에 의해 부과되는 인지부하(쉐미 구성 및 자동화). 잘 설계된 교수 프로그램은 사용가능한 전체 작동 기억 용량의 한계 안에서 본유적 인지부하를 최적화해야 한다.

부분 과제 연습(part-task practice) 교수설계서의 네 가지 요소 중 하나이다. 강화라고 하는 학습 과정을 통해 고도의 자동화 수준으로 복합적 기능의 순환적 측면을 훈련하기 위하여 추가 연습 항목들이 제공된다.

부분 과제-전체 과제 계열화(part-whole sequencing) 쉬운 것에서 어려운 부분 과제의 계열을 먼저 개발하고(부분 과제 계열화), 그러고 나서 그 부분 과제들을 더욱 단순하게 하기 위해서 전체 과제 계열화를 적용하는 방식의 계열화 방법. 열 단계 모형에서는 이 방법을 권장하지 않는다.

분절화(fragmentation) 복합적 학습 영역을 구체적인 학습 목표에 해당하는 작은 부분들로 분석한 후, 부분들 간의 관계에 초점을 두지 않고 부분으로 영역을 가르치는 경향. 이것은 복합적 학습과 역량 개발을 방해한다.

분할화(segmentation) 뚜렷이 다른 시간적 혹은 공간적 부분으로 절차를 나누는 부분 과제 계열화 방법 중 하나.

비순환적 기능(non-recurrent constituent skills) 바람직한 출구 행동이 문제 상

황마다 달라지는 복합적 과제 수행의 한 측면(문제 해결 혹은 추론을 포함). 기본적으로, 열 단계 모형은 부분 기능들을 비순환적인 것으로 분류한다.

사례 연구(case study) 사례 연구에서는 하나의 주어진 상태, 하나의 바람직한 목표 상태, 그리고 선택된 하나의 해결안을 제시한다. 이것은 학습자가 실세계에서 하나의 실제적 혹은 가설적 문제 상황에 적극적으로 참여하도록 하며, 특정 사건 혹은 상황에 대한 설명, 인위적으로 설계된 객체, 설계 시뮬레이션 혹은 과정 시뮬레이션과 같이 상이한 형태를 취할 수 있다. 사례 연구는 반드시 공부해야 하는 학습 과제 혹은 지원적 내용의 일부로 어떤 영역 모형의 한 가지 실례로 사용될 수 있다.

산출지향 지원(product-oriented support) 학습자가 도움 없이는 수행할 수 없는 학습 과제를 수행할 수 있도록 주어진 상태, 목표 상태, 적용가능한 해결책을 담은 부가적인 내용을 제공함

상비적 튜터링(contingent tutoring) 학습자의 요구를 파악하여 필요한 내용을 제시하는 방법 중 하나로, 교사 혹은 튜터가 학습 과제를 가지고 공부하는 학습자를 밀착 모니터링해서 문제를 어떻게 해결해야 하는지 혹은 과제를 어떻게 수행해야 하는지에 대한 구체적인 방향을 제공하는 것("어깨 너머로 바라보면서 도와주기")

설명적 방법(expository methods) 지원적 내용에서 유의미한 관계를 학습자에게 명확하게 제시하는 교수 방법.

성취 목표(performance objectives) 성취 목표는 바람직한 학습 경험의 결과를 표현한 것이다. 열 단계 모형에서, 각각의 부분 기능은 하나의 행동 동사, 바람직한 수행이 일어나는 데 주어져야 할 조건에 대한 설명, 사용되는 도구와 객체에 대한 설명, 수행을 성취했다고 판단할 만한 기준에 대한 설명을 포함하는 성취 목표를 가지고 있다.

소거(fading) 학습자가 전문성을 획득해감에 따라 학습 내용 제시와 도움 제공은 점점 불필요하게 된다는 것을 가리키는 원리.

수요자 중심의 맞춤형 학습 내용 제시(on-demand information presentation) 학습자가 적시적 학습 내용을 필요로 할 때 그 내용의 디스플레이를 적극적으로 요청(예: 미니 매뉴얼이나 온라인 도움을 사용해서)하는 절차적 학습 내용의 제시 방법.

수행 단계 제한하기(performance constraints) 학습자들이 바람직한 수행을 하는 데 관련 없는 특정 활동들을 하지 못하게 하는 조치. 따라서 불필요한 활동이

제한된다. 이것은 보조바퀴 방법이라고도 한다.

수행 평가(performance assessment) 학생들이 할 수 있는 것을 보여주도록 요구하는 활동, 연습, 문제 등과 같은 어느 정도 실제적인 과제에 바탕을 두는 평가.

순환적 기능(recurrent constituent skills) 문제를 해결하기 위한 바람직한 출구 행동이 문제 상황마다 대단히 비슷한(반복적인) 복합적 과제 수행의 한 측면. 이것의 특별한 유형으로 자동화되어야 하는 순환적 부분 기능들이 있다.

쉐마 구성(schema construction) 인지적 쉐마의 구성을 책임지는 학습 과정의 한 범주로, 새롭고 생소한 상황에서 적용할 행동를 생성하는 통제된 과정에 의해 해석됨. 하위 과정으로 귀납법과 정교화가 있다.

쉐마 자동화(schema automation) 인지적 쉐마의 자동화를 책임지는 학습 과정의 한 범주로, 의식적 통제를 필요로 하지 않고 직접 행동을 조종하는 인지적 규칙을 포함함. 하위 과정으로 지식 컴파일화와 강화가 있다.

스캐폴딩(scaffolding) 학습 과제에 대한 연습에 통합되는 문제 해결 지원. 학습자가 전문성을 획득해 감에 따라 사라진다. 특정한 문제 형태, 문제 계열, 프로세스 워크시트, 수행 단계 제한, 인지적 도구 등이 학습자를 스캐폴드하기 위해 사용될 수 있다.

안내(guidance) 과정 지향 지원의 형태. 학습자들이 체계적으로 문제에 접근하도록 도와주는데 이들은 문제 해결 단계에 걸쳐 안내받고 관련된 경험에 의한 규칙을 사용하도록 유도되기 때문이다.

안내된 탐구 전략(guided discovery strategy) 예부터 시작하여 일반적인 학습 내용을 공부하도록 제시하는 귀납적 방법. 학습자는 일반적 내용에서 유의미한 관계를 찾아보도록 안내된다. 열단계 모형에서 이 전략은 교수 시간이 충분하고, 학습자들이 잘 개발된 탐구 전략을 가지고 있고, 심층적 이해를 필요로할 때만 사용된다.

연습 항목(practice item) 학습자에게 복합적 기능의 선택된 순환적 측면(의 한 부분)을 수행하도록 요구하는 항목. 연습 항목은 반복적 기능을 개발하도록 도와주며 부분 과제 연습을 위한 빌딩 블록이라 할 수 있다.

연습 항목의 다양성(divergence of practice items) 학습자들이 연습해야 할 모든 다양한 절차들 혹은 규칙세트에 대해 연습 항목세트가 이를 대표해야 한다는 원리. 시연 혹은 사례세트에도 이 원리가 적용된다.

연역적 제시 전략(deductive presentation strategy) 일반적인 내용으로 시작해

서 그 내용을 실례로 든 예로 공부하도록하는 내용 제시 방법. 예를 들어, 수업에서 SAP를 제시한 후에 모델링 예를 제시하는 식으로 접근할 수도 있고, 혹은 일반적인 영역 모형으로 시작해서 사례 연구로 접근할 수도 있다. 열 단계 모형에서는, 교수 시간이 제한되고, 학습자가 관련된 사전 지식을 갖추었고, 심층적 이해가 반드시 필요하지 않은 경우에만 이 전략을 사용한다.

영역 모형(domain models) 학습 영역을 사실, 개념, 원리, 계획으로 설명한 것. 정신적 모형 분석 결과로 나온다. 영역 모형의 예에는 개념적 모형, 인과적 모형, 구조적 모형이 있다.

오개념(misconception) 개념, 원리, 계획에 대해 학습자가 가지고 있는 직관적인 이해. 지원적 내용을 공부하는 데 직관적인 인지적 전략과 정신적 모형이 방해가 되는 것처럼, 오개념(과 전형적인 오류)은 절차적 학습내용을 공부하는 데 방해가 된다.

완성형 전략(completion strategy) 학생들이 반드시 공부해야만 하는 사례 연구 혹은 해결된 예로부터 시작해서, 반드시 완성되어야 하는 미완의 해결책으로 구성된 완성하기 과제를 거쳐, 반드시 해결되어야만 하는 일반적인 문제로 학습 과제들을 계열화하는 것. 완성형 전략은 학습자가 전문성을 획득해 감에 따라 지원이 소거(스캐폴딩)되는 한 예이며 귀납적 학습과 전이에 긍정적인 영향을 준다.

외생적 인지부하(extraneous load) 학습과 직접적으로 관련되지 않은 인지적 처리에 의해 부과되는 인지부하(예: 관련 정보 검색하기, 약한 방법, 내용을 표현한 상이한 자원들을 통합하기). 잘 설계된 훈련 프로그램은 외생적 인지부하를 줄여야만 한다.

이중룹 학습(double-loop learning) 이중룹 학습은 학습자의 기반 지식 구조, 규준, 목표 등을 수정하는 것과 관련되는 방식으로 수행상의 취약점이 발견되고 교정될 때 일어난다. 인지적 피드백 제공과 주로 관련됨.

이중 분류된 부분 기능(double classified constituent skill) 순환적 기능인 동시에 비순환적 기능으로 분류되는 어떤 중요한 기능. 따라서 그러한 기능을 위한 훈련프로그램의 설계는 익숙한 문제 상황과 익숙하지 않은 문제 상황 모두를 효과적으로 다룰 수 있도록 최대한의 기회를 제공해야 한다.

인과적 모형(casual models) 어떤 특정 과제 영역에서 중요한 원리와 그 원리들 간의 관계를 설명해주는 영역 모형의 특정 유형. 정신적 모형에 대한 분석 결과로 얻어지며, 사건 해석, 인과관계 추론, 설명, 예측 등을 하는 데 중요하게 사용된다.

인식적 게임(epistemic games) 학습자들에게 지원적 내용에 대한 새로운 관점을 제공하는 내용을 구조화 혹은 재구조화하도록 요청하는 지식생성 활동.

인지부하이론(cognitive load theory) 인간의 제한된 활성기억 용량이 교수-학습을 위한 시사점을 제공한다고 주장하는 이론. 잘 설계된 훈련 시스템은 인지과부하를 방지하고, 학습과 관련 없는 인지부하를 줄이고, 학습관 관련된 인지부하를 최적화한다.

인지적 과제 분석(cognitive task analysis: CTA) 관찰 가능한 행동에 의미를 조직하고 부여하는 정신적 처리과정에 접근해가기 위한 방법과 도구들의 집합. 열 단계 모형에서는 2~3단계, 5~6단계, 8~9단계가 CTA를 위한 하나의 통합 시스템을 구성한다.

인지적 규칙(cognitive rules) 특정 조건과 이러한 조건하에서 취해야 할 하나의 (정신적) 조치 간의 일관된 관계에 대한 정신적 표상. 열 단계 모형에서, 인지적 규칙은 if-then 규칙 혹은 어떤 절차 안에 여러 규칙들이 조합된 것으로 분석된다.

인지적 도구(cognitive tool) 학습자들이 인지적 학습 활동과 비판적 사고를 수행하도록 도와주는 장치. 인지적 도구는 학습자 통제여서 학습자들이 내용에 대한 자신의 이해를 반영하는 지식 생성 활동에 적극적으로 참여하게 한다.

인지적 전략(cognitive strategies) 어떤 특정 과제 영역 안에 있는 문제에 어떻게 접근할 것인가에 대한 정신적 표상. 열 단계 모형에서, 인지적 전략은 문제해결의 각 단계를 완수하도록 도와주는 문제 해결 및 경험에 의한 규칙 안의 단계에 대한 설명을 포함하는 SAP로 분석된다.

인지적 피드백(cognitive feedback) 학습자들이 찾아낸 해결책의 질 혹은 문제해결 과정의 질에 대해 스스로 성찰해 보게 하는 피드백의 한 종류. 일반적으로 복합적 기능의 비순환적 측면에 대한 수행의 질에 대해 피드백을 제공하기 위해 사용된다.

일반적 학습 과제(conventional tasks) 주어진 상태와 바람직한 목표 상태를 제시해주는 하나의 학습 과제. 학습자는 혼자서 해결책을 생성해내야만 한다.

자기주도적 학습(self-directed learning) 학습자가 주도권을 갖고 자신의 학습 요구를 진단하고, 학습 목표를 설정하고, 학습에 필요한 자원을 찾아내고, 학습 전략을 선택하고 실행하고, 학습 결과를 평가하는 과정. 열 단계 모형에서는 주로 학습자가 자신의 수행을 평가해서 자신에게 적합한 학습 과제를 선택하는 상황을 말한다.

자동화되어야 하는 순환적 부분 기능(to-be-automated recurrent constituent skills) 문제를 해결하기 위한 바람직한 출구 행동이 문제 상황마다 대단히 비슷해서 고도의 자동화 수준으로 개발될 필요가 있는 복합적 과제 수행의 한 측면. 종종 이러한 부분 기능들을 위해 부분 과제 연습이 훈련 프로그램에 포함된다.

자원 기반 학습(resource based learning) 적절한 인쇄물, 비인쇄물(테이프나 필름 등), 심지어 인간까지 아우르는 광범위한 자원들을 유의미하게 활용하는 데 있어서 학습자들을 적극적으로 참여시키는 계획된 교육 프로그램. 열단계 모형에서는 학습자들로 하여금 학습 과제로 공부하면서 필요한 자원을 참고하게 해준다.

적시적 개방 학습(just-in-time open learning: JITOL) 열 단계 모형에서, 학습자가 어떤 지원적 내용을 공부할지 그리고 그것을 언제 공부할지 결정할 수 있는 자기주도적 학습의 수준. 자원 기반 학습의 형태를 띠어서 적시적으로 자원이 가용함.

적시적 학습 내용 디스플레이(just-in-time information displays) 의미 있는 (하위) 목표에 도달하기 위해 적용되는 하나의 절차 혹은 하나의 규칙을 제시하기 위한 절차적 학습 내용의 단위. 적시적 학습 내용의 디스플레이는 학습자가 그것을 필요로 할 때 정확하게 제시하는 것이 가장 좋다.

전이 패러독스(transfer paradox) 전통적인 교육에서 구체적인 학습 목표를 달성하기 위해서 매우 효율적이지만(예: 구획화된 연습) 학습한 것의 전이를 달성하기에는 적절하지 못한 교수 방법을 사용하는 경향. 이것은 복합적 학습과 역량개발을 방해한다.

전체 과제-부분 과제 계열화(whole-part sequencing) 먼저 쉬운 것에서 어려운 것 순으로 전체 과제를 개발하고(전체 과제 계열화) 그러고 나서 전체 과제들을 공부하는데 부분 과제 계열화를 적용하는 방식의 계열화 방법. 열 단계 모형에서는 부분 과제-전체 과제 계열화보다 이 방법을 선호한다.

전향 연쇄(forward chaining) 과제 수행 중 먼저 수행되는 부분 기능들로 시작해서, 과제 수행 중 나중에 수행되는 부분 기능의 순으로 공부하는 방식의 부분 과제 계열화 방법(자연적인 과정 순).

절차(procedure) 과제 수행의 순환적 측면에 대한 단계별 설명으로 그 단계는 조치 및 결정과 관련이 있다. 절차는 인지적 규칙에 대한 정보처리 분석 과정에 의해 규명된다.

절차적 학습 내용(procedural information) 교수설계서의 네 가지 요소 중 하나이다. 절차적 학습 내용은 지식 컴파일화라고 하는 학습 과정을 통해 학습 과제의 순환적/반복적 측면을 학습하도록 도와주는 내용이다.

정교화(elaboration) 학습자들이 생소한 내용 요소들을 그들의 기억 속에 이미 가지고 있는 또 다른 요소들 및 지식에 연결시키는 학습 과정의 한 범주. 쉐마 구성 방법 중 하나로 예를 들어 하이퍼미디어에서 지원적 내용을 학습하는 데 특히 중요하다.

정보처리 분석(information-processing analysis) 조치/결정이 시간적 순서로 제시되지만 매우 불명확하고 관찰하기 어려울 때 주로 사용되는, 순환적 부분 기능을 분석하기 위한 과제 분석 기법.

정신적 모형(mental models) 과제 영역이 어떻게 조직되어 있는지를 보여주는 하나의 풍부한 정신적 표상. 열 단계 모형에서, 정신적 모형은 개념적 모형(이것이 무엇인가?), 구조적 모형(이것이 어떻게 구성되는가?), 혹은 인과적 모형(이것이 어떻게 작동하는가?)으로 분석된다.

주의집중시키기(attention-focusing) 복합적 절차를 가르치기 위한 방법 중 하나로, 수행하기 어렵거나 위험한 절차적 단계들 혹은 규칙들에 학습자의 주의를 집중시킨다.

지식 컴파일화(knowledge compilation) 학습자들로 하여금 행동을 직접 이끄는 인지적 규칙 안에 새로 배운 내용을 끼어 넣게 하는 학습 과정의 범주. 절차적 학습 내용을 학습하는 데 특히 중요한 쉐마 자동화의 한 형태이다.

지원(support) 그 도움이 없으면 학습자들이 수행할 수 없는 학습 과제를 학습자들로 하여금 수행할 수 있도록 도와주는 조치. 산출 지향 지원(product-oriented support)과 과정 지향 지원(process-oriented support)으로 구분할 수 있다.

지원적 내용(supportive information) 교수설계서의 네 가지 요소 중 하나이다. 지원적 내용은 정교화와 이해를 통해 학습 과제의 비순환적인 측면(문제 해결과 추론)을 학습하도록 도와준다.

직관적인 인지적 전략 및 정신적 모형(intuitive cognitive strategies and mental models) 학습자가 훈련 전에 가지고 있는 인지적 전략과 정신적 모형. 절차적 학습 내용을 학습하는 데 있어서 전형적 오류와 오개념이 방해하는 것처럼, 직관적 전략과 정신적 모형은 지원적 내용의 학습을 방해한다.

질문식 방법(inquisitory methods) 학습자들에게 자기가 이미 알고 있는 것으로부터 유의미한 관계를 만들어내도록 요구하는 교수방법. 내용 제시를 위한 안내된 발견 전략에 적합함.

짝짓기(matching) 규칙이나 절차에 대한 정확한 시연과 부정확한 것을 비교/대조하는 복잡한 절차를 가르치기 위한 기법의 하나.

채점 기준표(scoring rubric) 과제의 모든 다양한 측면에 대해 성취하였다고 판단할 수 있는 기준에 기초해서 작성된, 복합적 수행에 대해 등급을 매기기 위해 작성된 기준표.

체제 역학(system dynamics) 체제를 구성하고 있는 요소에서 나온 결과가 체제의 다른 모든 구성요소에 직 · 간접적으로 영향을 준다는 복합적인 (교수) 체제의 현상. 체제 관점에 따르면, 교수설계의 절차는 체계적일 뿐만 아니라 체제적인 것으로서 체제 역학을 고려해야 한다.

최종 목표(terminal objective) 기능 위계의 맨 위에 위치하면서 전반적인 학습 목표에 대한 하나의 상세 조항이 되는 성취 목표.

프로세스 워크시트(process worksheet) 체계적 문제 해결 과정을 안내하는 장치. 일련의 문제 해결 단계뿐만 아니라 각 단계를 성공적으로 완료하도록 도와주는 경험에 의한 규칙들에 대한 설명을 포함하고 있다.

프로토콜 포트폴리오 점수(protocol portfolio scoring: PPS) 열 단계 모형과 완벽히 일치하는 개발 포트포리오의 사용 방법. PPS에서 (a) 전체 교육 프로그램에 걸쳐 적용되는 기준이 일정하고, (b) 혼합된 평가방법과 평가자가 사용되고, (c) 수평적 평가와 수직적 평가가 특징지어지는 개발 포트폴리오의 사용 방법으로 구분되어 있다.

하위목표 파악하기(subgoaling) 복합적인 절차를 가르치기 위한 방법 중 하나. 학습자들로 하여금 특정 절차나 규칙에 의해 도달되는 특정 목표나 하위 목표를 규명해보도록 한다.

학습 과제(learning task) 학습 과제는 교수설계서의 첫 번째 요소이며 교육 프로그램의 골격을 형성한다. 각 학습 과제는 실생활의 과제에 기초해서 설계되고 유의미한 전체 과제 경험을 통해 귀납적 학습을 촉진한다. 학습 과제는 실제적 혹은 모의 과제 환경에서 수행된다.

학습자의 요구를 파악하여 필요한 내용 제시(unsolicited presentation) 학습자가 필요로 할 때 적시적 학습 내용 디스플레이가 명확하게 제시되는 절차적 학습 내용의 제시 방법.

해결된 예(worked out example) 주어진 상태, 바람직한 목표 상태, 그리고 선택된 해결안을 제시하는 학습 과제. 이것이 실생활의 문제 상황을 반영하면 사례 연구라고 부르기도 한다. 목표에 도달하기 위해 필수적인 문제 해결 과정에 관심을 두는 과정 중심의 해결된 예를 모델링 예라고 부른다.

혼합된 훈련 프로그램(intermix training) 부분 과제 연습을 위해 하나 이상의 하위 프로그램에 학습 과제들을 공부할 수 있도록 배치한 훈련 프로그램

후향 연쇄(backward chaining) 부분 과제 계열화를 위한 방법 중 하나. 정상적인 과제 수행 중에 마지막에 수행되는 부분 기능으로 훈련을 시작하고 실제 과제 수행 중에는 맨 먼저 수행되는 부분 기능을 향해 훈련을 해가는 방법(수행의 역순).

4C/ID 모형(4C/ID model) 골격인 학습 과제부터 지원적 내용, 절차적 학습 내용, 부분 과제 연습에 이르는 교수설계서를 구성하는 네 가지 요소의 약자

ADDIE 모형(ADDIE model) 분석, 설계, 개발, 실행, 평가로 구성되는 일반적인 교수체제설계(ISD) 방법. 열 단계 모형은 분석 및 설계에 명확하게 초점을 맞춘 교수설계 모형이다.

if-then 규칙(if-then rules) 특정 조건하에서 어떤 조치를 취해야 하는지를 나타내는 규칙. if-then 규칙은 인지적 규칙에 대한 규칙 기반 분석으로 규명된다.

참고문헌

Achtenhagen, F. (2001). Criteria for the development of complex teaching-learning environments. *Instructional Science, 29*, 361-380.

Aleven, V., Stahl, E., Schworm, S., Fischer, F., & Wallace, R. (2003). Help seeking and help design in interactive learning environments. *Review of Educational Research, 73*, 277-320.

Allen, W. J. (2001). *Working together for environmental management: the role of information sharing and collaborative learning*. Unpublished PhD thesis, Massey University, New Zealand.

Alred, G. J., Brusaw, C. T., & Oliu, W. E. (2003). *The business writer' s handbook* (7th ed.). Boston, MA: Bedford St. Martins.

Anderson, J. R. (1983). *The architecture of cognition*. Cambridge, MA: Harvard University Press.

Anderson, J. R. (1987). Skill acquisition: Compilation of weak-method problem solutions. *Psychological Review, 94*, 192-210.

Anderson, J. R. (1993). *Rules of the mind*. Hillsdale, NJ: Lawrence Erlbaum.

Anderson, J. R., & Lebière, C. J. (1998). *The atomic components of thought*. Mahwah, NJ: Lawrence Erlbaum Associates.

Andre, T. (1997). Selected micro-instructional methods to facilitate knowledge construction: Implications for instructional design. In R. D. Tennyson, F. Schott, N. Seel, & S. Dijkstra (Eds.), *Instructional design - International perspectives: Theory, research, and models* (Vol. 1) (pp. 243-267). Mahwah, NJ: Lawrence Erlbaum Associates.

Annett, J., & Sparrow, J. (1985). Transfer of training: A review of research and practical implications. *Programmed Learning and Educational Technology, 22*, 116-124.

Argyris, C., & Schön, D. (1978). *Organizational learning: A theory of action perspective*. Reading, MA: Addison Wesley.

Ausubel, D. P. (1960). The use of advance organizers in the learning and retention of meaningful verbal material. *Journal of Educational Psychology, 51*, 267-272.

Ausubel, D. P. (1968). *Educational Psychology: A cognitive view.* New York: Holt, Rinehart and Winston.

Ayres, P. L. (1993). Why goal-free problems can facilitate learning. *Contemporary Educational Psychology, 18,* 376-381.

Baartman, L. K. J., Bastiaens, Th. J., Kirscher, P. A., & van der Vleuten, C. P. M. (2006). The wheel of competency assessment: Presenting quality criteria for competency assessment program. *Studies in Educational Evaluation, 32,* 153-170.

Balzer, W. K., Doherty, M. E., & O' Connor, R. (1989). Effects of cognitive feedback on performance. *Psychological Bulletin, 106,* 410-433.

Banathy, B. H. (1987). Instructional systems design. In R. M. Gagné (Ed.), *Instructional technology: Foundations* (pp. 85-112). Hillsdale, NJ: Lawrence Erlbaum Associates.

Bastiaens, Th. J. (1999). Assessing an electronic performance support system for the analysis of jobs and tasks. *International Journal of Training and Development, 3,* 54-61.

Biggs, J. (1996). Enhancing teaching through constructive alignment. *Higher Education, 32,* 347-364.

Bolhuis, S. (1996, April). *Towards active and selfdirected learning: Preparing for lifelong learning with reference to Dutch secondary education.* Paper presented at the Annual Meeting of the American Educational Research Association, New York.

Brand-Gruwel, S., Wopereis, I. G. J. H., & Vermetten, Y. (2005). Information problem solving by experts and novices: Analysis of a complex cognitive skill. *Computer in Human Behavior, 21,* 487-508.

Bray, C. W. (1948). *Psychology and military proficiency.* Princeton, NJ: Princeton University Press.

Briggs, G. E., & Naylor, J. C. (1962). The relative efficiency of several training methods as a function of transfer task complexity. *Journal of Experimental Psychology, 64,* 505-512.

Brown, J. S., Collins, A., & Duguid, P. (1989). Situated cognition and the culture of learning. *Educational Researcher, 18*(1), 32-42.

Bruner, J. S. (1960). *The process of education.* Cambridge, MA: Harvard University Press.

Bruner, J. S. (1975). From communication to language: A psychological perspective. *Cognition, 3,* 255-287.

Butler, D. L., & Winne, P. H. (1995). Feedback and self-regulated learning: A theoretical synthesis. *Review of Educational Research, 65,* 245-281.

Camp, G., Paas, F., Rikers, R., & van Merriënboer, J. J. G. (2001). Dynamic problem selection in air traffic control training: A comparison between performance, mental effort, and mental efficiency. *Computers in Human Behavior, 17*, 575-595.

Carlson, R. A., Khoo, H., Elliott, R. G. (1990). Component practice and exposure to a problem solving context. *Human Factors, 32*, 267-286.

Carlson, R. A., Sullivan, M. A., & Schneider, W. (1989). Component fluency in a problem-solving context. *Human Factors, 31*, 489-502.

Carroll, J. M. (1998). *Minimalism beyond the Nurnberg Funnel.* Cambridge, MA: MIT Press.

Carroll, J. M., & Carrithers, C. (1984). Blocking learner error states in a training-wheels system. *Human Factors, 26*, 377-389.

Carroll, J. M., Smith-Kerker, P. L., Ford, J. R., & Mazur-Rimetz, S. A. (1988). The minimal manual. *Human-Computer Interaction, 3*, 123-153.

Chandler, P., & Sweller, J. (1992). The split-attention effect as a factor in the design of instruction. *British Journal of Educational Psychology, 62*, 233-246.

Chandler, P., & Sweller, J. (1996). Cognitive load while learning to use a computer program. *Applied Cognitive Psychology, 10*, 151-170.

Chi, M. T. H., de Leeuw, N., Chiu, M. H., & LaVancher, C. (1994). Eliciting self-explanations improves understanding. *Cognitive Science, 18*, 439-477.

Clark, R. E., & Estes, F. (1999). The development of authentic educational technologies. *Educational Technology, 39*(2), 5-16.

Clark, R., & Taylor, D. (1992). Training problem solving skills using cognitive strategies: Part 1 - Novice vs. expert problem solvers. *Performance & Instruction, 31*(3), 1-5.

Collins, A., Brown, J. S., & Newman, S. E. (1989). Cognitive apprenticeship: Teaching the craft of reading, writing and mathematics. In L. B. Resnick (Ed.), *Knowing, learning, and instruction: Essays in honor of Robert Glaser* (pp. 453-493). Hillsdale, NJ: Lawrence Erlbaum Associates.

Collins, A., & Ferguson, W. (1994). Epistemic forms and epistemic games: Structures and strategies to guide inquiry. *Educational Psychologist, 28*(1), 25-42.

Collins, A., & Stevens, A. L. (1983). A cognitive theory of inquiry teaching. In C. M. Reigeluth (Ed.), *Instructional design thories and models* (pp. 247-278). Hilsdale, NJ: Lawrence Erlbaum Associates.

Corbalan, G., Kester, L., & van Merriënboer, J. J. G. (2006). Towards a personalized task selection model with shared instructional control. *Instructional Science, 34*, 399-422.

Corbett, A. T., & Anderson, J. R. (1995). Knowledge tracing: Modeling the acquisition of procedural knowledge. *User Modeling and User-Adapted Interaction, 4*, 253-278.

Cormier, S. M., & Hagman, J. D. (Eds.). (1987). *Transfer of learning: Contemporary research and applications.* San Diego, CA: Academic Press.

Crossman, E. R. F. W. (1959). A theory of the acquisition of speed-skill. *Ergonomics, 2,* 153-166.

De Corte, E., Verschaffel, L., Entwistle, N., & van Merriënboer, J. J. G. (Eds.). (2003). *Unravelling basic components and dimensions of powerful learning environments.* Oxford, UK: Elsevier Science.

De Croock, M. B. M., Paas, F., Schlanbusch, H., & van Merriënboer, J. J. G. (2002). ADAPTit: Instructional design tools for training design and evaluation. *Educational Technology, Research and Development, 50*(4), 47-58.

De Croock, M. B. M., van Merriënboer, J. J. G., & Paas, F. (1998). High vs. low contextual interference in simulation-based training of troubleshooting skills: Effects on transfer performance and invested mental effort. *Computers in Human Behavior, 14,* 249-267.

De Groot, A. D. (1966). Perception and memory versus thought. In B. Kleinmuntz (Ed.), *Problem solving: Research, method, and theory.* New York: Wiley & Sons.

De Jong, A. M., & van Joolingen, W. R. (1998). Scientific discovery learning with computer simulations of conceptual domains. *Review of Educational Research, 68,* 179-201.

Dempster, F. (1988). The spacing effect: A case study in the failure to apply results to psychological research. *American Psychologist, 43,* 627-634.

Detterman, D. K., & Sternberg, R. J. (Eds.). (1993). *Transfer on trial: Intelligence, cognition, and instruction.* Norwood, NJ: Ablex.

Dick, W., & Carey, L. (1996). *The systematic design of instruction* (4th ed.). New York: Harper Collins.

Dijkstra, S., & van Merriënboer, J. J. G. (1997). Plans, procedures, and theories to solve instructional design problems. In S. Dijkstra, N. Seel, F. Schott, & R. D. Tennyson (Eds.), *Instructional design: Insternational perspectives* (Vol. 2) (pp. 23-43). Hillsdale, NJ: Lawrence Erlbaum Associates.

Dufresne, R. J., Gerace, W. J., Thibodeau-Hardiman, P., & Mestre, J. P. (1992). Constraining novices to perform expertlike problem analyses: Effects on schema acquisition. *The Journal of the Learning Sciences, 2,* 307-331.

Elio, R. (1986). Representation of similar well-learned cognitive procedures. *Cognitive Science, 10,* 41-73.

Ertmer, P. A., & Russell, J. D. (1995). Using case studies to enhance instructional design education. *Educational Technology, 35*(4), 23-31.

Fisk, A. D., & Gallini, J. K. (1989). Training consistent components of tasks: Developing an instructional system based on automatic-controlled processing principles. *Human Factors, 31*, 453-463.

Fisk, A. D., Lee, M. D., & Rogers, W. A. (1991). Recombination of automatic processing components: The effects of transfer, reversal, and conflict situations. *Human Factors, 33*, 267-280.

Fisk, A. D., & Lloyd, S. J. (1988). The role of stimulus-to-rule consistency in learning rapid application of spatial rules. *Human Factors, 30*, 35-49.

Fisk, A. D., Oransky, N. A., & Skedsvold, P. R. (1988). Examination of the role of "higher-order" consistency in skill development. *Human Factors, 30*, 567-581.

Fleming, M., & Levie, H. W. (1993). *Instructional message design*. Englewood Cliffs, NJ: Educational Technology Publications.

Frederiksen, N. (1984). Implications of cognitive theory for instruction in problem solving. *Review of Educational Research, 54*, 363-407.

Gagné, R. M. (1968). Learning hierarchies. *Educational Psychologist, 6*, 1-9.

Gagné, R. M. (1985). *The conditions of learning* (4th Ed.). New York: Holt, Rinehart & Winston.

Gardner, H. (1999). Multiple approaches to understanding. In C. M. Reigeluth (Ed.), *Instructional design theories and models: A new paradigm of instructional theory* (Vol. II) (pp. 69-89). Mahwah, NJ: Lawrence Erlbaum Associates.

Garrison, D. R. (1997). Self-directed learning: Toward a comprehensive model. *Adult Education Quarterly, 48*, 18-33.

Gentner, D., & Stevens, A. L. (1983). *Mental Models*. Hillsdale, NJ: Lawrence Erlbaum Associates.

Gibbons, A. S., & Brewer, E. K. (2004). Elementary principles of design languages and design notation systems for instructional design. In M. Spector, C. Ohrazda, A. van Schaack, & D. Wiley (Eds.), *Innovations to instructional technology: Essays in honor of M. David Merrill*. Mahwah, NJ: Lawrence Erlbaum Associates.

Gick, M. L., & Holyoak, K. J. (1980). Analogical problem solving. *Cognitive Psychology, 12*, 306-356.

Gick, M. L., & Holyoak, K. J. (1983). Schema induction and analogical transfer. *Cognitive Psychology, 15*, 1-38.

Gick, M. L., & Holyoak, K. J. (1987). The cognitive basis of knowledge transfer. In S. M. Cormier & J. D. Hagman (Eds.), *Transfer of learning: Contemporary research and applications*. San Diego, CA: Academic Press.

Goodyear, P., & Steeples, C. (1992). IT based open learning: Tasks and tools. *Journal of Computer Assisted Learning, 8*, 163-176.

Gopher, D., Weil, M., & Siegel, D. (1989). Practice under changing priorities:

An approach to the training of complex skills. *Acta Psychologica, 71,* 147-177.

Gordon, J., & Zemke, R. (2000). The attack on ISD. *Training, 37*(4), 42-53.

Gray, E. (2003). Conscious choices: *A model for self-directed learning.* Upper Saddle River, NJ: Prentice Hall.

Greenfield, P. M. (1984). A theory of the teacher in the learning activities of everyday life. In B. Rogoff & J. Lave (Eds.), *Everyday cognition: Its development in social context* (pp. 117-138). Cambridge, MA: Harvard University Press.

Greenfield, P. M. (1999). Historical change and cognitive change: A two-decade follow-up study in Zinacantan, a Maya community in Chiapas, Mexico. *Mind, Culture, and Activity, 6,* 92-98.

Gropper, G. L. (1973). *A technology for developing instructional materials.* Pittsburgh, PA: American Institutes for Research.

Gropper, G. L. (1983). A behavioral approach to instructional prescription. In C. M. Reigeluth (Ed.), *Instructional design theories and models* (pp. 101-161). Hillsdale, NJ: Lawrence Erlbaum Associates.

Gulikers, J. T. M., Bastiaens, Th. J., & Kirschner, P. A. (2004). A five-dimensional framework for authentic assessment. *Educational Technology, Research and Development, 52,* 67-85.

Gulikers, J. T. M., Bastiaens, Th. J., & Kirschner, P. A. (2006a). Authentic assessment, student and teacher perceptions: the practical value of the five-dimensional framework. *Journal of Vocational Education and Training,* Preprint.

Gulikers, J. T. M., Bastiaens, Th. J., & Kirschner, P. A. (2006b). The more the better? Relations between student perceptions of assessment authenticity, study approaches and learning outcome. *Studies in Educational Evaluation,* Preprint.

Gulikers, J. T. M., Bastiaens, Th. J., & Martens, R. (2005). The surplus value of an authentic learning environment. *Computers in Human Behavior, 21,* 509-521.

Gupta, K. (1999). *A practical guide to needs assessment.* San Francisco, CA: Jossey-Bass/Pfeiffer.

Halff, H. M. (1993). Supporting scenario- and simulation-based instruction: Issues from the maintenance domain. In J. M. Spector, M. C. Polson, & D. J. Muraida (Eds.), *Automating instructional design: Concepts and issues* (pp. 231-248). Englewood Cliffs, NJ: Educational Technology Publicatios.

Hambleton, R. K., Jaeger, R. M., Plake, B. S., & Mills, C. (2000). Setting performance standards on complex educational assessments. *Applied Psychological Measurement, 24,* 355-366.

Harp, S. F., & Mayer, R. E. (1998). How seductive details do their damage: A theory of cognitive interest in science learning. *Journal of Educational Psychology*, *90*, 414-434.

Hartley, J. (1994). *Designing instructional text* (3rd ed.). London: Kogan Page.

Hill, J., & Hannafin, M. J. (2001). Teaching and learning in digital environments: The resurgence of resource-based learning. *Educational Technology, Research and Development*, *49*(3), 37-52.

Hoffman, C. K., & Medsker, K. L. (1983). Instructional analysis: The missing link between task analysis and objectives. *Journal of Instructional Development*, *6*(4), 17-23.

Holland, J. H., Holyoak, K. J., Nisbett, R. E., & Thagard, P. R. (1989). Induction: *Processes of inference, learning, and discovery*. Cambridge, MA: The MIT press.

Holsbrink-Engels, G. A. (1997). The effects of the use of a conversational model and opportunities for reflection in computer-based role-playing. *Computers in Human Behavior*, *13*, 409-436.

Hoogveld, A. W. M., Paas, F., & Jochems, W. M. G. (2005). Training higher education teachers for instructional design of competency-based education: Product-oriented versus process-oriented worked examples. *Teaching and Teacher Education*, *21*, 287-297.

Hoogveld, A. W. M., Paas, F., Jochems, W. M. G., & van Merriënboer, J. J. G. (2001). The effects of a web-based training in an instructional systems design approach on teachers instructional design behavior. *Computers in Human Behavior*, *17*, 363-371.

Hoogveld, A. W. M., Paas, F., Jochems, W. M. G., & van Merriënboer, J. J. G. (2002). Exploring teachers' instructional design practices from a systems design perspective. *Instructional Science*, *30*, 291-305.

Iyengar, S. S., & Lepper, M. R. (2000). When choice is demotivating: Can one desire too much of a good thing? *Journal of Personality & Social Psychology*, *79*, 995-1006.

Janssen-Noordman, A. M. B., & van Merriënboer, J. J. G. (2002). *Innovatief onderwijs ontwerpen: Via leertaken naar complexe vaardigheden* [Innovative instructional design: From learning tasks to complex skills]. Groningen, The Netherlands: Wolters Noordhoff.

Jelsma, O., van Merriënboer, J. J. G., & Bijlstra, J. P. (1990). The ADAPT design model: Towards instructional control of transfer. *Instructional Science*, *19*, 89-120.

Jochems, W., van Merriënboer, J. J. G., & Koper, R. (Eds.) (2004). *Integrated E-learning: Implications for pedagogy, technology, and organization.*

London: Routledge Falmer.

Jonassen, D. H. (1992). Cognitive flexibility theory and its implications for designing CBI. In S. Dijkstra, H. P. M. Krammer, & J. J. G. van Merriënboer (Eds.), *Instructional models in computer-based learning environments* (NATO ASI Series F, vol. 104) (pp. 385-403). Berlin, Germany: Springer Verlag.

Jonassen, D. H. (1999). Designing constructivist learning environments. In C. M. Reigeluth (Ed.), *Instructional design theories and models: A new paradigm of instructional theory* (Vol. II) (pp. 215-239). Mahwah, NJ: Lawrence Erlbaum Associates.

Jonassen, D. H. (2000). *Computers as mindtools for schools: Engaging critical thinking* (2nded). Upper Saddle River, NJ: Prentice Hall.

Jonassen, D. H., Hannum, W. H., & Tessmer, M. (1989). *Handbook of task analysis procedures.* New York: Praeger.

Kalyuga, S., Ayres, P., Chandler, P., & Sweller, J. (2003). The expertise reversal effect. *Educational Psychologist, 38*(1), 23-31.

Kalyuga, S., & Sweller, J. (2005). Rapid dynamic assessment of expertise to optimize the efficiency of e-learning. *Educational Technology, Research and Development, 53*(3), 83-93.

Kaufman, R., & English, F. W. (1979). *Needs assessment: Concept and application.* Englewood Cliffs, NJ: Educational Technology Publications.

Kennedy, P., & Esquire, T., & Novak, J. (1983). A functional analysis of task analysis procedures for instructional design. *Journal of Instructional Development, 6*(4). 10-16.

Kester, L., Kirschner, P. A., & van Merriënboer, J. J. G. (2004a). Information presentation and troubleshooting in electrical circuits. *International Journal of Science Education, 26*, 239-256.

Kester, L., Kirschner, P. A., & van Merriënboer, J. J. G. (2004b). Timing of information presentation in learning statistics. *Instructional Science, 32*, 233-252.

Kester, L., Kirschner, P. A., & van Merriënboer, J. J. G. (2005). The management of cognitive load during complex cognitive skill acquisition by means of computer-simulated problem solving. *British Journal of Educational Psychology, 75*, 71-85.

Kester, L., Kirschner, P. A., van Merriënboer, J. J. G., & Baumer, A. (2001). Just-in-time information presentation and the acquisition of complex cognitive skills. *Computers in Human Behavior, 17*, 373-392.

Khalil, M. K., Paas, F., Johnson, T. E., & Payer, A. F. (2005a). Design of interactive and dynamic anatomical visualizations: The implications of cognitive load theory. *The Anatomical Record (New Anat.), 286B*, 15-20.

Khalil, M. K., Paas, F., Johnson, T. E., & Payer, A. F. (2005b). Interactive and dynamic visualizations in teaching and learning of anatomy: A cognitive load perspective. *The Anatomical Record (New Anat.)*, *286B*, 8-14.

Kicken, W., Brand-Gruwel, S., & van Merriënboer, J. J. G. (2005, May-June). *Advisering bijhet kiezen van leertaken: Veilig op weg naar vraaggestuurd onderwijs* [Advice on the selection of learning tasks: A safe approach to education on-demand]. Paper presented at the OnderwijsResearchDagen (ORD), May 30-June 1, Gent, Belgium.

Kieras, D. E. (1988). Towards a practical GOMS model methodology for user interface design. In M. Helander (Ed.), *Handbook of human-computer interaction* (pp. 135-157). North-Holland: Elsevier.

Kirschner, P. A. (Ed.) (2001). Web enhanced higher education [Special Issue]. *Computers in Human Behavior, 17.*

Kirschner, P. A. (Ed.). (2002). Cognitive load theory [Special Issue]. Learning and Instruction, 12.

Kirschner, P. A., Carr, C., van Merriënboer, J. J. G., & Sloep, P. (2002). How expert designers design. *Performance Improvement Quarterly, 15*(4), 86-104.

Kirschner, P. A., & David, N. (2003). The pedagogic benchmarks for ICT teacher edcuation. *Technology, Pedagogy, and Education, 12*, 127-149.

Kirschner, P. A., Martens, R. L., & Strijbos, J. W. (2004). CSCL in higher education? A framework for designing multiple collaborative environments. In J. W. Strijbos, P. A. Kirschner, & R. L. Martens (Eds.). *What we know about CSCL, and implementing it in higher education* (pp. 3-30). Boston: Kluwer Academic Publishers.

Kirschner, P. A., & Selinger, M. (2003). The state of affairs of teacher education with respect to ICT. *Technology, Pedagogy, and Education*, 12, 5-17.

Kirschner, P. A., Sweller, J., & Clark, R. E. (2006). Why minimal guidance during instruction does not work: An analysis of the failure of constructivist, discovery, problem-based, experiential, and inquiry-based teaching. *Educational Psychologist, 41*(2), 75-86.

Kirschner, P. A., & Wopereis, I. G. J. H. (2003). Mindtools for teacher communities: A European perspective. *Technology, Pedagogy, and Education, 12*, 107-126.

Klahr, D., Langley, P., & Neches, R. (Eds.). (1987). *Production system models of learning and development.* Cambridge, MA: MIT Press.

Kluger, A., & DiNisi, A. (1998). Feedback interventions: Toward the understanding of a double-edged sword. *Current Directions in Psychological Science, 7*(3), 67-72.

Konings, K. D., Brand-Gruwel, S., & van Merriënboer, J. J. G. (2005).

Towards more powerful learning environments through combining the perspectives of designers, teachers, and students. *British Journal of Educational Psychology, 75*, 645-660.

Koper, E. J. R., & Manderveld, J. M. (2004). Educational Modeling Language: Modelling reusable, interoperable, rich and personalised units of learning. *British Journal of Educational Technology, 35*, 537-551.

Kulik, J. A., & Kulik, C. (1988). Timing of feedback and verbal learning. *Review of Educational Research, 58*, 79-97.

Lajoie, S. P. (Ed.) (2000). *Computers as cognitive tools II: No more walls - Theory change, paradigm shifts and their influence on the use of computers for instructional purposes.* Mahwah, NJ: Lawrence Erlbaum Associates.

Landa, L. N. (1983). The algo-heuristic theory of instruction. In C. M. Reigeluth (Ed.), *Instructional design theories and models* (pp. 163-211). Hillsdale, NJ: Lawrence Erlbaum Associates.

Lazonder, A. W., Biemans, H. J. A., & Wopereis, I. G. J. H. (2000). Differences between novice and experienced users in searching information on the World Wide Web. *Journal of the American Society for Information Science, 51*, 576-581.

Lazonder, A. W., & van der Meij, H. (1993). The minimal manual: Is less really more? *International Journal of Man-Machine studies, 39*, 729-752.

Lazonder, A. W., & van der Meij, H. (1994). Effect of error-information in tutorial documentation. *Interacting with computers, 6*, 23-40.

Lazonder, A. W., & van der Meij, H. (1995). Error-information in tutorial documentation: Supporting users' errors to facilitate initial skill learning. *International Journal of Human-Computer Studies, 42*, 185-206.

LePlat, J. (1990). Skills and tacit skills: A Psychological perspective. *Applied Psychology: An International Review, 39*, 143-154.

Lewis, M. W., & Anderson, J. R. (1985). Discrimination of operator schemata in problem solving: Learning from examples. *Cognitive Psychology, 17*, 26-65.

Maran, N. J., & Glavin, R. J. (2003). Low to high fidelity simulation: A continuum of medical education? *Medical Education, 37*, 22-28.

Mayer, R. E. (Ed.) (2005). *The Cambridge handbook of multimedia learning.* New York: Cambridge University Press.

Mayer, R. E., Heiser, J., & Lonn, S. (2001). Cognitive constraints on multimedia learning: When presenting more material results in less understanding. *Journal of Educational Psychology, 93*, 187-198.

McCarthy, B. (1996). *About learning.* Barrington, IL: Excell Inc.

McDaniel, M. A., & Schlager, M. S. (1990). Discovery learning and transfer of problem-solving skill. *Cognition and Instruction, 7*, 129-159.

McKendree, J. (1990). Effective feedback content for tutoring complex skills. *Human Computer Interaction, 5*, 381-413.

Merrill, M. D. (1983). Component display theory. In C. M. Reigeluth (Ed.), *Instructional design theories and models* (pp. 278-333). Hillsdale, NJ: Lawrence Erlbaum Associates.

Merrill, M. D. (2002a). A pebble-in-the-pond model for instructional design. *Performance Improvement, 41*(7), 39-44.

Merrill, M. D. (2002b). First principles of instructional design. *Educational Technology, Research and Development, 50*, 43-59.

Merrill, P. (1980). Analysis of a procedural task. *NSPI Journal, 17*(2), 11-26.

Merrill, P. (1987). Job and task analysis. In R. M. Gagné (Ed.), *Instructional technology: foundations* (pp. 141-173). Hillsdale, NJ: Lawrence Erlbaum Associates.

Mettes, C. T. W., Pilot, A., & Roossink, H. J. (1981). Linking factual knowledge and procedural knowledge in solving science problems: A case study in a thermodynamics course. *Instructional Science, 10*, 333-361.

Moreno, R., & Mayer, R. E. (2000). A coherence effect in multimedia learning: The case for minimizing irrelevant sounds in the design of multimedia instructional messages. *Journal of Educational Psychology, 92*, 117-125.

Myers, G. L., & Fisk, A. D. (1987). Training consistent task components: Application of automatic and controlled processing theory to industrial task training. *Human Factors, 29*, 255-268.

Nadolski, R. J., Kirschner, P. A., & van Merriënboer, J. J. G. (2005). Optimizing the number of steps in learning tasks for complex skills. *British Journal of Educational Psychology, 75*, 223-237.

Nadolski, R. J., Kirschner, P. A., van Merriënboer, J. J. G., & Hummel, H. G. K. (2001). A model for optimizing step size of learning tasks in competency-based multimedea practicals. *Educational Technology, Research and Development*, 49, 87-103.

Nadolski, R. J., Kirschner, P. A., van Merriënboer, J. J. G., & Woretshofer, J. (2005). Development of an instrument for measuring the complexity of learning tasks. *Educational Research & Evaluation, 11*, 1-27.

Naylor, J. C., & Briggs, G. E. (1963). Effects of task complexity and task organization on the relative efficiency of part and whole training methods. *Journal of Experimental Psychology, 65*, 217-224.

Nelson, L. M. (1999). Collaborative problem solving. In C. M. Reigeluth (Ed.), *Instructional design theories and models: A new paradigm of instructional theory* (Vol. II) (pp. 241-267). Mahwah, NJ: Lawrence Erlbaum Associates.

Newby, T. J., & Stepich, D. A. (1990). Designing instruction: Practical Strategies 5: Teaching cognitive strategies. *Performance & Instruction, 29*(1), 44-45.

Newell, A., & Resenbloom, P. (1981). Mechanisms of skill acquisition and the law of practice. In J. Anderson (Ed.), *Cognitive skills and their acquisition* (pp. 1-55). Hillsdale, NJ: Lawrence Erlbaum Associates.

Newell, A., & Simon, H. A. (1972). *Human problem solving.* Englewood Cliffs, NJ: Prentice-Hall.

Nixon, E. K., & Lee, D. (2001). Rapid prototyping in the instructional design process. *Performance Improvement Quarterly, 14*(3), 95-116.

Ohlsson, S., & Rees, E. (1991). The function of conceptual understanding in the learning of arithmetic procedures. *Cognition and Instruction, 8*, 103-179.

Paas, F., Camp, G., & Rikers, R. (2001). Instructional compensation for age-related cognitive declines: Effects of goal specificity in maze learning. *Journal of Educational Psychology, 93*, 181-186.

Paas, F., Renkl, A., & Sweller, J. (Eds.). (2003). Cognitive load theory and instructional design: Recent developments [Special Issue]. *Educational Psychologist, 38*(1).

Paas, F., Renkl, A., & Sweller, J. (Eds.). (2004). Advances in cognitive load theory, development and instructional design [Special Issue]. *Instructional Science, 32.*

Paas, F., Tuovinen, J. E., van Merriënboer, J. J. G., & Darabi, A. (2005). A motivational perspective on the relation between mental effort and performance: Optimizing learner involvement in instruction. *Educational Technology, Research and Development, 53*(3), 25-34.

Paas, F., & van Merriënboer, J. J. G. (1993). The efficiency of instructional conditions: An approach to combine mental effort and performance measures. *Human Factors, 35*, 737-743.

Paas, F., & van Merriënboer, J. J. G. (1994a). Instructional control of cognitive load in the training of complex cognitive tasks. *Educational Psychology Review, 6*, 351-371.

Paas, F., & van Merriënboer, J. J. G. (1994b). Variability of worked examples and transfer of geometrical problem-solving skills: A cognitive load approach. *Journal of Educational Psychology, 86*, 122-133.

Paas, F., van Merriënboer, J. J. G., & Adam, J. J. (1994). Measurement of cognitive load in instructional research. *Perceptual and Motor Skills, 79*, 419-430.

Paivio, A. (1986). *Mental representations.* Oxford, UK: Oxford University Press.

Palmeri, T. J. (1999). Theories of automaticity and the power law of practice. *Journal of Experimental Psychology: Learning, Memory, and Cognition, 25*, 543-551.

Patrick, J. (1992). *Training: Research and practice*. London: Academic Press.

Perkins, D. N., & Grotzer, T. A. (1997). Teaching intelligence. *American Psychologist, 52*, 1125-1133.

Prins, F. J., Sluijsmans, D. M. A., Kirschner, P. A., & Strijbos, J. W. (2005). Formative peer assessment in a CSCL environment: A case study. *Assessment & Evaluation in Higher Education, 30*, 417-444.

Quilici, J. L., & Mayer, R. E. (1996). The role of examples in how students learn to categorize statistics word problems. *Journal of Educational Psychology, 88*, 144-161.

Ragan, T. J., & Smith, P. L. (1996). Conditions theory and models for designing instruction. In D. Jonassen (Ed.), *Handbook of research on educational communications and technology* (2nd ed.) (pp. 623-650). Mahwah, NJ: Lawrence Erlbaum Associates.

Reber, A. S. (1989). Implicit learning and tacit knowledge. *Journal of Experimental Psychology: General, 118*, 219-135.

Reber, A. S. (1996). *Implicit learning and tacit knowledge: An essay on the cognitive unconscious*. Oxford, UK: Oxford University Press.

Redding, R. E. (1995). Cognitive task analysis for instructional design: Applications in distance education. *Distance Education, 16*(1), 88-106.

Reigeluth, C. M. (Ed.) (1983a). *Instructional-design theories and models: An overview of their current status*. Hillsdale, NJ: Lawrence Erlbaum Associates.

Reigeluth, C. M. (1983b). Meaningfulness and instruction: Relating what is being learned to what a student knows. *Instructional Science, 12*, 197-218.

Reigeluth, C. M. (1987a). Lesson blueprints based on the elaboration theory of instruction. In C. M. Reigeluth (Ed.), *Instructional theories in action: Lessons illustrating selected theories and models* (pp. 245-288). Hillsdale, NJ: Lawrence Erlbaum Associates.

Reigeluth, C. M. (Ed.) (1987b). *Instructional theories in action: Lessons illustrating selected theories and models* (pp. 245-288). Hillsdale, NJ: Lawrence Erlbaum Associates.

Reigeluth, C. M., & Merrill, M. D. (1984). *Extended Task Analysis Procedures (ETAP): User' s Manual*. Lanham, MD: University Press of America.

Reigeluth, C. M., & Rodgers, C. A. (1980). The elaboration theory of instruction: A model for structuring instruction. *Instructional Science, 9*, 125-219.

Reigeluth, C. M., & Stein, F. S. (1983). The elaboration theory of instruction. In C. M. Reigeluth (Ed.), *Instructional design theories and models: An overview of their current status* (pp. 335-381). Hillsdale, NJ: Lawrence Erlbaum Associates.

Renkl, A. (1997). Learning from worked-out examples: A study on individual differences. *Cognitive Science, 21*, 1-29.

Renkl, A., & Atkinson, R. K. (2003). Structuring the transition from example study to problem solving in cognitive skill acquisition: A cognitive load perspective. *Educational Psychologist, 38*, 15-22.

Renkl, A., Atkinson, R. K., Maier, U. H., & Staley, R. (2002). From example study to problem solving: Smooth transitions help learning. *Journal of Experimental Education, 70*, 293-315.

Rikers, R. M. J. P., & Paas, F. (Eds.). (2005). Recent advances in expertise research [Special issue]. *Applied Cognitive Psychology, 19.*

Romiszowski, A. J. (1988). *The selection and use of instructional media.* New York: Nichols Publishing.

Rosenshine, B., & Meister, C. (1992). The use of scaffolds for teaching higher-level cognitive strategies. *Educational Leadership, 49*(7), 26-33.

Rossett, A. (1987). *Training needs assessment.* Englewood Cliffs, NJ: Educational Technology Publications.

Ryder, J. M., & Redding, R. E. (1993). Integrating cognitive task analysis into instructional systems development. Educational Technology, Research and Development, *41*(2), 75-96.

Salden, R. J. C. M., Paas, F., Broers, N. J., & van Merriënboer, J. J. G. (2004). Mental effort and performance as determinants for the dynamic selection of learning tasks in Air Traffic Control training. *Instructional Science, 32*, 153-172.

Salden, R. J. C. M., Paas, F., & van Merriënboer, J. J. G. (2006). A comparison of approaches to learning task selection in the training of complex cognitive skills. *Computers in Human Behavior, 22*, 321-333.

Salisbury, D. F. (1990). Cognitive psychology and its implications for designing drill and practice programs for computers. *Journal of Computer-based Instruction, 17*(1), 23-30.

Salisbury, D. F., Richards, B. F., & Klein, J. D. (1985). Designing practice: A review of prescriptions and recommendations from instructional design theories. *Journal of Instructional Development, 8*(4), 9-19.

Salomon, G. (1979). *The interaction of media, cognition and learning.* San Francisco, CA: Jossey-Bass.

Salomon, G. (1984). Television is 'easy' and print is 'tough' : The differential investment of mental effort in learning as a function of perceptions and attributions. *Journal of Educational Psychology, 76*, 647-658.

Salomon, G. (1998). Novel constructivist learning environments and novel technologies: Some issues to be concerned with. *Research Dialogue in Learning and Instruction, 1*(1), 3-12.

Scandura, J. M. (1983). Instructional strategies based on the structural learning theory. In C. M. Reigeluth (Ed.), *Instructional-design theories and models* (pp. 213-246). Hillsdale, NJ: Lawrence Erlbaum Associates.

Scandura, J. M. (2001). Structural learning theory: Current status and new perspectives. *Instructional Science, 29*, 311-336.

Schank, R. C., Berman, T. R., & MacPerson, K. A. (1999). Learning by doing. In C. M. Reigeluth (Ed.), *Instructional design theories and models: A new paradigm of instructional theory* (Vol. II) (pp. 161-181). Mahwah, NJ: Lawrence Erlbaum Associates.

Schellekens, A. M. H. C., Paas, F., & van Merriënboer, J. J. G. (2003). Flexibility in higher education: A survey in business administration programs in the Netherlands. *Higher Education, 45*, 281-307.

Schilling, M. A., Vidal, P., Polyhart, R. E., & Marangoni, A. (2003). Learning by doing something else: Variation, relatedness, and the learning curve. *Management Science, 49*, 39-56.

Schneider, W. (1985). Training high-performance skills: Fallacies and guidelines. *Human Factors, 27*, 285-300.

Schneider, W., & Detweiler, M. (1988). The role of practice in dual-task performance: Toward workload modeling in a connectionist/-control architecture. *Human Factors, 30*, 539-566.

Schneider, W., & Shiffrin, R. M. (1977). Controlled and automatic human information processing: I. Detection, search, and attention. *Psychological Review, 84*, 1-66.

Schnotz, W., Vosniadou, S., & Carretero, M. (1999). *New perspectives on conceptual change*. Oxford, UK: Elsevier Science.

Schoenfeld, A. H. (1979). Can heuristics be taught? In J. Lochhead & J. Clement (Eds.), *Cognitive Process Instruction* (pp. 315-338). Philadelphia, PA: Franklin Institute Press.

Schwartz, B. (2004). *The paradox of choice: Why more is less*. New York: Harper Collins Publishers.

Schwartz, D., Lin, X., Brophy, S., & Bransford, J. D. (1999). Toward the development of flexible adaptive instructional designs. In C. M. Reigeluth (Ed.), *Instructional design theories and models: A new paradigm of instructional theory* (Vol. II) (pp. 183-213). Mahwah, NJ: Lawrence Erlbaum Associates.

Shaffer, D. W. (2006). Epistemic frames for epistemic games. *Computers and*

Education, 46, 223-234.

Shea, C. H., Kohl, R., & Indermill, C. (1990). Contextual interference: Contributions of practice. *Acta Psychologica, 73*, 145-157.

Sherry, L., & Trigg, M. (1996). Epistemic forms and epistemic games. *Educational Technology, 36*(3), 38-44.

Shiffrin, R. M., & Schneider, W. (1977). Controlled and automatic human information processing: II. Perceptual learning, automatic attending, and a general theory. *Psychological Review, 84*, 127-190.

Simon, H. A. (1973). The structure of ill-structured problems. *Artificial Intelligence, 4*, 181-201.

Sluijsmans, D. M. A., Brand-Gruwel, S., van Merriënboer, J. J. G., & Bastiaens, Th. J. (2003). The training of peer assessment skills to promote the development of reflection skills in teacher education. *Studies in Educational Evaluation, 29*, 23-42.

Sluijsmans, D. M. A., Brand-Gruwel, S., van Merriënboer, J. J. G., & Martens, R. L. (2004). Training teachers in peer assessment skills: Effects on performance and perceptions. *Innovations in Education and Teaching International, 41*, 59-78.

Sluijsmans, D. M. A., & Moerkerke, G. (1999). Creating a learning environment by using self- peer- and co-assessment. *Learning Environments Research, 1*, 293-319.

Sluijsmans, D. M. A., Moerkerke, G., van Merriënboer, J. J. G., & Dochy, F. J. R. C. (2001). Peer assessment in problem-based learning. *Studies in Educational Evaluation, 27*, 153-173.

Snoddy, G. S. (1926). Learning and stability. *Journal of Applied Psychology, 10*, 1-36.

Spector, J. M., & Anderson, T. M. (Eds.) (2000). *Holistic and integrated perspectives on learning, technology, and instruction: Understanding complexity.* Mahwah, NJ: Lawrence Erlbaum Associates.

Spiro, R. J., Coulson, R. L., Feltovich, P. J., & Anderson, D. K. (1988). *Cognitive flexibility theory: Advanced knowledge acquisition in ill-structured domains* (Tech. Rep. no. 441). Champaign, IL: University of Illinois, Center for the Study of Reading.

Stark, R., Mandl, H., Gruber, H., & Renkl, A. (2002). Conditions and effects of example elaboration. *Learning and Instruction, 12*, 39-60.

Stoof, A., Martens, R. L., van Merriënboer, J. J. G., & Bastiaens, T. J. (2002). The boundary approach of competence: A constructivist aid for understanding and using the concept of competence. *Human Resource Development Review, 1*, 345-365.

Stoyanov, S., & Kirschner, P. A. (2004). Expert concept mapping method for defining the characteristics of adaptive e-learning: Alfanet project case. *Educational Technology, Research and Development, 52*, 41-56.

Straetmans, G., Sluijsmans, D., Bolhuis, B., & van Merriënboer, J. J. G. (2003). Integratie van instructie en assessment in competentiegericht onderwijs [Integration of instruction and assessment in competence-based education]. *Tijdschrift voor Hoger Onderwijs, 3*, 171-197.

Sweller, J. (1988). Cognitive load during problem solving: Effects on learning. *Cognitive Science, 12*, 257-285.

Sweller, J., & Levine, M. (1982). Effects of goal specificity on means-ends analysis and learning. *Journal of Experimental Psychology: Learning, Memory, and Cognition, 8*, 463-474.

Sweller, J., van Merriënboer, J. J. G., & Paas, F. (1998). Cognitive architecture and instructional design. *Educational Psychology Review, 10*, 251-296.

Tabbers, H. K., Martens, R. L., & van Merriënboer, J. J. G. (2004). Multimedia instructions and cognitive load theory: Effects of modality and cueing. British *Journal of Educational Psychology, 74*, 71-81.

Taylor, D., & Clark, R. (1992). Training problem solving skills using cognitive strategies: Part 2 - Design guidelines based on cognitive psychology. *Performance & Instruction, 31*(4), 33-38.

Tennyson, R. D., & Cocchiarella, M. J. (1986). An empirically based instructional design theory for teaching concepts. *Review of Educational Research, 56*, 40-71.

Tripp, S., & Bichelmeyer, B. (1990). Rapid prototyping: An alternative instructional design strategy. *Educational Technology. Research and Development, 38*(1), 31-44.

Tuovinen, J., & Paas, F. (2004). Exploring multidimensional approaches to the efficiency of instructional conditions. *Instructional Science, 32*, 133-152.

Turban, E. (1995). *Decision support and expert systems: Management support systems.* Englewood Cliffs, NJ: Prentice Hall.

Van Boxtel, C., van der Linden, J., & Kanselaar, G. (2000). Collaborative learning tasks and the elaboration of conceptual knowledge. *Learning and Instruction, 10*, 311-330.

Van den Boom, G., Paas, F., van Merriënboer, J. J. G., & van Gog, T. (2004). Reflection prompts and tutor feedback in a web-based learning environment: Effects on students' self-regulated learning competence. *Computers in Human Behavior, 20*, 551-567.

Van der Klink, M. R., Gielen, E., & Nauta, C. (2001). Supervisory support as a major condition to enhance transfer. *International Journal of Training and Development, 5*, 52-63.

Van der Meij, H. (2003). Minimalism revisited. *Document Design, 4*, 212-233.

Van der Meij, H., & Carroll, J. M. (1995). Principles and heuristics for designing minimalist instruction. *Technical Communications, 42*, 243-261.

Van der Meij, H., & Lazonder, A. W. (1993). Assessment of the minimalist approach to computer user documentation. *Interacting with computers, 5*, 355-370.

Van Gerven, P. W. M., Paas, F., van Merriënboer, J. J. G., Hendriks, M., & Schmidt, H. G. (2003). The efficiency of multimedia learning into old age. *British Journal of Educational Psychology, 73*, 489-505.

Van Gerven, P. W. M., Paas, F., van Merriënboer, J. J. G., & Schmidt, H. G. (2000). Cognitive load theory and the acquisition of complex cognitive skills in the elderly: Towards an integrative framework. *Educational Gerontology, 26*, 503-521.

Van Gerven, P. W. M., Paas, F., van Merriënboer, J. J. G., & Schmidt, H. G. (2002). Cognitive load theory and aging: Effects of worked examples on training efficiency. *Learning and Instruction, 12*, 87-105.

Van Gerven, P. W. M., Paas, F., van Merriënboer, J. J. G., & Schmidt, H. G. (2004). Memory load and the cognitive pupillary response in aging. *Psychophysiology, 41*, 167-174.

Van Gog, T., Ericsson, K. A., Rikers, R. M. J. P., & Paas, F. (2005). Instructional design for advanced learners: Establishing connections between the theoretical frameworks of cognitive load and deliberate practice. *Educational Technology, Research and Development, 53*(3), 73-81.

Van Gog, T., Paas, F., & van Merriënboer, J. J. G. (2004). Process-oriented worked examples: Improving transfer performance through enhanced understanding. *Instructional Science, 32*, 83-98.

Van Gog, T., Paas, F., & van Merriënboer, J. J. G. (2005). Uncovering expertise-related differences in troubleshooting performance: Combining eye movement and concurrent verbal protocol data. *Applied Cognitive Psychology, 19*, 205-221.

Van Gog, T., Paas, F., van Merriënboer, J. J. G., & Witte, P. (2005). Uncovering the problem-solving process: Cued retrospective reporting versus concurrent and retrospective reporting. *Journal of Experimental Psychology: Applied, 11*, 237-244.

Van Merriënboer, J. J. G. (1990). Strategies for programming instruction in high school: Program completion vs. program generation. *Journal of Educational Computing Research, 6*, 265-285.

Van Merriënboer, J. J. G. (Ed.) (1994). Dutch research on knowledge-based instructional systems [Special Issue]. *Computers in Human Behavior, 10.*

Van Merriënboer, J. J. G. (1997). *Training complex cognitive skills: A four-*

component instructional design model for technical training. Englewood Cliffs, NJ: Educational Technology Publications.

Van Merriënboer, J. J. G. (2000). The end of software training? *Journal of Computer Assisted Learning, 16*, 366-375.

Van Merriënboer, J. J. G. (2007). Alternate models of instructional design: Holistic design approaches and complex learning (pp. 72-81). In R. Reiser & J. Dempsey (Eds.), *Trends and Issues in instructional design and technology* (2nd ed.). Old Tappan, NJ: Merrill/Prentice Hall.

Van Merriënboer, J. J. G., & Ayres, P. (Eds.). (2005). Research on cognitive load theory and its design implications for e-learning [Special issue]. *Educational Technology, Research and Development, 53*(3).

Van Merriënboer, J. J. G., & Boot, E. (2005). A holistic pedagogical view of learning objects: Future directions for reuse. In J. M. Spector, C. Ohrazda, A. van Schaaik, & D. A. Wiley (Eds.), *Innovations in instructional technology: Essays in honor of M. David Merrill* (pp. 43-64). Mahwah, NJ: Lawrence Erlbaum Associates.

Van Merriënboer, J. J. G., & Brand-Gruwel, S. (Eds.). (2005). The pedagogical use of information and communication technology in education: A Dutch perspective [Special issue]. *Computers in Human Behavior, 21*.

Van Merriënboer, J. J. G., Clark, R. E., & de Croock, M. B. M. (2002). Blueprints for complex learning: The 4C/ID-model. *Educational Technology, Research and Development, 50*(2), 39-64.

Van Merriënboer, J. J. G., & de Croock, M. B. M. (1992). Strategies for computer-based programming instruction: Program completion vs. program generation. *Journal of Educational Computing Research, 8*, 365-394.

Van Merriënboer, J. J. G., & de Croock, M. B. M. (2002). Performance-based ISD: 10 steps to complex learning. *Performance Improvement, 41*(7), 33-38.

Van Merriënboer, J. J. G., de Croock, M. B. M., & Jelsma, O. (1997). The transfer paradox: Effects of contextual interference on retention and transfer performance of a complex cognitive skill. *Perceptual and Motor Skills, 84*, 784-786.

Van Merriënboer, J. J. G., & Dijkstra, S. (1997). The four-component instructional design model for training complex cognitive skills. In R. D. Tennyson, N. Seel, S. Dijkstra, & F. Schott (Eds.), *Instructional Design: International Perspectives* (Vol. 1) (pp. 427-445). Hilsdale, NJ: Lawrence Erlbaum Associates.

Van Merriënboer, J. J. G., Jelsma, O., & Paas, F. (1992). Training for reflective expertise: A four-component instructional design model for complex cognitive skills. *Educational Technology, Research and Development, 40*(2),

23-43.

Van Merriënboer, J. J. G., & Kester, L. (2005). The four-component instructional design model: Multimedia principles in environments for complex learning. In R. E. Mayer (Ed.), *The Cambridge handbook of multimedia learning* (pp. 71-93). New York: Cambridge University Press.

Van Merriënboer, J. J. G., & Kester, L. (in press). Whole-task models. In J. M. Spector, M. D. Merrill, J. J. G. van Merriënboer, & M. Driscoll (Eds.), *Handbook of research on educational communications and technology* (3rd Ed.). Mahwah, NJ: Lawrence Erlbaum Associates.

Van Merriënboer, J. J. G., Kester, L., & Paas, F. (2006). Teaching complex rather than simple tasks: Balancing intrinsic and germane load to enhance transfer of learning. *Applied Cognitive Psychology, 20*, 343-352.

Van Merriënboer, J. J. G., & Kirschner, P. A. (2001). Three worlds of instructional design: State of the art and future directions. *Instructional Science, 29*, 429-441.

Van Merriënboer, J. J. G., Kirschner, P. A., & Kester, L. (2003). Taking the load of a learners' mind: Instructional design for complex learning. *Educational Psychologist, 38*(1), 5-13.

Van Merriënboer, J. J. G., & Krammer, H. P. M. (1987). Instructional strategies and tactics for the design of introductory computer programming courses in high school. *Instructional Science, 16*, 251-285.

Van Merriënboer, J. J. G., Krammer, H. P. M., & Maaswinkel, R. M. (1994). Automating the planning and construction of programming assignments for teaching introductory computer programming. In R. D. Tennyson (Ed.), *Automating instructional design, development, and delivery* (NATO ASI Series F, Vol. 119) (pp. 61-77). Berlin, Germany: Springer Verlag.

Van Merriënboer, J. J. G., & Luursema, J. J. (1995). Implementing instructional models in computer-based learning environments: A case study in problem selection. In T. T. Liao (Ed.), *Advanced educational technology: Research issues and future potential* (NATO ASI Series F, Vol. 145). Berlin, Germany: Springer Verlag.

Van Merriënboer, J. J. G., Luursema, J. J., Kingma, H., Houweling, F., & de Vries, A. P. (1995). Fuzzy logic instructional models: The dynamic construction of programming assignments in CASCO. In R. D. Tennyson & A. E. Barron (Eds.), *Automating instructional design: Computer-based development and delivery tools* (pp. 184-206). Berlin, Germany: Springer Verlag.

Van Merriënboer, J. J. G., & Martens, R. (Eds.). (2002). Computer-based tools for instructional design [Special Issue]. *Educational Technology, Research and Development, 50*(4).

Van Merriënboer, J. J. G., & Paas, F. (1989). Automation and schema acquisition in learning elementary computer programming: Implications for the design of practice. *Computers in Human Behavior, 6*, 273-289.

Van Merriënboer, J. J. G., Schuurman, J. G., de Croock, M. B. M., & Paas, F. (2002). Redirecting learners' attention during training: Effects on cognitive load, transfer test performance, and training efficiency. *Learning and Instruction, 12*, 11-37.

Van Merriënboer, J. J. G., Seel, N. M., & Kirschner, P. A. (2002). Mental models as a new foundation for instructional design. *Educational Technology, 17*(2), 60-66.

Van Merriënboer, J. J. G., & Sweller, J. (2005). Cognitive load theory and complex learning: Recent developments and future directions. *Educational Psychology Review, 17*, 147-177.

Van Merriënboer, J. J. G., & van Dijk, E. M. A. G. (1998). Use and misuse of taxonomies of learning: Dealing with integrated educational goals in the design of computer science curricula. In F. Mulder & T. van Weert (Eds.), *Informatics in Higher Education* (pp. 179-189). London: Chapman and Hall.

Vosniadou, S., & Brewer, W. F. (1992). Mental models of the earth: A study of conceptual change in childhood. *Cognitive Psychology, 24*, 535-585.

Vosniadou, S., & Ortony, A. (1989). *Similarity and analogical reasoning.* New York: Cambridge University Press.

Voss, J. F. (1988). Problem solving and reasoning in ill-structured domains. In C. Antaki (Ed.), *Analyzing everyday explanation: A casebook of methods* (pp. 74-93). London: Sage Publications.

Vygotsky, L. S. (1978). Mind in society The development of higher psychologyical processes. Cambridge, MA: Harvard University Press.

Vygotsky, L. S. (1987). Thinking and speech. In R. W. Reiber & A. S. Carton (Eds.), *The collected works of L. S. Vygotsky, Vol. 1: Problems of general psychology* (N. Minick, Trans; pp. 39-285). New York: Plenum Press. (Original work published 1934).

Wedman, J., & Tessmer, M. (1991). Adapting instructional design to project circumstance: The layers of necessity model. *Educational Technology, Research and Development, 38*(1), 31-44.

White, B. Y., & Frederiksen, J. R. (1990). Causal model progressions as a foundation for intelligent learning environments. *Artificial Intelligence, 42*, 99-157.

Wightman, D. C., & Lintern, G. (1985). Part-task training for tracking and manual control. *Human Factors, 27*, 267-284.

Wiley, D. A. (2001). Connecting learning objects to instructional design theory: A definition, a metaphor, and a taxonomy. In D. A. Wiley (Ed.), *The instructional use of learning objects* (pp. 1-35). Bloomington, IN: Association for Educational Communications and Technology. Also available at: http://reusability.org/read/chapters/wiley.doc.

Willoughby, T., Wood, E., Desmarais, S., Slims, S., & Kalra, M. (1997). Mechanisms that facilitate the effectiveness of elaboration strategies. *Journal of Educational Psychology, 89*, 682-685.

Wood, D., Bruner, J. S., & Ross, G. (1976). The role of tutoring in problem solving. *Journal of Child Psychology and Psychiatry, 17*, 89-100.

Wood, H. A., & Wood, D. J. (1999). Help seeking, learning, and contingent tutoring. *Computers and Education, 33*, 153-170.

Wood, R. K., Stephens, K. G., & Barker, B. O. (1979). Fault tree analysis: An emerging methodology for instructional science. *Instructional Science, 8*, 1-22.

Wulf, G., & Shea, C. H. (2002). Principles derived from the study of simple skills do not generalize to complex skill learning. *Psychonomic Bulletin & Review, 9*, 185-211.

찾아보기

역자 소개

김 동 식

부산대학교 교육학과 졸업
미국 Florida State University 대학원 교육공학 석사 및 Ph. D
한양대학교 교육공학과 교수 및 한국교육공학회 회장(현)
kimdsik@hanyang.ac.kr

권 숙 진

한양대학교 교육공학과 졸업
한양대학교 대학원 교육공학 석사 및 Ph. D
호원대학교 유아교육학과 교수 및 CTL 센터장(현)
sjkwon@howon.ac.kr

van Merriënboer의 **교수설계이론**

발행일 • 2010년 5월 10일 1쇄 발행
저자 • Jeroen J. G. van Merriënboer, Paul A. Kirschner
역자 • 김동식 · 권숙진
발행인 • 홍진기
발행처 • 아카데미프레스
주소 • 122-900 서울시 은평구 역촌동 58-9
부호아파트 102동 상가 3호
전화 • (02)2694-2563
팩스 • (02)2694-2564
편집 • 디자인 드림
웹사이트 • www.academypress.co.kr
등록일 • 2003. 6. 18, 제313-2003-220호
ISBN • 978-89-91517-73-8

가격 18,000원